Guia do incentivo à cultura

Guia do incentivo à cultura

3ª edição revisada e ampliada

Fábio de Sá Cesnik
Advogado especializado em entretenimento, cultura e terceiro setor, professor na área de legislação cultural

Copyright © Editora Manole Ltda., 2012, por meio de contrato com o autor.

Capa: Departamento de Arte da Editora Manole
Obra de arte da capa: Marisa Maresti
Projeto gráfico e diagramação: Departamento Editorial da Editora Manole

Este livro contempla as regras do Acordo Ortográfico da Língua Portuguesa de 1990, que entrou em vigor no Brasil.

Dados Internacionais de Catalogação na Publicação (CIP)
(Câmara Brasileira do Livro, SP, Brasil)

Cesnik, Fábio de Sá
  Guia do incentivo à cultura/ Fábio de Sá Cesnik. – 3.ed. atual. e ampl.
– Barueri, SP : Manole, 2012.

  Bibliografia
  ISBN 978-85-204-3500-7

  1. Cultura – Brasil. 2. Imposto de renda – Deduções – Leis e legislação – Brasil 3. Incentivos – Brasil 4. Lei Rouanet (1991) 5. Política cultural I. Título.

12-06642   CDU-34:336.2:316.7(81)

Índices para catálogo sistemático:
1. Incentivo fiscal à cultura: Direito tributário: Brasil   34:336.2:316.7(81)

Todos os direitos reservados.
Nenhuma parte deste livro poderá ser reproduzida, por qualquer processo, sem a permissão expressa dos editores. É proibida a reprodução por xerox.

A Editora Manole é filiada à ABDR – Associação Brasileira de Direitos Reprográficos.

1ª edição – 2002, 2ª edição – 2007
3ª edição – 2012

Editora Manole Ltda.
Av. Ceci, 672 – Tamboré
06460-120 – Barueri – SP – Brasil
Fone: (11) 4196-6000 – Fax: (11) 4196-6021
www.manole.com.br
info@manole.com.br

Impresso no Brasil
Printed in Brazil

Sumário

Apresentação XIII
Prefácio XV
Introdução XIX

1 Introdução e histórico do incentivo fiscal à cultura no Brasil 1

2 Aspectos constitucionais e tributários do incentivo fiscal 8
Instrumentalização do incentivo fiscal à cultura 13
Comentários sobre a Lei de Responsabilidade Fiscal
e sua relação com o Incentivo Fiscal à Cultura 14

3 Mecanismos federais de incentivo à cultura 19
Lei Rouanet 20
Fundo Nacional de Cultura 22
Da obrigatoriedade de licitar a partir do uso de recursos objeto
de convênio ou de termo de parceria com a União Federal 30
Fundos de Investimento Cultural e Artístico (Ficart) 33
Mecenato 34
Apresentação de projetos 40
Montagem do projeto cultural 40
Plano Anual de Atividades 42
Utilizando o SalicWeb para inscrever um projeto 43
Proponente do projeto cultural 43

Pessoas físicas 45
Pessoa jurídica de direito público ou privado, com ou sem fins lucrativos 45
Para pessoas físicas e jurídicas 46
Trâmite do processo administrativo 46
Portaria de aprovação 50
Aspectos relevantes sobre apresentação de projetos em cada uma das áreas 51
Captação de Recursos **53**
Abatimento parcial (art. 25/26 da Lei n. 8.313/91) – Empresas financeiras e não financeiras 57
Abatimento integral (art. 18 da Lei n. 8.313/91) – Empresas financeiras e não financeiras 59
Pessoas físicas 61
Administração de projetos culturais **62**
Recibo (Mecenato) 63
Liberação de recursos em conta-corrente 64
Pagamentos com recursos do projeto 65
Informações adicionais para pagamento de pessoa jurídica 68
Informações adicionais para pagamento de pessoa física 71
a) Pagamento à pessoa física por meio de crédito direto em conta-corrente 75
    Recibo 75
    Dados do credor e do banco depositado 75
    Montante pago 75
    Dados do projeto – Lei Rouanet e da fonte pagadora 76
    Descrição do serviço prestado 76
b) Pagamento à pessoa física com recibo assinado 76
    Recibo 76
    Dados do credor 76
    Montante pago 76
    Dados do projeto – Lei Rouanet e da fonte pagadora 77
    Descrição do serviço prestado 77
c) Guia de recolhimento de Imposto de Renda – Darf 77
d) Guia de recolhimento de INSS – GPS 78
e) Guia de recolhimento de ISS – Darm 78
    Modelo padronizado da Prefeitura do Município de São Paulo 78
Suplemento orçamentário 78
Alteração de metas 80
Troca de proponente de projeto aprovado 81
Transferência de recurso de um projeto para outro 82

Contrapartida de marca – Ministério da Cultura 83
Aplicação financeira dos recursos 84
Destinação obrigatória de produtos culturais ao MinC 84
Prestação de contas **85**
Execução de receita e despesa 86
Relação de pagamentos 87
Relatório Físico 88
Relação de bens de capital 88
Relação de bens imóveis 89
Conciliação bancária 89
Relatório final 90
Comissão Nacional de Incentivo à Cultura (Cnic) **92**
Habilitação das entidades 93
Escolha dos membros da Cnic 94
Súmulas da Cnic 94
Mecanismos de apoio ao audiovisual **99**
Lei do Audiovisual (Lei federal n. 8.685/93) – art. 1º 108
    Formas de utilização 109
    Benefício fiscal 109
    Limite para uso do benefício 110
    Instrumentos da Ancine para aprovação de projetos 110
    Estatística de uso da lei nos últimos anos 110
    Maiores investidores 111
Lei do Audiovisual (Lei federal n. 8.685/93) – art. 1º-A 112
    Formas de utilização 113
    Benefício fiscal para os financiadores 113
    Limite para uso do benefício 114
    Estatística de uso da lei nos últimos anos 114
Lei do Audiovisual (Lei federal n. 8.685/93) – art. 3º 114
    Formas de utilização 115
    Benefício fiscal 115
    Limite para uso do benefício 116
    Instrumentos da Ancine para aprovação de projetos 116
    Estatística de uso da lei nos últimos anos 117
    Relação dos coprodutores 117
Lei do Audiovisual (Lei federal n. 8.685/93) – art. 3º-A 119

Tipo de financiador 119
Benefício fiscal para os financiadores 119
Limite para uso do benefício 120
Observações 120
Instrumentos para aprovação de projetos 120
Estatística de uso da lei nos últimos anos 120
Relação dos coprodutores 121
Lei Rouanet (Lei federal n. 8.313/91) – art. 18 121
Formas de utilização 122
Benefício fiscal 122
Limite para uso do benefício 123
Instrumentos para aprovação de projetos 123
Estatística de uso da lei nos últimos anos 123
Maiores incentivadores 124
Lei Rouanet (Lei federal n. 8.313/91) – arts. 25/26 125
Formas de utilização 125
Benefício fiscal 125
Limite para uso do benefício 125
Instrumentos para aprovação de projetos 126
Funcine (MP n. 2.228/2001) – art. 41 126
Formas de utilização 126
Patrimônio 127
Administração, gestão e responsabilidade 128
Fiscalização 128
Vedações 128
Vinculação entre produtor e cotista do Funcine 129
Natureza publicitária, esportiva ou jornalística 129
Autonomia artística 129
Veiculação e divulgação das obras financiadas 129
Período de funcionamento 129
Cumulação de incentivos 130
Benefício Fiscal 131
Outras implicações tributárias 131
Limite para uso do benefício 132
Instrumentos da Ancine para aprovação de projetos 132
Estatística de uso da lei nos últimos anos 132

Principais Funcines 133
Conversão da Dívida Externa (Lei federal n. 10.179/2001) – art. 1º 134
    Formas de utilização 135
    Procedimentos/Benefícios 135
    Limite para uso do benefício 137
    Instrumentos da Ancine para aprovação de projetos 137
    Estatística de uso da lei nos últimos anos 137
Benefício das programadoras (MP n. 2.228/2001) – art. 39, X 138
    Formas de utilização 138
    Benefício fiscal 138
    Limite para uso do benefício 139
    Instrumentos da Ancine para aprovação de projetos 139
    Estatística de uso da lei nos últimos anos 139
    Contatos dos principais parceiros 140
    Prêmio Adicional de Renda 140
Programa Especial de Fomento (PEF) 142
    Como é composto o capital de um PEF? 142
    Estruturação 143
    Objetivos do PEF 143
    Limite para uso do benefício 143
Fundo Setorial Audiovisual (FSA) 144
    Aspectos gerais na apresentação e trâmite de projetos na Ancine 144
    Apresentação e trâmite de projetos na Ancine 144
        Registro na Ancine 145
        Classificação de nível da proponente 148
        Apresentação de projetos 151
        Análise dos projetos apresentados 155
        Aprovação dos projetos 157
        Emissão e distribuição de Certificados de Investimento 158
        Prorrogação de projetos 161
        Contas bancárias 162
        Redimensionamento 165
        Remanejamento de fontes 166
        Autorização para movimentação de recursos incentivados 167
        Acompanhamento e execução de projetos 169
        Conclusão do projeto 170

Das inspeções da Ancine 171
Prestação de contas 175
Aplicação de marca da Ancine 177
Cancelamento do projeto e devolução de saldo não utilizado 177
Não execução dos projetos 179
Cadastro de Produto Brasileiro (CPB) e registro de obra 180
Obrigatoriedade de registro do título da obra audiovisual
na Ancine e da informação prévia sobre os contratos 185
Contratos de coprodução de obra cinematográfica 186
Registro de agente econômico... 189

4 Mecanismos estaduais de incentivo à cultura... 191
Lei de incentivo à cultura do Estado de São Paulo –
Programa de Ação Cultural (Proac) 192
Proponente do projeto 193
Apresentação e Aprovação de Projetos 195
Benefício Fiscal..196
Incentivador do projeto..198
Tramitação do processo administrativo..199
Prestação de contas 200
Lei de incentivo à cultura da Bahia – Fazcultura 201
Proponente do projeto 203
Tramitação do processo administrativo..203
Aprovação do projeto..206
Distribuição de recursos da lei...206
Critérios para avaliação de projetos 208
Artes Cênicas e Música (Apresentações ao vivo) 210
Música e Literatura (Produção Fonográfica) 212
Obras Audiovisuais – Cinema e Vídeo
(Desenvolvimento de Roteiro Cinematográfico) 212
Obras Audiovisuais – Cinema e Vídeo (Produção Cinematográfica)..................213
Literatura, Fotografia e Artes Gráficas (Edição) 214
Artes Plásticas, Gráficas e Fotografia (Exposição) 214
Artesanato, Folclore e Tradições Populares 214
Arquivo, Biblioteca e Museu 215
Arquivo 215

Biblioteca 215
Museu 216
Biblioteca digital 216
Bens Móveis, Imóveis e Integrados
(Construção / Reforma e/ou Ampliação / Restauração) 216
Construção 216
Reforma e/ou Ampliação / Restauração 217
Projeto Multimídia (sites e CD-Rom) 217
Oficinas / Cursos / Seminários 217
Prestação de contas 218

5 Leis municipais de incentivo à cultura 220
Lei de incentivo à cultura do Município de São Paulo – Lei Mendonça 220
Propositura do projeto 225
Tramitação do processo administrativo 225
Captação de Recursos 230
Fundo Especial de Promoção das Atividades Culturais (Fepac) 232
Prestação de contas 232
1 – Da formalização do processo 232
2 – Da tramitação do processo 233
3 – Das obrigações do empreendedor 233
4 – Da prestação de contas 233
5 – Da instrução do processo 234
6 – Da documentação da prestação de contas 235
7 – Outras disposições sobre a prestação de contas 236

6 Penalidades 240
Penalidades aplicáveis ao investidor (patrocinador ou doador) 241
Penalidades aplicáveis ao proponente do projeto 243
Intercâmbio de informações 247

7 Considerações finais 248
Registro de obras intelectuais 250
Serviços na Internet 251
Guias via internet 251
Certidões Negativas de Débito 251
Sites de interesse 252

8 Legislação 254

Lei Rouanet 254
Lei n. 8.313, de 23 de dezembro de 1991 254
Decreto n. 5.761, de 27 de abril de 2006 265

Lei do Audiovisual 277
Lei n. 8.685, de 20 de julho de 1993 277
Medida Provisória n. 2.228-1, de 6 de setembro de 2001 282

Lei de incentivo à cultura, Proac, de São Paulo 310
Lei n. 12.268, de 20 de fevereiro de 2006 310
Decreto n. 54.275, de 27 de abril de 2009 314

Lei Fazcultura, da Bahia 319
Lei n. 7.015, de 9 de dezembro de 1996 319
Decreto n. 12.901, de 13 de maio de 2011 321
Regulamento do Programa Estadual de Incentivo ao Patrocínio Cultural – Fazcultura 322

Lei Mendonça, de São Paulo 334
Lei n. 10.923, de 30 de dezembro de 1990 334
Decreto n. 46.595, de 5 de novembro de 2005 336

Endereços 346
Glossário das Leis de Incentivo 369
Referências bibliográficas 382
Sobre o autor 384

Apresentação

Trabalhar com cultura em um país como o Brasil é um desafio e tanto. Se, por um lado, é um país rico de patrimônio artístico-cultural, marcado pela diversidade e criatividade de seu povo e de sua arte, por outro ainda possui profundas desigualdades sociais, o que faz com que nem sempre o acesso aos bens culturais seja amplo e democrático. É fundamental que toda atuação cultural seja regada com uma boa dose de consciência dessas desigualdades, fazendo com que os projetos culturais sejam transformados em contribuição para a formação da cidadania. E vale lembrar que a disseminação da cultura pode ser, cada vez mais, viabilizada por meio das leis de incentivo.

Um dos maiores desafios para os que trabalham com a produção cultural em nosso país tem sido o de profissionalizar essa atividade, tornando-a cada vez mais séria e confiável. Sabemos que a arte e a cultura são geradoras de empregos e de produtos rentáveis, o que movimenta recursos como quaisquer outras atividades econômicas.

Atento a esse quadro, Fábio de Sá Cesnik apresenta uma importantíssima ferramenta para aqueles que trabalham com arte e cultura no Brasil. Partindo do histórico do mecenato e observando os aspectos econômicos e sociais que nortearam esta atividade ao longo da História, ele oferece o mais amplo escopo existente no mercado editorial brasileiro sobre os incentivos à cultura.

Trata-se de um verdadeiro guia para produtores culturais, artistas e demais interessados no tema. Farto em exemplos, didático, trata da concepção e apresentação do produto cultural incentivado, passando por sua administração e prestação de contas, além dos trâmites legais que muitas vezes emperram sua efetivação no mercado. Chamo a atenção, também, para as sugestões claras e precisas relacionadas com a dura e árdua tarefa de captação de recursos.

Há, ainda, os exemplos ilustrativos da Lei de Incentivo da Bahia (Lei Fazcultura) e de São Paulo (Lei Mendonça), que são colocados de forma oportuna, tornando-se um estímulo para o seu uso. O autor enriquece o livro com elementos importantes, como o registro de obras intelectuais e dos direitos autorais na internet, assunto novo e pouco discutido. Outro destaque são os endereços completos de órgãos ligados à arte e cultura e as indicações de serviços via internet.

Cesnik não se esqueceu de nenhum aspecto relevante para a realização de um trabalho sério e profissional envolvendo arte e cultura no Brasil. Seu livro só reforça a crença de que não é mais possível que a sociedade como um todo se esquive de cumprir sua missão cultural e educacional. A questão que se coloca agora não é mais se vamos ou não investir em arte e cultura, mas como vamos fazê-lo de forma criteriosa e eficaz. E, para resolver esta questão, esta obra é, sem dúvida, o ponto de partida.

Ricardo Ribenboim
Artista Plástico e
Ex-diretor Superintendente do Instituto Itaú Cultural

Prefácio

Em 1995, eu passava por uma fase ruim, profissionalmente, sem perspectiva de crescimento, motivada por insatisfação pessoal diante de interferências políticas em minha empresa, um banco público. Por isso, decidi que era imprescindível pensar novas oportunidades, em busca de um futuro melhor – decisão não muito comum para quem se sentia seguro e estável financeiramente. Quase 20 anos depois de um bom emprego, conquistado por concurso público, via-me obrigado a pensar em novos desafios. Repleto de dúvidas sobre que rumo tomar, tinha apenas a certeza de que esse novo caminho deveria me levar a um trabalho prazeroso.

Sempre tive proximidade com a arte brasileira, apreciador da sua diversidade, em especial nossa música. Por que não, então, unir meu bom gosto musical (eu achava isso!) com a possibilidade de um trabalho novo? Como um *insight*, senti e acreditei que era esse o caminho a seguir. Queria ser produtor de discos.

Meu conhecimento sobre produção musical era pífio. Precisava buscar informações na literatura sobre tudo o que não conhecia: etapas de produção, marketing, financiamentos, leis de incentivo, orçamentos e direitos autorais. Queria aprender tudo, de forma a viabilizar meu diálogo com artistas, empresários do setor, investidores públicos e privados, gravadoras, estúdios e outros produtores. Nessa sede por informação, deparei-me com a primeira edição do livro *Guia do Incentivo à Cultura*, de Fábio Cesnik. Por ele tive o contato inicial com as leis de incentivo, em especial a Lei Rouanet, primeira forma de financiamento que utilizei para viabilizar meus novos projetos. Queria produzir discos, e aquele livro me dera a oportunidade de acreditar que era viável. Naquela época, devorei todo o livro do Cesnik, lendo várias vezes, marcando, riscando, anotando tudo e sempre buscando tirar todas as minhas dúvidas para realização de meu primeiro projeto, com a ajuda de outras fontes de informação, incluindo o próprio Ministério da Cultura (MinC).

No início achava tudo confuso, tantas regras, formulários, exigências, burocracia. A relação com o Ministério era distante, demorada. A comunicação era difícil, sempre por cartas. Entre perguntas e respostas, a análise de um projeto arrastava-se por meses. Só não percebia que o enfrentamento daquelas dificuldades germinava um futuro completamente diferente da minha vida de bancário. E esse guia virara quase meu livro de cabeceira.

Depois de alguns anos, minha experiência autodidata acabou me levando para a área cultural daquele banco público. Mesmo produzindo discos, ainda permaneci, algum tempo, como funcionário, agora trabalhando com cultura. Consegui conciliar meu trabalho de produção musical com minhas atividades de funcionário no banco. E foi lá que pude estudar ainda mais o assunto, até assumir o cargo de gestor cultural. Passava a ter uma experiência enriquecedora, como patrocinador, em vez de patrocinado. Abandonei a produção musical para dedicar-me por muitos anos à área e desenvolvendo grandes projetos, incluindo a abertura de três centros culturais no nordeste do Brasil. Foi essa experiência que promoveu a possibilidade de gerir o mais importante instrumento de financiamento da cultura de nosso país, após convite do então Ministro da Cultura, Juca Ferreira.

Hoje, ainda à frente da Secretaria de Fomento e Incentivo à Cultura, por convite da atual Ministra da Cultura, Ana de Hollanda, reencontro o mesmo livro e seu autor, e recordo com ele como seu livro me ajudou a entender a legislação de incentivo fiscal para a cultura, em especial a Lei Rouanet, o maior mecanismo de financiamento público no Brasil.

Essa lei, promulgada em 1991, criou o Programa Nacional de Apoio à Cultura, um programa complexo que envolve muitos operadores: todas as secretarias do MinC e suas instituições vinculadas, uma grande equipe de pareceristas, a Comissão Nacional de Incentivo à Cultura, milhares de proponentes, patrocinadores de todo tipo, pessoas jurídicas e pessoas físicas, instituições não governamentais, órgãos de controle do Governo Federal e a própria sociedade. É imprescindível que cada um desses atores do programa compreenda sua função no processo, entendendo também o papel dos outros parceiros. Com investimentos anuais consideráveis e sempre crescentes, alcançou a marca histórica de um orçamento de mais de R$ 1,6 bilhão, em 2012.

Outros mecanismos de incentivos fiscais, estaduais e municipais, também envolvem legislações singulares. O conhecimento dessa legislação, em detalhes, pelos proponentes e investidores poderia reduzir em muito os problemas que se tem na realização dos projetos. Não tenho dúvida de que a quase totalidade das questões enfrentadas deve-se ao não conhecimento das leis e de sua regulação. Não há como ter êxito num projeto cultural sem conhecer cada uma de suas fases, desde sua concepção, passando pela realização, finalizando na prestação de contas. Não há como operar uma lei de incentivo sem conhecê-la.

Tenho certeza de que esse livro cumpre bem seu papel de permitir que os agentes culturais possam navegar nesse mar de leis de forma simples, clara e pragmática. Como a mim fez um dia, esse manual ainda vai ajudar muitos dos novos e experientes produtores culturais brasileiros a concretizar seus projetos em prol do desenvolvimento da arte e da cultura brasileiras.

Henilton Menezes
Jornalista, Secretário de Fomento e Incentivo à Cultura,
do Ministério da Cultura.

Introdução

Venho escrevendo sobre esse tema há algum tempo, em pareceres para empresas e produtores culturais e em processos administrativos no Ministério da Cultura, na Agência Nacional de Cinema e junto a órgãos de governo estaduais e municipais. Confesso que muito aprendi na pesquisa para elaborar este livro e no trabalho cotidiano em meu escritório, no atendimento a clientes. A dificuldade de tratar do assunto decorre do fato de que não existe nenhuma publicação sobre incentivo à cultura aliando aspectos doutrinários a uma ótica mais técnica. Tudo o que se escreveu até hoje enfoca a visão de benefícios de marca e requisitos genéricos do projeto, não entrando na seara técnica do incentivo à cultura, focalizada como tal no processo administrativo que tramita em um ente de governo determinado. Recentemente foi lançado o livro *Mercado Cultural*, do publicitário Leonardo Brant, que cuida do tema abordando a perspectiva de marketing, tornando-se facilmente uma referência no segmento por sua distinta qualidade.

Quanto ao propósito das leis de incentivo, não considero acertadas as críticas dos produtores culturais de que as verbas da cultura estão na mão da iniciativa privada. O envolvimento entre o ente privado e o governo nas relações com produtores culturais e artistas criou uma profissionalização do mercado. Ora, Michelangelo cresceu em seu trabalho vivendo sob os auspícios de um mecenas, e nem por isso deixou de fazer uma obra consistente e inovadora. Acreditamos que os artistas e produtores brasileiros hão de chegar a essa profissionalização e aprender a utilizar o diálogo moderno.

A utilização do incentivo fiscal é frequente em nosso país, tendo sido aplicado em vários campos da atividade humana. Ressalta Marco Aurélio Grecco[1], em texto no qual comenta a Lei Sarney, que

> denominada de extrafiscalidade, a utilização de mecanismos fiscais com o intuito não meramente arrecadatório, mas de direcionamento do comportamento humano, é forma que se coaduna com os ditames da Constituição Federal e, muitas vezes, tem se apresentado como instrumento eficiente.

Escrevo, assim, este livro trilhado na prática sobre os mecanismos de incentivo à cultura como contribuição àqueles que igualmente se lançaram ou querem lançar-se neste caminho, que é a construção e sedimentação responsável do nosso patrimônio artístico e humanístico.

---

1 GRECCO, Marco A. Notas à lei de incentivos fiscais à cultura. São Paulo, *R. Forense*, 298, 15-123, abril-junho/87.

1
Introdução e histórico do incentivo fiscal à cultura no Brasil

Os incentivos fiscais são soluções criadas pelos governos para o estímulo de determinados setores de interesse estratégico, da economia. Sempre que há necessidade de investimento maciço em determinado setor, cria-se um estímulo tributário para que recursos sejam canalizados para o segmento específico. A cultura pertence a um desses setores que têm precisado de estímulo governamental para conseguir seu impulso inicial. A partir dela, a sociedade adquire consciência de sua importância e passa a contribuir voluntariamente. O voluntariado nessas áreas, no entanto, dificilmente surge sem um estímulo paralelo dado pelo Estado.

O histórico do investimento em cultura não pode ser feito sem antes explorar a significação da palavra mecenas, tão falada entre nós, e fonte da derivação mecenato, utilizada nos dias atuais pelo Ministério da Cultura para caracterizar projetos em que se concede incentivo fiscal.

A origem desse termo vem da Roma antiga, de Caius Cilnius Mecenas, ministro de Caio Julio Augusto, Imperador de Roma. Segundo o advogado carioca Cândido Mendes (1994):

> Caius Mecenas como estrategista de talentos múltiplos é o responsável, entre 74 a.C. e 8 d.C., por uma política inédita de relacionamento entre governo e

sociedade dentro do Império. Para Mecenas, as questões de poder e da cultura são indissociáveis e cabe ao governo a proteção às diversas manifestações de arte. Na equação de trocas, cabe à arte um papel no âmbito desse poder.

E continua:

> Mecenas entende que o poder necessita se fazer cercar da criação artística e do pensamento, na busca de sua legitimidade. Neste sentido, são formados e mantidos os círculos de eruditos que gravitam em torno do ministro e do governo. Cabe a este círculo a intermediação das ideias e ações imperiais junto à população. Através de sua influência e prestígio junto aos cidadãos, os eruditos emprestam credibilidade, ao mesmo tempo em que disseminam a política imperial. Por meio da implantação do que se convencionou chamar de "maneira grega de pensar o poder no coração do Império Romano", Mecenas arquiteta um dos mais sutis e eficientes sistemas de legitimação do poder na história. Ao transformar filosofia e arte em pensamento oficial, o ministro da propaganda de Augusto inaugura formalmente uma relação que iria prosperar nos séculos seguintes[1].

No Brasil, a política de investimento em cultura começou tardiamente. Em 1810, D. João VI construiu a Biblioteca Nacional, sem nenhuma participação da iniciativa privada. Em meados do século XX, a elite brasileira atentou para a necessidade de investimento; o despertar, no entanto, não foi acompanhado por políticas públicas para o setor, o que representa um erro estratégico do gestor da máquina pública federal da época. Essas políticas públicas de investimento surgiram apenas no fim da década de 1990, perdendo o estímulo natural que havia desde a metade do século XX, mas valendo-se do instituto jurídico que existia, ou seja, do incentivo fiscal.

Ao revés desse contexto, já em 1917, o governo dos Estados Unidos da América (EUA) adotou a política de incentivos à cultura (*tax deduction*), por meio da qual podia-se abater o valor efetivamente doado do imposto devido. Esse sistema vigorou por cerca de setenta anos e, atualmente, como reflexo de seus efeitos estruturados, tem-se um sistema cultural desenvolvido e com grande expressão, bem como uma política forte de investimento em cultura. Alguns investidores americanos surgiram nesse período e deram origem a im-

---

[1] MENDES, C. *A arte é capital, visão aplicada do marketing cultural*. Rio de Janeiro: Rocco, 1994.

portantes instituições, tais como: Fundação Rockefeller, Universidade de Chicago, Fundação Guggenheim, além da iniciativa de famílias tais como Carnegie, Morgan, Vanderbit, Ford e tantas outras.

O governo dos Estados Unidos ampliou os incentivos após a 2ª Guerra Mundial e retornou aos parâmetros anteriores em 1986, já com um mercado cultural consolidado. Esse modelo difere muito do modelo europeu, no qual há um grande investimento estatal até os dias de hoje. A legislação americana do início do século, como forma de onerar os trustes empresariais, exigia dos proprietários que fizessem investimentos em arte e filantropia, como é o caso da Standard Oil, de Rockefeller, que canalizou muitos recursos para a cultura.

Em 1995, as doações nos Estados Unidos chegaram a 150 bilhões de dólares, dos quais aproximadamente 7% foram para artes e humanidades, ou seja, 10,5 bilhões de dólares. Desse total, 80% das doações foram feitas por indivíduos (pessoas físicas).[2]

É interessante observar o motivo pelo qual se estimulou tanto investimento em cultura nos Estados Unidos. A lei, criada em 1917, buscava trazer grandes acervos da Europa para o país, que não tinha quase nada até então, pois os ricos desejavam que o país tivesse tesouros universais. A lei, nesse sentido, buscou mais do que o fomento da cultura local: buscou um incentivo à formação de grandes coleções, consubstanciadas na importação da cultura europeia. Resultado disso é que atualmente os EUA possuem verdadeiras raridades, frutos do estímulo dado nesse período.

Outro fator importante utilizado pelos americanos foi a transformação de sua cultura, que se consolidava, naquele momento, em um produto de exportação. No presente momento, a cultura é o terceiro produto de exportação do país, estimulando uma ampla geração de divisas com os *royalties* provenientes dos produtos culturais. Mas não somente isso, pois o objetivo é muito maior. Os subprodutos incorporados para todos dentro do produto americano, tais como roupas, refrigerantes e costumes de maneira geral, fizeram com que o *way of life* do americano fosse praticamente imposto e sustentado por outras sociedades. Tal fato incrementou ainda mais a venda de seus outros produtos e obrigou, assim, a remessa de mais recursos para aquele país.

Já no Brasil, entre os anos 1940 e 1950, os empresários Franco Zampari e Francisco Matarazzo Sobrinho criaram o Museu de Arte Moderna de São Paulo (MAM – 1948), o Teatro Brasileiro de Comédia (TBC – 1948), a Cine-

---

2   Vide levantamento da AAFRC Trust for Philantropy: http://www.aafrc.com/.

mateca Brasileira (1948) e a Companhia Cinematográfica Vera Cruz (1949). Em 1951, o empresário Cicilio Matarazzo criou a Fundação Bienal de São Paulo e o Museu de Arte Contemporânea (MAC, hoje pertencente à Universidade de São Paulo).

Posteriormente, o Masp foi criado por Assis Chateaubriand, que chegou a trocar inserções no seu jornal, o *Diários Associados*, por doações ao museu. Caso similar aconteceu com Paulo Bittencourt e Niomar Moniz Sodré, donos do jornal *Correio da Manhã*, que fundaram o Museu de Arte Contemporânea do Rio de Janeiro (MAC-RJ). A partir de 1950 se iniciam os investimentos de empresas, tais como Shell, Petrobras e Banco do Brasil, dentre outras.

Há quem defenda que o impulso gerado por esses mecenas fosse movido mais pela vaidade pessoal que pela consciência, o que ocorre em todos os lugares. A benemerência da alta elite nessas situações é dada, sobretudo, em troca do prestígio pessoal dentro do alto círculo social. Esse movimento espontâneo precisa ser capitalizado pela política cultural e pelo sistema legislativo no momento correto, de modo que lance ferramentas de estímulo.

No ano de 1986 vivemos a primeira experiência de incentivo fiscal à cultura com a Lei Sarney, que durou até 1990. Sua sistemática, pautada no simples cadastramento do proponente, deu margem a uma sequência de fraudes que, ainda hoje, leva ao desconhecimento do destino dos recursos desse período. O professor José Álvaro Moisés menciona, em artigo publicado no livro *Um olhar sobre a cultura brasileira*, que foram investidos R$110 milhões em quatro anos, sem saber ao certo em quê. Existem outras fontes que falam em R$ 450 milhões.

De todo modo, a Lei Sarney (Lei n. 7.505, aprovada em 2 de julho de 1986) foi a precursora como mecanismo de incentivo no Brasil. Previa três níveis de abatimento distintos: até 100% para doadores, até 80% para patrocinadores e até 50% para investidores. Cadastrou, durante sua vigência, 4.700 entidades, segundo dados do próprio senador José Sarney, e movimentou uma discussão enorme em torno do incentivo fiscal à cultura no Brasil.

Com o Governo Collor veio a extinção de todos os organismos culturais. Sem financiamento, os artistas e produtores defenderam a criação de um mecanismo de incentivo fiscal no município de São Paulo. Desse movimento surge a Lei n. 10.923, de 30 de dezembro de 1990, batizada de Lei Mendonça.

No ano de 1991, o Secretário da Cultura da Presidência da República, Sérgio Paulo Rouanet, obteve sucesso com seu projeto de lei ao produzir o texto que proporciona base legal de toda a política de incentivos praticada hoje no Brasil. Essa lei possui grande rigor formal no cadastramento do projeto, na análise de conteúdo e na prestação de contas, além da análise do proponente feita dentro do princípio da transparência da administração pública e da responsabilidade orçamentária. Talvez por falta de permeabilidade do sistema implantado de 1992 a 1994, somente 72 empresas investiram em cultura, sem nenhum tipo de apoio dado por pessoas físicas.

Em 1995, com o início do governo de Fernando Henrique Cardoso, que levou Francisco Correa Weffort ao posto de Ministro da Cultura (MinC), a União passou a aparelhar a regulamentação da lei, implantando no MinC a Secretaria de Apoio à Cultura. Passou a existir, a partir de então, um impulso dado pelo Presidente e pelo Ministro, associado a uma predileção especial do então Ministro das Comunicações, Sérgio Motta, pela cultura, o que levou ao investimento maciço das estatais do setor de telecomunicações. O recebimento de projetos se desburocratizou e o acesso aos mecanismos se tornou mais ágil, tendo a característica fundamental para o futuro sucesso que foi o estímulo à profissionalização da atividade de apresentação de projetos culturais e captação de recursos. Estava inaugurada uma verdadeira política de incentivo para o setor. Essa predileção de figuras componentes de outras áreas do Estado pela cultura inspirou outros dirigentes de estados e municípios. No ano de 2001, a Medida Provisória n. 2.228-1, publicada no dia 6 de setembro, introduziu profundas alterações no segmento audiovisual, por meio da criação da Agência Nacional de Cinema (Ancine). Com isso são introduzidos vários mecanismos novos de estímulo à recém-criada indústria cinematográfica. A Ancine aperfeiçoa bastante seu sistema de funcionamento e controle ao longo dos seus primeiros anos de vida, apresentando um rápido desenvolvimento.

Em 2003, assume o posto de Ministro da Cultura o cantor e compositor Gilberto Gil, fruto da eleição do Presidente Luiz Inácio Lula da Silva. Gil defende a tese de consertar o avião com ele voando e mantém a política de aprovação de projetos. São realizadas várias discussões no mercado e o regulamento da lei é alterado no ano de 2006, com a edição do Decreto n. 5.761/06, que introduz algum aperfeiçoamento no mecanismo de incentivo à cultura. Gil realiza um bom trabalho ao tirar o foco central do incentivo fiscal e ampliar sobremaneira o espectro de ação do MinC.

O trabalho de Gil é sucedido pelo de Juca Ferreira, seu Secretário Executivo desde o início da gestão. Juca assume um embate com o setor cultural organizado criando uma campanha anti-Rouanet e pró-fundo, como se esses dois mundos fossem adversários e não complementares. O resultado de sua gestão é negativo para a imagem do incentivo (especialmente da Lei Rouanet), mas inegavelmente positivo para a consolidação do trabalho iniciado por Gilberto Gil, que chamou atenção da importância da atividade cultural e do orçamento da pasta.

No ano de 2010 é enviado ao Congresso Nacional o projeto de lei de criação do Procultura, mecanismo que viria a substituir a Lei Rouanet. Inicialmente mal formulado, o projeto é aperfeiçoado na Comissão de Educação e Cultura da Câmara pela deputada federal Alice Portugal. Resta ainda a conclusão da tramitação deste projeto na Câmara e depois no Senado Federal.

Um ano mais tarde, assume a gestão do MinC a cantora Ana Buarque de Hollanda. Do ponto de vista da estrutura do incentivo, Ana mantém os quadros técnicos das secretarias finalísticas na operação da engenharia de financiamento, o que mantém o sistema de apoio a projetos em operação de forma organizada.

Até hoje o investimento em cultura tem crescido de maneira significativa, no ano de 1999 cerca de 1.040 empresas e 2.289 pessoas físicas contribuíram por meio da Lei Rouanet. Esses números subiram, em 2002, para 1.288 empresas; em 2005 contavam mais de 2.000 empresas (e mais de 3.000 pessoas físicas); e, em 2011, atingiu-se marco histórico de 3.012 empresas (e mais de 15 mil pessoas físicas). Em termos de volume global captado, esses números foram de R$ 482 milhões em 2002, para quase R$ 700 milhões em 2005 e atingiram o recorde de quase 1,3 bilhão de reais em 2011. Além disso, o governo não se limitou aos incentivos. Apesar dos poucos recursos que possui, a União investe aqueles que são arrecadados do Fundo Nacional de Cultura em atividades promovidas por entidades sem fins lucrativos (associações e fundações) e públicas (prefeituras e estados). Algumas pequenas retrações de investimento demonstradas, possivelmente, na passagem de um ano para outro, ocorrem como reflexo do surgimento das leis de incentivo regionais, da absoluta desinformação dos departamentos financeiros e contábeis das empresas, das privatizações e até pelo reflexo negativo da administração dos recursos em algumas produções isoladas, como foi o caso do projeto aprovado pelo ator Guilherme Fontes, amplamente noticiado pelos veículos de comunicação.

Analisando do ponto de vista comparativo com outros países e com o avanço da história do Brasil, a Lei de Incentivo à Cultura, bem como todas as modalidades de apoio a atividades culturais em todas instâncias de governo, deve ser recepcionada pelas empresas. Estas devem, deduzindo o valor transferido de seus tributos, experimentar o apoio à cultura como alternativa de divulgação de produto para um público segmentado, de associação de sua marca com o produto cultural, além de todos os benefícios de mídia proporcionados pelo marketing indireto. No entanto, não se deve presumir que a cultura se tornou um produto ou uma mercadoria atrelada às leis de mercado. Seu valor histórico e social é infinitamente superior a isso, mas o que se busca é que, com meios propiciados pelo mercado e governo, expressões antes inseguras encontrem meios mais estruturados de se apresentarem ao público.

Por fim, vale noticiar o advento de novos incentivos nos últimos dez anos: alguns em pleno funcionamento e outros na iminência da criação. Com destaque para os Funcines e uma dezena de instrumentos de fomento criados para a área audiovisual, além do tão próximo vale-cultura que aguarda os últimos movimentos do Congresso Nacional.

2
Aspectos constitucionais e tributários do incentivo fiscal

Incentivos fiscais são estímulos concedidos pelo governo, na área fiscal, para a viabilização de empreendimentos estratégicos, sejam eles culturais, econômicos ou sociais. Eles têm ainda a função de melhorar a distribuição de renda regional. A frase abaixo, extraída do prefácio do livro *Incentivos fiscais para o desenvolvimento*, organizado por Antônio Roberto Sampaio Dória[1], inspira a compreensão do significado do incentivo fiscal:

> Velho instrumento de vitalização econômica dirigida, o estímulo tributário desdobrou-se no Brasil, na década passada, num leque de alternativas que em originalidade, amplitude e ambição de propósitos, não encontra símile no mundo contemporâneo. Programas de desenvolvimento lastreados em análoga instrumentação, como o do Mezzogiorno na Itália meridional e o de Porto Rico nas Antilhas, apequenam-se diante da experiência brasileira que, ainda quase só potencial, entremostra apenas seus primeiros frutos.
>
> Do ângulo positivo, revelou o incentivo fiscal extraordinária flexibilidade em se acomodar aos mais diversificados escopos. Constituiu-se, ademais, exce-

---

[1] DÓRIA, A.R. (org.). *Incentivos fiscais para o desenvolvimento*. São Paulo: José Bushatsky Editor, 1971.

lente fórmula de compromisso para integrar, no projeto comum de desenvolvimento de correção de desequilíbrios no país, o dinamismo no processo econômico privado e a necessária coordenação da receita, a mola que os impulsiona.

Para Helio Socolik, as "funções do governo, em um sistema econômico, são as de promover a melhor alocação possível dos recursos escassos, minimizar a desigualdade na distribuição de renda e de riqueza (em termos pessoais e regionais) e criar as condições para a estabilidade da economia" e "Após a Segunda Guerra Mundial (...) os incentivos fiscais passaram (...) a ser utilizados como mecanismos de direcionamento de investimentos para setores que favoreçam o desenvolvimento".

A Carta Magna define três papéis distintos do Estado como agente na Ordem Econômica Nacional: fiscalizador, incentivador e planejador. Ressalta Sérgio D'Andrea Ferreira[2] que:

> Sem tisnar o seu caráter de economia descentralizada, aparece o Estado, como empresário, como sujeito econômico (art. 173), ou como agente normativo e regulador, mas, tão só, na qualidade de fiscalizador, incentivador e planejador, sendo que, nessa última função, com papel simplesmente indicativo no concernente ao setor econômico privado (art. 174).

Essas funções distintas do Estado aparecem em um plano de multilateralidade. Não se pode falar em ingerência estatal na economia, mas, simplesmente, no exercício de funções multilaterais pelo Estado. Diferencia-se do Estado Totalitário, que mantém a unilateralidade como regra de gestão. Ao contrário, o modelo brasileiro de Estado está fundado na livre-iniciativa, conforme preceitua o *caput* do art. 170 de nossa Carta Magna, sendo sua atribuição o papel de estímulo às ações privadas, prevendo e estimulando o lucro das empresas. O Estado reprime tão somente os abusos.

Modernamente, os Direitos Público e Social Comparados têm optado, como marca de seu avanço, pela "negociação, o que se apresenta como uma forma de (...) democracia participativa, de parceria"[3].

---

2   FERREIRA, S.D. O incentivo fiscal como instituto do direito econômico. Rio de Janeiro, *Revista de Direito Administrativo*. 211: páginas 31 a 46, jan. a mar. 1998.
3   FERREIRA, S.D. Op. cit., em texto que cita *foundations of Administrative Low*, Peter H. Schuck, Oxford University Press, 1994, p.290 e 312 e s.

Para Sérgio D'Andrea Ferreira[4]:

> É inevitável, portanto, que o Brasil siga a mesma trilha do Direito Comparado, no sentido da substituição de unilateralidade pela bi ou multilateralidade, com a formação das situações jurídicas de Direito Público e Social, inclusive o Econômico, mercê da presença necessária, para o aperfeiçoamento do vínculo, de duas ou mais partes a expressarem sua vontade jurígena – plurilateralidade existencial – e a provocarem o nascimento de direitos e obrigações recíprocos, de prestações e contraprestações – multilateralidade eficacial.

Para o mesmo autor, em texto que cita Geraldo de Camargo Vidigal, o incentivo fiscal é "a mais moderada forma de presença do Estado na economia", e comenta: "Exatamente porque não é impositiva, unilateral, mas exige o acordo de vontades, do incentivante e do incentivado, acordo gerador de situação jurídica subjetivada". E continua:

> O estímulo da Administração Pública às atividades individuais caracteriza-se, na linha da modernidade do Direito Administrativo, pela ausência de compulsoriedade, da impositividade, na fruição dos meios de fomento; e pelo uso da premiação, em vez da coação.

O incentivo fiscal é uma das formas de agir do Estado brasileiro. Reza o art. 174 da Carta Constitucional:

> Art. 174 – Como agente normativo e regulador da atividade econômica, o Estado exercerá, na forma da lei, as funções de fiscalização, **incentivo** e planejamento, sendo este determinante para o setor público e indicativo para o setor privado.
> § 1º – A lei estabelecerá as diretrizes e bases do planejamento do desenvolvimento nacional equilibrado, o qual incorporará e compatibilizará os planos nacionais e regionais de desenvolvimento.
> § 2º – A lei apoiará e estimulará o cooperativismo e outras formas de associativismo.

---

4 Op. cit., p.34.

O incentivo fiscal, de acordo com a Carta Magna de 1988, passou a ser uma das formas de atuação do Estado brasileiro. Ao contrário da Constituição de 1946 e a de 1967, a atual Constituição não previu[5], apesar de seu aspecto em alguns momentos socializantes, intervenção no domínio econômico.

Uma das principais formas de incentivo fiscal é a isenção. Para Manoel Lourenço dos Santos, "o incentivo fiscal é o gênero de que a isenção tributária é a espécie". Isenção é instituto do Direito Tributário, enquanto incentivo é instituto do Direito Econômico.

Com efeito, na explicação de Antônio Roberto Sampaio Dória, nem toda isenção é forma de incentivo fiscal:

> Por exemplo, isenções fiscais concedidas para diplomatas estrangeiros não têm relações com incentivos fiscais. Por outro lado, o gênero incentivos fiscais abrange – além das isenções – outras espécies, tais como alíquota reduzida, bonificação, deduções para depreciação acelerada, suspensão do imposto, crédito do imposto para aplicação em investimentos privilegiados, tributação agravada para atividades de menor interesse para a economia nacional. Outrossim, o termo "incentivos fiscais" é um conceito da ciência das finanças que não se identifica com conteúdo jurídico determinado de nenhum instituto específico, definido pelo Direito Tributário, mas abrange uma variedade de tais institutos, entre os quais a isenção fiscal.

O professor Ives Gandra da Silva Martins faz uma distinção entre incentivos de natureza tributária e outros de natureza financeira. Explica que

> os estímulos financeiros, ao contrário dos tributários, dispensam a relação entre Fisco e contribuinte, e resultam em colaboração entre o poder público e a empresa ou cidadão, com empréstimos em condições mais favoráveis. Enquanto nos incentivos fiscais, há renúncia à arrecadação de determinado tributo, no incentivo financeiro não há renúncia qualquer dessa natureza, mas o poder público, com os recursos que arrecada e dos quais pode dispor nos termos orçamentários, resolve beneficiar determinados segmentos ou situações, na busca de atração de investimentos e desenvolvimento para determinada área de atuação.

---

5 Salvo sob a forma prevista no art. 149 da Constituição Federal de 1988.

Sem dúvida que temos, no caso da cultura, incentivos fiscais tributários e não financeiros.

De acordo com Ruy Barbosa Nogueira os incentivos de que tratamos são "medidas fiscais, que excluem total ou parcialmente o crédito tributário, que o Governo Central procura provocar a expansão econômica de uma determinada região ou de determinados setores de atividade". O mesmo autor afirma que os incentivos fiscais funcionam somente se vierem acompanhados de outras medidas, para que com isso sejam criadas condições econômicas e sociais favoráveis, e se possa atingir o objetivo a que se propõem. Acrescenta, ainda, que tais medidas devem ser adotadas pelo poder nacional ou que estejam dentro do contexto deste.

A isenção tem como principal efeito a exclusão do crédito tributário, impedindo a prática administrativa do lançamento. Nesse sentido, estabelece o art. 175 do Código Tributário Nacional que "excluem o crédito tributário: I – a isenção". Isso acontece, pois com a isenção temos o congelamento dos efeitos do fato gerador do tributo (vide arts. 113 e 114 do CTN) e nenhum crédito tributário pode nascer desse evento.

Ora, no caso do Brasil o incentivo fiscal à cultura foi implementado com a Lei Sarney. Esta exigia o simples cadastramento da empresa que estaria apta, a partir de então, a conceder benefícios fiscais a terceiros. Essa iniciativa deu estímulo ao surgimento da Lei Mendonça, no município de São Paulo, que concede aos contribuintes do Imposto Predial e Territorial Urbano (IPTU) e do Imposto Sobre Serviço (ISS) benefícios fiscais nos casos de investimento em projetos culturais pré-aprovados pelo município. Em seguida, o Governo Federal implementou uma política de incentivo à cultura, a partir da edição da Lei Rouanet, Lei do Audiovisual e de suas regulamentações, tendo essa iniciativa federal impulsionado o surgimento em outros estados e municípios de semelhantes mecanismos. Em decorrência disso, o Brasil tem hoje uma verdadeira política de apoio à cultura, pelo menos no que tange à concessão de incentivos fiscais. Esperamos que os programas públicos também sejam implantados para o cumprimento da política estatal de cultura.

Para efeitos de incentivo fiscal à cultura, as medidas fiscais não vieram desacompanhadas de outros estímulos. A renúncia de receita, por parte dos entes de governo, é apenas uma dessas medidas. As leis de incentivo criam ainda retorno de marca, retorno sobre a comercialização (caso da Lei do Audiovisual), dentre outros. Além do notável crescimento do segmento cultural, a manutenção da lei de incentivo à cultura justifica-se também pelo fato de ela estar aumentando as vantagens sociais e econômicas ganhas com a realização de novos eventos culturais ou ampliação dos já existentes, significando, com isso, geração de emprego e renda e, como consequência, receita tributária. Pesquisa realizada pelo Ministério da Cultura mostrou que, em 1997, a cultura movimentou no Brasil R$ 6,5 bilhões, perto de 1% do PIB. Essa movimentação empregou aproximadamente 510 mil pessoas. Estima-se que, em 2001, esse número já tenha chegado a mais de 2,6 milhões de pessoas, o que representa quase 5% do total de pessoas ocupadas no Brasil[6].

INSTRUMENTALIZAÇÃO DO INCENTIVO FISCAL À CULTURA

Os incentivos fiscais à cultura são instrumentalizados por meio da entrega de recibo do valor efetivamente transferido para a conta-corrente específica aberta em nome do proponente, responsável pelo projeto cultural. Esses recibos podem possuir dois emissores distintos: (1) o próprio ente de governo; (2) o proponente ou empreendedor do projeto, a partir do poder que lhe é delegado pelo ente de governo, limitado ao total da renúncia fiscal autorizada. O primeiro caso é o adotado pela Lei Mendonça, do município de São Paulo, e o segundo, pela Lei Federal de Incentivo à Cultura (Rouanet).

Os certificados ou recibos são documentos de legitimação, não apresentando características de instrumentos monetários. O professor Fábio Konder Comparato[7], em parecer para a Secretaria Municipal de Cultura de São Paulo, ressalta que esses documentos de legitimação ou títulos de crédito impróprios não fazem parte do rol de títulos descritos no art. 19 da Lei n. 8.088, de 31 de outubro de 1990. Assim sendo, esses títulos ou documentos de legitimação, quando emitidos ao portador, e estando eles na simples posse do papel, não são condições suficientes para o exercício nele mencionado. Ressalta que "o devedor pode liberar-se pagando ao portador não identificado; mas tem o direito de exigir que o possuidor se identifique, ou prove o seu direito de outro modo". O título em questão, portanto, não tem natureza de valor mobiliário.

---

6 MAC DOWELL, M.C. *As Dimensões Econômica e Social das Pessoas Ocupadas em Atividades Relacionadas com a Indústria Criativa no Brasil.* Relatório de pesquisa IPEA gentilmente fornecido por Sérgio Sá Leitão.
7 COMPARATO, F.K. *Incentivo Tributário à Cultura.* Cadernos de Direito Tributário – Revista do Direito Tributário. São Paulo, n.53, p.77-81, jul.-set. 1990.

Abaixo reproduzimos as conclusões do parecer do professor Comparato, que nos parecem esclarecer melhor os pontos acima expostos:

a) Os certificados de incentivo fiscal, criados pela Lei n. 10.923, de 30 de dezembro de 1990, do Município de São Paulo, são documentos de legitimação, podendo se apresentar, livremente, sob a forma nominativa, nominativa endossável, à ordem ou ao portador, sem que a legitimação pelo teor literal do documento dispense o seu titular de eventuais ônus adicionais para o exercício de seu direito e pretensão, conforme for razoavelmente estabelecido pelo decreto regulamentador.

b) Tais certificados não apresentam a menor semelhança com os instrumentos monetários, não havendo por conseguinte a menor interferência na esfera de competência constitucional de criação de moeda, pela União Federal.

c) O art. 19 da Lei n. 8.088, de 31 de outubro de 1990, não é aplicável nessa matéria, não só pela natureza jurídica dos certificados referidos, como ainda em razão da autonomia constitucional financeira do município.

COMENTÁRIOS SOBRE A LEI DE RESPONSABILIDADE FISCAL E SUA RELAÇÃO COM O INCENTIVO FISCAL À CULTURA[8]

A partir da edição da Lei de Responsabilidade Fiscal (LRF – Lei Complementar n. 101/2000), definiram-se algumas restrições às renúncias fiscais que poderiam reverter em prejuízo ao segmento cultural que se beneficiava das fontes públicas com as leis de incentivo à cultura. Na presente seção, pretendemos cuidar das razões de sua edição e de alguns critérios que a própria lei coloca, ressaltando que, se os mecanismos alocados ao incentivo à cultura forem bem gerenciados tanto pela iniciativa privada quanto pelo controle governamental, muito pouco tenha de ser alterado para que a atuação do incentivo fiscal à cultura se enquadre no escopo da LRF.

Hoje, o incentivo fiscal à cultura assume papel fundamental no desenvolvimento das atividades culturais. Tornou-se uma prática em todos os estados e municípios pensar e editar sua própria lei de incentivo, buscando a parceria para o fomento da cultura na área de atuação desse ente federativo. São pouquíssimos os entes de governo que estão regredindo ou extinguindo sua le-

---

8 Texto elaborado com a colaboração de Priscila Akemi Beltrame.

gislação em um momento em que a perspectiva geral é de avanço e novos estímulos ao segmento.

A LRF foi editada em decorrência de desequilíbrios regionais e orçamentários que geravam um sistema de difícil controle governamental. A repartição de rendas entre os entes federativos pressupunha um mecanismo constitucional de transferências fiscais com grande flexibilidade orçamentária, a fim de permitir políticas redistributivas, mecanismos que garantissem o compartilhamento de receitas tributárias e, enfim, um maior feixe de meios para gerenciar distúrbios econômicos.

Os ensinamentos de Márcio Novaes Cavalcanti esclarecem muito a presente análise no estudo comparativo que fez do sistema de controle orçamentário brasileiro e da experiência europeia com o Pacto de Estabilidade e a União Monetária Europeia. Diz o autor sobre a necessidade da LRF em nosso país:

> Embora o federalismo fiscal seja uma realidade no Brasil, a falta de controle orçamentário e o constante déficit interno em nível nacional e regional provocaram uma situação de instabilidade macroeconômica em que as transferências fiscais tinham a finalidade única de salvar governadores sem visão de longo prazo, e o risco moral (*moral hazard*) reinava em todo o país [...]. A falta de controle das políticas fiscais, do endividamento e do orçamento era tamanha que as supostas virtudes do sistema transformaram-se em pesadelo, passando a se apresentar no país todas as externalidades e deficiências econômicas decorrentes do mau uso de políticas fiscais e do descontrole orçamentário. Essas são as razões a justificar a Lei de Responsabilidade Fiscal[9].

O princípio da responsabilidade, inserido como princípio norteador da lei, visa impor formas de controlar e ajustar os gastos públicos de forma responsável e dentro de um planejamento prévio, sempre tendo como referência a arrecadação do ente federativo. O outro princípio que também se insere no escopo da lei é o da transparência na situação financeira dos entes públicos, que assegura amplas condições de avaliarem-se as condições operativas, de investimento ou de assunção de compromissos pelo país, pelos estados e pelos municípios.

---

9 CAVALCANTI, M.N. *Fundamentos da Lei de Responsabilidade Fiscal*. São Paulo, Dialética, 2001, p. 68.

Conforme Cavalcanti, com base nos princípios descritos anteriormente, caminha-se no sentido de eliminar, ou pelo menos reduzir, um dos principais problemas dos administradores públicos brasileiros, o da irresponsabilidade moral, "que significa dilapidar o patrimônio público de forma irresponsável, por saber que não existirá punição, ou que os cofres da União irão bancar o rombo por eles provocado"[10]. De fato, as perspectivas da LRF são ambiciosas e pretendem diminuir os efeitos de uma má distribuição de renda, quase um emblema nacional.

A vigência da Lei de Responsabilidade Fiscal, editada em um contexto já referido e decorrente, em grande medida, da percepção de uma crise econômica no país, fez com que alguns governos retivessem os incentivos, sem ponderar detidamente os critérios que justificassem essas restrições, conforme veremos.

Considerando-se que os entes federativos devem operar com base em metas orçamentárias, o funcionamento do sistema de arrecadação necessita estar efetivo e completamente operante, de modo que é mister que o exercício da competência tributária, portanto a cobrança e a fiscalização dos tributos devidos, seja exercido em sua potência máxima. Prevê-se, inclusive, a vedação das transferências voluntárias como sanção para aqueles que não realizarem essa obrigação. Com base na operacionalidade desse sistema, os governos passam a ter de especificar medidas de combate à sonegação e à evasão fiscal, assim como a evolução dos créditos tributários passíveis de cobrança, ao mesmo tempo em que passam a ter mais condições de conceder benefícios fiscais, como é o caso da renúncia na forma de incentivos.

A LRF estabelece também que não só as despesas, mas também as renúncias fiscais, somente poderão ser instituídas a partir de arrecadação que as comporte. Com efeito, a existência de benefícios fiscais passa a depender de uma estimativa de impacto orçamentário-financeiro no exercício em que deva iniciar a vigência da renúncia e nos anos seguintes, atendendo ao disposto na Lei de Diretrizes Orçamentárias. Deve-se ainda demonstrar que o montante renunciado não afetará as metas de resultados fiscais previstas nas diretrizes orçamentárias ou estar acompanhado de medidas de compensação que poderão ser tomadas para aumento de receita no período de renúncia.

Entendemos que, dentro das restrições estabelecidas, as renúncias fiscais para atividades culturais possuem plenas condições de continuar em vigor.

---

10 Op. cit., p. 74.

Caso os benefícios para a área cultural não estejam previstos como metas na Lei de Diretrizes Orçamentárias, um estudo detido poderá identificar que, a partir da utilização de recursos públicos incentivados, gera-se mais emprego e renda, além de movimentar a economia e a arrecadação sem similar do estado ou município.

O administrador público possui diversos recursos para comprovar os benefícios orçamentários da aplicação em cultura, ao mesmo tempo em que fundamenta o apoio às atividades culturais. Algumas medidas que efetivamente implicam aumento de receita ao governo podem ser tomadas, dependendo de uma avaliação que o administrador fará para identificar focos de evasão fiscal conjugados às exigências documentais para aprovação dos projetos culturais e emissão de certificados de investimento, visto que a interface fiscal dos incentivos à cultura permite ao administrador essa sensibilidade e criatividade.

Justifica-se, como alternativa, o município exigir que determinados pagamentos realizados por projetos que movimentem recursos incentivados, acima de determinada quantia, sejam feitos mediante apresentação de certidão negativa de débito da empresa recebedora para com o ente governamental incentivador. Impede-se, assim, que empresas em débito com o Fisco possam receber verbas decorrentes de benefícios fiscais e, ao mesmo tempo incentiva a regularidade tributária das entidades recebedoras de patrocínio ou doação no âmbito da cultura. Essa prática foi adotada pelo município de Londrina quando, anteriormente a essa medida, se identificou que alguns recursos de projetos culturais eram aportados em hotéis inadimplentes com o município. Com isso, criaram-se mecanismos para tornar a expedição de certidões mais ágil e, simultaneamente, promoveram-se medidas para o aumento de arrecadação. O município passou a exigir certidões negativas de débito para todos os fornecedores de serviços para projetos culturais incentivados, funcionando essa regulamentação como premiadora dos contribuintes regulares e incentivadora para os que se encontravam irregulares.

A prática do município de Londrina, adotada como um exemplo, demonstra para efeitos da Lei de Responsabilidade Fiscal, que os recursos aplicados em cultura voltam para o próprio município de forma indireta. Isso justifica a manutenção e o estímulo à lei de incentivo à cultura, ao mesmo tempo em que a coloca em condições de cumprir com as metas da LRF.

Além da forma de incentivo à cultura como renúncia fiscal, é necessário reforçar que o acesso à cultura é garantido pelo Estado, conforme atribuição constitucional (art. 215 da CF), devendo obrigatoriamente possuir parte dos recursos públicos diretos aplicados nesse segmento.

Os governadores e os prefeitos que concederem incentivos ou benefícios fiscais a uma ou mais empresas, sem respaldo na Lei de Responsabilidade Fiscal, não estão cometendo delito no conceito de crime, mas um ato de improbidade administrativa, previsto no art. 10, VII, da Lei n. 8.429/92, sujeitando-se à pena de perda da função pública, suspensão dos direitos políticos de cinco a oito anos e pagamento de multa de até duas vezes o valor do dano. Se, no entanto, o estímulo estiver respaldado no art. 14 da LRF, como recomendamos para os casos de lei de incentivo à cultura, não existe nenhum delito por parte do administrador público.

> Quando a transparência é utilizada dentro da Federação brasileira como instrumento de criação de preferências administrativas saudáveis, só tem a finalidade de beneficiar a população e de tornar eficaz a distribuição automática de recursos fiscais dentro de nosso país, o que transforma em positivos efeitos até então nocivos e mandamento constitucional[11].

Por fim, a Lei de Responsabilidade Fiscal é bastante delicada para os governos, com desdobramentos complexos, que devem formular muito bem suas justificativas e, em todas as situações, verificar a previsão orçamentária para fazê-lo.

---

11 Op. cit., p. 133.

3

Mecanismos federais de incentivo à cultura

O mecanismo federal de incentivo à cultura foi criado no início dos anos de 1990 e é um dos que mais evoluíram dentre as formas de política de incentivo fiscal à cultura. É composto pelas leis Rouanet, do Audiovisual e por legislações conexas[1].

Para o pleito dos incentivos concedido pela União Federal, o Ministério da Cultura e a Agência Nacional de Cinema (Ancine) colocaram à disposição do público formulários ou programas específicos para apresentação de projetos culturais. A partir desse formulário o produtor pode apresentar projetos à Lei Rouanet (FNC ou mecenato) ou aos mecanismos de fomento ao audiovisual.

O Ministério da Cultura (MinC) é composto, dentre outros órgãos, por seis secretarias temáticas, além da Secretaria Executiva. São elas: Secretaria de Políticas Culturais, Secretaria de Cidadania Cultural, Secretaria de Articulação Institucional, Secretaria do Audiovisual (SAV), Secretaria da Identidade e da Diversidade Cultural (que está se transformando em Secretaria de Economia Criativa) e Secretaria de Fomento e Incentivo à Cultura (Sefic). As secretarias que tratam de projetos incentivados são a Secretaria de Fomento e

---

[1] Os anexos citados neste capítulo podem ser encontrados no sítio http://www.manoleeducacao.com.br.

Incentivo à Cultura e a Secretaria do Audiovisual. Estas são as únicas que avaliam e aprovam projetos que pleiteiam incentivos fiscais.

A Ancine faz a aprovação de projetos por meio de uma de suas superintendências, a chamada Superintendência de Desenvolvimento Industrial. Tanto o Ministério da Cultura quanto a Ancine mantêm *online* os formulários de apresentação de projetos e contas e a relação de projetos aprovados nos seus sítios na internet http://www.cultura.gov.br e http://www.ancine.gov.br. O Ministério da Cultura aprimorou o sistema e lançou o SalicWeb, sistema de propositura de projetos via internet, que apresentaremos a seguir.

LEI ROUANET

A lei n. 8.313, de 23 de dezembro de 1991, mais conhecida como Lei Rouanet, institui o chamado Programa Nacional de Apoio à Cultura (Pronac), que tem por objetivos fomentar e promover a produção cultural brasileira em suas mais diferentes áreas. Tem como princípio a priorização do produto cultural originário no país. Priorizar não quer dizer excluir outras atividades: a Lei Rouanet recebe projetos de espetáculos ou produtos estrangeiros que venham a ser apresentados no Brasil, além de incentivar produções brasileiras que aconteçam no país ou que desejem se apresentar em outras nações.

É importante ressaltar que a lei exige que os incentivos, advindos de receita orçamentária da União, Fundo Nacional de Cultura (FNC) ou da aprovação de projetos pelo mecanismo de mecenato, somente poderão ser concedidos para os projetos cuja

> Exibição, utilização e circulação dos bens culturais deles resultantes sejam abertas, sem distinção, a qualquer pessoa, se gratuitas, e a público pagante, se cobrado ingresso. [...] É vedada a concessão de incentivo a obras, produtos, eventos ou outros decorrentes, destinados ou circunscritos a coleções particulares ou circuitos privados que estabeleçam limitações de acesso. (art. 2º, §§ 1º e 2º, da lei)

Retira-se, assim, do escopo da lei o uso exclusivamente privado de um bem cultural incentivado. Independentemente do mecanismo que se utilize para efetivar o apoio ao projeto, a lei delimita um rol de segmentos que podem ser por ela contemplados:

I – Incentivo à formação artística e cultural mediante:

a) concessão de bolsas de estudo, pesquisa e trabalho, no Brasil ou no exterior, a autores, artistas e técnicos brasileiros ou estrangeiros residentes no Brasil;

b) concessão de prêmios a criadores, autores, artistas, técnicos e suas obras, filmes, espetáculos musicais e de artes cênicas em concursos e festivais realizados no Brasil;

c) instalação e manutenção de cursos de caráter cultural ou artístico, destinados a formação, especialização e aperfeiçoamento de pessoal da área da cultura, em estabelecimentos de ensino sem fins lucrativos;

II – Fomento à produção cultural e artística mediante:

a) produção de discos, vídeos, obras cinematográficas de curta e média-metragem e filmes documentais, preservação do acervo cinematográfico bem assim de outras obras de reprodução videofonográfica de caráter cultural;

b) edição de obras relativas às ciências humanas, às letras e às artes;

c) realização de exposições, festivais de arte, espetáculos de artes cênicas, música e folclore;

d) cobertura de despesas com transporte e seguro de objetos de valor cultural destinados a exposições públicas no país e no exterior;

e) realização de exposições, festivais de arte e espetáculos de artes cênicas ou congêneres;

III – Preservação e difusão do patrimônio artístico, cultural e histórico mediante:

a) construção, formação, organização, manutenção, ampliação e equipamento de museus, bibliotecas, arquivos e outras organizações culturais, bem como de suas coleções e acervos;

b) conservação e restauração de prédios, monumentos, logradouros, sítios e demais espaços, inclusive naturais, tombados pelos poderes públicos;

c) restauração de obras de arte e bens móveis e imóveis de reconhecido valor cultural;

d) proteção do folclore, do artesanato e das tradições populares nacionais;

IV – Estímulo ao conhecimento dos bens e valores culturais mediante:

a) distribuição gratuita e pública de ingressos para espetáculos culturais e artísticos;

b) levantamentos, estudos e pesquisas na área da cultura e da arte e de seus vários segmentos;

c) fornecimento de recursos para o FNC e para as fundações culturais com fins específicos ou para museus, bibliotecas, arquivos ou outras entidades de caráter cultural;

V – Apoio a outras atividades culturais e artísticas mediante:

a) realização de missões culturais no país e no exterior, inclusive por meio do fornecimento de passagens;

b) contratação de serviços para elaboração de projetos culturais;

c) ações não previstas nos incisos anteriores e consideradas relevantes pelo Ministro de Estado da Cultura, consultada a Comissão Nacional de Apoio à Cultura (texto modificado pela Lei n. 9.874/99).

Para a apresentação de projetos culturais nos termos da Lei Federal de Incentivo à Cultura, deve-se utilizar o sistema eletrônico do Ministério da Cultura (SalicWeb) para apresentação de projetos. Com ele, o órgão padronizou um formato e estabeleceu quais as informações que o MinC precisa efetivamente receber para a precisa análise de viabilidade do projeto.

A Lei Rouanet possui três mecanismos distintos de apoio a projetos: o Fundo Nacional de Cultura (FNC), o Fundo de Investimento Cultural e Artístico (Ficart) e o incentivo a projetos culturais (Mecenato). Analisaremos, a seguir, como funcionam cada um dos mecanismos governamentais.

A partir da criação da nova política audiovisual no Brasil, em 2001, a análise e avaliação de projetos do mecenato dividiu-se entre o Ministério da Cultura e a Ancine. A atribuição exata de cada um dos órgãos consta do Decreto n. 4.456/2002. Para efeitos didáticos trataremos na parte sobre a Lei Rouanet do rol de projetos aprovados pelo Ministério da Cultura no âmbito desse mecanismo e no segmento Mecanismos de apoio ao audiovisual das ferramentas de competência da agência, incluindo os projetos por ela aprovados no âmbito da Lei Rouanet.

FUNDO NACIONAL DE CULTURA

O FNC substitui o antigo Fundo de Promoção Cultural, criado pela Lei n. 7.505, de 2 de julho de 1996. São funções do FNC:

I – estimular a distribuição regional equitativa dos recursos a serem aplicados na execução de projetos culturais e artísticos;

II – favorecer a visão interestadual, estimulando projetos que explorem propostas culturais conjuntas, de enfoque regional;

III – apoiar projetos dotados de conteúdo cultural que enfatizem o aperfeiçoamento profissional e artístico dos recursos humanos na área da cultura, a criatividade e a diversidade cultural brasileira;

IV – contribuir para a preservação e proteção do patrimônio cultural e histórico brasileiro;

V – favorecer projetos que atendam às necessidades da produção cultural e aos interesses da coletividade, aí considerados os níveis qualitativos e quantitativos de atendimento às demandas culturais existentes, o caráter multiplicador dos projetos por meio de seus aspectos socioculturais e a priorização de projetos em áreas artísticas e culturais com menos possibilidade de desenvolvimento com recursos próprios.

Os recursos do FNC não poderão ser utilizados para custeio de despesas de manutenção administrativa do MinC. No entanto, esse mesmo órgão fica livre para efetuar os gastos que forem necessários para manutenção do FNC, tais como aquisição de bens ou equipamentos necessários ao cumprimento das finalidades do Fundo e contratação de peritos para análise e pareceres sobre os projetos.

O Fundo é composto de recursos advindos das seguintes fontes:

I – recursos do Tesouro Nacional;
II – doações, nos termos da legislação vigente;
III – legados;
IV – subvenções e auxílios de entidades de qualquer natureza, inclusive de organismos internacionais;

V – saldos não utilizados na execução dos projetos de Mecenato;

VI – devolução de recursos de projetos previstos no FNC ou Mecenato e que não foram iniciados ou interrompidos, com ou sem justa causa;

VII – 1% da arrecadação dos Fundos de Investimentos Regionais a que se refere a Lei n. 8.167, de 16 de janeiro de 1991, obedecida na aplicação a respectiva origem geográfica regional;

VIII – 3% da arrecadação bruta dos concursos de prognósticos e loterias federais e similares, cuja realização estiver sujeita a autorização federal, deduzindo-se esse valor do montante destinado aos prêmios;

IX – reembolso das operações de empréstimos realizadas pelo Fundo, a título de financiamento reembolsável, observados os critérios de remuneração que, no mínimo, lhes preserve o valor real;

X – resultado das aplicações em títulos públicos federais, obedecida a legislação vigente sobre a matéria;

XI – conversão da dívida externa com entidades e órgãos estrangeiros, unicamente mediante doações, no limite a ser fixado pelo Ministério da Economia, Fazenda e Planejamento, observadas as normas e procedimentos do Banco Central do Brasil[2];

XII – saldo de exercícios anteriores;

XIII – recursos de outras fontes.

O FNC pode apoiar parte do custo total de cada projeto cultural, facultando a liberação de recursos da seguinte forma: convênio com instituições, programas específicos de apoio a determinados segmentos (ex.: bandas e orquestras), empréstimos reembolsáveis, concessão de passagens aéreas etc[3]. Para

---

[2] Ver Lei n. 10.179, de 6 de fevereiro de 2001, em que o Poder Executivo está autorizado a emitir títulos da dívida pública com a finalidade de "troca, na forma disciplinada pelo Ministro de Estado da Fazenda, o qual estabelecerá, inclusive, seu limite anual, por títulos emitidos em decorrência de acordos de reestruturação da dívida externa para utilização em projetos voltados às atividades de produção, distribuição, exibição e divulgação, no Brasil e no exterior, de obra audiovisual brasileira, preservação de sua memória e da documentação a ela relativa, aprovados pelo Ministério da Cultura, bem como, mediante doações ao Fundo Nacional de Cultura (FNC), nos termos do inciso XI do art. 5° da Lei n. 8.313, de 23 de dezembro de 1991".

[3] O Decreto n. 5.761/2006 traz os casos em que se podem utilizar os recursos do Fundo Nacional de Cultura, são eles:
I – recursos não reembolsáveis para utilização em programas, projetos e ações culturais de pessoas jurídicas públicas ou privadas sem fins lucrativos;
II – financiamentos reembolsáveis para programas, projetos e ações culturais de pessoas jurídicas privadas, com fins lucrativos, por meio de agentes financeiros credenciados pelo Ministério da Cultura;
III – concessão de bolsas de estudo, de pesquisa e de trabalho – para realização de cursos ou desenvolvimento de projetos, no Brasil ou no exterior;
IV – concessão de prêmios;
V – custeio de passagens e ajuda de custo para intercâmbio cultural, no Brasil ou no exterior;
VI – transferência a estados, municípios e Distrito Federal para desenvolvimento de programas, projetos e ações culturais, mediante instrumento jurídico que defina direitos e deveres mútuos; e
VII – em outra situações definidas pelo Ministério da Cultura, enquadráveis nos arts. 1° e 3° da Lei n.8.313, de 1991.

repasses do FNC a legislação fixa a contrapartida em 20%. Isso significa que, no caso dos convênios pelo fundo, a entidade convenente deve aportar 20% dos recursos necessários para a realização do projeto. Se a entidade não possuir esse valor como recurso próprio, ela pode obter patrocínio ou doação de algum ente privado, que pode ser financeiro ou em bens e serviços. A contrapartida não pode ser composta por recursos públicos, nem mesmo oriundos de renúncia fiscal, de que tratam as leis de incentivo à cultura. O Decreto n. 5.761/2006 traz essa determinação expressa no parágrafo único do seu art. 12, quando diz "vedada como contrapartida a utilização do mecanismo de incentivos fiscais".

Para os convênios realizados com recursos do Tesouro Nacional, no entanto, os limites da contrapartida estão disciplinados pela lei orçamentária anual que deverá ser comprovada pelo convenente quando de celebração de convênio.

A contrapartida, exclusivamente financeira, será estabelecida em termos percentuais do valor previsto no instrumento de transferência voluntária (por exemplo: um convênio), considerando-se a capacidade financeira da respectiva unidade beneficiada e seu IDH, estabelecendo a Lei n. 12.465/2011 que terá como limite mínimo e máximo de referência[4]:

I – no caso dos Municípios:
a) 2% (dois por cento) e 4% (quatro por cento) para Municípios com até 50.000 (cinquenta mil) habitantes;
b) 4% (quatro por cento) e 8% (oito por cento) para Municípios acima de 50.000 (cinquenta mil) habitantes localizados nas áreas prioritárias definidas no âmbito da Política Nacional de Desenvolvimento Regional – PNDR, nas áreas da Superintendência do Desenvolvimento do Nordeste – Sudene, da Superintendência do Desenvolvimento da Amazônia – Sudam e da Superintendência do Desenvolvimento do Centro-Oeste – Sudeco; e
c) 8% (oito por cento) e 20% (vinte por cento) para os demais;
II – no caso dos Estados e do Distrito Federal:
a) 5% (cinco por cento) e 10% (dez por cento) se localizados nas áreas prioritárias definidas no âmbito da PNDR, nas áreas da Sudene, Sudam e Sudeco; e
b) 10% (dez por cento) e 20% (vinte por cento) para os demais;

---
4 Observar lei orçamentária anual para definição desses números. O rol elencado abaixo é meramente exemplificativo.

III – no caso de consórcios públicos constituídos por Estados, Distrito Federal e Municípios, 2% (dois por cento) e 4% (quatro por cento).

Os limites mínimos de contrapartida fixados nos incisos I, II e III poderão ser reduzidos mediante justificativa do titular do órgão concedente (Ministério da Cultura, por exemplo), que deverá constar do processo correspondente, quando os recursos transferidos pela União:

I – forem oriundos de doações de organismos internacionais ou de governos estrangeiros, ou de programas de conversão da dívida externa, para fins sociais, culturais, ambientais, de segurança pública ou de promoção da igualdade de raça ou de gênero;
II – destinarem-se:
a) às ações de assistência social, segurança alimentar e combate à fome, bem como àquelas de apoio a projetos produtivos em assentamentos constantes do Plano Nacional de Reforma Agrária, em unidades de conservação, voltados a povos e comunidades tradicionais e agricultores familiares ou financiadas com recursos do Fundo de Combate e Erradicação da Pobreza;
b) às ações de defesa civil em Municípios comprovadamente afetados, desde a notificação preliminar do desastre, enquanto os danos decorrentes subsistirem, não podendo ultrapassar 180 (cento e oitenta) dias, a contar da ocorrência do desastre;
c) ao atendimento dos programas de educação;
d) ao atendimento de despesas relativas à segurança pública;
e) à realização de despesas com saneamento ambiental, habitação, urbanização de assentamentos precários, perímetros de irrigação, regularização fundiária e ambiental, defesa sanitária animal, defesa sanitária vegetal e com as ações do programa Infraestrutura Hídrica, inclusive elaboração de planos, projetos de engenharia e estudos ambientais;
f) ao atendimento das programações do PAC e do Plano Amazônia Sustentável – PAS;
g) às ações previstas no Pacto Nacional pelo Enfrentamento à Violência Contra as Mulheres;
h) ao atendimento das ações de implantação do Sistema Integrado de Gestão da Informação e de Modernização da Infraestrutura de Tecnologia da Informação no Poder Judiciário e no MPU;

i) à execução de ações no âmbito do programa Territórios da Cidadania;

j) às ações de inclusão digital;

k) às ações de educação ambiental e de prevenção, redução e combate à desertificação;

l) às ações de assistência, tratamento e reinserção social de dependentes químicos; e

m) à transferência de renda incondicional, conforme disposições da Lei n. 10.835, de 8 de janeiro de 2004;

III – para os Municípios com população até 25.000 (vinte e cinco mil) habitantes, que tenham Índice de Desenvolvimento Humano Municipal – IDHM abaixo de 0,600 ou estejam localizados na faixa de fronteira ou nas Regiões Integradas de Desenvolvimento – Ride, desde que os recursos transferidos pela União destinem-se a ações de interesse social que visem à melhoria da qualidade de vida e contribuam para a redução de endemias e das desigualdades regionais, de gênero e étnico-raciais;

IV – beneficiarem os Municípios com registro de certificação de comunidades remanescentes de quilombos, ciganos e indígenas, assim identificados pela Secretaria Especial de Políticas de Promoção da Igualdade Racial, mediante publicação de relação no Diário Oficial da União; ou

V – forem destinados a consórcios públicos ou à execução de ações desenvolvidas por esses consórcios.

Os limites máximos de contrapartida, fixados acima, poderão ser ampliados para viabilizar a execução das ações a serem desenvolvidas ou para atender condições estabelecidas em contratos de financiamento ou acordos internacionais.

Essa possibilidade de alterar a contrapartida torna possível ao governo ampliar o leque de entidades convenentes, principalmente em regiões carentes do país. A aplicação de recursos do FNC, nesses casos, tem sido utilizada para diminuir os desequilíbrios regionais (aplica-se a maior parte do recurso do Fundo nas regiões Norte e Nordeste, para equilibrar com a maior utilização do Mecenato no Sul e Sudeste).

A legislação do FNC, diferente dos convênios com recursos do Tesouro, traz ainda uma particularidade quando diz que o Fundo poderá financiar até 80% do custo total dos projetos, "exceto quanto aos recursos com destinação especificada na origem", no caso de emendas aditivas ao orçamento da União para o FNC ou em transferências efetuadas por doadores ou patrocinadores para projetos e programas específicos na conta do Fundo (recursos com destinação especificada na origem). Nesses dois casos podem se realizar convênios sem a contrapartida mínima exigida para transferência de recursos do FNC.

Os convênios somente poderão ser realizados com pessoa jurídica de direito público ou privado sem finalidades lucrativas que estejam previamente cadastrados no portal de convênios do Governo Federal – Siconv (www.convenios.gov.br). Desde a edição do Decreto n. 7.641, de 12 de dezembro de 2011, que acrescentou o art. 18-B ao Decreto n. 6.170, de 25 de julho de 2007, todos os convênios, contratos de repasse e termos de parceria celebrados a partir de 16 de janeiro de 2012 deverão ser, obrigatoriamente, registrados e operacionalizados no Siconv. Em outras palavras, o governo federal unificou seu sistema de convênios no intuito de ampliar a transparência para um único portal de internet.

O postulante que celebrar convênio com a União Federal deve apresentar, além de todos os documentos exigidos, indicação da fonte que irá utilizar para arcar com a contrapartida necessária à execução de projetos do FNC ou do Tesouro Nacional. Essa informação é lançada no sistema do Siconv.

Desde as alterações promovidas em 2011 no Decreto n. 6.170, que regula transferências de recursos da União mediante convênios e contratos de repasse, a celebração deste tipo de instrumento com entidades privadas sem fins lucrativos será precedida de chamamento público a ser realizado pelo MinC, visando à seleção de projetos ou entidades que tornem mais eficaz o objeto do ajuste. O decreto cerca em muito as possíveis exceções ao chamamento, o que tende a democratizar o acesso a estes recursos. Aberto e selecionado no chamamento, o projeto será pré-analisado pelo MinC e encaminhado, em seguida, para um órgão específico de análise (Funarte, para os projetos de artes visuais, Fundação Biblioteca Nacional, para os de livro e leitura, e assim por diante), conforme o enquadramento do projeto (área cultural). Os projetos aprovados serão acompanhados e avaliados tecnicamente pelas entidades supervisionadas (FBN, Iphan, Funarte etc.). Durante a execução do projeto todas as informações devem ser inseridas no Siconv (cotações prévias, contratos etc.). Concluída a execução, o convenente deve prestar contas ao governo federal apresentado dentro do portal de convênios (Siconv), justificando a correta aplicação dos recursos (aspectos técnico-contábeis) e a boa realização do produto cultural proposto no projeto (aspectos de gestão). Sempre que for necessária a realização de diligências pelos técnicos dessas entidades, é permitida pela legislação a indenização de despesas com deslocamento, quando for necessário, além de respectivo pró-labore e ajuda de custo.

Os empréstimos reembolsáveis constituem programas abertos esporadicamente pelo Ministério, em convênio com instituições financeiras federais. O art. 7º da lei exige que seja estimulada a criação de programas de empréstimos reembolsáveis.

O programa de concessão de passagens aéreas do MinC, a partir de recursos do FNC, vem funcionando desde que a lei entrou em vigor. Antes responsabilidade das secretarias temáticas, esse programa agora está sob responsabilidade da Secretaria de Fomento e Incentivo à Cultura e concede bilhetes aéreos a artistas, produtores brasileiros ou pessoas físicas em geral que recebam convites para curso ou evento ligado às artes e que ocorra dentro ou fora do Brasil.

O preenchimento do formulário é bastante simples e autoexplicativo. O interessado deve acompanhar o anúncio de editais no sítio eletrônico do MinC. Todas as deliberações do FNC são realizadas por uma comissão composta pelo Secretário Executivo do MinC, que a preside, pelos titulares das secretarias, pelos presidentes das entidades vinculadas e por um representante do Gabinete do Ministro de Estado da Cultura. São funções da comissão do FNC:

I – avaliar e selecionar os programas, projetos e ações culturais que objetivem a utilização de recursos do Fundo Nacional da Cultura, de modo a subsidiar sua aprovação final pelo Ministro de Estado da Cultura;

II – apreciar as propostas de editais a serem instituídos em caso de processo público de seleção de programas, projetos e ações a serem financiados com recursos do Fundo Nacional da Cultura, para homologação pelo Ministro de Estado da Cultura;

III – elaborar a proposta de plano de trabalho anual do Fundo Nacional da Cultura, que integrará o plano anual do Pronac, a ser submetida ao Ministro de Estado da Cultura para aprovação final de seus termos;

IV – apreciar as propostas de plano anual das entidades vinculadas ao Ministério da Cultura, com vistas à elaboração da proposta de que trata o inciso anterior;

V – exercer outras atribuições estabelecidas pelo Ministro de Estado da Cultura.

DA OBRIGATORIEDADE DE LICITAR A PARTIR DO USO DE RECURSOS OBJETO DE CONVÊNIO OU DE TERMO DE PARCERIA COM A UNIÃO FEDERAL

A celebração de convênios ou termos de parceria com o poder público constitui a celebração de um vínculo entre Estado e entidades públicas ou privadas que visa à realização de uma atividade de interesse público, em regime de mútua cooperação. Para tanto, a norma que rege a execução de projetos é a Portaria Interministerial n. 507, de 24 de novembro de 2011, a qual estabelece normas e procedimentos a serem observados na gestão dos recursos transferidos pelo Estado (verbas, equipamentos, *know-how*, entre outras possibilidades).

Logo, forçoso concluirmos que se trata de instrumento contratual por meio do qual os convenentes unem esforços, sob o regime de Direito Público, para a consecução do interesse público – o qual, ademais, constitui a finalidade da celebração do convênio.

Em nosso ordenamento, o regime jurídico concernente aos convênios obedece a determinações particularmente aplicáveis à utilização de recursos públicos (uma vez que o objeto do convênio será sempre a transferência de recursos públicos à entidade gestora descentralizada), ainda que essa transferência se dê em favor de entidade privada.

Isto é, a transferência de recursos que caracteriza a celebração de convênios pode se dar em favor de entidades públicas e privadas, para estas, desde que não possuam finalidade lucrativa. Em qualquer caso, serão observadas normas especialmente destinadas a assegurar a correta utilização dos recursos públicos empregados – uma imposição em face do princípio constitucional de indisponibilidade do patrimônio público.

Nesse sentido, tal imposição vê-se consubstanciada por um grande arcabouço jurídico que compreende normas de estirpe constitucional, legal e infralegal, formando verdadeiro complexo de normas e comandos a serem obedecidos por todos aqueles que gerenciam e utilizam recursos públicos.

No caso das entidades de direito público, a gestão dos recursos públicos é regulamentada por um rígido controle normativo, cujo sustentáculo é a Constituição Federal e que tem na Lei de Licitações (Lei n. 8.666/93) seu mais importante diploma.

Entretanto, antes mesmo de enfrentarmos a aplicabilidade do dever de licitar às entidades privadas, partiremos do princípio de que aos convênios, assim como às entidades privadas que os celebram com o poder público, aplicam-se normas que visam possibilitar o controle quanto à utilização dos recursos públicos repassados em razão do vínculo contratual estabelecido. Dessas normas, destaca-se o dever de execução do objeto do convênio e, posteriormente, o dever de prestar contas ao ente estatal responsável pelo repasse de recursos.

Nesse particular, o diploma normativo a regulamentar a celebração, execução e prestação de contas de convênios no âmbito da Administração Pública Federal é a mencionada Portaria Interministerial n. 507/2011.

O referido normativo disciplina regime próprio, a ser registrado no Siconv para entidades privadas que firmem convênios, contratos de repasse ou Termos de Parceria com a Administração Pública Federal. Os contratos celebrados à conta dos recursos de convênios ou contratos de repasse deverão, para a aquisição de bens e contratação de serviços, realizar, no mínimo, cotação prévia de preços no mercado, observados os princípios da impessoalidade, moralidade e economicidade. A entidade privada sem fins lucrativos deverá contratar empresas que tenham participado da cotação prévia de preços, ressalvados os casos em que não acudirem interessados à cotação, quando será exigida pesquisa ao mercado prévia à contratação, que será registrada no Siconv e deverá conter, no mínimo, orçamentos de três fornecedores.

A cotação prévia de preços é prevista no art. 11 do Decreto n. 6.170, de 25 de julho de 2007, e será realizada por intermédio do Siconv, conforme os seguintes procedimentos:

I – o convenente registrará a descrição completa e detalhada do objeto a ser contratado, que deverá estar em conformidade com o Plano de Trabalho, especificando as quantidades no caso da aquisição de bens;

II – a convocação para cotação prévia de preços permanecerá disponível no Siconv pelo prazo mínimo de 5 (cinco) dias e determinará:

a) prazo para o recebimento de propostas, que respeitará os limites mínimos de 5 (cinco) dias, para a aquisição de bens, e 15 (quinze) dias para a contratação de serviços;

b) critérios para a seleção da proposta que priorizem o menor preço, sendo admitida a definição de outros critérios relacionados a qualificações especialmente relevantes do objeto, tais como o valor técnico, o caráter estético e funcional, as características ambientais, o custo de utilização, a rentabilidade; e

c) prazo de validade das propostas, respeitado o limite máximo de sessenta dias.

O Siconv, a partir do cadastro mencionado, notificará automaticamente, quando do registro da convocação para cotação prévia de preços, as empresas cadastradas no Sistema de Cadastro de Fornecedores do Governo Federal (Sicaf) que pertençam à linha de fornecimento do bem ou serviço a ser contratado. A entidade privada sem fins lucrativos, em decisão fundamentada, selecionará a proposta mais vantajosa, segundo os critérios definidos no chamamento para cotação prévia de preços e o resultado da seleção será registrado no Siconv.

A cotação prévia de preços no Siconv será desnecessária quando o valor for inferior a R$ 8.000, desde que não se refiram a parcelas de uma mesma obra, serviço ou compra ou ainda para obras, serviços e compras da mesma natureza e no mesmo local que possam ser realizadas conjunta e concomitantemente; e quando, em razão da natureza do objeto, não houver pluralidade de opções, devendo comprovar tão-só os preços que aquele próprio fornecedor já praticou com outros demandantes.

O registro no Siconv, dos convênios celebrados pelo beneficiário na execução do objeto, é condição indispensável para sua eficácia e para a liberação das parcelas subsequentes do instrumento. Nos casos em que o Siconv não permitir o acesso operacional para o procedimento mencionado, deverá ser realizada cotação prévia de preços mediante a apresentação de, no mínimo, 3 propostas.

Cada processo de compras e contratações de bens, obras e serviços das entidades sem fins lucrativos deverá ser realizado ou registrado no Siconv contendo, no mínimo, os seguintes elementos:

I – os documentos relativos à cotação prévia ou as razões que justificam a sua desnecessidade;

II – elementos que definiram a escolha do fornecedor ou executante e justificativa do preço;

III – comprovação do recebimento da mercadoria, serviço ou obra; e

IV – documentos contábeis relativos ao pagamento.

A entidade privada sem fins lucrativos beneficiária de recursos públicos deverá executar diretamente a integralidade do objeto, permitindo-se a contratação de serviços de terceiros quando houver previsão no plano ou programa de trabalho, ou em razão de fato superveniente e imprevisível, devidamente justificado, aprovado pelo órgão ou entidade concedente. Nas contratações de bens, obras e serviços as entidades privadas sem fins lucrativos poderão utilizar-se do sistema de registro de preços dos entes federados.

FUNDOS DE INVESTIMENTO CULTURAL E ARTÍSTICO (FICART)

O Ficart é um fundo criado sob a forma de condomínio e sem personalidade jurídica, caracterizando uma comunhão de recursos destinados à aplicação em projetos culturais e artísticos.

Esse fundo, apesar de regulamentado pelo Decreto n. 5.761, de 27 de abril de 2006 e pela Instrução CVM n. 186, de 17 de março de 2002, não foi objeto de atenção mais detalhada de nenhuma instituição financeira brasileira.

A recente alteração no decreto de alteração da Lei Rouanet[5] disciplina que o MinC, em articulação com a Comissão de Valores Mobiliários (CVM), definirá regras e procedimentos para acompanhamento e fiscalização da execução dos programas, projetos e ações culturais beneficiados com recursos do Ficart (art. 21). Esse texto não existia no decreto anterior (1.494/95) e é inadequado, já que não cabe ao Governo a fiscalização de recursos eminentemente privados. A fiscalização, nesse caso, deveria se limitar ao interesse dos investidores no âmbito da CVM.

Caso o Ministério resolva colocar o novo texto em prática, ficará ainda mais difícil uma instituição financeira se interessar por abrir um Ficart.

Para ilustrar ao leitor o que poderia vir a ser um Ficart, apresenta-se o caso a seguir. Se uma instituição financeira constitui um fundo que vai atuar, por exemplo, no segmento de *shows* musicais, o fundo (Ficart) poderia aplicar recursos no financiamento de turnês de artistas internacionais no Brasil e a receita oriunda da arrecadação dos patrocínios, entradas vendidas para o espetáculo e demais fontes de arrecadação seriam receitas do fundo e, portanto, gerariam eventuais dividendos que seriam partilhados entre os investidores.

---

5 Decreto n. 5.761, de 27 de abril de 2006.

MECENATO

O Mecenato é um programa de apoio à cultura, por meio de incentivo fiscal a projetos culturais, instituído por uma faculdade da União em conceder a pessoas físicas ou jurídicas a opção pela aplicação de parcelas do imposto sobre a renda, a título de doações ou patrocínios, em projetos culturais previamente aprovados pelo Ministro da Cultura, ouvida a Comissão Nacional de Incentivo à Cultura (Cnic)[6]. Os recursos podem ser aplicados da seguinte forma:

I – em favor do próprio contribuinte do Imposto sobre a Renda e Proventos de qualquer natureza, quando proprietário ou titular de posse legítima de bens móveis e imóveis tombados pela União, e após cumprimento das exigências legais aplicáveis a bens tombados e mediante prévia apreciação pelo Instituto do Patrimônio Histórico e Artístico Nacional (Iphan), no valor das despesas efetuadas com o objetivo de conservar ou restaurar aqueles bens;

Trata-se de regulamentação do art. 24, II, da Lei Rouanet, que prevê que as pessoas físicas ou jurídicas podem usar o seu próprio imposto para remunerar as despesas efetuadas com o objetivo de conservar, preservar ou restaurar bens de sua propriedade ou sob sua posse legítima, tombados pelo governo federal, desde que atendidas às exigências legais.

A legislação determina que a competência técnica para avaliação de projetos dessa natureza é do Iphan, que estabelecerá os critérios para atender a essas demandas. Além disso, o Iphan tem competência exclusiva para, posteriormente, avaliar as despesas efetivamente realizadas e as circunstâncias de terem sido as obras executadas de acordo com os projetos aprovados.

O proponente do projeto, nesse caso, será o proprietário ou titular de posse legítima de bens móveis e imóveis tombados pela União, seja pessoa física, seja pessoa jurídica, tenha ou não natureza cultural.

---

[6] Por meio da Instrução Normativa n. 1, de 09 de fevereiro de 2012, o Ministro da Cultura estabelece delegação de competência ao Secretário de Fomento e Incentivo à Cultura e ao Secretário do Audiovisual para aprovação e acompanhamento do sistema do Mecenato. Reza o art. 108: "Todas as competências atribuídas à Sefic nesta Instrução Normativa serão exercidas pela Secretaria do Audiovisual – SAV, em relação aos projetos culturais cujas ações principais envolvam os elos da atividade audiovisual como produção, distribuição e exibição de obra cinematográfica ou videofonográfica de média ou curta metragem, formação, difusão e preservação audiovisual".

II – em favor de pessoas jurídicas contribuintes do Imposto sobre a Renda e Proventos de qualquer natureza, para compra de ingressos de espetáculos culturais e artísticos, desde que para distribuição gratuita comprovada a seus empregados e respectivos dependentes legais, obedecendo a critérios a serem definidos em ato do Ministério da Cultura;

Trata-se de regulamentação do art. 24, I, da Lei Rouanet, que trata das distribuições gratuitas de ingressos para eventos de caráter artístico-cultural por pessoas jurídicas a seus empregados e dependentes legais.

Na nossa opinião essa pode ser uma grande oportunidade para que as empresas realizem políticas de relacionamento com o seu público interno. Até o momento, no entanto, as empresas não conheceram essa ferramenta legal e o mecanismo ainda é muito pouco utilizado.

III – em favor do Fundo Nacional da Cultura, com destinação livre ou direcionada a programas, projetos e ações culturais específicos, sob a forma de doação, ou com destinação especificada pelo patrocinador, sob a forma de patrocínio;

Nesse caso, o aporte relativo ao projeto é feito na conta única da União com destinação específica para o Fundo Nacional de Cultura (FNC). No caso de doação ou patrocínio ao fundo, o recurso pode ser direcionado a um projeto em especial e será considerado como destinação especificada na origem, nos termos do art. 6º da Lei n. 8.313/91 e do art. 13 do Decreto n. 5.761/2006. A especificação na origem limita o poder decisório da Comissão do Fundo Nacional de Cultura que deve atender ao desejo do mecenas no repasse dos recursos.

A diferença básica entre doação e patrocínio, neste caso, é a contrapartida de marca do mecenas nas peças promocionais e produtos realizados com esses recursos. No caso do patrocínio, a marca da empresa pode ser inserida no produto final, sem esquecer da obrigatoriedade de aplicar a marca do FNC conforme manual de identidade visual do MinC.

IV – em favor de programas, projetos e ações culturais sem fins lucrativos apresentados por pessoas físicas ou jurídicas, sob a forma de doação, abrangendo:

a) numerário ou bens, para realização de programas, projetos e ações culturais;

b) numerário para aquisição de produtos culturais e ingressos para espetáculos culturais e artísticos, de distribuição pública e gratuita, conforme normas a serem estabelecidas em ato do Ministério da Cultura;

Entende-se por doação "a transferência definitiva e irreversível de numerário ou bens em favor de proponente, pessoa física ou jurídica, sem fins lucrativos, cujo programa, projeto ou ação cultural tenha sido aprovado pelo Ministério da Cultura". Isso não significa que o doador deva ficar oculto em relação ao repasse que está sendo realizado, mas que ele simplesmente não pode ter sua marca veiculada nas peças promocionais e publicitárias do produto e/ou evento cultural.

O novo decreto regride ao retirar a possibilidade da doação de serviços, que era permitida no texto anterior (Decreto n. 1.494/95). Observe que foi mantida da redação anterior somente a transferência de recurso em numerário ou bens. A partir do atual texto, desse modo, não se pode mais realizar a doação de serviços.

V – em favor de programas, projetos e ações culturais apresentados por pessoas físicas ou jurídicas, com ou sem fins lucrativos, sob a forma de patrocínio, abrangendo:

a) numerário ou a utilização de bens, para realização de programas, projetos e ações culturais;

b) numerário, para a cobertura de parte do valor unitário de produtos culturais e ingressos para espetáculos culturais e artísticos, conforme normas e critérios estabelecidos pelo Ministério da Cultura;

Esse artigo repete o texto do decreto anterior em relação aos projetos que podem ser patrocinados. O atual decreto define patrocínio como sendo

> a transferência definitiva e irreversível de numerário ou serviços, com finalidade promocional, a cobertura de gastos ou a utilização de bens móveis ou imóveis do patrocinador, sem a transferência de domínio, para a realização de programa, projeto ou ação cultural que tenham sido aprovados pelo Ministério da Cultura.

O atual decreto para o caso do patrocínio, no entanto, contempla a possibilidade de transferência em numerário, bens ou serviços. O que se percebe é um descuido na redação do texto final: observe que as definições trazem a possibilidade do patrocínio transferir numerário ou serviços. Logo adiante (artigo transcrito acima) o texto fecha as possibilidades em transferência de numerário ou utilização de bens.

VI – em favor dos projetos culturais selecionados pelo Ministério da Cultura por meio de processo público de seleção, na forma estabelecida no art. 2º do Decreto n. 5.761/2006;

Os editais foram introduzidos pelo novo decreto de regulamentação da lei de Incentivo. O objetivo dessa ferramenta é evitar a discrepância entre projetos aprovados pelo patrocinador em patamares muito diferentes do projeto aprovado pelo Ministério da Cultura. Em alguns casos o projeto é aprovado em um dos lados e não aprovado no outro. Em outros, um item que entra naturalmente como despesa para o patrocinador não é adequado para o MinC, ou vice-versa.

Para resolver esses conflitos que surgiram inúmeras vezes, principalmente em projetos apoiados pelas empresas estatais – que transferem recursos por meio de processo público de seleção –, o governo introduziu esse mecanismo que já aprova o edital e – a partir daí – todos os selecionados podem receber o recurso diretamente do patrocinador, sem a necessidade de aprovação de um projeto prévio. O projeto apoiado é o mesmo para governo e empresa financiadora. O que é aprovado previamente é tão somente o edital.

VII – em favor de projetos que tenham por objeto a valorização de artistas, mestres de culturas tradicionais, técnicos e estudiosos, com relevantes serviços prestados à cultura brasileira.

Esse inciso foi inteiramente introduzido pelo decreto de 2006. Ele permite, basicamente, que sejam contemplados com incentivos fiscais projetos que prevejam pagamento de previdência de artistas, mestres das culturas tradicionais, técnicos e estudiosos com relevantes serviços prestados à cultura brasileira.

Trata-se de uma modalidade interessante de projeto e que pode auxiliar no desenvolvimento do CulturaPrev, programa lançado pelo MinC durante a gestão do Ministro Gilberto Gil (2003-2008).

De maneira geral, as áreas que são objeto da lei federal de incentivo são as que objetivem desenvolver as formas de expressão, os modos de criar e fazer, os processos de preservação e proteção do patrimônio cultural brasileiro e os estudos e métodos de interpretação da realidade cultural, bem como contribuam para propiciar meios à população em geral que permitam o conhecimento dos bens e valores artísticos e culturais, compreendendo, entre outros, os seguintes segmentos (ver art. 25 da Lei):

I – teatro, dança, circo, ópera, mímica e congêneres;
II – produção cinematográfica, videográfica, fotográfica, discográfica e congêneres;
III – literatura, inclusive obras de referência;
IV – música;
V – artes plásticas, artes gráficas, gravuras, cartazes, filatelia e outras congêneres;
VI – folclore e artesanato;
VII – patrimônio cultural, inclusive histórico, arquitetônico, arqueológico, bibliotecas, museus, arquivos e demais acervos;
VIII – humanidades;
IX – rádios e televisões educativas e culturais, de caráter não comercial.

A lei cria *limite de abatimento* do Imposto de Renda (IR) devido pela empresa, *modalidades de transferência* desses recursos ao proponente e *segmentos de projetos culturais* com graus de abatimentos distintos.

Há dois *limites de abatimento*, levando-se em conta o IR devido pelo investidor: 6% para pessoa física e 4% para pessoa jurídica. Na empresa, o limite de abatimento do IR devido é de 4%, não considerando o adicional do imposto sobre o lucro e incidindo tão somente sobre a primeira alíquota de 15% paga sobre o lucro real.

Quanto à *modalidade de transferência* de recursos, a lei define que podem ser por patrocínio ou doação. Na apresentação dos formatos em que se pode transferir recursos aborda-se a distinção entre patrocínio e doação.

Dessa comparação, destaca-se como principal diferença o fato de, na modalidade de doação, poder existir a transferência de domínio de qualquer patrimônio do doador e a impossibilidade do uso de publicidade paga na divulgação do ato, enquanto ocorre o contrário na modalidade de patrocínio.

Vale, nesse momento, fazer uma diferenciação didática entre patrocínio e doação: patrocínio é a aplicação de recursos de um patrocinador buscando retorno de *marketing* e, portanto, com vista à valorização da marca da empresa incentivadora. Para fins tributários, também seu enquadramento para recolhimento ao Fisco é diferenciado em relação à doação. A Lei Rouanet traz sua definição bastante clara, conforme expressado acima na apresentação dos mecanismos; a doação, por seu turno, não reverte em *marketing* para o patrocinador, que não pode fazer publicidade paga do evento patrocinado, não tendo nada que vede a menção à marca no produto incentivado. Também existem benefícios em termos de retorno do imposto investido.

A lei equipara as doações às distribuições gratuitas de ingressos para eventos de caráter artístico-cultural por pessoas jurídicas a seus empregados e dependentes legais; despesas efetuadas por pessoas físicas ou jurídicas com o objetivo de conservar, preservar ou restaurar bens de sua propriedade ou sob sua posse legítima, tombados pelo governo federal.

Quanto aos *segmentos artísticos com abatimento especial*, temos, no rol estabelecido anteriormente de projetos culturais que podem ser objetos de apoio, as seguintes modalidades que contam com o abatimento integral sobre o IR devido:

a) artes cênicas;
b) livros de valor artístico, literário ou humanístico;
c) música erudita ou instrumental;
d) exposições de artes visuais;
e) doações de acervos para bibliotecas públicas, museus, arquivos públicos e cinematecas, bem como treinamento de pessoal e aquisição de equipamentos para a manutenção desses acervos;
f) produção de obras cinematográficas e videofonográficas de curta e média-metragem e preservação e difusão do acervo audiovisual;
g) preservação do patrimônio cultural material e imaterial[7];
h) construção e manutenção de salas de cinema e teatro, que poderão funcionar também como centros culturais comunitários, em Municípios com menos de 100.000 (cem mil) habitantes[8].

Este rol está explicitado no art. 18 da Lei n. 8.313/91, alterada pela Lei n. 9.874/99, pela MP n. 2.228-1/2001 e pela Lei n. 11.646/2008. O benefício cria-

---
7 Alíneas *a* a *g* com redação dada pelo art. 53 da Medida Provisória n. 2.228/2001.
8 Acrescentado pela Lei n. 11.646, de 2008.

do pelo art. 18 da Lei Rouanet existe há algum tempo, introduzido inicialmente por medida provisória[9], que foi convertida em lei no fim de 1999.

Todas as outras áreas descritas como segmentos e atividades que poderiam pleitear o apoio da lei federal de incentivo à cultura contam com o abatimento normal de IR que é 30% no caso de patrocínio e 40% no de doação. Como o lançamento do patrocínio ou doação é feito como despesa operacional, a empresa chega a abater, nos casos de patrocínio, 64% e, no de doação, 73% (no caso das empresas financeiras, o benefício do patrocínio pode chegar a 70% e da doação a 80%, o que poderá se observar a seguir). Essa diferença se dá dependendo do tipo de tributação da empresa, verificadas as eventuais diferenças de alíquota de Contribuição Social Sobre Lucro Líquido (CSLL) ou IR, incluindo adicional e, com isso, alterando o resgate tributário (vide item Captação de recurso na p. 53).

APRESENTAÇÃO DE PROJETOS

Montagem do projeto cultural

A montagem ou formatação do projeto cultural é a mais importante fase da concepção do produto cultural incentivado. É nela que são definidos todos os aspectos do produto final, as estratégias de ação para chegar ao produto pronto, além do resumo das fontes de financiamento.

Nesse primeiro momento é concebido o plano de divulgação e distribuição do produto, os canais de *marketing* que serão utilizados para a divulgação do evento ou produto, dentre outros, sendo a aprovação de projetos culturais nos órgãos incentivadores o passo mais simples. Entretanto, a aprovação em si não garante a correção do uso da verba pública pelo proponente. Devem-se imaginar desde então os próximos passos a serem dados para o projeto, sendo essa previsão fator condicionante do sucesso da empreitada a que se submete o produtor cultural.

A formatação do projeto limita, de certa forma, o perfil de empresas que possam vir a se interessar por ele. Desta feita, de nada serve apresentar uma infinidade de projetos aos órgãos incentivadores, obter diversas aprovações e não possuir êxito algum na captação dos recursos. Adversamente, o projeto

---

9 A Medida Provisória n. 1.611, de 1997, foi uma das várias editadas com esse conteúdo, dentre tantas outras.

pode estar formulado corretamente, do ponto de vista do objeto, e atrair várias empresas que resolvam aportar seu capital nele. Nesse caso, o produtor ainda pode ter problema na prestação de contas se não tiver equacionado as metas de maneira correta.

A apresentação do projeto para a Lei Rouanet é feita pelo Salicweb, inteiramente pela rede mundial de computadores.

Concebido o projeto, resta checar sua habilidade do ponto de vista documental e preencher o cadastro no sistema. Esse é o objeto de análise dos próximos itens.

Devem-se observar, na montagem do projeto cultural, as exigências introduzidas pelo decreto[10] de regulamentação da Lei Rouanet:

> Art. 27. Dos programas, projetos e ações realizados com recursos incentivados, total ou parcialmente, deverão constar formas para a democratização do acesso aos bens e serviços resultantes, com vistas a:
> I – tornar os preços de comercialização de obras ou de ingressos mais acessíveis à população em geral;
> II – proporcionar condições de acessibilidade a pessoas idosas, nos termos do art. 23 da Lei n. 10.741, de 1º de outubro de 2003, e portadoras de deficiência, conforme o disposto no art. 46 do Decreto n. 3.298, de 20 de dezembro de 1999;
> III – promover distribuição gratuita de obras ou de ingressos a beneficiários previamente identificados que atendam às condições estabelecidas pelo Ministério da Cultura;
> IV – desenvolver estratégias de difusão que ampliem o acesso.
> Parágrafo único. O Ministério da Cultura poderá autorizar outras formas de ampliação do acesso para atender a finalidades não previstas nos incisos I a IV, desde que devidamente justificadas pelo proponente nos programas, projetos e ações culturais apresentados.

A partir do texto do art. 27 deve-se fazer algumas observações: a primeira é que as exigências constantes nos incisos I a IV devem estar apontadas no projeto inicialmente apresentado ao MinC. Em segundo plano destaque-se que elas devem aparecer todas ao mesmo tempo em todos os projetos. Nesse diapasão, todos os projetos devem conter um plano de acessibilidade, constando pelo menos:

---
10 Art. 27 do Decreto n. 5.761/2006.

a) Preço do produto cultural resultante do projeto: o preço deve ser praticado num valor que seja aceitável como acessível à população em geral. Isto significa que os valores devem ser praticados, em relação a outros projetos, nos valores normais de mercado ou abaixo desses preços;

b) Política de acesso para idoso e deficiente: o local de realização do projeto deve ser necessariamente adaptado para receber deficientes. Além disso, o projeto deverá ter um sistema para recepção do idoso. As duas políticas precisam aparecer no projeto simultaneamente;

c) Distribuição gratuita: o Ministério não prefixa as condições, mas, nos casos dos eventos ou produtos culturais em que a população pague para ter acesso, deve-se propor ao MinC, que poderá aprovar ou sugerir um formato diferente, uma cota de ingressos para distribuição gratuita e informar a quem será destinada;

d) Estratégias de difusão: os projetos devem apresentar um plano de difusão que permita a democratização do acesso ao evento ou produto cultural resultante.

Essas exigências devem aparecer nos projetos e podem ser alteradas, desde que autorizado pelo MinC. Sobre esse tema, o proponente deve ler com atenção o disposto na Seção III, Capítulo II, da Instrução Normativa n. 1, de 09 de fevereiro de 2012 (vide versão consolidada pelo MinC, que incluiu algumas alterações).

Plano Anual de Atividades

A legislação prevê desde o seu nascedouro a possibilidade das organizações sem finalidade lucrativa apresentar Planos Anuais de Atividades. Planos anuais são projetos que trazem algumas vantagens em relação aos pleitos normais, das quais podemos destacar:

- Instituição que reúne todas as suas demandas em um único projeto consegue não ser atingida pelo limite de projetos por proponente (afinal, no Plano Anual todas as ações se agrupam em um único pleito)[11];

---

11 No caso de aprovação de Plano Anual de Atividades, novas propostas para o mesmo ano fiscal serão admitidas somente em caráter de excepcionalidade, devidamente justificadas pelo

- A liberação de conta bancária se dá com 1/12 avos dos recursos captados e não com 20%, como se limitam os projetos normais;
- Se justificado ao fim de cada ano/calendário, os saldos dos planos anuais podem ser transferidos de um ano para o outro, de modo a não descontinuar as ações da entidade dentro das previsões mensais inicialmente estabelecidas;
- A partir do momento que a instituição agrupou todas as suas metas em um único plano, uma captação de recursos que seja conquistada pelo proponente pode abastecer todas as diferentes e pequenas metas do Plano Anual. Isso possibilitará que, com uma gestão eficiente, o proponente consiga contemplar mais produtos do que se apresentasse projetos avulsos;
- Um plano anual pode ser alterado tantas vezes quanto necessário, enquanto um projeto normal pode ter uma única alteração de cada tipo (uma suplementação orçamentária, um remanejamento etc.[12]).

Utilizando o SalicWeb para inscrever um projeto

O preenchimento das informações exigidas pelo SalicWeb é simples, autoexplicativo e feito diretamente via internet, a partir do acesso à página do MinC. De todo modo, segue um resumo do passo a passo do cadastro de um projeto no sistema no site www.manoleeducacao.com.br.

Proponente do projeto cultural

A lei é clara ao definir que o proponente do projeto cultural deve ser pessoa jurídica ou física com atuação no segmento cultural. Em se tratando de pessoa física, podem propor o projeto produtores ou artistas, com currículo no segmento cultural. Se pessoa jurídica, temos duas situações: de direito público ou direito privado, sociedades sem fins lucrativos ou sociedades com fins lucrativos. Em ambos os casos, o proponente deve possuir objetivo cultural em seus atos constitutivos/estatutos.

---

proponente, desde que o orçamento não contemple itens orçamentários já incluídos no Plano Anual aprovado.

12 Mecanismo introduzido pela Instrução Normativa n. 1/2012: "Art. 67. As alterações da mesma natureza não serão concedidas mais de uma vez, e somente poderão ser solicitadas após a publicação da portaria de autorização para captação de recursos. Parágrafo único. A restrição do *caput* não se aplica para planos anuais e projetos de recuperação de patrimônio histórico ou construção de imóveis, conforme a característica do projeto e a complexidade da obra".

A pessoa jurídica sem finalidade lucrativa pode receber recursos para seu projeto cultural, como patrocínio ou doação, conforme apresentado anteriormente.

A pessoa jurídica com finalidade lucrativa pode receber recursos advindos somente de patrocínio. É vedado à empresa com finalidades de lucro obter recursos transferidos na modalidade de doação. Essa conclusão pode ser retirada das formulações legislativas que acompanham o segmento cultural. Com efeito, o Decreto n. 5.761/2006 exclui expressamente as pessoas jurídicas com finalidade lucrativa do rol dos proponentes que podem receber doação.

A pessoa física poderá apresentar propostas com orçamento ou o somatório dos orçamentos dos projetos ativos no SalicWeb limitado a 0,05% da renúncia fiscal[13], exceto nos casos de restauração/recuperação de bens de valor cultural reconhecido pela área técnica competente do MinC ou por quem este delegar. A pessoa jurídica, a partir do mais recente normativo do Ministério, também passa a ter um limite para captação. O orçamento da proposta ou o somatório dos orçamentos dos projetos ativos no Salic estará limitado por proponente pessoa jurídica a 3% do valor autorizado para renúncia fiscal do ano em curso[14].

A Sefic ou SAV poderá autorizar valores acima dos limites acima (3% para pessoa jurídica e 0,05% para pessoa física), nos casos de restauração ou recuperação de bens de valor cultural reconhecido pela área técnica competente do Ministério da Cultura ou por quem este delegar.

A Instrução Normativa n. 1/2012 traz ainda princípios de não concentração, limitando a admissão de novos projetos anualmente a 6.300 (seis mil e trezentos) projetos, respeitando-se os seguintes limites por área cultural:

I – Artes Cênicas: até 1.500 projetos;
II – Artes Visuais: até 600 projetos;
III – Audiovisual: até 1.200 projetos;
IV – Humanidades: até 900 projetos;
V – Música: até 1.500 projetos; e
VI – Patrimônio Cultural: até 600 projetos.

---

13 Considerando a renúncia fiscal de 2011 (R$ 1,35 bilhão) o teto de projetos da pessoa física seria de R$ 675 mil. Por ser norma hierarquicamente superior, o texto revoga a Súmula n. 23 da Cnic, que tratava do tema.
14 Considerando a renúncia fiscal de 2011 (R$ 1,35 bilhão) o teto de projetos da pessoa jurídica seria de R$ 40,5 milhões.

A Sefic ou a SAV poderá autorizar admissão de propostas acima dos limites estabelecidos, nos casos de proposta contemplada em seleção pública de incentivador ou com comprovadas garantias de patrocínio.

Os proponentes pessoas físicas poderão ter até 2 projetos e pessoas jurídicas poderão ter até 5 projetos ativos no Salic. O proponente que tiver liberação da movimentação dos recursos captados em pelo menos trinta e três por cento dos projetos admitidos nos últimos três exercícios fiscais poderá ter até o limite de quatro projetos, no caso de pessoa física, e dez projetos, se pessoa jurídica. Este limite mencionado não se aplica a cooperativas que possuam no mínimo 20 pessoas físicas cooperadas e dois anos de atividades.

A Sefic ou a SAV autorizará a admissão de propostas acima dos limites estabelecidos acima, nos casos de proposta contemplada em seleção pública ou com comprovadas garantias de patrocínio.

São documentos necessários para a apresentação de projetos culturais:

PESSOAS FÍSICAS

- currículo ou portfólio, com destaque para as atividades na área cultural;
- cópia de documento legal de identificação que contenha foto e assinatura, número da Carteira de Identidade e do CPF; e
- cédula de identidade de estrangeiro emitida pela República Federativa do Brasil, se for o caso;

PESSOA JURÍDICA DE DIREITO PÚBLICO OU PRIVADO, COM OU SEM FINS LUCRATIVOS

- relatório das ações de natureza cultural realizadas pela instituição;
- no caso de a instituição ter menos de dois anos de constituição anexar, no SalicWeb, a versão atualizada do currículo ou portfólio, comprovando as atividades culturais de seus dirigentes;
- cópia atualizada do estatuto ou contrato social e respectivas alterações posteriores devidamente registradas no órgão competente ou do ato legal de sua constituição, conforme o caso;
- cópia da ata de eleição da atual diretoria, do termo de posse de seus dirigentes, devidamente registrado, ou do ato de nomeação de seus dirigentes, conforme for o caso; e

- cópia de documento legal de identificação do dirigente da instituição que contenha: foto, assinatura, número da Carteira de Identidade e do CPF.

PARA PESSOAS FÍSICAS E JURÍDICAS

- no caso de outorga de poderes a terceiros: cópia da procuração que traga firma reconhecida, acompanhada de cópia dos documentos de identificação dos procuradores, e que contenha poderes que não configurem qualquer tipo de intermediação, vedada pelo art. 28 da Lei n. 8.313, de 1991; e
- no caso de proposta que preveja execução compartilhada: contrato ou acordo de cooperação técnica correspondente;

A documentação de regularidade (certidões) deve estar atualizada no momento de publicação da portaria no Diário Oficial da União, pois o prazo de validade de cada uma das certidões é bastante curto e pode ter expirado entre a data de apresentação do projeto e a data de publicação da portaria. Assim sendo, as certidões não são documentos essenciais na apresentação do projeto e são verificadas pelo Ministério no momento da publicação no Diário Oficial da União. Os documentos essenciais, no entanto, devem ser apresentados no ato de cadastro do projeto, para que o setor de pré-análise possa avaliar seu caráter cultural ou objeto social do proponente.

Trâmite do processo administrativo

O projeto deve sempre ser enviado via sistema, não se admitindo protocolo de projeto no modelo físico.

Ao ser enviado pelo sistema, o projeto recebe um número de "proposta", sendo o Programa Nacional de Apoio à Cultura (Pronac) ou Sistema de Acompanhamento da Lei de Incentivo à Cultura (Salic) emitido somente após a conclusão da primeira análise no exame de admissibilidade (que converte a proposta em Pronac/Salic). É possível localizar o projeto pelo *software* chamado SalicWeb ou pelo sistema de acompanhamento de projeto, pelo número do Salic/Pronac (este é o sistema que tem uma interface aberta para consulta de projetos via internet no sítio do MinC – http://www.cultura.gov.br).

Dentro do ministério, o processo é submetido à fase inicial de exame de admissibilidade, que consiste em:

i) verificação do completo e correto preenchimento do formulário de apresentação da proposta cultural;

ii) análise quanto ao enquadramento do proponente e da proposta cultural à Lei n. 8.313, de 1991, e aos regulamentos, particularmente quanto à finalidade cultural de ambos;

iii) verificação da adequação do perfil da proposta e do proponente ao mecanismo pleiteado;

iv) verificação das planilhas orçamentárias e dos documentos técnicos exigidos do proponente; e

v) verificação de duplicidade da proposta apresentada a qualquer modalidade de financiamento no âmbito do MinC.

Aceito no exame de admissibilidade, o coordenador da área remete o processo para a unidade de análise técnica, que tem 30 dias para avaliar o projeto[15]. Nesse momento, é elaborado um parecer técnico a ser homologado pelo dirigente da unidade responsável pela análise do projeto cultural, que abordará, no mínimo, os seguintes quesitos:

I – aferição da capacidade técnico-financeira do proponente para execução do projeto apresentado;

II – suficiência das informações prestadas;

III – enquadramento do projeto nos objetivos e fins da Lei n. 8.313, de 1991, e no Decreto n. 5.761, de 2006;

IV – adequação entre o objeto a ser executado e os produtos resultantes, mediante indicadores para avaliação final do projeto;

V – adequação das estratégias de ação aos objetivos, assinalando-se, claramente, no parecer, se as etapas previstas são necessárias ou suficientes à sua realização e se são compatíveis com os prazos e custos previstos;

VI – adequação do projeto de medidas de acessibilidade e democratização de acesso ao público às características do projeto cultural;

VII – contribuição para o alcance dos objetivos descritos no art. 1º da Lei 8.313, de 1991;

---

15 O prazo previsto não poderá ser ampliado para análise de projetos de recuperação de patrimônio histórico ou construção de imóveis, conforme a característica do projeto e a complexidade da obra.

VIII – repercussão local, regional, nacional e internacional do projeto, conforme o caso;

IX – impactos e desdobramentos positivos ou negativos do projeto, seja no âmbito cultural, ambiental, econômico, social ou outro considerado relevante;

X – contribuição para o desenvolvimento da área ou segmento cultural em que se insere o projeto cultural analisado;

XI – compatibilidade dos custos previstos com os preços praticados no mercado regional da produção, destacando-se o que se mostrar inadequado, com a justificação dos cortes efetuados, quando for o caso;

XII – relação custo/benefício do projeto no âmbito cultural, incluindo o impacto da utilização do mecanismo de incentivo fiscal na redução do preço final de produtos ou serviços culturais com público pagante, podendo a análise técnica propor redução nos preços solicitados;

XIII – atendimento aos critérios e limites de custos estabelecidos pelo Ministério da Cultura; e

XIV – quando se tratar de projetos que prevejam chamamento público, será examinada a impessoalidade dos editais.

O parecer técnico será redigido de forma clara, concisa, tecnicamente coerente, devendo manifestar-se quanto à adequação das fases, dos preços a serem praticados e dos orçamentos do projeto, de acordo com as políticas do MinC, e será conclusivo, com recomendação de aprovação total, parcial ou indeferimento, devidamente fundamentada. Observe que o órgão incentivador não pode analisar o mérito do projeto, conforme assegura o art. 22 da lei, que diz: "Os projetos enquadrados nos objetivos desta Lei não poderão ser objeto de apreciação subjetiva quanto ao seu valor artístico ou cultural".

De acordo com instrumento introduzido pela Instrução Normativa MinC n. 1/2012, não se recomendará, no parecer técnico, a aprovação dos projetos culturais que tiverem cortes orçamentários iguais ou superiores a 50% do orçamento proposto.

Os pareceristas da Lei Rouanet são profissionais contratados pelo MinC, por meio de convênio com recursos do FNC ou não, e especialistas em matéria de análise, devendo conceder, assim, sua opinião estritamente técnica sobre o projeto. Esses profissionais situam-se nas mais variadas cidades brasileiras e, considerando-se que tudo agora é feito virtualmente, o processo não precisa ser remetido fisicamente e a análise acontece de forma mais célere (com exceção de alguns projetos de patrimônio que ainda precisam ser enviados por meio físico pelo volume de plantas e informações). O projeto cultural devidamente instruído e com o parecer técnico, após anuência da Sefic ou da SAV (conforme o caso), é encaminhado à Comissão Nacional de Incentivo à Cultura (Cnic), para análise e parecer na forma de seu regimento interno. A Cnic é o órgão consultivo para aprovação de projetos. O encaminhamento de um projeto a ela independe da recomendação técnica ser de aprovação total, parcial ou de indeferimento, exceto, neste último caso, se a recomendação de indeferimento estiver fundamentada em súmula administrativa da Cnic, aprovada na forma de seu regimento.

A pedido do proponente interessado, e desde que justificadamente caracterizada a inviabilidade da apreciação do projeto cultural pela Cnic em tempo hábil, o MinC poderá aprovar projetos e autorizar a captação de recursos em regime de urgência, sem a prévia manifestação da Cnic[16]. É o que chamamos de *ad referendum*. O pedido de urgência será dirigido ao titular da Sefic ou da SAV, que poderá rejeitá-lo prontamente se verificar que a inclusão na pauta da Cnic não interferirá na execução do projeto. O pedido de urgência será analisado em até 10 dias pela autoridade descrita pelo Secretário da Sefic ou da SAV, ainda que o projeto já tenha sido distribuído a membro da Cnic, recomendando a avocação do processo ao MinC se julgar cabível o pedido. Para análise do projeto em regime de urgência, o MinC poderá solicitar manifestação individual de membro da Cnic ou da Consultoria Jurídica do Ministério. O Ministro de Estado da Cultura poderá, de ofício, em caráter excepcional e por motivos relevantes, avocar os processos na fase em que se encontram.

Uma vez o projeto examinado na reunião da Cnic, ele é submetido à decisão do Secretário da Sefic ou da SAV, conforme a área, a qual publicará por portaria no *Diário Oficial da União* (DOU). O interessado será informado do resultado, ainda, via SalicWeb. A decisão de não aprovação ou aprovação parcial do projeto cultural deverá indicar as razões do indeferimento, sendo cabível recurso ao Ministro de Estado da Cultura, no prazo de 10 dias corridos, a contar da publicação da portaria no *Diário Oficial da União*. Em caso de aprovação parcial, a ausência de recurso implica aceitação tácita da decisão, devendo o proponente, no prazo do recurso, manifestar-se expressamente pela desistência do projeto caso não deseje realizá-lo nas condições estabelecidas pelo MinC, sob pena de sujeitar-se às sanções decorrentes da sua não execu-

---

16 Art. 38, § 1º, do Decreto n. 5.761, de 2006

ção. O recurso será dirigido à Sefic ou SAV, conforme a área, para eventual reconsideração em 30 dias ou encaminhamento ao Ministro, para apreciação no prazo de 30 dias. Caso o Ministro entenda oportuna a manifestação da Cnic ou de unidades técnicas, poderá solicitar-lhes informações, a serem prestadas em até 20 dias.

A publicação no *DOU* está condicionada à regularidade fiscal do proponente, que é checada por via eletrônica pelo próprio MinC; na impossibilidade dele obter as certidões, essas serão solicitadas para o proponente.

Portaria de aprovação

A portaria é o instrumento que garante ao proponente a habilitação para captar recursos no mercado. É importante observar, nesse momento, se o projeto apresentado está aprovado com o enquadramento correto. Existem duas possibilidades de aprovação na portaria que se devem observar: aprovação para efeitos dos arts. 18 e 25/26.

O art. 18 da Lei n. 8.313/91, modificado pela Lei n. 9.874/99, pela MP n. 2.228/2001 e pela Lei n. 11.646/2008, estabelece os segmentos culturais nos quais o abatimento no Imposto de Renda é total (100%). O art. 26, na redação original, estabelece que o patrocínio para projeto pode ser abatido como despesa operacional e, posteriormente, abatido na proporção de 30 ou 40% do IR devido (vide item Captação de recursos na p. 53).

É importante ressaltar que a aprovação somente terá eficácia após a publicação de ato oficial contendo: o número de registro do projeto no SalicWeb, o título do projeto, o nome do proponente e respectivo CPF ou CNPJ, o valor autorizado para captação de doações ou patrocínios, os prazos de execução e de captação, enquadramento legal, extrato do projeto aprovado e prazo para apresentação da prestação de contas, observado o art. 65, §§ 1º e 2º, desta Instrução Normativa.

A seguir, o exemplo de uma portaria já adequada às novas exigências para ilustração.

Aspectos relevantes sobre apresentação de projetos em cada uma das áreas

A regra para apresentação de projetos para a Lei Rouanet é a mesma. Existem alguns documentos e algumas peculiaridades que devem ser observadas dependendo da área que estiver sendo abordada. Para os projetos na área de

---

17 Projeto e texto de portaria fictícios e meramente exemplificativos.

humanidades, para edição de obra literária, é importante explicitar ao máximo o produto final, especificações técnicas das peças gráficas, tais como livros, revistas, jornais, dentre outros; e sinopse da obra literária.

Quanto aos projetos na área de artes cênicas e música, para espetáculos, shows ou gravação de CD, DVD e mídias congêneres, deve-se atentar para o envio dos seguintes documentos ou informações: currículo da equipe técnica principal, especificando a função que cada integrante irá exercer no projeto; e sinopse ou roteiro do espetáculo de circo, da peça teatral, do espetáculo de dança ou de *performance* de outra natureza; ou listagem detalhada do conteúdo a ser gravado, quando já definido, conforme o caso.

Os projetos apresentados na área de *patrimônio cultural material* devem conter: definição prévia dos bens em caso de proposta que vise à identificação, à documentação e ao inventário de bem material histórico; propostas de pesquisa, levantamento de informação, organização e formação de acervo e criação de banco de dados; termo de compromisso atestando que o resultado ou produto resultante do projeto será integrado, sem ônus, ao banco de dados do Instituto do Patrimônio Histórico e Artístico Nacional (Iphan); e inventário do acervo e parecer ou laudo técnico sobre o acervo, em caso de proposta que vise à restauração de acervos documentais.

Para os projetos de informações relacionadas a propostas na área museológica: em caso de restauração (listagem com os itens a serem restaurados; justificativa técnica para a restauração, incluindo laudo de especialista atestando o estado de conservação da obra, do acervo, do objeto ou do documento; currículo do restaurador; e orçamento específico por obra), em caso de aquisição de acervo (lista dos itens a serem adquiridos, acompanhada de ficha técnica completa; justificativa para a aquisição, atestando a pertinência e a relevância da incorporação dos itens ao acervo da instituição; histórico de procedência e de propriedade dos itens a serem adquiridos, acompanhado de declaração de intenção de venda do proprietário ou detentor dos direitos; laudo técnico com avaliação de pelo menos 2 especialistas sobre o valor de mercado dos itens; parecer de autenticidade das obras; e declaração de que o item adquirido será incorporado ao acervo permanente da instituição), em caso de exposição com acervo da própria instituição (listagem com os itens de acervo que irão compor a exposição; ficha técnica dos itens do acervo (título, data, técnica, dimensões, crédito de propriedade); projeto museográfico, com proposta conceitual, local e período da exposição, planta baixa, mobiliário, projeto luminotécnico, disposição dos itens no espaço expositivo etc., ou, caso o projeto ainda não esteja definido, descrição de como se dará tal proposta, incluindo o conceito básico da exposição, os itens, textos e objetos que serão expostos, local e período da exposição; currículo do(s) curador(es) e do(s) artista(s), quando for o caso; e proposta para ações educativas, se for o caso) e em caso de exposição com obras emprestadas de outras instituições ou coleções particulares (todos os documentos listados nessa lista; declaração da instituição ou pessoa física que emprestará o acervo atestando a intenção de empréstimo no prazo estipulado; proposta de seguro para os itens; e número previsto e exemplos de possíveis obras que integrarão a mostra, quando não for possível a apresentação de lista definitiva; e em caso de exposição itinerante (todos os documentos listados anteriormente; lista das localidades atendidas, com menção dos espaços expositivos; e declaração das instituições que irão receber a exposição atestando estarem de acordo e terem as condições necessárias para a realização da mostra em seu espaço).

A Instrução Normativa n. 1, de 09 de fevereiro de 2012, traz a relação dos documentos obrigatórios em cada área cultural, além dos mencionados anteriormente a título de exemplo. Leia o art. 7º que traz com bastante detalhamento a lista de documentos e informações para cada área de proposta.

CAPTAÇÃO DE RECURSOS

Neste capítulo trataremos do aspecto central do mecanismo instituído pelo governo federal, por meio do qual o investimento em cultura se estrutura tributariamente. Devem ficar extremamente claros ao proponente e, especialmente, ao captador de recursos os itens abordados, uma vez que o patrocinador terá claramente consubstanciado todas as implicações, vantagens e obrigações com o Fisco.

A captação de recursos está contemplada pela Lei Federal de Incentivo à Cultura, e o trabalho do intermediador de negócios passa a ser reconhecido pelo MinC. De todo modo, constitui infração à lei o recebimento, pelo patrocinador, de qualquer vantagem financeira ou material em decorrência do patrocínio que efetuar.

Outro dado importante, e que está expressamente previsto no texto legal, diz respeito ao fato de que as transferências efetuadas pela empresa ao projeto cultural não estão sujeitas ao recolhimento do Imposto sobre a Renda na Fonte. Passemos aos abatimentos de que trata a Lei Rouanet. Primeiramente, o dispositivo legal fixa o teto de abatimento para cada tipo de mecenas, limitado a 4% do IR devido pela pessoa jurídica e 6% da pessoa física.

Em segundo lugar, podemos encontrar duas situações que geram abatimentos distintos no IR. A Lei Rouanet separa em três artigos diferentes: 18 e 25/26. O primeiro foi modificado pela Lei n. 9.874, de 23 de novembro de 1999, pela Medida Provisória n. 2.228-1/2001 e pela Lei n. 11.646/2008 (última a alterar o referido artigo).

O art. 18 autoriza a dedução de 100% do valor efetivamente transferido para os seguintes projetos: artes cênicas; livros de valor artístico, literário ou humanístico; música erudita ou instrumental; exposições de artes visuais; doações de acervos para bibliotecas públicas, museus, arquivos públicos e cinematecas, bem como treinamento de pessoal e aquisição de equipamentos para a manutenção desses acervos; produção de obras cinematográficas e videofonográficas de curta e média-metragem e preservação e difusão do acervo audiovisual; e preservação do patrimônio cultural material e imaterial; construção e manutenção de salas de cinema e teatro, que poderão funcionar também como centros culturais comunitários, em municípios com menos de 100.000 habitantes. O incentivador precisa ficar atento, pois os benefícios devem ser concedidos pelo governo na portaria de aprovação, publicada no *DOU*, mencionando explicitamente essa qualificação, o que não significa dizer que basta o projeto apresentado estar enquadrado nas áreas especificadas. O lançamento da despesa pelo patrocinador não é efetuado como despesa operacional para efeito de cálculo de IR, por vedação em um dos parágrafos do artigo, descontando-se o valor transferido diretamente do IR devido.

Para os projetos não constantes nesse rol, ou seja, aqueles circunscritos ao arts. 25 e 26 da mencionada legislação, vale a regra dos benefícios da Lei n. 8.313/91: 30% de abatimento no caso de patrocínio e 40% no de doação. Nesse caso, os valores transferidos ao projeto são lançados como despesa operacional e posteriormente é feito o desconto legal no IR. Isso leva a empresa a efetuar um resgate tributário na ordem de 64% no caso de patrocínio e 73% no de doação (para empresas não financeiras), chegando a 70% para patrocínio e 80% para doação (no caso de financeiras), conforme demonstrado a seguir.

O projeto que tenha prioritariamente áreas insertas no art. 18 da lei será enquadrado nesse artigo.

As empresas tributadas com base no lucro presumido ou arbitrado estão vedadas de se beneficiar de incentivo fiscal à cultura, conforme previsto no art. 10 da Lei n. 9.532/97. Com isso, os incentivos fiscais dedutíveis do IR somente poderão ser utilizados pelas empresas que estejam tributadas com base no lucro real.

Outro detalhe importante é que os incentivos não são cumulativos com o Programa de Alimentação do Trabalhador (PAT). A Lei n. 9.532/97, nos seus arts. 5º e 6º com a redação dada pela MP n. 1.680, alteraram os limites individuais e globais das deduções de incentivos fiscais, como segue:

I – dedução limitada a 4%:
PAT – Lei n. 6.321/76
Cultura – Lei n. 8.313/91
PDTI/PDTA – Lei n. 8.661/93

II – dedução global limitada a 4%:
1º Grupo
PAT – Lei n. 6.321/76
PDTI e PDTA – Lei n. 8.661/93
2º Grupo
Cultura – Lei n. 8.313/91
Audiovisual – Lei n. 8.685/93
Funcine – MP n. 2.228/2001

Assim sendo, a empresa poderá deduzir 4% do incentivo à atividade cultural ou 3% no audiovisual e/ou Funcine e 1% na atividade cultural, respeitando o teto máximo de 4% para cada um dos grupos delimitados acima, no item II.

Outro aspecto relevante diz respeito à segura dedutibilidade de despesas ou autorização para o efetivo desconto no IR devido. A Lei n. 9.249/95 (ver art. 365 do Regulamento de Imposto de Renda de 1999) deu fim à maioria das contribuições e doações dedutíveis para fins de determinação do lucro real. Nesse sentido, os descontos em imposto autorizados pela Lei Rouanet passaram a ser uma forma segura de a empresa gastar sem enfrentar problemas com a Receita Federal. Eis a seguir um exemplo dessa insegurança.

Um importante veículo de comunicação voltado à divulgação de grandes eventos sociais, de onde extrai o seu conteúdo, adquiriu camarote para o carnaval no intuito de produzir conteúdo fotográfico e de textos para suas páginas, evidentemente atendendo a suas finalidades societárias. A interpretação de que a aquisição poderia se realizar como despesa de propaganda não foi aceita e os pagamentos efetuados para a aquisição de camarotes para os desfiles de carnaval foram considerados despesas indedutíveis, por entender que não possuem relação direta com a atividade da empresa. A decisão foi proferida pelo 1º C.C., ac. n. 101-90.829/97, publicado no *DOU* de 7 de maio de 1997.

A empresa pode, no entanto, buscar uma das escolas de samba do Rio de Janeiro ou de São Paulo e manifestar seu interesse em ser patrocinadora dela. Esse patrocínio está sempre calcado no apoio da Lei de Incentivo à Cultura e fornece para a empresa o recibo para abatimento. Essa despesa jamais será glosada, por possuir expressa permissão legal de ser deduzida e descontada, nos limites legais, do IR. Como contrapartida ao patrocínio, a escola fornece como cortesia uma possibilidade de assistir ao espetáculo, no intuito de que o seu cliente possa apreciar o desfile de carnaval. Isso impulsiona que as empresas ou pessoas físicas invistam em carnaval, que é hoje o maior evento cultural brasileiro, sem nenhuma dúvida.

Além das vantagens tributárias, o patrocinador ainda pode obter retorno em produtos ou ingressos, no caso de apresentações, para ser distribuído como brinde, como material didático às escolas carentes e/ou *release* para imprensas, e obter mídia espontânea. Isso deve constar do Plano Básico de Distribuição do projeto cultural incentivado e está limitado a 10% do resultado do produto cultural (número de CDs ou lugares na plateia, por exemplo).

Por fim, vale explanar sobre o vínculo do beneficiário com o agente para a concretização do patrocínio. A doação ou o patrocínio não poderá ser efetuada por pessoa ou instituição vinculada ao agente. Os vinculados, para efeitos da lei, são a pessoa jurídica da qual o doador ou patrocinador seja titular, administrador, gerente, acionista ou sócio, na data da operação ou nos doze meses anteriores. Considera vinculado ao doador, patrocinador ou outra pessoa da qual o investidor seja sócio[18] o cônjuge, o parente até terceiro grau, inclusive os afins, e os dependentes do doador ou patrocinador ou dos titulares, administradores, acionistas ou sócios de pessoa jurídica vinculada.

A lei, no entanto, garante uma exceção no parágrafo seguinte[19], que são as instituições culturais sem fins lucrativos, criadas pelo doador ou patrocina-

---

18 Art. 27, § 1º, da Lei n. 8.313, de 23 de dezembro de 1991.
19 Art. 27, § 2º, da Lei n. 8.313, de 23 de dezembro de 1991.

dor, desde que devidamente constituídas e em funcionamento na forma da legislação em vigor. É o exemplo do Instituto Itaú Cultural, ligado ao Banco Itaú, do Instituto Porto Seguro, ligado à Porto Seguro Seguros, e da Fundação Vale, ligada à mineradora Vale.

Abatimento parcial (art. 25/26 da Lei n. 8.313/91) – Empresas financeiras e não financeiras

A seguir explicita-se como uma empresa pode obter os benefícios da Lei Rouanet, na forma de seu art. 25/26, que abrange todas as áreas culturais descritas no rol de apoio da lei de incentivo. Nesse caso, o patrocínio ou doação é lançado como despesa operacional e, depois, efetua-se um resgate de mais 30 ou 40% do IR pago (sem o adicional), respectivamente.

Foram listados abaixo quatro exemplos distintos: dois para patrocínio e outros dois para doação. Em cada caso admitimos tratar-se de um tipo de empresa: no primeiro caso uma não financeira, cuja alíquota da contribuição social está fixada em 9% do lucro líquido e, no segundo, uma financeira, cuja alíquota da contribuição social está em 15%.

Tabela 3.1   Art. 26 – Exemplo (não financeira)

	Com patrocínio	Sem patrocínio	Diferença
1) Lucro Líquido	10.000.000,00	10.000.000,00	
2) Valor do Patrocínio	50.000,00	0,00	
3) Novo Lucro Líquido	9.950.000,00	10.000.000,00	
4) CSLL – 9% de (3)	895.500,00	900.000,00	4.500,00
5) IR devido – 15% de (3)	1.492.500,00	1.500.000,00	7.500,00
6) Adicional de IR – 10% de (3-240mil)	971.000,00	976.000,00	5.000,00
7) Dedução da Lei Rouanet – 30% de (2)	15.000,00	0,00	15.000,00
8) IR a ser pago (5+6-7)	2.448.500,00	2.476.000,00	
9) Total de Impostos (8+4)	3.344.000,00	3.376.000,00	32.000,00

Verifica-se assim que o empresário, ao patrocinar R$ 50.000,00, teve uma redução tributária, no primeiro caso, de R$ 3.376.000,00 – R$ 3.344.000,00 = R$ 32.000,00. Em resumo, o empresário usou em cultura R$ 32.000,00 de recursos de impostos, ou 64% do valor do patrocínio.

Tabela 3.2   Art. 26 – Exemplo (não financeira)

	Com patrocínio	Sem patrocínio	Diferença
1) Lucro Líquido	10.000.000,00	10.000.000,00	
2) Valor da doação	50.000,00	0,00	
3) Novo Lucro Líquido	9.950.000,00	10.000.000,00	
4) CSLL – 9% de (3)	895.500,00	900.000,00	4.500,00
5) IR devido – 15% de (3)	1.492.500,00	1.500.000,00	7.500,00
6) Adicional de IR – 10% de (3-240mil)	971.000,00	976.000,00	5.000,00
7) Dedução da Lei Rouanet – 40% de (2)	20.000,00	0,00	20.000,00
8) IR a ser pago (5+6-7)	2.443.500,00	2.476.000,00	
9) Total de Impostos (8+4)	3.339.000,00	3.376.000,00	37.000,00

Verifica-se assim que o empresário, ao doar R$ 50.000,00 teve uma redução tributária de R$ 3.376.000,00 para R$ 3.339.000,00. Em resumo, o empresário usou em cultura R$ 37.000,00 de recursos de impostos, ou 73% do valor da doação.

Tabela 3.3   Art. 26 – Exemplo (financeira)

	Com patrocínio	Sem patrocínio	Diferença
1) Lucro Líquido	10.000.000,00	10.000.000,00	
2) Valor do Patrocínio	50.000,00	0,00	
3) Novo Lucro Líquido	9.950.000,00	10.000.000,00	
4) CSLL – 15% de (3)	1.492.500,00	1.500.000,00	7.500,00
5) IR devido – 15% de (3)	1.492.500,00	1.500.000,00	7.500,00
6) Adicional de IR – 10% de (3-240mil)	971.000,00	976.000,00	5.000,00
7) Dedução da Lei Rouanet – 30% de (2)	15.000,00	0,00	15.000,00
8) IR a ser pago (5+6-7)	2.448.500,00	2.476.000,00	
9) Total de Impostos (8+4)	3.941.000,00	3.976.000,00	35.000,00

Verifica-se assim que o empresário, ao patrocinar R$ 50.000,00, teve uma redução tributária, no primeiro caso, de R$ 3.976.000,00 – R$ 3.941.000,00 = R$ 35.000,00. Em resumo, o empresário usou em cultura R$ 35.000,00 de recursos de impostos, ou 70% do valor do patrocínio.

Tabela 3.4   Art. 26 – Exemplo (financeira)

	Com patrocínio	Sem patrocínio	Diferença
1) Lucro Líquido	10.000.000,00	10.000.000,00	
2) Valor do Patrocínio	50.000,00	0,00	
3) Novo Lucro Líquido	9.950.000,00	10.000.000,00	
4) CSLL – 15% de (3)	1.492.500,00	1.500.000,00	7.500,00
5) IR devido – 15% de (3)	1.492.500,00	1.500.000,00	7.500,00
6) Adicional de IR – 10% de (3-240mil)	971.000,00	976.000,00	5.000,00
7) Dedução da Lei Rouanet – 40% de (2)	20.000,00	0,00	20.000,00
8) IR a ser pago (5+6-7)	2.443.500,00	2.476.000,00	
9) Total de Impostos (8+4)	3.936.000,00	3.976.000,00	40.000,00

Verifica-se assim que o empresário, ao doar R$ 50.000,00 teve uma redução tributária de R$ 3.976.000,00 para R$ 3.936.000,00. Em resumo, o empresário usou em cultura R$ 40.000,00 de recursos de impostos, ou 80% do valor da doação.

Abatimento integral (art. 18 da Lei n. 8.313/91) – Empresas financeiras e não financeiras

Trataremos, nesta seção, do benefício auferido pelas atividades incentivadas nos termos do art. 18 da Lei n. 8.313/91, com suas alterações. Além da porcentagem de retorno ao patrocinador, há outras diferenças em relação à aprovação com base no art. 25/26 da mesma lei, especialmente com relação à base de cálculo do IR, e a forma de dedução como despesa operacional. Reza o § 1º do artigo que

> os contribuintes poderão deduzir do imposto de renda devido as quantias efetivamente despendidas nos projetos enumerados no § 3º, previamente aprovados pelo MinC, nos limites e condições estabelecidos na legislação do imposto de renda vigente, na forma de: doações e patrocínios.

A seguir, enumera as áreas que poderão contar com o referido apoio, fechando um rol exclusivo:

a) artes cênicas;

b) livros de valor artístico, literário ou humanístico;

c) música erudita ou instrumental;

d) exposições de artes visuais;

e) doações de acervos para bibliotecas públicas, museus, arquivos públicos e cinematecas, bem como treinamento de pessoal e aquisição de equipamentos para a manutenção desses acervos;

f) produção de obras cinematográficas e videofonográficas de curta e média--metragem e preservação e difusão do acervo audiovisual;

g) preservação do patrimônio cultural material e imaterial; e

h) construção e manutenção de salas de cinema e teatro, que poderão funcionar também como centros culturais comunitários, em Municípios com menos de 100.000 (cem mil) habitantes.

Dois são os tributos que devem ser pagos pela empresa quando da apuração do lucro real: Contribuição Social sobre Lucro Líquido (CSLL) e Imposto de Renda (IR). O art. 18, em seu § 2º, veda o lançamento da doação ou patrocínio como despesa operacional para as pessoas jurídicas tributadas com base no lucro real. Desta feita, a base de cálculo do IR não pode ser alterada, visto que a lei veda expressamente seu lançamento como despesa operacional. Observe-se que o valor do adicional do IR deve ser recolhido integralmente, não sendo permitida quaisquer deduções. O mesmo vale para a determinação da base de cálculo da CSLL.

Desse modo, as doações e patrocínios aplicados em projetos culturais aprovados nos termos do art. 18 da Lei não poderão ser considerados como despesas dedutíveis para fins de determinação do lucro real. Abaixo os exemplos de empresa financeira e não financeira (patrocínio e doação, nesse caso, produzem iguais benefícios fiscais).

Tabela 3.5 Art. 18 – Exemplo (não financeira)

	Com patrocínio	Sem patrocínio	Diferença
1) Lucro Líquido	10.000.000,00	10.000.000,00	
2) Valor do Patrocínio	50.000,00	0,00	
3) Novo Lucro Líquido	10.000.000,00	10.000.000,00	
4) CSLL – 9% de (3)	900.000,00	900.000,00	

5) IR devido – 15% de (3)	1.500.000,00	1.500.000,00	
6) Adicional de IR – 10% de (3-240mil)	976.000,00	976.000,00	
7) Dedução da Lei Rouanet – 100% de (2)	50.000,00	0,00	50.000,00
8) IR a ser pago (5+6-7)	2.426.000,00	2.476.000,00	
9) Total de Impostos (8+4)	3.326.000,00	3.376.000,00	50.000,00

Verifica-se, assim, que o empresário (empresa não financeira), ao aplicar R$ 50.000,00, teve uma redução tributária no primeiro caso de 3.376.000,00 – 3.326.000,00 = R$ 50.000,00. Em resumo, o empresário aplicou recursos exclusivamente de impostos no projeto, obtendo a recuperação de 100% do valor do patrocínio ou doação.

Tabela 3.6 Art. 18 – Exemplo (financeira)

	Com patrocínio	Sem patrocínio	Diferença
1) Lucro Líquido	10.000.000,00	10.000.000,00	
2) Valor do Patrocínio	50.000,00	0,00	
3) Novo Lucro Líquido	10.000.000,00	10.000.000,00	
4) CSLL – 15% de (3)	1.500.000,00	1.500.000,00	
5) IR devido – 15% de (3)	1.500.000,00	1.500.000,00	
6) Adicional de IR – 10% de (3-240mil)	976.000,00	976.000,00	
7) Dedução da Lei Rouanet – 100% de (2)	50.000,00	0,00	50.000,00
8) IR a ser pago (5+6-7)	2.426.000,00	2.476.000,00	
9) Total de Impostos (8+4)	3.926.000,00	3.976.000,00	50.000,00

Verifica-se, assim, que o empresário (empresa financeira), ao aplicar R$ 50.000,00, teve uma redução tributária no primeiro caso de 3.976.000,00 – 3.926.000,00 = R$ 50.000,00. Em resumo, o empresário aplicou recursos exclusivamente de impostos no projeto, obtendo a recuperação de 100% do valor do patrocínio ou doação.

Pessoas físicas

A pessoa física pode investir até 6% do seu IR devido em favor de projetos culturais previamente aprovados pelo Ministério da Cultura. Esse investimento pode se dar na modalidade de patrocínio ou doação. A previsão legal encontra-se no art. 26 da Lei n. 8.313/91.

Como patrocínio, o investidor abate 60% do valor efetivamente contribuído e, como doação, até 80%. É importante salientar que os benefícios de que trata o art. 26 da Lei não excluem ou reduzem outros benefícios, abatimentos e deduções em vigor, em especial as doações a entidades de utilidade pública (§ 3º).

Caso o projeto apoiado pela pessoa física esteja enquadrado no art. 18 da Lei, o abatimento é integral, apesar de limitado aos 6% da previsão geral.

A pessoa física, para gozar do benefício suprarreferido, precisa preencher sua declaração de IR no formulário completo oferecido pela Receita Federal. Caso escolha formulário simplificado, estará optando pelo desconto genérico de 20%, e não poderá utilizar o recibo de investimento em cultura.

ADMINISTRAÇÃO DE PROJETOS CULTURAIS

A etapa mais importante de um projeto cultural é a sua correta administração, sem a qual muitos proponentes acabam tendo problemas com a prestação de contas ao órgão incentivador. Nesse sentido, o MinC já registrou casos de recursos captados que devem ser devolvidos, culminando com o envio do nome do proponente ao Sistema de Informações de Fornecedores Inadimplentes (Siafi) e Cadastro de Inadimplentes do Governo Federal (Cadin).

O primeiro passo ao captar os recursos para um projeto é a informação ao órgão incentivador para que se proceda o devido acompanhamento, que ocorre por meio de uma carta ao órgão, com cópia do extrato bancário indicando o crédito e recibo. Feito isso, no decorrer da administração, o proponente pode enviar, para sua facilidade, prestações de contas parciais. Essas, no entanto, não são obrigatórias a não ser que requisitadas.

Os pagamentos à pessoa jurídica devem ser feitos mediante apresentação de nota fiscal. Ao pagar à pessoa física, deve-se observar a tabela de retenção do IR na fonte e o ISS (Imposto Sobre Serviço), quando for o caso, além do INSS (Instituto Nacional do Seguro Social), cujo recolhimento é de responsabilidade do proponente.

É importante salientar também que os recursos referentes a projetos culturais devem ser depositados em conta-corrente específica para o projeto, aberta em nome do proponente, pelo próprio Ministério da Cultura. Duas são as contas: a de captação (na qual são recebidos os recursos de captação e devolução de recursos de projetos durante sua execução) e a conta de movimentação. A transferência entre uma conta e outra é feita pelo Ministério da Cultura a pedido do proponente. Algumas considerações são importantes para a correta administração do projeto.

Recibo (Mecenato)

O recibo deve ser emitido com os dados do projeto e do financiador. Podem ser emitidos tantos recibos quantos se façam necessários, até o limite do orçamento aprovado do projeto. Determina a legislação que uma via do recibo emitido deve ser enviada à secretaria que autorizou a captação após efetivada a operação juntamente do comprovante do extrato bancário. Além disso, a liberação de recursos de conta bancária deve ser autorizada pelo MinC, antes de sua efetiva movimentação.

O recibo deve ser numerado em ordem sequencial, independente do exercício financeiro. A numeração indica a cronologia de captação dentro de um mesmo projeto e é feita para cada um deles, mesmo que o proponente possua mais de um projeto em captação.

A exigência de abertura de conta exclusivamente nos bancos oficiais, em seu nome, porém exclusivas para o projeto cultural aprovado, decorre do art. 36 do Decreto n. 5.761/2006:

> As transferências financeiras dos incentivadores para os respectivos beneficiários serão efetuadas, direta e obrigatoriamente, em conta bancária específica, aberta em instituição financeira oficial, de abrangência nacional, credenciada pelo Ministério da Cultura.

Quando o incentivo for em numerário (depósito efetuado na conta do projeto), os campos 7, 8 e 9 do recibo não devem ser preenchidos. Deve-se observar a colocação, no modelo de recibo padronizado pelo MinC, do CNPJ ou CPF do proponente. Esse procedimento é importante para que a pessoa física ou jurídica efetue o correto lançamento na contabilidade e declaração do IR.

Quando o recibo se der na forma de bens ou serviços, o serviço ou produto fornecido como incentivo deve: estar previsto no orçamento aprovado pelo Ministério da Cultura; ser realizado a preço de mercado e; ser serviço ou produto do ramo de atividade do Incentivador. De todo modo, a empresa incentivadora deve emitir documento fiscal do material ou serviço que for objeto do incentivo.

O Ato Declaratório (Normativo) n. 23, do Coordenador Geral do Sistema de Tributação da Secretaria da Receita Federal, reza, em sua alínea *b*, que "os valores a que se refere a alínea anterior não integrarão a receita bruta ou faturamento do doador ou patrocinador na determinação da base de cálculo de imposto de renda, contribuição social sobre lucro, Cofins e PIS/Pasep".

Nesse caso, o patrocínio ou doação em bens ou serviços é ainda mais vantajoso. Como o valor não integra o faturamento (receita bruta) do incentivante, o montante transferido ao projeto acaba sendo, na prática, deduzido na base de cálculo do IR e da CSLL, o que para os casos de projeto aprovado pelo art. 18 pode ser bastante expressivo.

Liberação de recursos em conta-corrente

A legislação determina que os recursos serão movimentados depois de atingir 20% do orçamento global do projeto, ressalvados os projetos contemplados em seleções públicas ou respaldados por contrato de patrocínio. Os recursos serão depositados na Conta Captação por meio de depósito identificado, com a informação obrigatória do CPF ou do CNPJ dos depositantes, ou, alternativamente, por Transferência Eletrônica Disponível (TED), ou Documento de Operação de Crédito (DOC), desde que, da mesma forma, tenham sido identificados os depositantes.

A primeira movimentação para a Conta Movimento será efetuada pelo MinC ao se atingir o limite mínimo exigido pelo regulamento, sendo que a liberação da movimentação dos demais recursos captados posteriormente dar-se-á automaticamente pela instituição financeira[20].

As contas Captação e Movimento são isentas de tarifas bancárias e serão vinculadas ao CPF ou ao CNPJ do proponente para o qual o projeto tenha

---

20 Em algumas hipóteses pode-se liberar a conta antes de atingidos os 20%: I – na hipótese de urgente restauração de bem imóvel, a critério do Secretário de Fomento e Incentivo à Cultura, desde que os recursos captados sejam suficientes para sustar os motivos da urgência; II – em caso de alteração do projeto, mediante justificativa apresentada pelo proponente à Sefic, desde que observados os procedimentos exigidos para alteração de projetos; ou III – No caso de projeto que preveja Plano Anual de Atividades, os recursos captados poderão ser transferidos para a Conta Movimento quando atingido 1/12 (um doze avos) do orçamento global aprovado.

sido aprovado. As contas somente poderão ser operadas após a regularização, pelos respectivos titulares, na agência bancária da instituição financeira oficial federal onde tenham sido abertas, de acordo com as normas vigentes do Banco Central, para que, em caráter irrevogável e irretratável, a instituição financeira cumpra as determinações do MinC para movimentá-las.

Os recursos depositados nas contas serão obrigatoriamente aplicados em: caderneta de poupança de instituição financeira oficial, se a previsão de seu uso for igual ou superior a um mês; ou em fundo de aplicação financeira de curto prazo, ou operação de mercado aberto lastreada em título da dívida pública federal, quando sua utilização estiver prevista para prazos menores. Por fim, os rendimentos da aplicação financeira serão obrigatoriamente aplicados no próprio projeto cultural, dentro dos parâmetros já aprovados pelo MinC, estando sujeitos às mesmas condições de prestação de contas dos recursos captados.

Em caso de bloqueio judicial em contas de projetos culturais aprovados nos termos da Lei Rouanet, independente do motivo de tal bloqueio, deverá o proponente, de imediato, promover a restituição dos valores devidamente atualizados à Conta Captação do projeto, com a devida comunicação ao Ministério da Cultura. Durante o acompanhamento da execução do projeto, o MinC poderá, motivadamente e a fim de garantir sua regularidade, determinar a devolução de recursos à Conta Captação.

Pagamentos com recursos do projeto

Os pagamentos de pessoas físicas e jurídicas devem seguir as diretrizes estabelecidas pela Instrução Normativa MinC n. 1, de 9 de fevereiro de 2012. Este instrumento legal estabelece algumas exigências, dentre as quais podemos relacionar:

1. O proponente terá direito a saques para pagamentos de despesas iguais ou inferiores a R$ 100,00 (cem reais), devendo as demais despesas ser realizadas por meio de transferência bancária identificada, cheque nominal ou qualquer outro meio eletrônico de pagamento que assegure a identificação do fornecedor de bem ou serviço;

2. É responsabilidade do proponente efetuar a retenção e os recolhimentos de impostos e contribuições que incidirem sobre os recursos movimentados, serviços contratados, ou obrigações decorrentes de relações de trabalho;

3. Cabe ao proponente emitir comprovantes em favor dos doadores ou patrocinadores, bem como manter o controle documental das receitas e despesas do projeto pelo prazo de dez anos, contados da aprovação da prestação de contas, à disposição do MinC e dos órgãos de controle e fiscalização, caso seja instado a apresentá-las, conforme previsto no art. 25 da Instrução Normativa SRF n. 258, de 17 de dezembro de 2002;

4. As faturas, os recibos, as notas fiscais, os cheques emitidos deverão conter a discriminação dos serviços contratados ou dos produtos adquiridos;

5. O proponente deve manter os documentos fiscais originais e cópias de todos os cheques emitidos, frente e verso, de forma que os beneficiários possam ser identificados, pelo prazo mínimo de dez anos.

Os recibos ou notas fiscais devem ser emitidos sempre contra o proponente do projeto cultural, indicando seu endereço. No corpo da nota recomenda-se colocar o número Pronac e o nome do projeto. Isso assegura que a mesma nota não será utilizada em outros projetos. Não são aceitas pelo MinC notas fiscais ou documentos com data anterior à portaria de aprovação do projeto, independentemente da data do vencimento da fatura[21]. Todos os recibos ou notas devem estar quitados por meio de recibo ou no próprio corpo da nota, com carimbo e assinatura.

É importante atentar para a compra de materiais ou equipamentos importados, que deverá vir acompanhada de: Declaração de Importação, Darf (Documento de Arrecadação de Receitas Federais), Conhecimento Original de Carga ou Transporte, Guia de Importação e Nota Fiscal de Entrada. A questão de aquisição de bens está disciplinada na Instrução Normativa e ficou da seguinte forma: a aquisição de material permanente somente será permitida quando comprovadamente representar a opção de maior economicidade ou constituir item indispensável à execução do objeto da proposta cultural, em detrimento da locação, devendo o proponente, em qualquer caso, realizar co-

---

21 A nova instrução normativa prevê expressamente a possibilidade de ressarcimento de valores aplicados no projeto após sua publicação e antes da captação dos recursos. Reza o art. 40: "O proponente não poderá ressarcir-se de despesas efetuadas em data anterior à publicação da portaria de autorização para captação de recursos.
§ 1º É possível o ressarcimento das despesas realizadas depois da data prevista no *caput*.
§ 2º Correm por conta e risco do proponente, as despesas realizadas antes da liberação da movimentação dos recursos prevista na Seção II deste capítulo. Tais despesas somente serão ressarcidas caso sejam captados recursos suficientes e a sua movimentação seja liberada".

tação prévia de preços no mercado, observados os princípios da impessoalidade e da moralidade. O proponente, no caso de aquisição de material permanente, deverá apresentar Termo de Compromisso declarando a destinação cultural do bem, após a finalização do projeto ou dissolução da instituição e, se direcionar esse bem a outra entidade de natureza cultural, apresentar o seu aceite. O proponente, no caso de aquisição de material permanente, deverá apresentar declaração atestando a destinação cultural, do bem, após a finalização do projeto ou dissolução da instituição e, se direcionar esse bem a outra entidade de natureza cultural, apresentar o recibo, quando da prestação de contas.

Quando o pagamento for feito a pessoas físicas, deve-se observar com atenção o cálculo e pagamento de três tributos. A responsabilidade tributária quanto à retenção de impostos é quase sempre de quem paga, não de quem recebe. Assim sendo, dois desses impostos são descontados do valor bruto que o prestador de serviço deve receber, quais sejam, IR e ISS. Já o INSS, como é de responsabilidade exclusiva do pagador, não pode ser descontado da base de cálculo do valor devido à pessoa física, mesmo porque o INSS pode ser previsto paralelamente ao orçamento, enquanto outros impostos devem ser deduzidos do valor bruto previsto para o pagamento do item, pelo menos no que se refere à parte do INSS de responsabilidade do pagador. Por exemplo, ao pagar um certo valor a determinado ator, nele se incluem o IR e o ISS, ou seja, todos aqueles que são de responsabilidade exclusiva do ator. Já o INSS, que é de responsabilidade exclusiva do projeto, pode ser previsto no campo "Impostos" do orçamento. Quanto ao pagamento de pessoas jurídicas, deve-se atentar para que sempre seja emitida a nota fiscal referente ao serviço prestado, efetuando-se a retenção de impostos nos casos obrigatórios. Para tanto, devem-se apresentar as notas fiscais (devidamente quitadas) ao consumidor, notas fiscais simplificadas e tíquetes de caixa, ficando esses documentos dispensados de quitação; recibos de passagens (aéreas, marítimas ou terrestres); cópia do cartão de isenção ou guia de recolhimento dos impostos obrigatórios por lei, quando se tratar de pessoa jurídica ou for o caso de pagamento de prestação de serviços a pessoas físicas sujeitas à tributação na mesma fonte; outras guias de arrecadação, tais como retenção de IR na fonte, quando for o caso.

Todo o processo de prestação de contas relativo ao projeto executado, além do encaminhamento ao órgão competente da cultura, deve ser mantido pela empresa durante dez anos para eventual esclarecimento aos técnicos da

Receita Federal ou Ministério da Cultura, assim como todos os documentos fiscais da empresa.

Informações adicionais para pagamento de pessoa jurídica

Todo e qualquer pagamento efetuado à pessoa jurídica deve ser feito mediante a apresentação de nota fiscal que discrimine os bens ou serviços que foram fornecidos e os dados do proponente para a fatura e duplicata. No momento do pagamento, deve-se ter especial atenção às regras de retenção de tributos na fonte, uma vez que cada vez mais a legislação transfere a responsabilidade tributária à fonte pagadora. Nessas hipóteses cabe ao pagador exigir do prestador a nota fiscal dos serviços prestados, conferindo, se for o caso, se os tributos sujeitos a retenção estão corretamente destacados.

O art. 647 do Regulamento de Imposto de Renda de 1999 determina que estão sujeitos à incidência de imposto na fonte da alíquota de 1,5% os valores pagos ou creditados por pessoas jurídicas a outras pessoas jurídicas, civis ou mercantis, pela prestação de serviços de natureza profissional. O § 1º do referido artigo lista 40 tipos de serviços profissionais sujeitos à retenção na fonte. O rol, no entanto, é exemplificativo. Exemplo: um engenheiro na construção de uma ponte. A empresa que efetua o pagamento será responsável pelo recolhimento de 1,5% do IR, por meio de guia Darf[22].

O Decreto-lei n. 2.030/83, em seu art. 2º, foi modificado pelo art. 52 da Lei n. 7.450/85, destacando que a incidência do IR não está mais restrita às sociedades civis prestadoras de serviço de profissão regulamentada. Analisando o rol delimitado, percebe-se que a tributação na fonte também recai sobre serviços de natureza intelectual. Caso o serviço intelectual seja acompanhado de fornecimento relevante de materiais ou serviços não intelectuais, a legislação exclui a incidência na fonte.

São serviços cuja retenção na fonte é obrigatória e que interessam para os projetos culturais incentivados:

---

22 De acordo com norma do governo federal, não serão aceitas guias Darf de valores inferior a R$10,00. Portanto, não é necessário recolher 1% ou 1,5% quando o valor total no mês das notas emitidas contra seu projeto a um mesmo fornecedor não ultrapassar R$ 666,66 (Art. 67 da Lei n.9.430/96 e ADN n. 15, de 19/02/97).

- Engenharia: retenção de 1,5% na fonte para estudos geofísicos, fiscalização das obras de engenharia em geral, elaboração de projetos de engenharia em geral, administração de obras, serviços de engenharia consultiva, prestação de orientação técnica etc., quando prestados isoladamente. Não estão sujeitos à retenção na fonte quando os contratos englobarem a execução física das obras de engenharia, tais como construção de pontes, rodovias ou semelhantes.
- Assessoria: retenção de 1,5% na fonte para serviços de assessoria para obter financiamento, implantar marketing, trabalhos jurídicos, trabalhos de auditoria contábil em projetos culturais, recrutamento de pessoal, registro de marcas e patentes de invenção, bem como todos os serviços prestados por agentes de propriedade industrial etc.
- Recrutamento e seleção de pessoal: retenção de 1,5% na fonte para serviços de seleção de empregados para contratação.
- Programação: retenção de 1,5% na fonte, na contratação para a elaboração de programas específicos de dados para financeiro etc. (*software*) por processamento eletrônico de dados, bem como a elaboração de projetos de *hardware*. Os serviços para eventual *upgrade* no programa serão tributados da mesma forma. Evidente que quando uma empresa elabora cem cópias do mesmo programa para venda no mercado descaracteriza-se a prestação de serviços e conceitua-se operação mista de venda e compra de mercadorias e prestação de serviços.
- Limpeza, segurança e conservação de bens imóveis: retenção de 1% para pagamentos de prestação de serviços de limpeza, conservação, segurança e vigilância.
- Locação de mão de obra: difere esse contrato de locação de mão de obra da prestação de serviço. Na locação de mão de obra, contrata-se uma empresa com 40 pintores para executar um determinado trabalho artístico em uma via pública, por exemplo. Existe uma coordenação efetuada pela empresa. Nesse caso, há retenção de 1% na fonte. Nos casos de contratos individuais de prestação de serviços, no entanto, não existe a exigência de retenção.
- Existência de vínculo entre as sociedades: se o proponente for controlado, direta ou indiretamente, por pessoas físicas que sejam diretores, administradores ou controladores da pessoa jurídica que pagar ou creditar os rendimentos, ou pelo cônjuge, pais ou filhos daquelas pessoas, os rendimentos da prestação de serviço estão sujeitos à tributação na fonte mediante aplicação da

tabela progressiva prevista para rendimentos de trabalho sem vínculo empregatício.

• Cooperativas de trabalho: estão sujeitas à retenção de 1,5% na fonte as importâncias pagas a cooperativas de trabalho, associações de profissionais ou similares. O imposto retido será compensado pela associação no momento de efetuar o pagamento aos associados. Essa modalidade é muito comum na área teatral, musical e cinematográfica.

• Agenciamento de projetos: retenção na fonte obrigatória à alíquota de 1,5% (art. 651 do RIR/99). A lei exclui expressamente as corretoras que negociam títulos provenientes de quotas da Lei do Audiovisual da retenção na fonte (IN n. 153/87, alterada pelas IN ns. 107/87 e 107/91).

• Serviços de propaganda e publicidade: estão sujeitos à retenção na fonte da alíquota de 1,5% as importâncias pagas a outras pessoas jurídicas por serviços de propaganda e publicidade (art. 651 do RIR/99). É importante ressaltar que não integram a base de cálculo os valores repassados ao veículo de comunicação ou como reembolso de despesas, incidindo tão somente sobre a comissão da agência.

Nos casos de serviços prestados por pessoas jurídicas isentas ou imunes, não existe incidência de IR na fonte a ser cobrado. Assim, não se efetua retenção em pagamentos para órgãos públicos federais, estaduais ou municipais, incluindo suas autarquias, ou pelas associações científicas ou culturais. Não estão sujeitos à retenção os pagamentos efetuados a empresas inscritas no Simples (Lei n. 9.317, de 5 de dezembro de 1996).

É importante destacar que os casos listados acima não incluem todas as ocasiões em que se devem reter impostos. No pagamento a serviços de análises clínicas, por exemplo, deve-se efetuar a retenção do IR na fonte. De todo modo, destacamos aquelas que consideramos interessantes e frequentes no cotidiano do produtor cultural que precisa efetuar pagamentos com recursos de projetos.

Desde 1º de fevereiro de 2004, por força da Lei n. 10.833/2003, art. 30, os pagamentos efetuados pelas pessoas jurídicas de direito privado a outras pessoas jurídicas de direito privado pela prestação de serviços profissionais, serviços de limpeza, conservação, manutenção, segurança, vigilância (inclusive escolta), transporte de valores e locação de mão de obra, bem assim a serviços de assessoria creditícia, mercadológica, gestão de crédito, seleção e riscos, administração de contas a pagar e a receber, estão sujeitos ainda à retenção na fonte da Contribuição Social sobre o Lucro Líquido (CSLL), da Contribuição para o Financiamento da Seguridade Social (Cofins) e da Contribuição para o PIS/Pasep.

No tocante à obrigatoriedade de retenção na prestação de serviços profissionais, aplica-se a mesma relação de serviços prevista no art. 647 do Regulamento do Imposto de Renda, relativo à retenção de 1,5% para fins de IR.

O valor da CSLL, da Cofins e da contribuição para o PIS/Pasep a ser retido é determinado pela aplicação sobre o montante a ser pago, do percentual de 4,65%, correspondente à soma das alíquotas de 1, 3 e 0,65%, respectivamente.

É dispensada a retenção das contribuições para pagamento de valor igual ou inferior a R$ 5 mil. Se ocorrer mais de um pagamento no mesmo mês à mesma pessoa jurídica, a cada pagamento deverá ser efetuada a soma de todos os valores pagos no mês e calculado o valor a ser retido sobre o montante já pago no mês, caso este ultrapasse o limite de R$ 5 mil, devendo ser deduzidos os valores retidos anteriormente no mesmo mês.

Da mesma forma como previsto para o IR, não estão sujeitas à retenção das contribuições as entidades imunes e isentas e as empresas optantes do Simples, conforme determinações da Lei n. 10.833/2003.

Na eventualidade de qualquer preenchimento irregular, o pagador ou o fornecedor deve formular uma carta de retificação[23], a fim de evitar problemas futuros com a prestação de contas. Atente-se agora para a legislação que disciplina a nota fiscal eletrônica e exige das empresas o uso desse novo formato de emissão de documento fiscal (nesse caso toda correção é eletrônica pelo sistema da Receita).

Informações adicionais para pagamento de pessoa física

A pessoa física tem a carga tributária bem mais elevada que a jurídica, dependendo do valor a ser pago, razão que leva os proponentes de projetos culturais, ao contratarem seus executores, a preferirem a contratação de pessoas jurídicas. Entretanto, na situação de pagador, a pessoa física se equipara à jurídica

---

23 Carta de retificação é um documento preenchido pelo emitente ou pelo sacado na nota fiscal que visa retificar algum campo preenchido incorretamente. O formulário é facilmente encontrado e autoexplicativo. Deve ser preenchido em duas vias, ficando uma via grampeada com a nota preenchida incorretamente no talão e, a outra, anexada à primeira via da nota.

nos casos de projetos culturais. Há entendimentos contrários quanto à responsabilidade de a pessoa física efetuar a retenção de impostos, dada a maior informalidade concedida pela Fazenda Nacional à contabilidade de pessoas físicas.

A primeira regra ao pagar a pessoa física é a retenção do imposto de renda na fonte, pois a responsabilidade tributária do pagamento é do pagador. Para tanto, a retenção deve seguir o critério das tabelas abaixo que foram aprovadas pela Lei n. 12.469/2011.

Tabelas 3.7 a e b Tabelas progressivas para o cálculo mensal do imposto sobre a renda da pessoa física para o exercício de 2012, ano-calendário de 2011.

a) nos meses de janeiro a março:

Base de cálculo mensal em R$	Alíquota %	Parcela a deduzir do imposto em R$
Até 1.499,15	–	–
De 1.499,16 até 2.246,75	7,5	112,43
De 2.246,76 até 2.995,70	15,0	280,94
De 2.995,71 até 3.743,19	22,5	505,62
Acima de 3.743,19	27,5	692,78

b) nos meses de abril a dezembro:

Base de cálculo mensal em R$	Alíquota %	Parcela a deduzir do imposto em R$
Até 1.566,61	–	–
De 1.566,62 até 2.347,85	7,5	117,49
De 2.347,86 até 3.130,51	15,0	293,58
De 3.130,52 até 3.911,63	22,5	528,37
Acima de 3.911,63	27,5	723,95

Tabela 3.8 Tabela progressiva para o cálculo mensal do imposto sobre a renda da pessoa física para o exercício de 2013, ano-calendário de 2012.

Base de cálculo mensal em R$	Alíquota %	Parcela a deduzir do imposto em R$
Até 1.637,11	-	-
De 1.637,12 até 2.453,50	7,5	122,78
De 2.453,51 até 3.271,38	15,0	306,80

De 3.271,39 até 4.087,65	22,5	552,15
Acima de 4.087,65	27,5	756,53

Tabela 3.9 Tabela progressiva para o cálculo mensal do imposto sobre a renda da pessoa física para o exercício de 2014, ano-calendário de 2013.

Base de cálculo mensal em R$	Alíquota %	Parcela a deduzir do imposto em R$
Até 1.710,78	–	–
De 1.710,79 até 2.563,91	7,5	128,31
De 2.563,92 até 3.418,59	15,0	320,60
De 3.418,60 até 4.271,59	22,5	577,00
Acima de 4.271,59	27,5	790,58

Tabela 3.10 Tabela progressiva para o cálculo mensal do imposto sobre a renda da pessoa física a partir do exercício de 2015, ano-calendário de 2014.

Base de cálculo mensal em R$	Alíquota %	Parcela a deduzir do imposto em R$
Até 1.787,77	–	–
De 1.787,78 até 2.679,29	7,5	134,08
De 2.679,30 até 3.572,43	15,0	335,03
De 3.572,44 até 4.463,81	22,5	602,96
Acima de 4.463,81	27,5	826,15

É relevante atentar para o seguinte: o valor a ser descontado e recolhido do IR sai do montante a ser pago à pessoa física. Posteriormente, esta poderá reivindicar o valor retido por meio de sua declaração anual de imposto.

Outro encargo a ser observado é o da contribuição para a Previdência Social, recolhida por meio da GPS à alíquota de 20%, de responsabilidade do pagador. Exemplificativamente, em um pagamento de R$ 1.000,00 à pessoa física, deve-se recolher uma guia GPS de R$ 200,00 por conta exclusiva do pagador.

Por último, deve-se observar se o pagamento é feito em consequência de um prêmio ou se decorre da prestação de um serviço. Na segunda hipótese, é preciso atentar para o ISS, de acordo com a alíquota do local de pagamento. A responsabilidade do ISS é também de quem recebe, devendo a empresa descontar do valor bruto a ser pago.

Para a definição do local onde se deve pagar o ISS, deve-se verificar o local onde foi prestado o serviço do município de competência, como regra. Essa é a praça da respectiva prestação de serviço. Nos casos de serviços prestados em locais indeterminados, o critério passa a ser o da residência do prestador de serviço.

É importante sempre refletir sobre a natureza do pagamento que está sendo efetuado antes de calcular a incidência do tributo. Observe que, nos casos de pagamentos de direitos autorais, não existe a incidência de INSS sobre o valor transferido, mantendo-se, portanto e tão somente, o IR retido na fonte. A incidência do imposto sobre serviço ainda é controversa nesse caso. Há quem entenda que direito autoral é a remuneração pela prestação de um serviço intelectual, de onde incidiria o tributo. Outros entendem que se equipara a uma locação, tal como um imóvel, ou seja, renda auferida por utilização de um direito e, portanto, sobre o qual não incidiria o tributo, visão que compartilhamos.

A título de ilustração, é mostrado, a seguir, como efetuar o pagamento de R$ 3.000,00 a um fornecedor de serviços na tabela abaixo (ano base 2012):

Valor a pagar (bruto)	R$ 3.000,00
Imposto de Renda retido na fonte (recolher por meio de uma guia Darf em qualquer banco – modelo anexo)*	R$ 93,70
Imposto sobre Serviço retido na fonte (exemplo de São Paulo/SP – 5%** – recolher por meio de guia DARM em qualquer banco – modelo anexo)	R$ 150,00***
INSS (31%) – Guia GPS, pagável em qualquer banco – modelo anexo: 20% por conta do tomador de serviço e 11% do prestador****	R$ 930,00
Valor líquido a pagar	R$ 2.426,30

* Para valores inferiores a R$ 10,00 não é necessário efetuar a retenção, pois o banco, por instrução da Receita Federal, não aceita recolhimento de guia inferior a esse valor, dado o alto custo operacional. Nesse caso, não é discriminada nenhuma retenção na fonte (Art. 67 da Lei n. 9.430/96 e ADN n. 15, de 19/2/97).
** A alíquota para prestação de serviços de fotógrafo é, no município de São Paulo, de 5% do valor da prestação de serviços. Alguns profissionais, como os advogados, pagam um valor único anual pelo ISS. Para estes, basta apresentar uma cópia do pagamento e inscrição no município. São Paulo foi utilizado aqui como um exemplo, devendo-se respeitar a alíquota do do município em que o serviço foi prestado.
*** Verificar se a pessoa física é cadastrada no município, o que gerará uma diferença no valor a pagar.
**** É necessário verificar se a pessoa física já não é contribuinte do INSS, pois isso altera a base do recolhimento dos impostos. Se o prestador de serviço recolher INSS pelo teto (em abril/2012 em R$ 430,78) não haverá retenção dos 11% do prestador e devido somente os R$ 600,00 do tomador de serviço.

Os proponentes evitam contratar pessoas físicas justamente por isso: para custear uma contratação de R$ 3.000,00 são despendidos R$ 3.600,00 (e chega a R$ 2.426,30 para a pessoa física contratada), ao passo que com a pessoa jurídica, em geral, se gasta somente o valor discriminado na nota fiscal.

Para efetuar um pagamento à pessoa física, na prática, pode-se seguir os modelos de recibo e de preenchimento de guia delineados a seguir, que nos parecem os mais completos:

a) Pagamento à pessoa física por meio de crédito direto em conta-corrente:

Recibo

1. RECEBI DO INSTITUTO PENSARTE A QUANTIA ABAIXO MENCIONADA POR MEIO DE CRÉDITO DIRETO EM CONTA-CORRENTE

Dados do credor e do banco depositado

2. BANCO: ITAÚ (AG.0112) 3. C/C: 92-98109-1	4. DATA DO DEPÓSITO: 5 DE ABRIL DE 2012
5. CREDOR: JOÃO DA SILVA ANDRADE	
6. CÉDULA DE IDENTIDADE No 3.456.488-5 SSP-SP	
7. CPF N. 223.559.045-72	
8. ENDEREÇO: RUA ANTONIO DA SILVA, 456 – 06789-456 – VILA FORMOSA – SÃO PAULO – SP	

Montante pago

9. VALOR BRUTO:	R$ 3.000,00
10. IMPOSTO SOBRE SERVIÇO RETIDO NA FONTE	R$ 150,00
11. INSS A RECOLHER (31%)	R$ 930,00
12. IMPOSTO DE RENDA RETIDO NA FONTE	R$ 93,70
13. VALOR LÍQUIDO A PAGAR (DEPÓSITO)	R$ 2.426,30

Dados do projeto – Lei Rouanet e da fonte pagadora

14. NOME: CONGRESSO BRASILEIRO DO MERCADO CULTURAL		
15. DATA DA PUBLICAÇÃO DA APROVAÇÃO NO *DOU*: 2.2.2000	16. N. PRONAC: 00-9900	
17. PROPONENTE: INSTITUTO PENSARTE		
18. ENDEREÇO: AL. NOTHMANN, 1.029		
19. CNPJ N. 02606758/0001-01	20. IE: ISENTO	21. BAIRRO: CAMPOS ELÍSEOS
22. CIDADE: SÃO PAULO	23. UF: SP	24. CEP: 01216-001

Descrição do serviço prestado

25. PRESTAÇÃO DE SERVIÇOS DE FOTÓGRAFO NO CONGRESSO BRASILEIRO DO MERCADO CULTURAL – INSTITUTO PENSARTE

b) Pagamento à pessoa física com recibo assinado:

Recibo

1. RECEBI DO INSTITUTO PENSARTE A QUANTIA ABAIXO MENCIONADA EM MOEDA CORRENTE NACIONAL

Dados do credor

2. CREDOR: JOÃO DA SILVA ANDRADE
3. CÉDULA DE IDENTIDADE Nº 3.456.488-5 SSP-SP
4. CPF Nº 223.559.045-72
5. ENDEREÇO: RUA ANTONIO DA SILVA, 456 – 06789-456 – VILA FORMOSA – SÃO PAULO – SP

Montante pago

6. VALOR BRUTO:	R$ 3.000,00
7. IMPOSTO SOBRE SERVIÇO RETIDO NA FONTE	R$ 150,00
8. INSS A RECOLHER (31%)	R$ 930,00

9. IMPOSTO DE RENDA RETIDO NA FONTE	R$ 93,70
10. VALOR LÍQUIDO A PAGAR (DEPÓSITO)	R$ 2.426,30

Dados do projeto – Lei Rouanet e da fonte pagadora

11. NOME: CONGRESSO BRASILEIRO DO MERCADO CULTURAL			
12. DATA DA PUBLICAÇÃO DA APROVAÇÃO NO *DOU*: 2.2.2000		13. N. PRONAC: 00-9900	
14. PROPONENTE: INSTITUTO PENSARTE			
15. ENDEREÇO: AL. NOTHMANN, 1.029			
16. CNPJ N. 02606758/0001-01	17. IE: ISENTO	18. BAIRRO: CAMPOS ELÍSEOS	
19. CIDADE: SÃO PAULO	20. UF: SP	21. CEP: 01216-001	

Descrição do serviço prestado

22. PRESTAÇÃO DE SERVIÇOS DE FOTÓGRAFO NO CONGRESSO BRASILEIRO DO MERCADO CULTURAL –
INSTITUTO PENSARTE

c) Guia de recolhimento de Imposto de Renda – Darf:

MINISTÉRIO DA FAZENDA
SECRETARIA DA RECEITA FEDERAL
Documento de Arrecadação de Receitas Federais
DARF

01 NOME / TELEFONE
Instituto Pensarte
Telefax: (0xx11) 3828-2550

Veja no verso
instruções para preenchimento

ATENÇÃO

É vedado o recolhimento de tributos e contribuições administrados pela Secretaria da Receita Federal cujo valor total seja inferior a R$ 10,00. Ocorrendo tal situação, adicione esse valor ao tributo/contribuição de mesmo código de períodos subseqüentes, até que o total seja igual ou superior a R$ 10,00.

02 PERÍODO DE APURAÇÃO	30/04/2012
03 NÚMERO DO CPF OU CGC	02.606.758/0001-01
04 CÓDIGO DA RECEITA	1708
05 NÚMERO DE REFERÊNCIA	---
06 DATA DE VENCIMENTO	20/05/2012
07 VALOR DO PRINCIPAL	93,70
08 VALOR DA MULTA	---
09 VALOR DOS JUROS E / OU ENCARGOS DL - 1.025/69	---
10 VALOR TOTAL	93,70
11 AUTENTICAÇÃO BANCÁRIA (Somente nas 1ª e 2ª vias)	

d) Guia de recolhimento de INSS – GPS

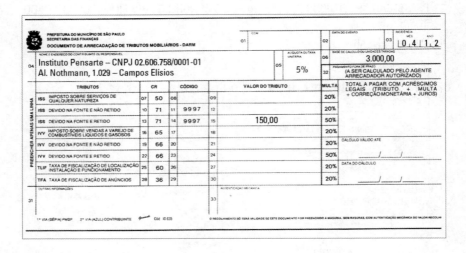

e) Guia de recolhimento de ISS – Darm

Modelo padronizado da Prefeitura do Município de São Paulo

Suplemento orçamentário

Muitos podem ser os motivos pelos quais chegou-se a uma limitação orçamentária e necessita-se de um suplemento: alteração de alíquotas de impostos e/ou taxas e preços públicos, correção de custos por defasagem temporal (do momento de cotação até a real utilização dos recursos), alteração de valores pela modificação do produto e/ou serviço utilizado (troca de profissionais: de um mais barato para um mais consagrado – mais caro), erros, desde que devidamente justificados, desvio de algum rumo que acrescente ao resultado final no decorrer do projeto etc.

O pedido de suplemento orçamentário pode ser feito ao ministério, devendo ser demonstrada sua real necessidade e no limite de 25% do valor já aprovado. O pedido deve ser encaminhado ao MinC e só pode ser realizado por proponente que tenha captado pelo menos 50% do valor autorizado. O pedido deve ser muito bem fundamentado, enumerando os itens que ficaram descobertos com o projeto original e o porquê.

O pedido de suplemento deve conter a mesma riqueza de detalhes que a apresentação do projeto, tal como disposto na Instrução Normativa n. 1, de 9 de fevereiro de 2012:

> Art. 62. O proponente poderá solicitar complementação de valor autorizado para captação, desde que comprovada sua necessidade, que tenha captado pelo menos cinquenta por cento do valor total inicialmente autorizado e que não exceda vinte e cinco por cento do valor já aprovado, apresentando:
> I – justificativa da complementação;
> II – detalhamento das etapas a serem complementadas; e
> III – detalhamento dos custos referentes às etapas a serem complementadas.

O pedido, conforme sua complexidade, poderá ser encaminhado a um parecerista e, posteriormente, remetido à Comissão Nacional de Incentivo à Cultura (Cnic), tudo antes da decisão final do Secretário de Fomento e Incentivo à Cultura.

Importante salientar que alterações da mesma natureza (exemplo: pedidos de suplementação) não serão concedidas mais de uma vez, e somente poderão ser solicitadas após a publicação da portaria de aprovação (exceto planos anuais e projetos de recuperação de patrimônio histórico ou construção de imóveis, conforme a característica do projeto e a complexidade da obra). Por fim, de toda negativa a pedido de suplementação cabe recurso ao Ministro de Estado da Cultura no prazo de 10 dias, sem efeito suspensivo.

Alteração de metas

Como já foi destacado, deve-se pedir autorização do MinC para remanejamento de recursos quando as alterações de valores superarem 15% do total da rubrica e desde que não comprometa o orçamento final aprovado[24]. Conforme a complexidade, o MinC encaminha o pleito ao parecerista para análise e à Cnic. Se necessitar transferir recursos em volume superior ao mencionado de um item para outro, deve justificar por que o fez. A partir de então, o remanejamento pode ser autorizado ou denegado.

Caso os gastos já tenham sido efetuados em parâmetros distintos ao aprovado no orçamento, a prestação de contas deve conter uma justificativa detalhada dessa alteração de rubrica, podendo ser, tal como na situação acima, glosada pelo analista de prestação de contas.

Para qualquer decisão denegatória, cabe recurso. Os pleitos de alteração devem ser realizados, no mínimo, 30 dias antes do término da vigência do projeto e serão permitidos somente entre os itens de orçamento do projeto cultural aprovado pela Sefic.

Os remanejamentos não podem implicar aumento de despesa nos itens relativos a despesas administrativas, mídia, publicidade e captação.

Além disso, os remanejamentos não poderão recair sobre itens orçamentários que tenham sido retirados ou reduzidos pela área técnica do MinC nas fases de análise e aprovação de projeto. O instrumento para reintegrar tais itens é o recurso administrativo, que deve ser proposto logo após a aprovação do projeto. A inclusão de novos itens necessários à execução do projeto deve ser previamente solicitada à Sefic.

Caso o pleito seja de redução do valor do projeto, o proponente deve assumir que ele não representa prejuízo na execução do projeto. Tal redução não pode ser superior a 40% do valor total autorizado. Dispõe o art. 63:

> Art. 63. O proponente poderá solicitar a redução do valor do projeto, desde que tal providência não comprometa a execução do objeto nem represente redução superior a quarenta por cento do valor total autorizado, apresentando:
>
> I – justificativa da necessidade de redução do valor do projeto;

---

[24] § 5º do art. 61 da IN MinC n. 1, de 2012: "Prescindirão da prévia autorização da Sefic as alterações de valores de itens orçamentários do projeto, dentro do limite de 15% (quinze por cento) do valor do item, para mais ou para menos, para fins de remanejamento, desde que não altere o valor total da planilha de custos aprovada".

II – detalhamento dos itens a serem retirados ou reduzidos, com seus respectivos valores; e
III – redimensionamento do escopo do projeto.
§ 1º Os pedidos de redução do valor do projeto serão decididos pela Sefic.
§ 2º Os pedidos de redução orçamentária somente poderão ser encaminhados após a captação de no mínimo vinte por cento do recurso aprovado para o projeto, ressalvados os projetos contemplados em seleções públicas ou respaldados por contrato de patrocínio.

Dentre as alterações possíveis nos projetos, não se pode solicitar alteração de objeto ou de objetivos, mas tão somente alterações em seu orçamento/forma de execução. As alterações de nome, local de realização e plano de distribuição somente serão objeto de análise após a captação de vinte por cento do valor aprovado do projeto, ressalvados os projetos contemplados em seleções públicas ou respaldados por contrato de patrocínio. Para alteração do nome do projeto deverá ser apresentada anuência dos patrocinadores e, se for o caso, anuência do autor da obra. No caso de alteração do local de realização do projeto, o proponente deverá apresentar:

I – anuência dos patrocinadores;
II – anuência do responsável pelo novo local de realização;
III – planilha orçamentária adequada à nova realidade, mesmo que não haja alteração do valor aprovado; e
IV – cronograma de execução atualizado.

Importante salientar que alterações da mesma natureza não serão concedidas mais de uma vez, e somente poderão ser solicitadas após a publicação da portaria de aprovação (exceto planos anuais e projetos de recuperação de patrimônio histórico ou construção de imóveis, conforme a característica do projeto e a complexidade da obra). Por fim, de toda negativa a pedido de alteração cabe recurso ao Ministro de Estado da Cultura no prazo de 10 dias, sem efeito suspensivo.

Troca de proponente de projeto aprovado

A alteração de proponente somente será autorizada após sua publicação de aprovação, exclusivamente em hipóteses de caso fortuito ou força maior, mediante requerimento do proponente atual, que contenha a anuência formal do substituto. Deve-se, no entanto, respeitar os seguintes critérios para essa troca nos termos do art. 65 da IN n. 1, de 2012:

I – não caracterize, ainda que potencialmente, a intermediação de que trata o art. 28 da Lei n. 8.313, de 1991;

II – não decorra de inadimplência do titular;

III – seja o pedido submetido à análise técnica quanto ao preenchimento dos requisitos previstos na Lei n. 8.313, de 1991;

IV – quando já houver ocorrido captação de recursos, a alteração do proponente dependerá, ainda, da anuência dos patrocinadores ou doadores.

Importante salientar que a troca de proponente poderá ser autorizada, no máximo, uma vez para cada projeto e somente poderão ser solicitadas após a publicação da portaria de aprovação. Da negativa a pedido de troca de proponente cabe recurso ao Ministro de Estado da Cultura no prazo de 10 dias, sem efeito suspensivo.

Transferência de recurso de um projeto para outro

É vedada a transferência de saldos não utilizados em projetos para outros aprovados pelo Ministério da Cultura. Trata-se de restrição infralegal que pode ser excepcionalmente revista pelo Ministro de Estado da Cultura. Tal procedimento foi realizado em projetos por diversas vezes, com a única condicionante que o valor transferido fosse suficiente para plena realização do projeto que receberia a transferência.

A única exceção a essa regra com expressa previsão no instrumento normativo é a possibilidade criada de transferência de recursos de planos anuais de atividades de um exercício para outro. Instituições que apresentam plano anual podem, ao final de um determinado ano, apresentar justificativas da não utilização do saldo e solicitar transferência do plano do exercício subsequente. Tal previsão está no parágrafo único do art. 68 da Instrução Normativa n. 1/2012.

Contrapartida de marca – Ministério da Cultura

É obrigatório que as peças promocionais do espetáculo ou produto final possuam a logomarca do MinC, nos termos de que dispõe o art. 47 do Decreto n. 5.716/2006.

> Art. 47 – É obrigatória a inserção da logomarca do Ministério da Cultura:
> I – nos produtos materiais resultantes de programas, projetos e ações culturais realizados com recursos do Pronac, bem como nas atividades relacionadas à sua difusão, divulgação, promoção, distribuição, incluindo placa da obra, durante sua execução, e placa permanente na edificação, sempre com visibilidade pelo menos igual à da marca do patrocinador majoritário; e
> II – em peças promocionais e campanhas institucionais dos patrocinadores que façam referência a programas, projetos e ações culturais beneficiados com incentivos fiscais.
> Parágrafo único. As logomarcas e os critérios de inserção serão estabelecidos pelo manual de identidade visual do Ministério da Cultura, aprovado pelo Ministro de Estado da Cultura, em consonância com o órgão responsável pela comunicação social no âmbito da Presidência da República, e publicado no Diário Oficial da União.

Desde a edição da Instrução Normativa n. 1/2010, sucedida pela Instrução Normativa n. 1/2012, aumentaram as exigências em relação à supervisão de aplicação de marca realizada pelo MinC. O material de divulgação e o leiaute de produtos serão submetidos à Secretaria de Fomento e Incentivo à Cultura (Sefic) ou Secretaria do Audiovisual (SAV), conforme a área, que terá cinco dias úteis para avaliar o cumprimento da aplicação adequada da marca do Ministério.

A Sefic ou a SAV, conforme o caso, poderá, em outros 5 dias, indicar alterações no material de divulgação e/ou no leiaute de produtos ou aprová-los expressa ou tacitamente, caso não se manifeste. A Sefic ou a SAV poderá, no prazo do parágrafo anterior, indicar alterações no material de divulgação e/ou no leiaute de produtos, visando o correto posicionamento das marcas do MinC e do governo federal, ou aprová-los expressa ou tacitamente, caso não se manifeste.

O proponente poderá solicitar o exame dos leiautes, excepcionalmente, em tempo menor, desde que justificada a urgência e que haja prazo hábil para a realização da adequada análise do material[25].

Aplicação financeira dos recursos

É obrigatória a aplicação financeira dos recursos recebidos à título de incentivo fiscal pelo proponente do projeto. A aplicação, no entanto, deve ocorrer em caderneta de poupança de instituição financeira oficial, se a previsão de seu uso for igual ou superior a um mês; ou em fundo de aplicação financeira de curto prazo, ou operação de mercado aberto lastreada em título da dívida pública federal, quando sua utilização estiver prevista para prazos menores. A aplicação deve ser solicitada pelo proponente à agência bancária no ato da regularização das contas de captação e movimento.

Além disso, os rendimentos da aplicação financeira serão obrigatoriamente aplicados no próprio projeto cultural, dentro dos parâmetros já aprovados pelo ministério, estando sujeitos às mesmas condições de prestação de contas dos recursos captados.

Destinação obrigatória de produtos culturais ao MinC

É obrigatória a destinação de, pelo menos, 6 cópias do produto cultural ou do registro da ação realizada. Dispõe o art. 45 do Decreto n. 5.761/2006:

> Serão destinadas ao Ministério da Cultura, obrigatoriamente, para composição do seu acervo e de suas entidades vinculadas, pelo menos seis cópias do produto cultural ou do registro da ação realizada, resultantes de programas e projetos e ações culturais financiados pelo Pronac.

Vale destacar ainda que o proponente deve sempre reservar até 10% dos produtos para, a critério do MinC, serem distribuídos gratuitamente pelo proponente do projeto. Essa quota não se confunde com a cota a que tem direito o patrocinador, que compõe outro quinhão com o limite máximo de 10% do produto resultante do projeto.

---

25 Ver parágrafos do art. 6º da IN MinC n. 1/2012.

PRESTAÇÃO DE CONTAS

Concluído o processo de administração do projeto cultural, o proponente tem 30 dias após o prazo de finalização do projeto (encerramento do prazo de captação dos recursos) para entregar sua prestação final de contas. Antes desse limite, a critério do proponente ou por exigência do MinC, podem ser apresentadas prestações parciais, não deixando que acumulem em um único momento.

O proponente deve declarar na prestação de contas todos os valores pagos a terceiros com o projeto cultural, incluindo impostos, além de todas as receitas, inclusive as recebidas com recibo de Mecenato e as decorrentes de aplicação financeira dos recursos.

Ao final do projeto, o extrato bancário que comprova a movimentação dos recursos relativos ao incentivo recebido, de contas-correntes e de aplicações, deve apresentar saldo zerado. O saldo remanescente deverá ser recolhido ao Fundo Nacional de Cultura, nos moldes do art. 5º, V, da Lei 8.313/91, mediante o preenchimento da Guia de Recolhimento da União (GRU), que se encontra disponível em http://www.stn.fazenda. gov.br[26], seguindo o caminho abaixo (observar eventuais diferenças de código nos casos de projeto de FNC ou Mecenato à época do pagamento):

- Siafi – Sistema de Administração Financeira;
- GRU – Guia de Recolhimento da União;
- GRU Simples – impressão.

No preenchimento, fique atento para o preenchimento dos seguintes campos:

- Unidade Favorecida;
- Código: 340001;
- Gestão: 00001;
- Recolhimento: verifique se o código está em conformidade com a descrição abaixo:

Código	Descrição
20082-4	FNC-REC. DECOR.NAO APLIC. INCENTIVOS FISCAIS

---

26 Secretaria do Tesouro Nacional – STN/MF.

- Número de Referência da GRU;
- Informar o n. do Salic/Pronac do projeto aprovado/executado (projetos Mecenato);
- Contribuinte:
a) CNPJ ou CPF;
b) Nome do contribuinte (proponente).

Para a prestação de contas, o proponente deve preencher os formulários disponíveis no site do MinC (www.cultura.gov.br). Abaixo, segue uma relação dos formulários a serem preenchidos e algumas considerações:

Execução de receita e despesa

Uma facilidade no momento de prestação de contas é o fato de os formulários do MinC serem todos autoexplicativos. Nesse primeiro formulário deve-se primeiramente preencher os campos de dados: nome do projeto, proponente e número de Pronac. O formulário pede ainda para mencionar se a prestação de contas é parcial ou final.

Abaixo, as colunas 4 e 5 especificam receitas e as 6 e 7, as despesas. A ideia é ter uma listagem de todas as receitas enumeradas por fonte, descrevendo o total de receitas no item 9 (soma). Nesses campos deverão também ser listados os resultados das aplicações financeiras efetuadas com o projeto, a origem de recursos deoutras fontes (resultado de patrocínio em serviço, por exemplo), outras leis de incentivo (incentivos estaduais ou municipais) e recursos próprios. Vide exemplo abaixo:

4. Receita	5. Valor
Petróleo Brasileiro S/A – Petrobras	50.000,00
Banco Itaú S/A	48.500,00
Recursos próprios	1.500,00
Outras fontes	1.500,00
9. Total	R$ 101.500,00

Para as despesas, vale a mesma regra, com a diferença de que devem ser agrupadas de acordo com a previsão orçamentária. Assim, temos:

6. Despesa	7. Valor
Projeto gráfico	10.000,00
Confecção de painéis	12.500,00
Agenciamento	10.150,00
10. Total	R$ 32.650,00

Por fim, o cálculo para determinação do valor referente ao item 8 – Saldo é feito subtraindo os valores discriminados nos itens 9 e 10. Se todos os custos já tiverem sido pagos, o resultado positivo dessa subtração constitui saldo a recolher ao FNC. Caso o saldo seja negativo, não se deve nada ao FNC, suportando-se o saldo negativo com recursos próprios.

Relação de pagamentos

Bastante simples em seu formato, a relação de pagamentos é a peça fundamental da prestação de contas. Ela é o primeiro documento que o proponente preenche para estabelecer suas contas, tendo em vista que relata cada pagamento que foi efetuado para determinado projeto. Observe que a data do campo 8 refere-se à data de emissão do cheque e a data do campo 10 refere-se à data de emissão da nota fiscal ou recibo.

Além do preenchimento inicial com o nome do projeto etc., a relação de pagamento exige o preenchimento dos seguintes campos, conforme exemplo:

4. Item	5. Credor	6. CNPJ/CPF	7. Cheque/OB	8. Data	9. Tit. crédito	10. Data	11. Valor
01	Cesnik, Quintino e Salinas	03.282.657/0001-45	90004567	3/4/2011	NF 00688	3/4/2011	5.000,00
02	Vila Rica Produções Ltda.	01.115.754/0001-50	90004568	5/4/2011	NF 456	5/4/2011	3.500,00
03	Instituto Pensarte	02.606.758/0001-01	90004569	10/4/2011	RECIBO 34	10/4/2011	10.000,00
12. Total: R$ 18.500,00							

No caso de patrocínio ou doação em produtos ou serviços, não há necessidade de preenchimento dos campos 7 e 8, já que não há circulação de recursos pela conta-corrente do projeto, sendo necessário tão somente o comprovante fiscal.

A orientação adotada pelo MinC (especialmente na Secretaria de Fomento e Incentivo à Cultura) é a de que, para pagamentos efetuados no exterior, se deve traduzir a nota do efetivo gasto e convertê-la pelo câmbio do dia.

Relatório Físico

Seguindo a regra de preenchimento dos formulários de prestação de contas, devem-se completar os três primeiros dados com o nome do projeto, proponente e número Pronac. Informar se as contas são parciais ou finais e o período de realização do projeto (de 03/04/2011 a 10/06/2011, por exemplo).

No preenchimento dos campos, devem-se descrever a meta que foi planejada e qual a proporção desta que foi efetivamente executada. Evidente que as porcentagens são maiores ou menores que o programado, na medida em que o evento conquistou outros apoios ou teve problemas de adequação orçamentária no curso do processo, normais na realização de eventos culturais, mas que ao longo da prática planejada de administração de projetos tende a se reduzir. Essa planilha não tem somas ao final ou nenhuma outra relação global, sendo listadas tão somente as despesas previstas no primeiro relatório e estabelecida a proporção entre os valores que foram programados e aqueles que foram efetivamente executados. Nos casos de descompasso entre as metas programadas e as executadas, as justificativas devem ser feitas no relatório final. Segue exemplo:

6. Descrição de meta	7. Unidade	8. Programado	9. Executado
Confecção de cartazes	Cartazes	10.000	10.000
Faixas	Unidade	5	10
Filipetas	Unidade	50.000	40.000
Cachê do grupo "Língua de Trapo"	Verba	1	1

Relação de bens de capital

Essa planilha deve ser preenchida tal como as outras, destacando as linhas da relação de pagamentos que correspondam à aquisição de bens de capital.

Vale explicar neste item o que vem a ser o bem de capital. Trata-se de bens que incorporam o ativo fixo permanente do proponente do projeto. Devem ser listados aqueles que foram adquiridos ou produzidos com recursos do projeto cultural, conforme sua formatação original. Por exemplo, um aparelho de televisão que é adquirido para o cenário de um espetáculo.

Destacamos que, para adquirir bens de capital, tem-se obrigatoriamente, em primeiro lugar, de atentar para dois aspectos na apresentação do projeto: a aquisição deve estar expressamente mencionada na formulação inicial do projeto; em segundo, a aquisição pode ser efetuada por pessoa jurídica sem finalidade lucrativa. Para a aquisição ser realizada por empresas ou instituição, esta deverá demonstrar ser essa opção a de maior economicidade ou constituir item indispensável, precedendo de cotação prévia (ver § 2º, art. 28 da IN 1/2012).

Nos casos em que pessoa física ou pessoa jurídica com finalidade lucrativa física adquirirem bens de capital com recursos do projeto, o MinC exige que estes sejam doados a uma entidade sem finalidade lucrativa da mesma atividade, para que esta possa fazer o devido uso do equipamento adquirido.

Relação de bens imóveis

Para o preenchimento da relação de bens imóveis, vale a mesma regra dos itens anteriores, selecionando aqueles que venham a constituir aquisição de bens imóveis para a realização do projeto cultural.

Destaque-se que para adquirir imóveis deve-se obrigatoriamente atentar para dois aspectos na apresentação do projeto: a aquisição deve estar expressamente mencionada na formulação inicial do projeto e somente pode ser efetuada por pessoa jurídica sem finalidade lucrativa.

Conciliação bancária

A conciliação bancária obedece aos mesmos padrões para a correta formulação do projeto, pedindo especificamente o nome do banco, número de agência e da conta-corrente onde foram movimentados os recursos do projeto. Apresentamos uma listagem do saldo anterior em conta-corrente (item 7), soma dos créditos (8), soma dos débitos (9) e saldo atual em conta-corrente (10). No campo "mais", o proponente deve registrar possíveis valores de doação ou patrocínio que não tenham sido registrados no extrato bancário até o fim do projeto e, no campo "menos", deve lançar os cheques ou outros documentos com seus valores, emitidos e não descontados (em trânsito), até a data final do projeto. Na conciliação bancária, devem-se anexar cópias legíveis dos extratos bancários. Outra observação importante é que no campo 7 pode existir algum valor na conta, quando a instituição bancária exige um depósito inicial ou faz, em decorrência do tempo em que a conta está aberta, algum débito de tarifa.

Relatório final

O relatório final é, sem dúvida, o documento mais importante para análise da prestação de contas, sendo a última etapa desse processo. Todos os outros relatórios elaborados até agora declaram a vida contábil do projeto, mas não analisam sua realização, objeto dessa atuação controladora do MinC.

Para tanto, o relatório final começa descrevendo o próprio andamento do processo administrativo, conforme sugestão que segue:

> O projeto original autorizou uma captação de recursos no valor total de R$ 150.000,00, conforme disposto na Portaria MINC n. 330, de 30 de abril de 2011. O período de captação foi de 25 de abril a 31 de dezembro de 2011. Nesse período foram captados R$ 105.000,00, integralmente com pessoas jurídicas, conforme descrito em relatório de receita e despesa. A liberação de conta bancária foi realizada no dia 15 de maio de 2011.

Deve-se, nesta oportunidade, continuar relatando cada item proposto inicialmente:

> 1 – Objetivos e metas: explicar o que foi exatamente realizado, se algo deixou de acontecer e, caso tenha ocorrido substituição, o que foi substituído. Aproveitar o campo para realizar uma justificativa das eventuais alterações realizadas;
> 2 – Estratégias de ação: enumerar cada estratégia proposta inicialmente, o que foi superado pelo proponente e quais os passos dados;
> 3 – Cronograma físico: descrever datas das apresentações ou número de discos produzidos e como foram distribuídos, enfim, tudo o que demonstre numericamente a materialidade do evento realizado;
> 4 – Custos do projeto: deve-se estabelecer e justificar cada um dos custos e, o mais importante, elaborar uma tabela resumida de cada recurso captado e quais as fontes utilizadas para esse fim;
> 5 – Captação de recursos: descrever quais as dificuldades enfrentadas na captação para atingir os objetivos propostos.

Recomenda-se, ao final, datar e incluir uma linha para assinatura do proponente.

Deve-se observar, por fim, que a execução de projetos será acompanhada pelo MinC por meio de monitoramento à distância, mediante o preenchimento trimestral de relatório pelo proponente no SalicWeb[27], contemplando etapas de execução do objeto, de acordo com o estabelecido inicialmente no plano. O último relatório – final – deve conter a consolidação das informações, inclusive quanto à conclusão do projeto. Os seguintes documentos devem ser relacionados conforme observamos da leitura do § 2º do art. 71 da Instrução Normativa n. 1/2012:

> § 2º Para cumprimento do disposto no § 1º deste artigo[28], o relatório final consolidado no SalicWeb deverá estar acompanhado dos seguintes documentos:
> I – cópia dos despachos adjudicatórios e homologações das licitações realizadas ou justificativa para sua dispensa ou inexigibilidade, com o respectivo embasamento legal, quando o proponente pertencer à Administração Pública;
> II – relatório da execução física do projeto com avaliação dos resultados;
> III – relatório de bens móveis adquiridos, produzidos ou construídos, juntamente com comprovante de realização da cotação de preços prevista no § 2º do art. 28 desta Instrução Normativa;
> IV – relatório de bens imóveis adquiridos, produzidos ou construídos;
> V – comprovação da distribuição dos produtos obtidos na execução do projeto, conforme previsto no plano básico de distribuição do projeto aprovado;
> VI – exemplar de produto, comprovação fotográfica ou outro registro do cumprimento do plano básico de divulgação do projeto (arquivos digitais, livro, CD, registro audiovisual etc.);
> VII – comprovação das medidas adotadas pelo proponente para garantir a acessibilidade e democratização do acesso, nos termos aprovados pelo Ministério da Cultura;

---

27 O módulo de prestação de contas da SalicWeb não estava em funcionamento ainda na data de edição deste livro.
28 § 1º O acompanhamento previsto no caput será realizado por meio de monitoramento à distância, mediante o registro trimestral de relatórios pelo proponente no Salic, contemplando as etapas de execução do objeto, de acordo com o que foi estabelecido no Plano de Execução, devendo o último relatório conter a consolidação das informações, inclusive quanto à conclusão do projeto, sendo apresentado no prazo máximo de trinta dias após o término do prazo de execução do projeto.

VIII – comprovante do recolhimento ao Fundo Nacional da Cultura – FNC, de eventual saldo não utilizado na execução do projeto;

IX – cópia do termo de aceitação definitiva da obra, quando o projeto objetivar a execução de obra ou serviço de engenharia;

X – comprovação da destinação cultural dos bens adquiridos, produzidos ou construídos;

XI – notas fiscais, extratos bancários e relação de pagamentos;

XII – No caso de projetos audiovisuais que resultem em obras cinematográficas, o proponente deverá entregar à Secretaria do Audiovisual cópia da obra na bitola em que foi originalmente produzida, para fins culturais, educativos e de divulgação pelo MinC.

COMISSÃO NACIONAL DE INCENTIVO À CULTURA (CNIC)

A Cnic é um colegiado criado para estimular a participação da sociedade civil nas decisões tomadas pelo Ministério da Cultura. Abaixo as atribuições da comissão extraídas do Decreto n. 5.761/2006:

I – subsidiar, mediante parecer técnico fundamentado do relator designado, nas decisões do Ministério da Cultura quanto aos incentivos fiscais e ao enquadramento dos programas, projetos e ações culturais nas finalidades e objetivos previstos na Lei n. 8.313, de 1991, observado o plano anual do Pronac;

II – subsidiar na definição dos segmentos culturais não previstos expressamente nos Capítulos III e IV da Lei n. 8.313, de 1991;

III – analisar, por solicitação do seu presidente, as ações consideradas relevantes e não previstas no art. 3º da Lei n. 8.313, de 1991;

IV – fornecer subsídios para avaliação do Pronac, propondo medidas para seu aperfeiçoamento;

V – emitir parecer sobre recursos apresentados contra decisões desfavoráveis à aprovação de programas e projetos culturais apresentados;

VI – emitir parecer sobre recursos contra decisões desfavoráveis quanto à avaliação e prestação de contas de programas, projetos e ações culturais realizados com recursos de incentivos fiscais;

VII – apresentar subsídios para a elaboração de plano de trabalho anual de incentivos fiscais, com vistas à aprovação do plano anual do Pronac;

VIII – subsidiar na aprovação dos projetos de que trata o inciso V do art. 23; e

IX – exercer outras atribuições que lhe forem conferidas pelo seu presidente[29].

Observe, no entanto, que o decreto é claro ao dar à Cnic o papel meramente consultivo. As decisões são todas do MinC, que simplesmente ouve a comissão e tem poderes, inclusive, de deliberar *ad referendum* sobre a matéria e ouvir a Comissão posteriormente.

A participação da Cnic, no entanto, deve ser entendida como de fundamental importância para a consolidação da democracia no âmbito das definições relativas a políticas públicas em matéria de cultura. O processo de seleção dos membros da Cnic, cujo mandato tem duração bienal (permitida uma única recondução), é composto por duas fases distintas: uma, de qualificação/habilitação das entidades aptas a indicar membros e, a segunda, relativa à indicação dos membros propriamente dita.

Habilitação das entidades

No que se refere à primeira das fases acima referidas, as entidades associativas que tiverem interesse em participar do processo de indicação deverão apresentar, junto ao MinC, documentos necessários à sua habilitação. Para tanto precisam aguardar a abertura de um processo seletivo (edital).

Nesse contexto, poderão participar do processo de seleção as entidades associativas de setores culturais e artísticos de âmbito nacional e as representativas do empresariado.

Além dos requisitos acima referidos, para participar da primeira fase do processo de habilitação, as entidades associativas de setores culturais e artísticos deverão realizar a sua intenção de indicar membros para um ou mais dos seguintes segmentos/áreas culturais:

I – artes cênicas;
II – audiovisual;
III – música;
IV – artes visuais, arte digital e eletrônica;
V – patrimônio cultural material e imaterial, inclusive museológico e expressões das culturas negra, indígena, e das populações tradicionais; e

---

29 Art. 38 do Decreto n. 5.761/2006.

VI – humanidades, inclusive a literatura e obras de referência[30].

Os segmentos descritos anteriormente deverão ser escolhidos de acordo com a área de atuação de cada entidade, pois para a habilitação faz-se necessário que a entidade demonstre atuação nos segmentos culturais em relação aos quais possua a intenção de indicar membros para a Comissão.

Escolha dos membros da Cnic

Na segunda fase, as entidades habilitadas deverão organizar-se para escolherem seus representantes de cada uma das áreas, em local definido pelas entidades ou pelo Ministério da Cultura, conforme rezar o edital de abertura do processo seletivo.

Os membros da Cnic ou as entidades que fizerem indicações de membros podem ser proponentes ou representantes de proponentes de projetos. Os membros (titulares e suplentes), no entanto, ficam impedidos de participar da apreciação de programas, projetos e ações culturais nos quais tenham interesse direto ou indireto na matéria; ou tenham participado como colaborador na elaboração do projeto ou tenham participado da instituição proponente nos últimos dois anos, ou se tais situações ocorrem quanto ao cônjuge, companheiro ou parente e afins até o terceiro grau; e estejam litigando judicial ou administrativamente com o proponente ou respectivo cônjuge ou companheiro. Os membros da Cnic, ainda, abster-se-ão de atuar na apreciação de programas, projetos e ações culturais nos quais as respectivas entidades vinculadas tenham interesse direto na matéria. Para tanto, o membro da comissão que incorrer em impedimento deve comunicar o fato à Cnic, abstendo-se de atuar no julgamento do projeto específico que for parte, sob pena de nulidade dos atos que praticar.

Súmulas da Cnic

As súmulas da Cnic foram introduzidas pelo art. 43 do Decreto n. 5.761/2006, segundo o qual "o funcionamento da Comissão Nacional de Incentivo à Cultura será regido por normas internas aprovadas pela maioria absoluta de seus membros".

Regimentalmente, a previsão está na Resolução Cnic n. 1/2010, que aprova o Regimento Interno da Comissão. Em seus arts. 23 e 24, está disposto o seguinte:

---

30 Art. 40 do Decreto n. 5.761/2006.

Art. 23. A Cnic poderá editar súmulas administrativas estabelecendo critérios para:

I – dispensa dos procedimentos ordinários de apreciação de projetos culturais, inclusive em função do valor e da área cultural.

II – aprovação ou rejeição de projetos culturais, em especial aqueles referentes aos aspectos previstos no art. 17 deste Regimento.

Art. 24. As súmulas administrativas deverão ser aprovadas por maioria absoluta de seus membros e referendadas pelo Ministro de Estado da Cultura.

Abaixo algumas das súmulas editadas pela Cnic desde julho de 2010 que são de rápida leitura e dão guias importantes à atuação dos produtores na propositura de projetos;

Súmulas ns. 1 a 4 (revogadas)
Súmula n. 5

Não serão admitidas despesas com a realização de recepção, festas, coquetéis e outros eventos comemorativos similares, em conformidade com o Acordão n. 1155/2003-Plenário do TCU. (*DOU* de 05/07/2010, Seção 1, p. 2)

Súmula n. 6

Serão admitidas despesas de alimentação a titulo de refeição, desde que vinculadas ao projeto cultural aprovado e necessárias para o êxito de seu objeto; não tenham sido custeadas por outra rubrica; e observem os princípios da economicidade, moralidade e impessoalidade. (*DOU* de 05/07/2010, Seção 1, p. 2)

Súmula n. 7

Para efeitos de enquadramento na alínea "g" do § 3º do artigo 18 da Lei n. 8.313, de 23 de dezembro de 1991, no que tange ao Patrimônio Cultural Imaterial não registrado na forma do Decreto n. 3.551, de 4 de agosto de 2000, serão considerados como projetos de valorização ou de salvaguarda aqueles relativos a bens culturais imateriais transmitidos há, pelo menos, três gerações, que digam respeito à história, memória e identidade de grupos formadores da sociedade brasileira, que contenham a anuência comprovada e a participação de representação reconhecida da base social detentora, e que apresentem proposta de geração de benefícios materiais, sociais ou ambientais para esta base, devendo ainda ser enquadrados em tipologia de projetos e produtos estabelecida pelo Instituto do

Patrimônio Histórico e Artístico Nacional (Iphan). (*DOU* de 09/11/2010, Seção 1, p. 4)

Súmula n. 8
Para fins de enquadramento da alínea g, § 3°, do art. 18 da Lei n. 8.313, de 1991, serão aprovados projetos de restauração cujo valor cultural seja reconhecido pela área técnica competente do Ministério da Cultura ou por quem este delegar, mesmo que não haja tombamento em qualquer instância, ficando revogada a Súmula n. 3. (*DOU* de 09/11/2010, Seção 1, p. 4)

Súmula n. 9
Serão enquadrados na alínea g, § 3°, do art. 18 da Lei n. 8.313, de 1991, os projetos de construção, restauração ou revitalização de edificações destinadas a preservar acervos de valor cultural reconhecido pela área técnica competente do Ministério da Cultura ou por quem este delegar, ficando revogada a Súmula n. 4. (*DOU* de 09/11/2010, Seção 1, p. 4)

Súmula n. 10
A apresentação de proposta de Plano Anual deverá ocorrer até 30 de setembro do ano anterior a sua execução, e será apreciada até a última reunião ordinária da Comissão Nacional de Incentivo à Cultura (CNIC) no ano em curso. (*DOU* de 09/11/2010, Seção 1, p. 4)

Súmula n. 11 (revogada pela Portaria n. 20, de 25/02/2011, da Ministra da Cultura)
Os custos administrativos de projetos referentes a planos anuais e/ou de manutenção de instituições culturais e grupos artísticos não poderão ultrapassar 20% (vinte por cento) do valor total do projeto. (*DOU* de 09/11/2010, Seção 1, p. 4)

Súmula n. 12 (vide excepcionalidade instituída pela Portaria Sefic/MinC n. 550, de 22 de setembro de 2011). Será custeada com recursos de incentivo fiscal referentes à Lei n. 8.313, de 1991, a tiragem de até 3.000 (três mil) exemplares de livros, CDs, DVDs e outras mídias. O requerimento de ampliação desse limite poderá ser deferido pela Cnic, caso julgue procedente e razoável a justificativa apresentada. (*DOU* de 28/02/2011, Seção 1, p. 15)

Súmula n. 13

Projeto que preveja a realização de evento literário com proposta de incentivar a leitura, a criação literária ou a difusão da produção editorial será enquadrado na alínea *b* do § 3º do art. 18 da Lei n. 8.313, de 23 de dezembro de 1991, em conformidade com o art. 14 da Instrução Normativa n. 1, de 05 de outubro de 2010, desde que o evento literário constitua a ação principal, e o somatório de valores orçamentários destinados às ações e produtos acessórios, quando houver, seja inferior a cinquenta por cento do somatório referente à ação principal. (*DOU* de 07/04/2011, Seção 1, p. 2)

Súmula n. 14

(Sem efeito a partir da Instrução Normativa MinC n. 1/2012)

Súmula n. 15

(Sem efeito a partir da Instrução Normativa MinC n. 1/2012)

Súmula n. 16

Os custos de divulgação do projeto não poderão ultrapassar 20% (vinte por cento) do seu valor total. (*DOU* de 04/07/2011, Seção 1, p. 10)

Súmula n. 17

Não será admitida proposta cujo objeto seja a construção de portais e réplicas em logradouros públicos. (*DOU* de 04/07/2011, Seção 1, p. 10)

Súmula n. 18

Não será admitida proposta cujo objeto seja a concessão de bolsa de estudos de graduação e pós-graduação. (*DOU* de 04/07/2011, Seção 1, p. 10)

Súmula n. 19

Fica assegurada a possibilidade de inclusão dos custos relativos aos direitos autorais e conexos no orçamento dos projetos culturais, observado o limite de 10% do valor do projeto, até R$100.000,00 (cem mil reais), ressalvado o § 4º do art. 24 da Instrução Normativa n. 1/2010/MinC. (*DOU* de 04/07/2011, Seção 1, p. 10)

Súmula n. 20

Projetos que prevejam o tratamento de acervos documentais, abrangendo uma ou mais etapas de trabalho, tais como organização, restauração, digitalização, microfilmagem, acondicionamento e guarda, serão enquadrados na alínea g do § 3º do art. 18 da Lei n. 8.313, de 23 de dezembro de 1991, desde que os conjuntos documentais em questão possuam valor cultural e histórico reconhecido pela área técnica competente do Ministério da Cultura, independentemente da existência de tombamento em qualquer instância. (*DOU* de 04/07/2011, Seção 1, p. 10)

Súmula n. 21

Os projetos culturais do audiovisual deverão respeitar os seguintes tetos orçamentários: curtas-metragens: R$ 150.000,00 (finalizado em digital HD ou 16mm) e R$ 200.000,00 (finalizado em película 35mm); médias-metragens: R$ 600.000,00 (para documentários finalizados em digital HD) e R$ 800.000,00 (para filmes de ficção finalizados em digital HD); mostras/festivais: R$ 600.000,00 para festivais em primeira edição e até R$ 1.500.000,00 para festivais que incluam estruturas com oficinas e workshops audiovisuais. Para os festivais tradicionais, assim considerados os realizados há mais de cinco edições, serão admitidos orçamentos superiores, desde que o proponente comprove a capacidade técnica de execução; programas de TV até 52 minutos: R$ 100.000,00 por programa; programas de rádio: R$ 30.000,00 por programa; sítios de Internet: R$ 50.000,00 para infraestrutura do site e R$ 250.000,00 para produção de conteúdo para o site. Por solicitação do proponente, a CNIC poderá julgar pedidos de excepcionalidade, autorizando a análise de propostas acima desses limites. (*DOU* de 04/07/2011, Seção 1, p. 10)

Súmula n. 22

(Sem efeito a partir da Instrução Normativa MinC n. 1/2012)

Súmula n. 23

(Sem efeito a partir da Instrução Normativa MinC n. 1/2012)

Súmula n. 24

Havendo possibilidade de análise de excepcionalidade à súmula administrativa, a Cnic julgará uma única vez a solicitação apresentada, não se admitindo pedido de reconsideração. (*DOU* de 01/12/2011, Seção 1, p. 33)

MECANISMOS DE APOIO AO AUDIOVISUAL

Nos últimos anos, além da conhecida Lei do Audiovisual e da Lei Rouanet, esta última já abordada em seus aspectos gerais na primeira parte deste livro, o governo federal editou uma série de medidas para estimular a indústria audiovisual no Brasil. O diploma cria novos benefícios de fomento direto e indireto e dinamiza muito o mercado audiovisual: primeiro a Medida Provisória n. 2.228, editada em 6 de setembro de 2001[31] seguido da Lei federal n. 12.485, de 12 de setembro de 2011.

Com os mecanismos já existentes e os introduzidos mais recentemente, com suas respectivas alterações, ficamos com as seguintes ferramentas para fomento do audiovisual no Brasil. São elas:

1 – Lei do Audiovisual (Lei federal n. 8.685/93) – art. 1º;
2 – Lei do Audiovisual (Lei federal n. 8.685/93) – art. 1º-A;
3 – Lei do Audiovisual (Lei federal n. 8.685/93) – art. 3º;
4 – Lei do Audiovisual (Lei federal n. 8.685/93) – art. 3º-A;
5 – Lei Rouanet (Lei federal n. 8.313/91) – art. 18;
6 – Lei Rouanet (Lei federal n. 8.313/91) – arts. 25/26;
7 – Funcine (MP n. 2.228/2001) – art. 41;
8 – Conversão da Dívida Externa (Lei federal n. 10.179/2001) – art. 1º;
9 – Benefício das programadoras (MP n. 2.228/2001) – art. 39, X;
10 – Prêmio Adicional de Renda (MP n. 2.228/2001) – art. 54;
11 – Fundo Setorial Audiovisual.

Este capítulo trata somente das leis federais. Estas podem ser usadas em conjunto ou separadamente – mais adiante apresentaremos as possibilidades dos diferentes usos desses mecanismos. As leis estaduais e municipais também podem ser utilizadas para apoiar a produção audiovisual no Brasil. Na parte própria (que trata das leis estaduais e municipais) também será abordado esse tema.

Antes, no entanto, de entrar na explicação de cada um dos mecanismos e dos seus usos e benefícios fiscais, vale apresentar algumas definições trazidas

---

31 A MP n. 2.228/2001 está incluída no pacote de medidas provisórias que o Governo editou na segunda metade de 2001 e que, posteriormente, se tornaram permanentes. A redação dessa medida provisória foi alterada pela Lei n. 10.454, de 13/5/2002, e o texto já contempla essas alterações.

pela MP n. 2.228/2001 e pela Lei n. 12.485/2011 e que nos ajudam a interpretar a legislação audiovisual. São elas:

I – **obra audiovisual:** produto da fixação ou transmissão de imagens, com ou sem som, que tenha a finalidade de criar a impressão de movimento, independentemente dos processos de captação, do suporte utilizado inicial ou posteriormente para fixá-las ou transmiti-las, ou dos meios utilizados para sua veiculação, reprodução, transmissão ou difusão;

II – **obra cinematográfica:** obra audiovisual cuja matriz original de captação é uma película com emulsão fotossensível ou matriz de captação digital, cujas destinação e exibição sejam prioritariamente e inicialmente o mercado de salas de exibição. Observem que a legislação restringe o conceito de obra cinematográfica para aquela obra que seja inicialmente e prioritariamente veiculada no cinema, independente do uso posterior que se faça dela. Em outras palavras: a obra cinematográfica pode ganhar, depois de sua vida útil no circuito de exibição, um caminho em outros mercados, como o *home* vídeo, DVD, televisão e tantos outros;

III – **obra videofonográfica:** obra audiovisual cuja matriz original de captação é um meio magnético com capacidade de armazenamento de informações que se traduzem em imagens em movimento, com ou sem som. Observe que a diferença básica da obra videofonográfica para a obra cinematográfica é a possibilidade de englobar, no caso da primeira, obras audiovisuais em qualquer suporte não enquadradas na definição anterior. Um filme gravado em câmera VHS de resolução simples, por exemplo, pode ser uma obra videofonográfica;

IV – **obra cinematográfica e videofonográfica de produção independente:** aquela cuja empresa produtora, detentora majoritária dos direitos patrimoniais sobre a obra, não tenha nenhuma associação ou vínculo, direto ou indireto, com empresas de serviços de radiodifusão de sons e imagens ou operadoras de comunicação eletrônica de massa por assinatura. Nesse caso o veículo não pode propor projetos dessa natureza, restando o seu papel como coprodutor[32] de obra audiovisual. O produtor não majoritário é aquele que, em uma coprodução, titulariza menos de 50% dos direitos patrimoniais sobre a obra audiovisual – sendo essa a máxima participação do veículo de radiodifusão;

---

32 Sobre o assunto observar Deliberação da Diretoria Colegiada da Ancine n. 95, de 8 de junho de 2010.

V – obra cinematográfica brasileira ou obra videofonográfica brasileira: aquela que atende a um dos seguintes requisitos:

a) ser produzida por empresa produtora brasileira registrada na Ancine, ser dirigida por diretor brasileiro OU estrangeiro residente no país há mais de três anos, e utilizar para sua produção, no mínimo, 2/3 de artistas e técnicos brasileiros OU residentes no Brasil há mais de cinco anos;

b) ser realizada por empresa produtora brasileira registrada na Ancine, em associação com empresas de outros países com os quais o Brasil mantenha acordo de coprodução cinematográfica e em consonância com os mesmos;

c) ser realizada, em regime de coprodução, por empresa produtora brasileira registrada na Ancine, em associação com empresas de outros países com os quais o Brasil não mantenha acordo de coprodução, assegurada a titularidade de, no mínimo, 40% dos direitos patrimoniais da obra à empresa produtora brasileira, e utilizar para sua produção, no mínimo, 2/3 de artistas e técnicos brasileiros ou residentes no Brasil há mais de três anos.

Para facilitar a visualização, abre-se a seguir as hipóteses de uma obra (cinematográfica ou videofonográfica) ser considerada brasileira. Os três itens anteriores geram sete possibilidades diferentes:

(i) filme dirigido por brasileiro com, no mímino, 2/3 de artistas e técnicos brasileiros;

(ii) filme dirigido por brasileiro com, no mínimo, 2/3 de artistas e técnicos residentes no Brasil há mais de 5 anos;

(iii) filme dirigido por estrangeiro residente no país há mais de 3 anos e, no mínimo, 2/3 de artistas e técnicos brasileiros;

(iv) filme dirigido por estrangeiro residente no país há mais de 3 anos com, no mínimo, 2/3 de artistas e técnicos residentes no Brasil há mais de 5 anos;

(v) ser realizada por empresa produtora brasileira registrada na Ancine, em associação com empresas de outros países com os quais o Brasil mantenha acordo de coprodução cinematográfica e em consonância com os mesmos;

(vi) ser realizado, em regime de coprodução, por empresa produtora brasileira registrada na Ancine, em associação com empresas de outros países com os quais o Brasil não mantenha acordo de coprodução, assegurada a titularidade de, no mínimo, 40% dos direitos patrimoniais da obra à empresa produtora brasileira e utilizar para sua produção, no mínimo, 2/3 de artistas e técnicos brasileiros;

(vii) ser realizado, em regime de coprodução, por empresa produtora brasileira registrada na Ancine, em associação com empresas de outros países com os quais o Brasil não mantenha acordo de coprodução, assegurada a titularidade de, no mínimo, 40% dos direitos patrimoniais da obra à empresa produtora brasileira e utilizar para sua produção, no mínimo, 2/3 de artistas e técnicos residentes no Brasil há mais de 3 anos.

Como exemplo, o Brasil mantém acordo de coprodução com vários países, tais como Portugal, Alemanha, França, Canadá e Itália. O Brasil não mantém acordo de coprodução com os Estados Unidos.

Quando a legislação fala em empresa brasileira, para efeitos de todo esse inciso, entenda-se aquela constituída sob as leis brasileiras, com sede e administração no país, cuja maioria do capital total e votante seja de titularidade direta ou indireta[33], de brasileiros natos ou naturalizados há mais de dez anos, os quais devem exercer de fato e de direito o poder decisório da empresa.

VI – **segmento de mercado:** mercados de salas de exibição, vídeo doméstico em qualquer suporte, radiodifusão de sons e imagens, comunicação eletrônica de massa por assinatura, mercado publicitário audiovisual ou quaisquer outros mercados que veiculem obras cinematográficas e videofonográficas;

VII – **obra cinematográfica ou videofonográfica de curta-metragem:** aquela cuja duração é igual ou inferior a quinze minutos;

VIII – **obra cinematográfica ou videofonográfica de média-metragem:** aquela cuja duração é superior a quinze minutos e igual ou inferior a setenta minutos;

IX – **obra cinematográfica ou videofonográfica de longa-metragem:** aquela cuja duração é superior a setenta minutos;

X – **obra cinematográfica ou videofonográfica seriada:** aquela que, sob o mesmo título, seja produzida em capítulos;

---

33 Para se enquadrar como obra para efeito de cumprimento de cota dos serviços de acesso condicionado a empresa brasileira será aquela que atenda às seguintes condições, cumulativamente: *a)* ser constituída sob as leis brasileiras; *b)* ter sede e administração no País; *c)* 70% (setenta por cento) do capital total e votante devem ser de titularidade, direta ou indireta, de brasileiros natos ou naturalizados há mais de 10 (dez) anos; *d)* a gestão das atividades da empresa e a responsabilidade editorial sobre os conteúdos produzidos devem ser privativas de brasileiros natos ou naturalizados há mais de 10 (dez) anos (Lei federal n. 12.485/2011).

XI – telefilme: obra documental, ficcional ou de animação, com no mínimo 50 e no máximo 120 minutos de duração, produzida para primeira exibição em meios eletrônicos;

XII – minissérie: obra documental, ficcional ou de animação produzida em película ou matriz de captação digital ou em meio magnético com, no mínimo, três e no máximo 26 capítulos, com duração máxima de 1.300 minutos;

XIII – programadora: empresa que oferece, desenvolve ou produz conteúdo, na forma de canais ou de programações isoladas, destinado às empresas de serviços de comunicação eletrônica de massa por assinatura ou de quaisquer outros serviços de comunicação, que transmitam sinais eletrônicos de som e imagem que sejam gerados e transmitidos por satélite ou por qualquer outro meio de transmissão ou veiculação;

XIV – programação internacional: aquela gerada, disponibilizada e transmitida diretamente do exterior para o Brasil, por satélite ou qualquer outro meio de transmissão ou veiculação, por canais, programadoras ou empresas estrangeiras, destinada às empresas de serviços de comunicação eletrônica de massa por assinatura ou de quaisquer outros serviços de comunicação que transmitam sinais eletrônicos de som e imagem;

XV – programação nacional: aquela gerada e disponibilizada, no território brasileiro, pelos canais ou programadoras, incluindo obras audiovisuais brasileiras ou estrangeiras, destinada às empresas de serviços de comunicação eletrônica de massa por assinatura ou de quaisquer outros serviços de comunicação que transmitam sinais eletrônicos de som e imagem, que seja gerada e transmitida diretamente no Brasil por empresas sediadas no país, por satélite ou por qualquer outro meio de transmissão ou veiculação;

XVI – obra cinematográfica ou videofonográfica publicitária: aquela cuja matriz original de captação é uma película com emulsão fotossensível ou matriz de captação digital, cuja destinação é a publicidade e propaganda, exposição ou oferta de produtos, serviços, empresas, instituições públicas ou privadas, partidos políticos, associações, administração pública, assim como de bens materiais e imateriais de qualquer natureza;

Considera-se versão de obra publicitária cinematográfica ou videofonográfica a edição ampliada ou reduzida em seu tempo de duração, realizada a partir do conteúdo original de uma mesma obra cinematográfica ou videofonográfica publicitária, e sob o mesmo contrato de produção.

XVII – obra cinematográfica ou videofonográfica publicitária brasileira: aquela que seja produzida por empresa produtora brasileira registrada na Ancine, realizada por diretor brasileiro ou estrangeiro residente no país há mais de três anos, e que utilize para sua produção, no mínimo, 2/3 de artistas e técnicos brasileiros ou residentes no Brasil há mais de cinco anos;

Para os fins do disposto neste item e nos itens XVIII e XX (a seguir), entende-se por empresa brasileira aquela constituída sob as leis brasileiras, com sede e administração no país, cuja maioria do capital seja de titularidade direta ou indireta de brasileiros natos ou naturalizados há mais de cinco anos, os quais devem exercer de fato e de direito o poder decisório da empresa.

XVIII – obra cinematográfica ou videofonográfica publicitária brasileira filmada no exterior: aquela, realizada no exterior, produzida por empresa produtora brasileira registrada na Ancine, feita por diretor brasileiro ou estrangeiro residente no Brasil há mais de três anos, e que utilize para sua produção, no mínimo, 1/3 de artistas e técnicos brasileiros ou residentes no Brasil há mais de cinco anos;

XIX – obra cinematográfica ou videofonográfica publicitária estrangeira: aquela que não atende o disposto nos incisos XVII e XVIII do *caput*;

XX – obra cinematográfica ou videofonográfica publicitária brasileira de pequena veiculação: aquela que seja produzida por empresa produtora brasileira registrada na Ancine, realizada por diretor brasileiro ou estrangeiro residente no país há mais de três anos, e que utilize para sua produção, no mínimo, 2/3 de artistas e técnicos brasileiros ou residentes no Brasil há mais de três anos e cuja veiculação esteja restrita a municípios que totalizem um número máximo de habitantes[34];

XXI – claquete de identificação: imagem fixa ou em movimento inserida no início da obra cinematográfica ou videofonográfica contendo as informações necessárias à sua identificação;

XXII – serviço de comunicação eletrônica de massa por assinatura: serviço de acesso condicionado de que trata a lei específica[35] sobre a comunicação audiovisual de acesso condicionado;

XXIII – programadoras de obras audiovisuais para o segmento de mercado de serviços de comunicação eletrônica de massa por assinatura: em-

---

34 Ver art. 1º da Instrução Normativa Ancine n. 6, de 13 de agosto de 2002.
35 Lei n. 12.485, de 12 de setembro de 2011.

presas programadoras de que trata a lei específica[36] sobre a comunicação audiovisual de acesso condicionado;

XXIV – **proponente:** empresa produtora brasileira registrada na Ancine, cujo objeto social inclua a atividade de produção audiovisual, e que, a partir da entrega do projeto de obra audiovisual à Ancine, torne-se responsável por todos os procedimentos e compromissos necessários à realização do mesmo, respondendo administrativa, civil e penalmente perante a Ancine e demais órgãos e entidades públicas, nos termos da legislação vigente;

XXV – **conta de captação:** conta corrente bancária ou conta de aplicação financeira especial, vinculada ao projeto, a ser aberta no Banco do Brasil por solicitação da Ancine, de titularidade da proponente para a finalidade de depósito de recursos provenientes de incentivos fiscais, observados os termos do art. 30 desta Instrução Normativa[37];

XXVI – **conta de movimentação:** conta corrente bancária vinculada ao projeto, de titularidade da proponente, com a finalidade de movimentação dos recursos transferidos da conta de captação destinados à execução do orçamento aprovado pela Ancine, observados os termos do artigo 34 desta Instrução Normativa[38];

XXVII – **conta de recolhimento**: conta-corrente bancária de aplicação financeira especial, a ser mantida no Banco do Brasil, titularizada pelo representante do contribuinte, no caso dos arts. 3 e 3°-A, da Lei n. 8.685/93 e da programadora, no caso do inciso X do art. 39 da Medida Provisória n. 2.228-1, de 06/09/2001. Os recursos das contas de recolhimento serão, no momento oportuno, transferidos para uma das contas de captação dos projetos selecionados pela coprodutora;

---

36 Lei n. 12.485, de 12 de setembro de 2011.
37 Vide art. 30 da Instrução normativa Ancine n. 22/2003, que reza: "Art. 30. As contas de captação serão abertas pela Ancine no Banco do Brasil S/A, em nome da proponente, na agência por ela indicada e vinculadas somente a um projeto".
38 Vide art. 34 da Instrução Normativa Ancine n. 22/2003, que reza: "A conta de movimentação deverá ser aberta em nome da proponente, em instituição bancária de seu interesse, atendendo às seguintes condições:
I – estar vinculada somente a um projeto;
II – ser informada à Ancine, no momento da solicitação para movimentação de recursos, mediante apresentação do termo de abertura ou de extrato bancário.
§ 1° Cada projeto deverá possuir uma única conta de movimentação, independent do número de mecanismos de incentivo utilizados.

XXVIII – movimentação de recursos incentivados: toda e qualquer movimentação realizada nas contas de recolhimento, captação e movimentações relativas, exclusivamente, à realização do projeto, de acordo com os termos e condições de sua aprovação pela Ancine;

XXIX – reinvestimento: transferência de recursos incentivados investidos, através dos arts. 1 e 1º-A, da Lei n. 8.685/93 e a Lei n. 8.313/91, em determinado projeto para outro projeto, de acordo com a autorização e condições estabelecidas pela Ancine;

XXX – redimensionamento de projeto: reformulação do orçamento apresentado em decorrência de alterações no roteiro ou nas condições de realização da obra;

XXXI – remanejamento: alteração dos valores das fontes de recursos do projeto, sem que haja alteração do orçamento global aprovado;

XXXII – programas para televisão de caráter educativo e cultural: obra audiovisual brasileira de produção independente, produzida para primeira veiculação nos mercados de serviços de radiodifusão de sons e imagens e de comunicação eletrônica de massa por assinatura, que tenha como temática a cultura, a educação ou o meio ambiente brasileiros, e com a quantidade mínima em seu conteúdo de 95% das imagens produzidas no Brasil;

XXXIII – sinopse: descrição abreviada ou síntese do projeto, sua história e seus personagens, quando for o caso;

XXXIV – argumento: texto com desenvolvimento dramatúrgico, sem diálogos, com ou sem divisão de sequências;

XXXV – roteiro: texto realizado a partir do argumento da obra audiovisual contendo a descrição dos personagens, o desenvolvimento dramatúrgico, os diálogos e sua divisão em sequências;

XXXVI – festival (nacional e internacional): neste ponto existe um entendimento divergente entre MinC e Ancine no que se relaciona à matéria. A partir do Decreto n. 4.456/2002 a Ancine ficou responsável pelos "festivais internacionais" e o Ministério da Cultura pelos "festivais nacionais e mostras". A partir daí os órgãos regulamentaram o dispositivo de forma não harmônica. Para a Ancine, festival internacional é toda "mostra competitiva ou não de obras audiovisuais brasileiras realizadas no exterior ou de obras audiovisuais estrangeiras realizadas no Brasil". Para o MinC, festival nacional é todo festival que seja realizado no Brasil e festival internacional é todo aquele que se realize no exterior. A partir dessas definições o usuário fica à vontade para propor um projeto no órgão que melhor lhe aprouver dentro das definições estabelecidas por cada um deles[39];

XXXVII – prorrogação ordinária do prazo de captação: autorização concedida pela Ancine ou pelo MinC para que o projeto audiovisual brasileiro previamente aprovado tenha prorrogado a captação de recursos incentivados;

XXXVIII – prorrogação extraordinária do prazo de captação: autorização concedida pela Ancine ou pelo MinC para que o projeto audiovisual brasileiro previamente aprovado tenha prorrogado a captação de recursos incentivados, além do prazo regular;

XXXIX – Produtora Brasileira[40]: empresa que produza conteúdo audiovisual que atenda às seguintes condições, cumulativamente: a) ser constituída sob as leis brasileiras; b) ter sede e administração no País; c) 70% (setenta por cento) do capital total e votante devem ser de titularidade, direta ou indireta, de brasileiros natos ou naturalizados há mais de 10 (dez) anos; d) a gestão das atividades da empresa e a responsabilidade editorial sobre os conteúdos produzidos devem ser privativas de brasileiros natos ou naturalizados há mais de 10 (dez) anos;

XL – Produtora Brasileira Independente: produtora brasileira que atenda os seguintes requisitos, cumulativamente: a) não ser controladora, controlada ou coligada a programadoras, empacotadoras, distribuidoras ou concessionárias de serviço de radiodifusão de sons e imagens; b) não estar vinculada a instrumento que, direta ou indiretamente, confira ou objetive conferir a sócios minoritários, quando estes forem programadoras, empacotadoras, distribuidoras ou concessionárias de serviços de radiodifusão de sons e imagens, direito de veto comercial ou qualquer tipo de interferência comercial sobre os conteúdos produzidos; c) não manter vínculo de exclusividade que a impeça de produzir ou comercializar para terceiros os conteúdos audiovisuais por ela produzidos;

---

39 Sobre o assunto, ler item 22 do Acórdão n. 1.630/2004 – Plenário, Processo 005.628/2004-0, do Tribunal de Contas da União (Relatório de Auditoria de Conformidade – Grupo I/ Classe V/ Plenário), que comenta a questão dos festivais: "(...) o Decreto (...) deixou de delimitar as competências de aprovação e controle de execução de projetos e de participação das obras em festivais, gerando uma concorrência de competências entre as duas unidades, o que pode causar duplicidade de procedimentos e entendimentos, bem como confusão ao proponente sobre a quem deve se dirigir".

40 A IN de registro de agente econômico em consulta pública irá disponibilizar dois tipos de registro diferentes: 1) produtora brasileira nos termos da MP n. 2.228/2001 e 2) Produtora brasileira nos termos da Lei n. 12.485/2011. Quando o registro for apenas nos termos na MP a obra não poderá ser utilizada para cumprimento de cotas dos canais de serviço de acesso condicionado.

Os conceitos explanados acima são de fundamental importância para o entendimento da exposição seguinte, ou seja, para compreender quais incentivos fiscais estão disponíveis e para que tipo de atividade e para saber como utilizar cada uma dessas ferramentas de forma isolada ou conjugada.

Lei do Audiovisual (Lei federal n. 8.685/93) – art. 1º

A Lei n. 8.685, mais conhecida como Lei do Audiovisual, foi sancionada em 20 de julho de 1993 no intuito de fomentar a recriação de uma indústria cinematográfica nacional adormecida com as medidas do presidente Fernando Collor de Mello, que extinguiram a Embrafilme e o próprio MinC.

Criada como lei temporária e vigente até o exercício fiscal de 2016[41], inclusive, determina que os contribuintes que investirem em audiovisual nos termos da lei podem beneficiar-se de três maneiras distintas:

a) dedução do Imposto de Renda devido, correspondente às quantias referentes aos investimentos feitos na produção de obra audiovisual cinematográfica brasileira de produção independente, mediante aquisição de cotas representativas de direito de comercialização (art. 1º);

b) os projetos específicos da área audiovisual, cinematográfica de exibição, distribuição e infraestrutura técnica apresentados por empresa brasileira de capital nacional (art. 1º);

c) contribuintes do Imposto de Renda que pagam, creditam, empregam, remetem ou entregam recursos aos produtores, distribuidores ou intermediários no exterior, como rendimentos decorrentes da exportação de obras audiovisuais estrangeiras, podem beneficiar-se do abatimento ao investirem em coproduções de obras audiovisuais cinematográficas brasileiras de produção independente (art. 3º), que comentaremos minuciosamente à frente.

Antes da entrada em vigor da Lei do Audiovisual, os projetos que pretendiam o incentivo nessa área eram cobertos pela Lei Rouanet, genericamente e na forma dos arts. 25 e 26 (abatimento rão integral) para os casos de longa-metragem e, posteriormente, foram contemplados pelo art. 18 as ações audiovisuais de

---

[41] O período de vigência da Lei n. 8.685/93 foi alterado inicialmente pela Medida Provisória n. 2.228/2001 até o ano de 2006. A Lei n. 12.375, de 30/12/2010, finalmente prorroga o mecanismo até 2016.

curta e média-metragem. Ainda hoje os produtores de cinema utilizam a Lei Rouanet como forma de captação de parte dos recursos para seus filmes, visto que a Lei do Audiovisual impõe um limite orçamentário. Importante salientar que o texto do art. 52 da Medida Provisória n. 2.228/2001 ressalta que, a partir de 1º de janeiro de 2007, a alínea *a* do inciso II do art. 3º da Lei n. 8.313/91 (Rouanet) passará a vigorar com a seguinte redação: produção de discos, vídeos, obras cinematográficas de curta e média-metragem e filmes documentais, preservação do acervo cinematográfico bem como de outras obras de reprodução videofonográfica de caráter cultural. Isso significa dizer que estarão excluídos da Lei Rouanet a partir desta data os produtos de filme de longa-metragem, por exemplo, que utilizavam o benefício até então.

Formas de utilização

Esse mecanismo é adequado para uso nas seguintes ações culturais:

a) produção de obras audiovisuais cinematográficas brasileiras de produção independente de longa-metragem;

b) produção de obras audiovisuais cinematográficas brasileiras de produção independente de média-metragem;

c) produção de obras audiovisuais cinematográficas brasileiras de produção independente de curta-metragem;

d) projetos específicos de infraestrutura técnica para a produção e exibição de obras cinematográficas e videofonográficas, projetos de reforma de salas de exibição e projetos de reforma e adaptação de imóveis destinados à execução de serviços técnicos de imagem ou som.

Benefício fiscal

A seguir explicitamos como uma empresa pode obter os benefícios da Lei do Audiovisual (art. 1º) quando adquire cotas representativas de projetos aprovados pela Ancine. Nesse caso, o investimento é lançado como despesa operacional para efeitos de base de cálculo de Imposto de Renda (IR), mas não poderá ser utilizado como despesa para efeito de cálculo da Contribuição Social sobre Lucro Líquido (CSLL).

Na p. 110, é listado um exemplo de aplicação de R$ 450 mil de uma empresa não financeira, cuja alíquota da contribuição social está fixada em 9% do lucro líquido e, em seguida, o exemplo da empresa financeira para ilustrar o formato de abatimento:

Tabela 3.11   Art. 1º – Exemplo (não financeira)

	Com investimento	Sem investimento	Diferença
1) Lucro líquido	100.000.000,00	100.000.000,00	
2) Valor do investimento	450.000,00	0,00	
3) Novo lucro líquido	99.550.000,00	100.000.000,00	
4) CSLL – 9% de (1)	9.000.000,00	9.000.000,00	
5) IR devido – 15% de (3)	14.932.500,00	15.000.000,00	67.500,00
6) Adicional de IR – 10% de (3 – 240 mil)	9.931.000,00	9.976.000,00	45.000,00
7) Dedução do art. 1º (até 3% do IR)	450.000,00	0,00	450.000,00
8) IR a pagar – (5 + 6 – 7)	24.413.500,00	24.976.000,00	
9) Total de impostos (8+4)	33.413.500,00	33.976.000,00	562.500,00

Tabela 3.12   Art. 1º – Exemplo (financeira)

	Com investimento	Sem investimento	Diferença
1) Lucro líquido	100.000.000,00	100.000.000,00	
2) Valor do investimento	450.000,00	0,00	
3) Novo lucro líquido	99.550.000,00	100.000.000,00	
4) CSLL –15% de (1)	15.000.000,00	15.000.000,00	
5) IR devido – 15% de (3)	14.932.500,00	15.000.000,00	67.500,00
6) Adicional de IR – 10% de (3 – 240 mil)	9.931.000,00	9.976.000,00	45.000,00
7) Dedução do art. 1º (até 3% do IR)	450.000,00	0,00	450.000,00
8) IR a pagar – (5 + 6 – 7)	24.413.500,00	24.976.000,00	
9) Total de impostos (8+4)	39.413.500,00	39.976.000,00	562.500,00

Limite para uso do benefício

O teto para uso do benefício fiscal do art. 1º da Lei n. 8.685/93 é de R$ 4 milhões[42] para cada projeto aprovado (total entre uso dos arts. 1º e 1º-A da Lei do Audiovisual).

---

42   O limite para a empresa tributada no lucro real é de 3% do imposto de renda devido.

Os projetos que pleiteiem esse mecanismo devem sempre observar o máximo de 95% do total do orçamento global aprovado pela Ancine para o projeto de recursos incentivados e, no mínimo, 5% do orçamento global aprovado pela Ancine para o projeto, como contrapartida de recursos próprios da proponente ou de terceiros.

Instrumentos da Ancine para aprovação de projetos

Para os projetos de curta, média e longa-metragem os procedimentos de apresentação de projeto estão expressos na Instrução Normativa Ancine n. 22, de 30 de dezembro de 2003.

Para os projetos de infraestrutura a Instrução de referência é a n. 61, de 07 de maio de 2007.

Estatística de uso da lei nos últimos anos

A seguir, uma tabela evolutiva do volume captado a partir desse mecanismo nos últimos anos:

Tabela 3.13   Total captado via art. 1º da Lei n. 8.685/93

Ano	Total captado utilizando art. 1º (valor nominal em R$ 1.000)
1995	16.621
1996	51.233
1997	75.607
1998	39.093
1999	35.932
2000	28.313
2001	41.488
2002	34.272
2003	25.788
2004	56.232
2005	37.991
2006	50.787
2007	45.355
2008	38.087
2009	36.684
2010	24.266

Fonte: Ancine

Maiores investidores

A seguir, uma relação das dez maiores empresas investidoras a partir da Lei do Audiovisual – art. 1º (são tidas como base as 10 maiores empresas investidoras do Relatório da Ancine 2010):

Tabela 3.14. Maiores investidores – Lei do Audiovisual – art. 1º

Rank	Investidor	Valor	%
1	Banco Nacional de Desenvolvimento Econômico e Social (BNDES)	6.060,04	25,0%
	BNDES Participações S.A (BNDESPAR)	4.724,45	19,5%
	Agência Especial de Financiamento e Indústira (Finame)	560,00	2,3%
	BNDES Total	11.344,49	46,8%
2	BB – Distribuidora de Títulos e Valores Mobiliários S.A.	2.790,00	11,5%
3	Telesp	1.400,00	5,8%
4	Cia. Siderúrgica Nacional (CSN)	750,00	3,1%
5	Banco Itaú BBA S.A.	600,00	2,5%
6	Companhia energética do Rio Grande do Norte	588,00	2,4%
7	C&A Modas Ltda.	580,00	2,4%
8	Volkswagen do Brasil Ltda.	500,00	2,1%
9	Lojas Cem S.A.	499,14	2,1%
10	Itapebi Geração de Energia S.A.	443,57	1,8%

Fonte: Ancine.

Lei do Audiovisual (Lei federal n. 8.685/93) – art. 1º-A

Esse mecanismo foi introduzido na Lei do Audiovisual como ferramenta de patrocínio e é temporário até 2016. Deve ser pleiteado pelo produtor junto à Ancine, podendo atender às seguintes modalidades de projetos: produção de obras cinematográficas brasileiras de produção independente e para projetos específicos da área audiovisual, cinematográfica de difusão, preservação, exibição, distribuição e infraestrutura técnica apresentados por empresa brasileira.

Formas de utilização

Esse mecanismo é adequado para uso nas seguintes ações culturais:

a) longa, média e curta-metragem;
b) telefilme;
c) minissérie;
d) obra seriada;
e) Programa para televisão de caráter educativo e cultural.

Benefício fiscal para os financiadores

O financiador, se pessoa jurídica, pode abater a totalidade do valor do imposto de renda devido até o limite de 4% do imposto a pagar. Os valores não podem ser lançados como despesa operacional. Já os indivíduos também podem abater a totalidade até o limite de 6% do imposto devido.

A seguir é descrito o benefício fiscal simulado de uma empresa financeira e outra não financeira que aplica R$ 450 milhões utilizando-se do benefício do art. 1º-A.

Tabela 3.15   Art. 1º-A (Lei Audiovisual) – Exemplo (não financeira)

	Com patrocínio	Sem patrocínio	Diferença
1) Lucro líquido	100.000.000,00	100.000.000,00	
2) Valor do patrocínio	450.000,00	0,00	
3) CSLL – 9% de (1)	9.000.000,00	9.000.000,00	
4) IR devido – 15% de (3)	15.000.000,00	15.000.000,00	
5) Adicional de IR – 10% de (3 – 240 mil)	9.976.000,00	9.976.000,00	
6) Dedução do art. 1º-A (até 4% do IR)	450.000,00	0,00	450.000,00
7) IR a pagar – (4 + 5 – 6)	24.526.000,00	24.976.000,00	
8) Total de impostos (7+3)	33.526.000,00	33.976.000,00	450.000,00

Tabela 3.16 Art. 1º-A (Lei Audiovisual) – Exemplo (financeira)

	Com patrocínio	Sem patrocínio	Diferença
1) Lucro líquido	100.000.000,00	100.000.000,00	
2) Valor do patrocínio	450.000,00	0,00	
3) CSLL – 15% de (1)	15.000.000,00	15.000.000,00	
4) IR devido – 15% de (3)	15.000.000,00	15.000.000,00	
5) Adicional de IR – 10% de (3 - 240 mil)	9.976.000,00	9.976.000,00	
6) Dedução do art. 1º-A (até 4% do IR)	450.000,00	0,00	450.000,00
7) IR a pagar – (4+5–6)	24.526.000,00	24.976.000,00	
8) Total de impostos (7+3)	39.526.000,00	39.976.000,00	450.000,00

Limite para uso do benefício

O teto para uso do benefício fiscal dos arts. 1º e 1º-A da Lei n. 8.685/1993 é de 4 (quatro) milhões de reais (na soma de 1º e 1º-A) para cada projeto aprovado.

Estatística de uso da lei nos últimos anos

A seguir um quadro evolutivo do volume captado a partir desse mecanismo nos últimos anos:

Tabela 3.17 Total captado via art. 1º-A da Lei n. 8.685/93

Ano	Total captado utilizando art. 1º-A (valores nominais em R$1.000)
2007	38.523
2008	49.023
2009	50.576
2010	64.710

Fonte: Ancine.

Lei do Audiovisual (Lei federal n. 8.685/93) – art. 3º

A Lei do Audiovisual (Lei federal n. 8.685/93) dispõe em seu art. 3º que os contribuintes do IR incidente sobre a remessa de *royalties* ao exterior[43]

---

43 Nos termos do art. 13 do Decreto-lei n. 1.089, de 1970, alterado pelo art. 2º da Lei n. 8.685/93 (incidente a razão de 25% sobre as remessas).

poderão beneficiar-se de abatimento de 70% do imposto devido, desde que invistam em projetos aprovados nesse mecanismo pela Ancine.

Formas de utilização

Esse mecanismo é adequado para apoio a projetos audiovisuais brasileiros de produção independente:

   a) desenvolvimento de projetos de produção de obra cinematográfica brasileira de longa-metragem de produção independente;
   b) coprodução de telefilme brasileiro de produção independente;
   c) coprodução de minissérie brasileira de produção independente;
   d) coprodução de obra cinematográfica brasileira de produção independente.

Para a realização das coproduções de obras cinematográficas brasileiras de produção independente (de longa, média, curta-metragem, telefilme ou minissérie), deve-se elaborar contrato de coprodução entre empresa investidora estrangeira, ou sua representante nomeada no Brasil ou o responsável pela remessa, e empresa produtora brasileira titular do respectivo projeto perante a Ancine.

Por desenvolvimento de projetos deve ser entendido o projeto que prevê, exatamente, os custos necessários para o desenvolvimento de outro projeto, este último, sim, tendo por objeto a produção de uma obra cinematográfica de longa-metragem. Vale dizer: trata-se de um pré-projeto, ou projeto preparatório, que visa ao custeio de despesas iniciais para elaboração de um projeto de produção de obra cinematográfica. Normalmente, são incluídos em tais projetos os custos relativos à elaboração do roteiro, viagens de reconhecimento de locações, estudos preliminares quanto a figurinos etc.

Benefício fiscal[44]

De acordo com o art. 2º da Lei n. 8.685/93, a incidência de IR sobre as importâncias pagas, creditadas, empregadas, remetidas ou entregues aos produtores, distribuidores ou intermediários no exterior, como rendimentos

---

44 Além do benefício sobre o imposto de renda, o contribuinte que optar pela utilização do mecanismo de incentivo fiscal previsto no art. 3º da Lei n. 8.685/93 ficará isento do recolhimento da Condecine sobre a remessa (alíquota de 11%), nos termos do art. 49, parágrafo único, da MP n. 2.228-1/2001, combinado com o art. 32, parágrafo único.

decorrentes da exploração de obras audiovisuais estrangeiras em todo o território nacional, ou por sua aquisição ou importação a preço fixo, ficam sujeitas ao imposto de 25% na fonte.

Os contribuintes do IR incidente nos termos acima poderão beneficiar-se de abatimento de 70% do imposto devido, desde que invistam em projetos aprovados com base nessa ferramenta.

Limite para uso do benefício

O teto para uso do benefício fiscal do art. 3º da Lei n. 8.685/93 é de R$ 3 milhões para cada projeto aprovado. O valor é cumulado com o benefício previsto no art. 3º-A da Lei do Audiovisual.

Os projetos que pleiteiem esse mecanismo devem sempre observar o máximo de 95% do total do orçamento global aprovado pela Ancine para o projeto de recursos incentivados e, no mínimo, 5% do orçamento global aprovado pela Ancine para o projeto como contrapartida de recursos próprios da proponente ou de terceiros.

As empresas destinatárias da remessa farão a opção pela aplicação de parcela do IR devido para uma conta de recolhimento aberta sob a supervisão da Ancine. Os valores depositados nas contas de recolhimento deverão ser aplicados em projetos aprovados pela Ancine no prazo máximo de 180 dias[45] a contar da data do depósito. A indicação formal do projeto a ser beneficiado interrompe a contagem do prazo legal para a aplicação dos recursos, até a decisão da Ancine sobre sua aprovação. Na hipótese de não aprovação do projeto, a contagem do prazo prosseguirá pelo período remanescente.

Instrumentos da Ancine para aprovação de projetos

Para todos os projetos relacionados a esse artigo, os procedimentos de apresentação de projeto estão expressos na Instrução Normativa Ancine n. 22, de 30 de dezembro de 2003.

---

45 Prorrogável por igual período, em função da Lei n. 12.599, de 23 de março de 2012, que altera de 180 para 360 dias o prazo de aplicação em projetos audiovisuais dos recursos depositados em contas de recolhimento de art. 3º ou 3º-A da Lei n. 8.685/93, a Superintendência de Fomento da Ancine promoveu automaticamente a prorrogação deste prazo.

Estatística de uso da lei nos últimos anos

A seguir, um quadro evolutivo do volume captado por meio desse mecanismo nos últimos anos.

Tabela 3.18 Total captado utilizando art. 3º da Lei n. 8.685/93

Ano	Total captado utilizando art. 3º (valores nominais em R$ 1.000)
1995	4.031
1996	6.819
1997	3.848
1998	4.000
1999	3.865
2000	5.093
2001	15.225
2002	11.578
2003	32.766
2004	37.915
2005	36.866
2006	63.240
2007	37.700
2008	32.626
2009	23.541
2010	29.687

Fonte: Ancine

Relação dos coprodutores

Como o universo dos possíveis coprodutores é menor do que o volume de empresas que aplicaram com base no art. 1º, apresentamos a seguir uma relação mais extensa das empresas que se utilizam desse mecanismo e os respectivos valores de aporte no ano de 2010[46]:

---

46 Fonte: Ancine (2010).

Tabela 3.19   Valores aportados por coprodutor – art. 3º da Lei n. 8.685/93

Valores aportados por investidor – Art. 3º da Lei n. 8.685/93 – R$ Mil – 2010

Rank	Investidor	Valor	%
1	TCF HUNGARY FILM RIGHTS EXPLOITATION LIMITED COMPANY	7.851,26	26,4%
2	UNITED INTERNATIONAL PICTURES BV	3.882,88	13,1%
	VIACOM GLOBAL (NETHERLANDS) B.V.	2.558,12	8,6%
	Paramount – Total	6.441,00	21,7%
3	WARNER BROS. ENTERTAINMENT NEDERLAND B.V	2.593,11	8,7%
	WARNER BROS. HOLLAND	405,89	1,4%
	WARNER HOME VIDEO (BENELUX) BV	199,16	0,7%
	Warner – Total	3.198,16	10,8%
4	UNIVERSAL PICTURES INTERNATIONAL B.V.	238,22	0,8%
	UNIVERSAL STUDIOS INTERNATIONAL BV	569,80	1,9%
	UNIVERSAL STUDIOS INTERNATIONAL BV	1.890,99	6,4%
	Universal – Total	2.699,00	9,1%
5	SONY CORPORATION OF AMERICA	1.377,62	4,6%
	SONY PICTURES HOME ENTERTAINMENT INC.	1.155,00	3,9%
	Sony – Total	2.532,62	8,5%
6	FREEWAY ENTERTAINMENT LICENSING LIMITED LIABILITY COMPANY	1.617,43	5,4%
7	CONSTELLATION ENTERTAINMENT GROUP LLC	1.598,76	5,4%
8	PLAYARTE INTERNATIONAL C.V.	963,32	3,2%
	P.A. PICTURES WORLDWIDE CORP.	84,65	0,3%
	Playarte – Total	1.047,97	3,5%
9	BUENA VISTA INTERNATIONAL INC/BUENA VISTA HOME ENTERTAINMENT INC.	522,99	1,8%
10	FINTAGE MAGYAR SZORAKOZTATOIPARI KFT.	436,64	1,5%
11	PROSCENIUM PICTURES LIMITED	1.213,24	4,1%
12	GLOBAL MEDIA HOLDINGS, INC.	249,30	0,8%
13	SB TV PROGRAMMING INTERNATIONAL CORP.	227,07	0,8%
14	LATIN FILM FUNDS (NETHERLANDS) B.V.	19,76	0,1%

15	LEDA FILMS S.A.	18,82	0,1%
16	XYSTUS, LLC	12,94	0,0%
Total		29.686,95	100,0%

Fonte: Ancine.

Lei do Audiovisual (Lei federal n. 8.685/93) – art. 3º-A

Este mecanismo de investimento/coprodução foi introduzido pela Lei n. 11.437/2006 e regulamentado pela Ancine por meio da Instrução Normativa n. 76, de 23 de setembro de 2008. Este benefício deve ser pleiteado junto à Ancine e poderá ser aproveitado nas seguintes modalidades de projetos: produção de obras cinematográficas brasileiras de longa-metragem de produção independente e a coprodução de obras cinematográficas e videofonográficas brasileiras de produção independente de curta, média e longa-metragens, documentários, telefilmes e minisséries.

Tipo de financiador

Empresas estrangeiras que recebam crédito, emprego, remessa, entrega ou pagamento pela aquisição ou remuneração, a qualquer título, de direitos, relativos à transmissão, por meio de radiodifusão de sons e imagens e serviço de comunicação eletrônica de massa por assinatura, de quaisquer obras audiovisuais ou eventos, mesmo os de competições desportivas das quais faça parte representação brasileira, exploradas no Brasil (o benefício fiscal incide sobre o imposto sobre esta remessa retido e pago no Brasil).

Benefício fiscal para os financiadores

O financiador se beneficia por meio de contrato de coprodução negociado durante o processo de definição do aporte, recebendo percentual do resultado econômico da obra; bem como revertendo 70% do imposto de renda retido na fonte nessas remessas internacionais, à alíquota de 15%[47].

---

47 O benefício concedido é de 70% sobre a alíquota de 15% do imposto de renda retido na fonte, devido pelas "[...] importâncias pagas, creditadas, entregues, empregadas ou remetidas para o exterior pela aquisição ou pela remuneração, a qualquer título, de qualquer forma de direito, inclusive à transmissão, por meio de rádio ou televisão ou por qualquer outro meio, de quaisquer filmes ou eventos, mesmo os de competições desportivas das quais faça parte representação brasileira", conforme previsão do art. 72 da Lei n. 9.430/96.

Limite para uso do benefício

O teto para uso do benefício fiscal dos arts. 3º e 3º-A da Lei n. 8.685/93 somados é de 3 milhões de reais para cada projeto aprovado.

Observações

A empresa estrangeira é a detentora do crédito tributário e deverá nomear um procurador, responsável pela remessa ou representante para a administração desse benefício. A empresa nacional responsável pelo recolhimento do imposto terá preferência para essa nomeação que poderá constar no contrato entre as partes ou em documento separado.

Esse mecanismo abre a possibilidade de as emissoras (TVs abertas) e programadoras de TVs fechadas (cabo) firmarem parcerias com produtores independentes para a coprodução de obras audiovisuais.

O prazo para indicação de projeto a partir do depósito na conta de recolhimento é de 180 dias[48].

Instrumentos para aprovação de projetos

Para todos os projetos relacionados a esse artigo e ao âmbito da Ancine os procedimentos de apresentação de projeto estão expressos na Instrução Normativa Ancine n. 22, de 30 de dezembro de 2003. Ver também a Instrução Normativa Ancine n. 76, de 23 de setembro de 2008.

Estatística de uso da lei nos últimos anos

A seguir, uma tabela evolutiva do volume captado por meio desse mecanismo nos últimos anos. Como se pode observar, a captação via art. 3ºA foi um dos mecanismos que mais cresceram nos últimos anos.

---

[48] Prorrogável por igual período em função da Lei n. 12.599, de 23 de março de 2012, que altera de 180 para 360 dias o prazo de aplicação em projetos audiovisuais dos recursos depositados em contas de recolhimento de art. 3º ou 3º-A da Lei n. 8.685/93, a Superintendência de Fomento da Ancine promoveu automaticamente a prorrogação deste prazo.

Tabela 3.20 Total captado utilizando o art. 3º-A da Lei n. 8.685/93

Ano	Total captado utilizando art. 3º-A (valores nominais em R$ 1.000)
2009	2.500
2010	28.201

Fonte: Ancine.

Relação dos coprodutores

Apresenta-se a seguir uma relação mais extensa das empresas que se utilizam desse mecanismo e os respectivos valores de aporte no ano de 2010[49].

Tabela 3.21 Valor aportado por investidor – art. 3º-A da Lei n. 8.685/93

Valores aportados por investidor –
Art. 3º-A da Lei n. 8.685/93 – R$ Mil – 2010

Rank	Incentivador	Valor	%
1	GLOBO COMUNICAÇÃO E PARTICIPAÇÕES S.A.	18.194,6	64,5%
2	HBO BRASIL LTDA.	5.523,6	19,6%
3	RÁDIO E TELEVISÃO RECORD S.A.	1.910,9	6,8%
4	FOX LATIN AMERICAN CHANNELS DO BRASIL LTDA.	1.572,2	5,6%
5	ESPN DO BRASIL EVENTOS ESPORTIVOS LTDA.	699,8	2,5%
6	TELECINE PROGRAMAÇÃO DE FILMES LTDA.	300,0	1,1%
Total		28.201,0	100,0%

Fonte: Ancine.

Lei Rouanet (Lei federal n. 8.313/91) – art. 18

A Lei Rouanet (Lei federal n. 8.313/91) não é um mecanismo de investimento, tal como o art. 1º da Lei do Audiovisual, mas de patrocínio (aplicam-se recursos para o retorno de *marketing*) ou doação. Enquanto a Lei do Audiovisual é um mecanismo de mercado/investimento, a Lei Rouanet é uma ferramenta de filantropia. Ela possui dois formatos de abatimento distintos: o art. 18 e os arts. 25/26. Nesta primeira parte abordaremos o art. 18.

---

49 Fonte: Ancine (2010).

Formas de utilização

Podem ser financiados com base no art. 18 da Lei Rouanet na área audiovisual, sem prejuízo das outras áreas culturais já abordadas anteriormente, os projetos de:

a) obras audiovisuais brasileiras de produção independente de curta e média-metragem. A competência será da Ancine se a obra for contemplada com outra modalidade de incentivo fiscal constante da Instrução Normativa Ancine n. 22/2003. Isso quer dizer que para ser de competência da Ancine precisa-se ter um projeto de curta e média-metragem que use pelo menos um outro mecanismo de fomento ao audiovisual (Lei do Audiovisual, ou art. 39, X, da MP n. 2.228/2001, por exemplo). Caso não exista o uso de outro incentivo, o pleito do incentivo exclusivo da Lei Rouanet é competência exclusiva do Ministério da Cultura (Secretaria do Audiovisual);

b) festivais nacionais ou internacionais[50];

c) doações de acervos a bibliotecas públicas, museus, arquivos públicos e cinematecas, bem como treinamento de pessoal e aquisição de equipamentos para a manutenção desses acervos. As ações culturais que prevejam o registro audiovisual de situações relevantes para os acervos audiovisuais brasileiros podem pleitear o registro nesse mecanismo. A competência para projetos dessa natureza é exclusiva do Ministério da Cultura (Secretaria do Audiovisual);

d) preservação e difusão do acervo audiovisual. Além dos festivais, que foram apresentados no item *b* pela sua peculiaridade, podem entrar nessa modalidade de incentivo quaisquer ações relacionadas a preservação e/ou exibição pública de acervos audiovisuais, sejam eles brasileiros ou não. A competência para projetos dessa natureza é, à exceção dos festivais internacionais, via de regra, do Ministério da Cultura (Secretaria do Audiovisual).

Benefício fiscal

O benefício fiscal está abordado quando tratar-se exclusivamente da Lei Rouanet (vide p. 59).

---

50 Ler, na p. 106, a distinção entre as duas modalidades de festivais e a competência para propositura de projetos dessa natureza. Os projetos de "festivais e mostras" entram no art. 18 como "difusão do audiovisual" previsto na alínea *f* do § 3º do art. 18 da Lei n. 8.313/91.

Limite para uso do benefício

Não existe limite legal para uso desse benefício em projetos culturais incentivados.

Os projetos que concorrem exclusivamente a esse mecanismo podem pleitear até 100% de recursos incentivados. Se, no entanto, estiver também solicitando recursos da Lei do Audiovisual, o projeto deve observar o máximo de 95% do total do orçamento global aprovado pela Ancine para o projeto de recursos incentivados e, no mínimo, 5% do orçamento global aprovado pela Ancine para o projeto como contrapartida de recursos próprios da proponente ou de terceiros.

Instrumentos para aprovação de projetos

Para todos os projetos relacionados a esse artigo e ao âmbito da Ancine, os procedimentos de apresentação de projeto estão expressos na Instrução Normativa Ancine n. 22, de 30 de dezembro de 2003.

Para os projetos relacionados a esse artigo e ao âmbito do Ministério da Cultura, Secretaria do Audiovisual, deve-se observar a Instrução Normativa MinC n. 1/2012.

Estatística de uso da lei nos últimos anos

A seguir, um quadro evolutivo do volume captado por meio desse mecanismo nos últimos anos. Destaque-se que é trazido aqui o volume captado com os dois mecanismos da Lei Rouanet somados (arts. 18 e 25/26)[51]:

Tabela 3.22   Valor captado via Lei Rouanet / Ancine

Ano	Valor captado com base nos arts. 18 e 25/26 da Lei Rouanet (valor nominal em R$ 1.000).
1995	5.765
1996	17.499
1997	34.160
1998	30.088
1999	19.604

---

51   Este número não considera os volumes captados pela Lei Rouanet em projetos aprovados pelo Ministério da Cultura.

2000	22.426
2001	43.981
2002	20.030
2003	11.802
2004	34.361
2005	39.104
2006	37.876
2007	9.306
2008	6.507
2009	8.549
2010	2.889

Fonte: Ancine (dados exclusivamente da captação gerenciada pela Ancine. O Ministério da Cultura registrou captação de quase R$ 1,30 bilhão na Lei Rouanet em 2011).

Maiores incentivadores

A seguir, uma relação dos poucos incentivadores na área audiovisual, a partir do uso do mecanismo da Lei Rouanet (arts. 18 e 25/26). Estão considerados aqui os dados de 2010, expressos no Relatório da Ancine desse ano:

Tabela 3.23   Maiores incentivadores (Ancine) – Lei Rouanet

N.	Incentivador	Valor	%
1	Petróleo Brasileiro S.A. (Petrobras)	1.620,0	56,06
2	Redecard S.A.	930,0	32,18
3	Linha Amarela S.A. (Lamsa)	150,0	5,19
4	Dyfry do Brasil Duty Free Shop Ltda.	100,0	3,46
5	Centrais Elétricas Brasileiras S.A. (Eletrobras)	46,3	1,60
6	Serra do Mar Produtos de Petróleo Ltda.	15,5	0,54
7	Toriba Veículos Ltda.	14,0	0,48
8	Lismar Ltda.	7,0	0,24
9	Rio Preto Produtos de Petróleo Ltda.	2,0	0,07
10	Unipetro Dourados Distribuidora de Produtos de Petróleo Ltda.	1,0	0,03
11	Unipetro MS Distribuidora de Petróleo Ltda.	1,0	0,03
12	Unipetro Ourinhos Distribuidora de Petróleo Ltda.	1,0	0,03

13	Unipetro Prudente Distribuidora de Petróleo Ltda.	1,0	0,03
14	Unipetro Nova Andina Distribuidora de Petróleo Ltda.	1,0	0,03
Total		2.889,79	100,0

Fonte: Ancine.

Lei Rouanet (Lei federal n. 8.313/91) – arts. 25/26

Como explanamos, a Lei Rouanet tem duas modalidades de benefício fiscal: a do art. 18 (já apresentada anteriormente) e a dos arts. 25 e 26, que tratam das outras modalidades que podem receber benefícios.

Formas de utilização

Essa ferramenta pode ser utilizada nas seguintes modalidades de projeto de produção de obras audiovisuais brasileiras de produção independente, nos seguintes formatos:

a) telefilme;
b) minissérie;
c) obra seriada;
d) programa para televisão de caráter educativo e cultural.

Benefício fiscal

O benefício fiscal está abordado quando tratamos exclusivamente da Lei Rouanet (vide p. 57).

Limite para uso do benefício

Não existe limite legal para uso desse benefício em projetos culturais incentivados.

Os projetos que concorrem exclusivamente a esse mecanismo podem pleitear até 100% de recursos incentivados. Se, no entanto, estiver também solicitando recursos da Lei do Audiovisual, o projeto deve observar o máximo de 95% do total do orçamento global aprovado pela Ancine para o projeto de recursos incentivados e, no mínimo, 5% do orçamento global aprovado por ela para o projeto, como contrapartida de recursos próprios da proponente ou de terceiros.

Instrumentos para aprovação de projetos

Para todos os projetos relacionados a esse artigo, os procedimentos de apresentação de projeto estão expressos na Instrução Normativa Ancine n. 22, de 30 de dezembro de 2003.

O Ministério da Cultura, no âmbito da Secretaria do Audiovisual, aprova alguns projetos nesse segmento, que estejam fora da competência exclusiva da Ancine. Para tal, o instrumento legal é a Instrução Normativa MinC n. 1/2012.

Funcine (MP n. 2.228/2001) – art. 41

O Fundo de Financiamento da Indústria Cinematográfica Nacional (Funcine) foi criado pela Medida Provisória n. 2.228/2001 e é regulado pela Comissão de Valores Mobiliários (CVM) e pela Ancine. O fundo oferece ao investidor a possibilidade de participar de uma carteira de investimento, aplicando parte em filmes que podem ter sucesso e outros que, eventualmente, não tenham tanto sucesso. Ele dá mais segurança ao investidor que não coloca todo o dinheiro em um projeto único.

Os Funcines serão constituídos sob a forma de condomínio fechado, sem personalidade jurídica, e administrados por instituição financeira autorizada a funcionar pelo Banco Central do Brasil ou por agências e bancos de desenvolvimento. Por essa razão, as cotas apenas poderão ser resgatadas pelos cotistas em duas situações: após o decurso do prazo de duração do fundo ou sua liquidação, nas hipóteses legalmente previstas. Admite-se, tão somente, a amortização de cotas em razão de determinação regulamentar ou de decisão em sede de assembleia geral de cotistas.

Formas de utilização

A perspectiva é que o fundo possa se tornar, a médio e longo prazo, uma ferramenta que se sustente por si. Pelo fundo podem ser apoiados projetos nos seguintes segmentos:

I – projetos de produção de obras audiovisuais brasileiras independentes realizadas por empresas produtoras brasileiras[52];

---

52 Nesse caso, o projeto deverá contemplar a garantia de distribuição ou difusão das obras.

II – construção, reforma e recuperação das salas de exibição de propriedade de empresas brasileiras;

III – aquisição de ações de empresas brasileiras para produção, comercialização, distribuição e exibição de obras audiovisuais brasileiras de produção independente, bem como para prestação de serviços de infraestrutura cinematográficos e audiovisuais[53];

IV – projetos de comercialização e distribuição de obras audiovisuais cinematográficas brasileiras de produção independente realizados por empresas brasileiras; e

V – projetos de infraestrutura realizados por empresas.

Patrimônio

O patrimônio do Funcine será representado por cotas emitidas sob a forma escritural (isto é, as cotas ficam custodiadas pelo agente negociador, e os respectivos titulares são cadastrados em livro elaborado para tanto pelo mesmo agente), alienadas ao público com a intermediação da instituição administradora do fundo.

O Funcine deverá manter, no mínimo, noventa por cento do seu patrimônio aplicado em empreendimentos das espécies enumeradas anteriormente (formas de utilização), observados em relação a cada espécie de destinação, os percentuais mínimos a serem estabelecidos em regulamento[54].

A parcela do patrimônio do fundo não comprometida com as aplicações de que trata esse artigo será constituída por títulos emitidos pelo Tesouro Nacional ou pelo Banco Central do Brasil[55].

A aquisição (integralização) das cotas do Funcine poderá se dar por meio de moeda corrente nacional, bens ou direitos, observadas as disposições do regulamento específico de cada Funicine[56].

---

53 Para efeito da aplicação dos recursos dos Funcines, as empresas de radiodifusão de sons e imagens e as prestadoras de serviços de telecomunicações não poderão deter o controle acionário das empresas referidas neste item.
54 § 2º do art. 43 da MP n. 2.228/2001.
55 § 3º do art. 43 da MP n. 2.228/2001.
56 Conforme o art. 19 da Instrução Normativa CVM n. 368/2003.

Administração, gestão e responsabilidade

A administradora (isto é, instituição financeira autorizada pelo Banco Central, nos termos do art. 41 da MP n. 2.228/2001) será responsável por todas as obrigações do fundo, inclusive as de caráter tributário.

Existe a possibilidade de que a instituição financeira administradora do Funcine contrate empresas ou pessoas para prestar serviços ao fundo, seja para o gerenciamento da carteira (sendo neste caso indispensável a autorização legal para o exercício da profissão), seja para prestar assessoria à administradora na condução dos investimentos do Funcine.

A gestão inclui atribuições que envolvem a assessoria para os investimentos, entre outras. Neste particular, temos que a responsabilidade do gestor é eminentemente contratual, isto é, regida pelo contrato que regulamentar a relação entre administradora e gestor.

É possível, ainda, a contratação de profissional que preste serviços de gerenciamento de carteira propriamente dito (que não se confunde com a mera assessoria ao administrador do Funcine).

Em se tratando de profissional contratado para gerenciar a carteira de investimentos do Funcine, a Instrução Normativa CVM n. 398/2003 expressamente estabelece a responsabilidade solidária entre este profissional e a administradora do Funcine por eventuais prejuízos causados aos cotistas[57].

Fiscalização

A fiscalização dos Funcines compete à CVM[58]. A Ancine caberá a fiscalização do projeto que receberá os recursos do fundo, tal como ocorre hoje com a Lei do Audiovisual, Rouanet e outros instrumentos de apoio ao audiovisual. A Ancine somente aprovará projetos que tenham interesse manifesto de algum Funcine (carta de intenção).

Vedações

São duas as principais vedações ressaltadas pela legislação:

---

57 Parágrafo único do art. 50 combinado com parágrafo único do art. 51, ambos da Instrução Normativa CVM n. 398/2003.
58 (Art. 42) Compete à Comissão de Valores Mobiliários autorizar, disciplinar e fiscalizar a constituição, o funcionamento e a administração do Funcine, observadas as disposições dessa Medida Provisória e as normas aplicáveis aos fundos de investimento. (§ 1º) A Comissão de Valores Mobiliários comunicará a constituição Funcines, bem como as respectivas administradoras à Ancine.

Vinculação entre produtor e cotista do Funcine

É vedada a aplicação de recursos do Funcine em projetos que tenham participação majoritária de cotista do próprio Fundo[59].

Porém, a vedação recai apenas sobre o produtor principal, isto é, aquele que detiver a maior participação sobre os resultados da exploração comercial do projeto financiado pelo Funcine, resultando disso que produtores minoritários poderão acumular as qualidades de coprodutor e cotista do Funcine.

Atente-se ainda que o gestor do Funcine, quando pessoa diversa da administradora deste (vide tópico Administração, Gestão e Responsabilidade), não poderá manter nenhum tipo de vínculo com os cotistas do Funcine por ele administrado.

Natureza publicitária, esportiva ou jornalística

As obras audiovisuais de natureza publicitária, esportiva ou jornalística não podem se beneficiar de recursos dos Funcines ou do FNC alocados na categoria de programação específica Fundo Setorial do Audiovisual[60].

Autonomia artística

De acordo com o § 6º do art. 43 da MP n. 2.228/2001, as obras cinematográficas e videofonográficas produzidas com recursos dos Funcines terão seu corte e edição finais aprovados para exibição pelo seu diretor e produtor responsável principal.

Veiculação e divulgação das obras financiadas

De acordo com o § 7º do art. 43 da MP n. 2.228/2001, as obras a serem financiadas com recursos do Funcine deverão possuir garantia de veiculação e difusão. Como a legislação impõe que as obras escolhidas para investimento pelo fundo sejam previamente aprovadas pela Ancine, trata-se de um requisito que será observado também por esse órgão quando da análise do projeto.

Período de funcionamento

Até o período de apuração relativo ao ano-calendário de 2016, inclusive, as pessoas jurídicas sujeitas à tributação com base no lucro real e pessoas físicas

---

59 § 4º do art. 43 da MP n. 2.228/2001.
60 § 5º do art. 43 da MP n. 2.228/2001.

poderão descontar do IR devido a totalidade do valor correspondente às quantias aplicadas na aquisição de cotas do Funcine[61].

Os valores não podem ser considerados despesa operacional. Vide simulação aplicada para empresa financeira e não financeira.

Tabela 3.24   Funcine: Exemplo (não financeira)

	Com patrocínio	Sem patrocínio	Diferença
1) Lucro líquido	100.000.000,00	100.000.000,00	
2) Valor do investimento	450.000,00	0,00	
3) CSLL – 9% de (1)	9.000.000,00	9.000.000,00	
4) IR devido – 15% de (3)	15.000.000,00	15.000.000,00	
5) Adicional de IR – 10% de (3 - 240 mil)	9.976.000,00	9.976.000,00	
6) Dedução do Funcine (até 3% do IR)	450.000,00	0,00	450.000,00
7) IR a pagar – (4+5–6)	24.526.000,00	24.976.000,00	
8) Total de impostos (7+3)	33.526.000,00	33.976.000,00	450.000,00

Tabela 3.25   Funcine: Exemplo (financeira)

	Com patrocínio	Sem patrocínio	Diferença
1) Lucro líquido	100.000.000,00	100.000.000,00	
2) Valor do investimento	450.000,00	0,00	
3) CSLL – 15% de (1)	15.000.000,00	15.000.000,00	
4) IR devido – 15% de (3)	15.000.000,00	15.000.000,00	
5) Adicional de IR – 10% de (3 - 240 mil)	9.976.000,00	9.976.000,00	
6) Dedução do Funcine (até 3% do IR)	450.000,00	0,00	450.000,00
7) IR a pagar – (4+5–6)	24.526.000,00	24.976.000,00	
8) Total de impostos (7+3)	39.526.000,00	39.976.000,00	450.000,00

Cumulação de incentivos

A Instrução Normativa da Secretaria da Receita Federal n. 267/2002 expressamente incluiu o Funcine no limite de dedução global de 4%, juntamente

---

61   Art. 44 da MP n. 2.228/2001.

com a Lei Rouanet e a Lei do Audiovisual (art. 54, II, da Instrução Normativa SRF n. 267/2002). A aplicação de recursos individualmente está limitada a 3% do imposto devido[62].

Benefício Fiscal

Para investidores que aportarem recursos nos Funcines, o desconto integral do imposto de renda decorre do seguinte dispositivo legal:

> Art. 44. Até o período de apuração relativo ao ano-calendário de 2016, inclusive, as pessoas físicas e jurídicas tributadas pelo lucro real poderão deduzir do imposto de renda devido as quantias aplicadas na aquisição de cotas dos Funcine.

Outras implicações tributárias

Abaixo, relacionamos algumas outras implicações tributárias relevantes no que tange ao Funcine:

a) A pessoa jurídica que alienar as cotas dos Funcines somente poderá considerar como custo de aquisição, na determinação do ganho de capital, os valores deduzidos na forma do caput deste artigo na hipótese em que a alienação ocorra após 5 (cinco) anos da data de sua aquisição (previstos pelo § 4º do art. 45 da MP em estudo);

b) Merece atenção, ainda, a disposição do § 5º do mesmo art. 45, segundo a qual, em qualquer hipótese, não será dedutível a perda apurada na alienação das cotas dos Funcines. Esta disposição justifica-se à medida que se trata de um fundo de investimentos e, como tal, sujeita-se ao risco do investimento; em caso de perdas, de maneira alguma estas poderão ser deduzidas;

c) Os rendimentos e ganhos líquidos e de capital auferidos pela carteira de Funcines[63] ficam isentos de IR;

d) Os rendimentos, os ganhos de capital e os ganhos líquidos decorrentes de aplicação em Funcines sujeitam-se às normas tributárias aplicáveis aos demais valores mobiliários no mercado de capitais. Na prática, equivale a dizer que incidirão, eventualmente, a depender da espécie de ato praticado pelo fundo ou pe-

---

62 Art. 39, § 1º, da Instrução Normativa SRF n. 267/2002.
63 Art. 46 da Medida Provisória n. 2.228/2001.

los cotistas, por exemplo, o Imposto sobre Operações Financeiras (IOF), excluindo-se, portanto, o IR;

e) Ocorrendo resgate de cotas de Funcine, em decorrência do término do prazo de duração ou da liquidação do fundo, sobre o rendimento do cotista, constituído pela diferença positiva entre o valor de resgate e o custo de aquisição das quotas, incidirá IR na fonte à alíquota de 20%. Trata-se aqui de tributação incidente não sobre as operações do fundo, mas sobre os recursos resgatados pelo cotista que eventualmente efetuar resgate de suas cotas (em decorrência do término do prazo de atuação do fundo ou de sua liquidação).

Limite para uso do benefício

Não existe limite legal para uso desse benefício em projetos culturais incentivados.

Os projetos que concorrem exclusivamente com esse mecanismo podem pleitear até 100% de recursos incentivados. Se, no entanto, estiver também solicitando recursos da Lei do Audiovisual, o projeto deve observar o máximo de 95% do total do orçamento global aprovado pela Ancine para o projeto, de recursos incentivados e, no mínimo, 5% do orçamento global aprovado pela Ancine para o projeto como contrapartida de recursos próprios da proponente ou de terceiros.

Instrumentos da Ancine para aprovação de projetos

Para todos os projetos relacionados a esse benefício as regras estão expressas nos seguintes diplomas legais: MP n. 2.228/2001 (arts. 41 e seguintes) e na Instrução Ancine n. 22, de 2003 e Instrução Normativa n. 80, de 20 de outubro de 2008, que regula a questão da aprovação prévia da política de investimento.

A CVM regulamentou o Funcine por meio da Instrução CVM n. 398, de 28 de outubro de 2002. Além disso, compõem a base legal do Funcine as normas que versam sobre os mercados de capitais (notadamente, Lei n. 6.385/76 e Instrução CVM n. 302/99).

Estatística de uso da lei nos últimos anos

A seguir, uma tabela evolutiva do volume utilizado desse mecanismo nos últimos anos. Observe que os valores apresentados ainda foram pequenos, pois nos primeiros anos os fundos precisaram captar das empresas no mercado para se capitalizar e, só no fim de 2005, passaram a aplicar diretamente em projetos aprovados pela Ancine. A seguir, está relacionado o volume global de recursos transferidos a projetos aprovados pela Ancine:

Ano	Valor aplicado em projetos com o mecanismo do Funcine (valores nominais em R$1.000)
2004	0
2005	1.032
2006	3.440
2007	1.923
2008	8.125
2009	1.850
2010	6.600

Fonte: Ancine

Principais Funcines

Existem hoje no mercado vários Funcines ativos[64]. São eles:

Tabela 3.26 Funcines disponíveis

	FDOS FINANC. DA INDÚSTRIA CINEMATOGRÁFICA NACIONAL				
N.	DENOMINAÇÃO DO FUNDO	ADMINISTRADOR	DATA	VALOR DO PL1 (R$ mil)	N° DE COTAS
1	CINE AA FUNCINE	BNY MELLON SERVICOS FINANCEIROS DTVM S.A.	31/12/2011	1.025,02	1.000
2	FATOR FUNCINE – FUNCINE	BANCO FATOR SA	31/12/2011	4.035,10	64
3	FUNCINE – BRB BRASÍLIA FUNCINE	BRB DTVM SA	31/12/2011	4.743,51	4.303.354
4	FUNCINE – FUNCINE ANIMA SP	BNY MELLON SERVICOS FINANCEIROS DTVM S.A.	31/12/2011	6.391,49	6.299

---

64 As informações a seguir são públicas e foram extraídas do sítio da CVM – http://www.cvm.gov.br.

5	FUNCINE ELO PERFORMA – FUNCINE	BNY MELLON SERVIÇOS FINANCEIROS DTVM S.A.	31/12/2011	0,00	0
6	FUNCINE LACAN – DOWNTOWN FILMES	BNY MELLON SERVIÇOS FINANCEIROS DTVM S.A.	31/12/2011	14.344,77	14.048
7	FUNCINE LACAN - DOWNTOWN FILMES II	BNY MELLON SERVIÇOS FINANCEIROS DTVM S.A.	31/12/2011	1.081,50	1.156
8	FUNCINE LACAN - MIXER	BNY MELLON SERVIÇOS FINANCEIROS DTVM S.A.	31/12/2011	0,00	0
9	FUNCINE RIO 1 - FUNCINE	BRL TRUST DISTRIBUIDORA DE TÍTULOS E VALORES MOBILIÁRIOS S.A.	31/12/2011	6.625,09	602
10	INVESTIMAGE 1 FUNDO DE FINANCIAMENTO DA INDUSTRIA CINEMATOGRAFICA NACIONAL - FUNCINE	BNY MELLON SERVIÇOS FINANCEIROS DTVM S.A.	31/12/2011	431,44	17
11	RIO BRAVO CINEMA I - FUNDO DE FINANCIAMENTO DA INDÚSTRIA CINEMATOGRÁFICA NACIONAL - FUNCINE	RIO BRAVO INVESTIMENTOS - DISTRIBUIDORA DE TITULOS E VALORES MOBILIARIOS LTDA	31/12/2011	16.648,65	1.326
12	VIRTU - SCHURMANN CINEMA I FUNCINE	BNY MELLON SERVIÇOS FINANCEIROS DTVM S.A.	31/12/2011	0,00	0
TOTAL:				55.326,58	–

Fonte: CVM.

Conversão da Dívida Externa (Lei federal n. 10.179/2001) – art. 1º

A conversão da dívida externa para aplicação em projetos audiovisuais foi instituída pela Lei federal n. 10.179/2001. Com esse mecanismo é possível converter títulos da dívida externa brasileira (principalmente C-Bonds) adquiridos no exterior para aplicação na atividade audiovisual brasileira (os títulos são convertidos em NTN-Série D e adquiridos por um banco brasileiro). A grande vantagem que se vislumbrou alguns anos atrás foi o deságio presente na aquisição desses títulos. Era possível adquirir um C-Bond por 50% do valor de face. Nesse período, vários filmes utilizaram o benefício, dentre os quais o grande sucesso brasileiro "Cidade de Deus", produzido pela O2 Filmes.

Formas de utilização

Os recursos podem ser aplicados nas seguintes modalidades de projeto de obra audiovisual brasileira, nos suportes definidos pela Medida Provisória n. 2.228/2001, a saber:

a) longa, média e curta-metragem;
b) telefilme;
c) minissérie;
d) projetos específicos de infraestrutura técnica para a produção e exibição de obras cinematográficas e videofonográficas, projetos de reforma de salas de exibição e projetos de reforma e adaptação de imóveis destinados à execução de serviços técnicos de imagem ou som.

Com a Lei n. 10.179, de 6 de fevereiro de 2001, que substituiu a MP n. 1.974-83 e suas alterações, passou a existir na forma de lei a possibilidade de aplicação dos títulos da dívida externa em projetos audiovisuais brasileiros. Segundo a lei, o governo poderá emitir Notas do Tesouro Nacional (NTN), série D, para trocar por outros títulos representativos da dívida externa que serão utilizados em projetos de produção, distribuição, exibição e divulgação de obra audiovisual brasileira. Trata-se de mais um mecanismo lançado às empresas para investimento em cultura, na forma de incentivo, além de mais uma forma de captação de investimento em uma área estratégica para a política cultural.

Procedimentos/Benefícios

O procedimento deriva da conversão de títulos representativos da dívida externa brasileira para custeio das obras de audiovisual. Esses títulos são convertidos pelo Ministério da Fazenda em NTN e vendidos a uma instituição bancária, em geral o Banco do Brasil. O montante da negociação é depositado na conta do projeto, sob a responsabilidade de seu proponente. Os projetos que poderão receber os investimentos devem obter aprovação da Ancine ou os investimentos podem, alternativamente, ser alocados na forma de doação ao FNC. Os recursos são considerados próprios e podem compor a contrapartida exigida pela Lei do Audiovisual.

Reza o inciso V do art. 1º da referida lei que o Poder Executivo está autorizado a emitir títulos da dívida pública, com a finalidade de

> Troca, na forma disciplinada pelo Ministro de Estado da Fazenda, o qual estabelecerá, inclusive, seu limite anual, por títulos emitidos em decorrência de acordos de reestruturação da dívida externa para utilização em projetos voltados às atividades de produção, distribuição, exibição e divulgação, no Brasil e no exterior, de obra audiovisual brasileira, preservação de sua memória e da documentação a ela relativa, aprovados pelo Ministério da Cultura[65].

Para tanto, o produtor deve apresentar, com o projeto inicial, quanto pretende receber de seu orçamento como "conversão de dívida" – vide demonstrativo de receita no item Apresentação de Projeto. O valor aprovado em conversão é contabilizado como recurso próprio, não compondo os 95% de investimento público.

Paralelamente ao pedido feito à Ancine para a aprovação do projeto de conversão de dívida, deve-se iniciar um processo administrativo no Ministério da Fazenda (Secretaria do Tesouro Nacional) de pedido de conversão dos títulos obtidos em patrocínio para Notas do Tesouro Nacional (NTN) ou similar, no intuito de aplicar o resultado de venda desses títulos, sem ágio, em um projeto audiovisual.

Os recursos provenientes da conversão da dívida externa em NTN poderão ser usados também na forma de doações ao FNC. Com a relação dos títulos a serem utilizados pelo incentivador, o Ministério da Cultura comunicará a aceitação da doação à Secretaria do Tesouro Nacional, bem como autorizará o valor, e o Banco do Brasil (que é a única instituição financeira a operar com as doações ao FNC nesses termos) negociará as NTN no mercado secundário.

As principais características da NTN, série D, são as seguintes: prazo de doze meses; 6% ao ano de taxa de juros pagos semestralmente; valor nominal múltiplo de R$ 1 mil, com atualização pela cotação do dólar americano, divulgada pelo Banco Central. A forma de colocação é direta, em favor do

---

[65] Nesse caso, a competência para projetos audiovisuais foi delegada para a Ancine.

beneficiário, ao contrário das formas via leilão, comuns para os outros títulos instituídos pela lei comentada.

Após aprovados os procedimentos em ambos os Ministérios da Cultura, via Ancine ou o próprio MinC e da Fazenda, os títulos deverão ser negociados por uma instituição financeira, intermediação para a qual fará jus a 0,50%, a título de comissão de administração que lhe é devida.

No caso de investimento efetuado a projetos culturais, a negociação dos títulos poderá ser feita pela instituição financeira na qual a proponente do projeto mantenha a conta do respectivo projeto. Contudo, nas hipóteses de investimento efetuado por meio de doação direta ao FNC, a negociação deverá ser feita, obrigatoriamente, pelo Banco do Brasil.

Limite para uso do benefício

Não existe limite legal para uso desse benefício em projetos culturais incentivados.

Os projetos que concorrem exclusivamente com esse mecanismo podem pleitear até 100% de recursos incentivados. Quando o projeto também solicitar recursos da Lei do Audiovisual, esse mecanismo pode ser lançado dentro do percentual mínimo de 5% do orçamento global aprovado pela Ancine para o projeto como contrapartida.

Instrumentos da Ancine para aprovação de projetos

Para os projetos em geral, os procedimentos de apresentação de projeto estão expressos na Instrução Normativa Ancine n. 22, de 30 de dezembro de 2003. Para os projetos de infraestrutura a Instrução de referência é a n. 61, de 07 de maio de 2007.

Estatística de uso da lei nos últimos anos

A seguir, uma tabela evolutiva do volume captado se utilizando desse mecanismo nos últimos anos. Depois do ano de 2004 não se realizaram operações de conversão em decorrência do alto valor de mercado dos títulos da dívida.

Tabela 3.27   Valores aplicados no mecanismo da conversão da dívida externa

Ano	Valor aplicado com o mecanismo de conversão da dívida (Valores nominais expressos em reais)
1999	953.000,00
2000	5.506.000,00
2001	540.000,00
2002	3.192.000,00
2003	2.180.000,00
Total do valor aplicado: 12.371.000,00	

Fonte: Ancine

Benefício das programadoras (MP n. 2.228/2001) – art. 39, X

O mecanismo de aplicação de recursos para as programadoras internacionais é um dos mais recentes, tendo sido instituído pela Medida Provisória n. 2.228/2001, modificado pela Lei federal n. 10.454/2002.

Formas de utilização

Podem ser objeto de apoio projetos de coprodução de obras audiovisuais brasileiras de produção independente, nos seguintes formatos:

a) longa, média e curta-metragem;
b) telefilme;
c) minissérie;
d) programa de televisão de caráter educativo e cultural.

Com isso, a programadora recebe, além de benefício fiscal, produtos audiovisuais que podem ser adicionados à sua grade de programação no Brasil e no exterior.

Benefício fiscal

Esse mecanismo isenta do pagamento da Contribuição ao Desenvolvimento da Indústria Cinematográfica (Condecine)[66] de 11% as programadoras de TV

---
66   Ver art. 32, parágrafo único, da MP n. 2.228/2001.

por assinatura que invistam 3% do valor do pagamento, do crédito, do emprego, da remessa ou da entrega aos produtores, distribuidores ou intermediários no exterior, das importâncias relativas a rendimentos ou remuneração decorrentes da exploração de obras cinematográficas ou videofonográficas ou por sua aquisição ou importação a preço fixo, bem como qualquer montante referente a aquisição ou licenciamento de qualquer forma de direitos, em projetos previamente aprovados pela Ancine com base nesse mecanismo.

Limite para uso do benefício

Não existe limite legal para uso desse benefício em projetos culturais incentivados.

Os projetos que pleiteiem esse mecanismo devem sempre observar o máximo de 95% do total do orçamento global aprovado pela Ancine para o projeto, de recursos incentivados e, no mínimo, 5% do orçamento global aprovado pela Ancine para o projeto como contrapartida de recursos próprios da proponente ou de terceiros.

As empresas destinatárias da remessa farão a opção pela aplicação da Condecine em uma conta de recolhimento aberta sob a supervisão da Ancine. Os valores depositados na conta de recolhimento deverão ser aplicados em projetos aprovados pela Ancine em até 270 dias a contar da data de depósito.

Instrumentos da Ancine para aprovação de projetos

Para todos os projetos relacionados a esse artigo, os procedimentos de apresentação de projeto estão expressos na Instrução Normativa Ancine n. 22, de 30 de dezembro de 2003.

Estatística de uso da lei nos últimos anos

Veja a seguir os dados da utilização do mecanismo desde sua criação:

Tabela 3.28 Valores captados via art. 39, X, da MP n. 2.228/2001

Ano	Valor captado por meio do art. 39, X, da MP n. 2.228/2001 (valores nominais em R$1.000)
2003	9.064
2004	16.669
2005	14.679
2006	5.332

2007	20904
2008	16.984
2009	11.801
2010	12.474

Fonte: Ancine

Contatos dos principais parceiros

Conheça a relação dos principais programadores que investem nesse segmento[67]:

Tabela 3.29 Valores aplicados em projeto por investidor – art. 39, X, da MP n. 2.228/2001

Valores aplicados em projetos por investidor – art. 39 da MP n. 2.228-1/2001 – R$ Mil – 2010

N.	Investidor	Valor	%
1	BRASIL DISTRIBUTION, L.L.C.	7.550,5	60,5%
2	FOX LATIN AMERICAN CHANNEL, INC.	1.847,0	14,8%
3	DISCOVERY LATIN AMERICA, L.L.C	1.526,8	12,2%
4	TURNER BROADCASTING SYSTEM LATIN AMERICA, INC.	1.453,2	11,6%
5	MGM NETWORKS LATIN AMERICA, LLC	97,0	0,8%
6	MTV NETWORKS LATIN AMERICA INC.	0,2	0,0%
	Total	12.474,6	100,0%

Fonte: Ancine.

Prêmio Adicional de Renda

O Prêmio Adicional de Renda (PAR) é mais um instrumento de fomento direcionado ao incentivo da produção, distribuição e exibição de obras cinematográficas de longa-metragem brasileiras de produção independente. O PAR foi criado pelo art. 54 da Medida Provisória n. 2.228/2001.

O referido prêmio será baseado no desempenho de mercado de empresas produtoras, distribuidoras e exibidoras de obras cinematográficas de longa-metragem brasileiras de produção independente, que será concedido na forma de apoio financeiro, cuja aplicação deverá ser direcionada às atividades cinematográficas brasileiras.

---

67 Informação extraída do sítio da Agência Nacional de Cinema (www.ancine.gov.br).

O PAR será calculado tomando-se, como referência, as rendas de bilheteria auferidas pelas obras cinematográficas de longa-metragem brasileiras de produção independente no mercado nacional de salas de exibição pública comercial, e será concedido somente às empresas brasileiras.

A Ancine estabelecerá em edital, no primeiro semestre de cada exercício fiscal, de acordo com sua disponibilidade orçamentária e financeira, o valor total do PAR, assim como os critérios adicionais para a concessão e utilização dos recursos a serem concedidos na forma de apoio financeiro. Os critérios de liberação, execução e prestação de contas dos recursos também devem constar de cada edital publicado pela Ancine.

Para a concessão do PAR poderão ser inscritas somente as empresas produtoras, distribuidoras e exibidoras de longa-metragem de produção independente.

No caso de empresa produtora, esta deverá ser detentora majoritária dos direitos patrimoniais sobre a obra; à produtora caberá a destinação dos recursos concedidos pelo PAR.

A empresa premiada deverá apresentar à Ancine proposta de destinação dos recursos do PAR, que poderá versar sobre um dos temas a seguir, para cada categoria premiada:

1) Empresas produtoras: poderão ser apoiadas em três etapas distintas da produção de uma obra cinematográfica de longa-metragem brasileira de produção independente:
- desenvolvimento de projeto;
- finalização;
- complementação de recursos para a filmagem.

2) Empresas distribuidoras[68]:
- aquisição de direitos de distribuição de obra cinematográfica de longa-metragem brasileira de produção independente, com utilização dos recursos na produção da obra;
- despesas de comercialização de obras cinematográficas de longa-metragem brasileiras de produção independente.

3) Empresas exibidoras:

---

68 Quando se tratar da destinação dos recursos do PAR para comercialização de obra cinematográfica de longa-metragem brasileira de produção independente, fica vedada a retenção, por parte da distribuidora, dos resultados de bilheteria e a utilização dos recursos do prêmio para aquisição de cotas de coprodução.

- automação da bilheteria;
- projeto de investimento, nas salas que farão jus ao apoio financeiro;
- abertura de novas salas;
- aquisição de equipamentos digitais de exibição cinematográfica.

De acordo com a disponibilidade orçamentária, de dados e do diagnóstico geral de mercado, a Ancine poderá decidir pela premiação, alternada ou conjunta, das empresas produtoras, distribuidoras e exibidoras.

Programa Especial de Fomento (PEF)

O PEF é "o conjunto articulado de objetivos, metas e projetos, custeado por recursos financeiros reunidos especialmente para sua execução e destinado a promover o desenvolvimento da atividade audiovisual brasileira" por meio do patrocínio às atividades-alvo do plano.

Os PEFs terão entre outros objetivos:

i) identificar e apoiar novos centros de produção e inovação, incentivando a associação entre as empresas do setor audiovisual e a organização dos arranjos produtivos locais;

ii) fortalecer as atividades do setor audiovisual não contempladas pelos programas existentes, atuando de forma a ampliar a abrangência, evitar sombreamentos e complementar os mecanismos de fomento;

iii) ampliar a infraestrutura de exibição;

iv) integrar os segmentos da indústria audiovisual por meio de políticas de incentivo à exibição e à participação das empresas emissoras em coproduções cinematográficas;

v) viabilizar a realização de projetos de cunho internacional, tais como coproduções, assim como estabelecer meios que facilitem a captação de recursos para projetos internacionais predeterminados.

Como é composto o capital de um PEF?

Os programas especiais de fomento serão custeados por patrocínios realizados por empresas brasileiras com base em benefícios fiscais previstos pela Lei do Audiovisual (Lei n. 8.685/93, art. 1º-A) e por seus rendimentos que comporão um fundo único que destinará aportes aos projetos selecionados na forma de seu regulamento.

Estruturação

A Diretoria Colegiada da Ancine poderá instituir programa especial de fomento de ofício ou por provocação de instituição de âmbito regional, nacional ou internacional que manifeste intenção de firmar parceria com a Agência para a realização do programa.

Poderão ser parceiros da Ancine em programas especiais de fomento as instituições públicas ou privadas que, por sua condição específica aglutine agentes, disponibilizando recursos, facilitando ou executando ações previstas e/ou fornecendo conhecimento técnico.

O seu regulamento preverá o reembolso total ou parcial dos recursos (ao fundo) por parte dos proponentes de projetos selecionados.

Se os objetivos, as necessidades e as estratégias escolhidas assim o exigirem, a gestão poderá ser delegada ou compartilhada com os parceiros do programa, observada a partição de atribuições definida no convênio que estabeleceu a parceria, sem prejuízo da supervisão do setor da Ancine responsável pelo programa.

Objetivos do PEF

O objeto dos PEF deverá observar as seguintes modalidades a serem detalhadas nos regulamentos: produção; exibição; infraestrutura; distribuição; difusão; formação, pesquisa, inovação, preservação e capacitação, para fins de apoio à exibição, à difusão e à produção audiovisual.

Conforme as disposições dos seus regulamentos, os programas terão comitês de habilitação, responsáveis pela análise da adequação das propostas à legislação e ao regulamento, e comissões julgadoras, que respondem pelo juízo de conveniência e oportunidade dos projetos, ambos de caráter deliberativo e constituição não permanente, ficando o gestor do programa como instância recursal para as decisões dos comitês de habilitação.

A seleção de projetos visando à sua inclusão no programa será realizada em procedimento público, cujas regras serão apresentadas nos regulamentos.

Limite para uso do benefício

O limite de recursos aportados em cada projeto audiovisual não poderá ultrapassar o montante de R$ 4.000.000 (quatro milhões de reais).

O apoio financeiro aos projetos não poderá ultrapassar 95% (noventa e cinco por cento) do seu orçamento total.

Fundo Setorial Audiovisual (FSA)

O FSA é um fundo destinado ao desenvolvimento articulado da cadeia produtiva da atividade audiovisual no Brasil. Criado pela Lei n. 11.437, de 28 de dezembro de 2006, e regulamentado pelo Decreto n. 6.299, de 12 de dezembro de 2007, o FSA é uma categoria de programação específica do FNC.

Seus recursos são oriundos da própria atividade econômica, de contribuições recolhidas pelos agentes do mercado, principalmente da Contribuição para o Desenvolvimento da Indústria Cinematográfica Nacional (Condecine) e do Fundo de Fiscalização das Telecomunicações (Fistel).

ASPECTOS GERAIS NA APRESENTAÇÃO E TRÂMITE DE PROJETOS NA ANCINE

A seguir, conhecidas as definições utilizadas para o segmento audiovisual e os principais benefícios fiscais, resta apresentar o formato de apresentação dos projetos e seu trâmite nos órgãos incentivadores.

A partir daqui trataremos exclusivamente da apresentação e apreciação de projetos junto à Ancine, já que o trâmite referido na primeira parte deste livro também se aplica às atividades audiovisuais objetos de trabalho da Secretaria do Audiovisual do MinC.

Apresentação e trâmite de projetos na Ancine

O projeto é apresentado para a Agência Nacional de Cinema em formulário próprio disponível no sítio da agência http://www.ancine.gov.br[69].

O preenchimento do projeto tem procedimentos bastante semelhantes ao dos demais incentivos, bastando observar as regras e as solicitações feitas nos campos próprios do formulário.

A Ancine instituiu o registro de agentes econômicos na agência, procedimento obrigatório para apresentação de projetos para esse órgão. Essas medidas foram introduzidas por instruções normativas próprias da Ancine, que serão abordadas com mais detalhes a seguir. Neste sentido a Agência apresenta etapas para que os projetos possam ser aprovados e a dinâmica para a execução de recursos incentivados, como veremos a seguir:

---

[69] Versão final dos formulários constantes como anexo da Instrução Normativa Ancine n. 78, de 14 de outubro de 2008.

a) Registro na Ancine;
b) Classificação de nível da proponente;
c) Apresentação de projetos;
d) Análise dos projetos apresentados;
e) Aprovação dos projetos;
f) Emissão e distribuição de Certificados de Investimento;
g) Prorrogação de projetos;
h) Contas bancárias;
i) Redimensionamento;
j) Remanejamento de recursos;
l) Autorização para movimentação de recursos incentivados;
m) Acompanhamento e execução de projetos;
n) Conclusão do projeto;
o) Das inspeções da Ancine;
p) Prestação de contas;
q) Aplicação de marca da Ancine;
r) Cancelamento do projeto e devolução de saldo não utilizado;
s) Não execução dos projetos;
t) Cadastro de Produto Brasileiro (CPB) e registro de obra;
u) Obrigatoriedade de registro do título da obra audiovisual na Ancine e da informação prévia sobre os contratos;
v) Contratos de coprodução de obra cinematográfica;
x) Nova regulamentação do audiovisual: perspectivas de mudança na política nacional de cinema.

Cada um deles será apresentado em detalhes a seguir.

Registro na Ancine[70]

A primeira informação para a proponente que quer pleitear projetos junto à Ancine é o seu registro na agência. A Superintendência de Registro, Controle e Fiscalização é o órgão na Ancine responsável por essa etapa do relacionamento com o órgão. O registro na agência é obrigatório[71].

---

70 Observar definição de registro de agente econômico ao final do capítulo.
71 Reza o art. 22, da Medida Provisória n. 2.228-1/2001, que "É obrigatório o registro das empresas de produção, distribuição, exibição de obras cinematográficas e videofonográficas nacionais ou estrangeiras na Ancine, conforme disposto em regulamento. Parágrafo único. Para

A proponente de projeto deverá efetuar um registro para cada local de funcionamento, assim entendido: sua sede, filiais, sucursais, agências, estabelecimentos, transmissoras e retransmissoras, complexos, salas, espaços ou locais de exibição e pontos de comercialização a ela vinculados. Serão registrados na Ancine somente os solicitantes que efetivamente operarem no mercado audiovisual brasileiro em qualquer de seus segmentos, bem como suas empresas mandatárias ou que tenham direito a benefícios decorrentes de incentivos fiscais para a atividade audiovisual, concedidos por lei[72]. O requerente deverá, ainda, informar seus ramos de atividade principal e secundário devendo, no caso de pessoa jurídica, estar de acordo com seu ato constitutivo[73].

O registro será sempre pleiteado pelo titular da empresa, assim declarado em ato constitutivo ou alterações, ou seu representante legal constituído por meio de preenchimento do formulário de solicitação de registro e respectiva remessa postal ou protocolo no escritório da Ancine do formulário com a seguinte documentação:

Pessoa jurídica brasileira:
- cópia autenticada do ato constitutivo da empresa e suas alterações e, no caso de empresário individual, cópia autenticada da inscrição no Registro Público de Empresas Mercantis;
- cópia autenticada do comprovante de inscrição no Cadastro Nacional de Pessoa Jurídica (CNPJ);
- cópia autenticada da cédula de identidade e do CPF do titular;
- cópia de comprovante de endereço para o local de efetivo funcionamento (emitido no máximo até 60 dias anteriores à data de solicitação do registro);

---

se beneficiar de recursos públicos ou incentivos fiscais destinados à atividade cinematográfica ou videofonográfica a empresa deve estar registrada na Ancine".

72 Vide §§ 3º e 4º do art. 2º da Instrução Normativa n. 41, de 16 de agosto de 2005. "§ 3º – As sociedades empresariais, que façam parte de um grupo, um circuito, um complexo ou outra forma de vinculação, que venham a estar previstas em regulamentação da Ancine, são obrigadas a requerer seu reconhecimento por meio de registro, observado o disposto no art. 3º desta Instrução Normativa. § 4º – À empresa estrangeira que necessite obter registro na Ancine será imprescindível a indicação da empresa brasileira que, previamente registrada na Agência, a representará no Brasil".

73 In. Ancine 91 – O registro de agente econômico na modalidade registro completo de pessoa jurídica é obrigatório para as pessoas jurídicas brasileiras que operam no mercado audiovisual e que desempenham atividades de produção, distribuição, programação, empacotamento e exibição de obras cinematográficas e videofonográficas.

• para os casos em que o requerente não seja o titular da empresa ou sociedade empresária, deverá ser apresentado o ato de constituição dessa representação ou instrumento de procuração.

Pessoa física:
• cópia autenticada da cédula de identidade e do CPF;
• cópia do comprovante de endereço residencial (emitido no máximo até 60 dias anteriores à data de solicitação do registro);
• cópia autenticada do comprovante de inscrição no órgão fazendário municipal, quando for o caso;
• cópia autenticada do comprovante de regularidade no ISS, quando for o caso;
• cópia autenticada do comprovante de inscrição e regularidade no INSS, quando for o caso.

Empresas estrangeiras[74]:
• comprovante de registro da sociedade no país de origem;
• cópia do contrato ou do estatuto, conforme a legislação do país de origem.

A Ancine poderá exigir, a qualquer tempo, documentação adicional de comprovação das informações constantes da solicitação de registro. Toda alteração ou atualização de informações deve ser comunicada formalmente à Ancine, bem como os respectivos documentos que as comprovam.

Endereço para postagem do formulário e dos documentos:

Agência Nacional do Cinema (Ancine)
Superintendência de Registro, Controle e Fiscalização
Coordenação de Registro
Av. Graça Aranha, n. 35, 4º andar, Centro.
Rio de Janeiro – RJ, CEP 20030-002.

---

[74] Os documentos advindos do país de origem deverão ser registrados em Cartório de Títulos e Documentos após terem sido notarizados e consularizados no país de origem, acompanhados da sua tradução juramentada.

A partir do recebimento da documentação, a Ancine tem o prazo máximo de 30 dias para aprovar ou indeferir o registro. Esse prazo é prorrogado, a medida que sejam feitas solicitações, esclarecimentos ou substituição de documentação.

Na aprovação do registro, a Ancine expedirá o "Certificado de Registro de Empresa" e o remeterá para o endereço de correspondência fornecido pelo requerente. Esse certificado vigorará pelo prazo de cinco anos, contados a partir da data do deferimento do registro da empresa na Ancine. Ele deve ser afixado em local visível da empresa proponente, para permitir que o público saiba que a empresa está devidamente autorizada nos termos da legislação audiovisual brasileira. Vencido o prazo de validade do certificado, o interessado em sua renovação deverá encaminhar nova solicitação, observando os procedimentos apresentados acima.

O vencimento do Certificado de Registro de Empresa tornará o requerente inapto ao desenvolvimento da atividade audiovisual prevista no registro vencido e o sujeitará à perda do direito de acesso às partes restritas do sítio da Ancine na internet. Além disso, a proponente será cerceada da obtenção de eventuais recursos públicos de fomento, tais como os incentivos fiscais previstos na legislação audiovisual brasileira.

Sobre o assunto, ler a Instrução Normativa n. 41, de 16 de agosto de 2005, que trata do registro na Agência.

Classificação de nível da proponente

Registrada a empresa na Ancine, essa fica habilitada a pleitear a sua classificação, que é a segunda fase do processo. Para isso, é avaliado todo o currículo da empresa[75] e dos seus dirigentes no intuito de delimitar o volume de recursos incentivados que pode ser movimentado por cada proponente. Qualquer alteração de currículo pode ser comunicada à agência para que ela realize a reclassificação da empresa.

Inicialmente será observada a pontuação da empresa, avaliada a partir da produção por ela realizada. Veja a tabela que cria os pontos para cada tipo de atividade que permite realizar o ranqueamento (independente do suporte – película ou vídeo, por exemplo – que foi finalizado o trabalho):

---

75 Utilizando como base os CPBs por obras por ela produzida.

Tabela 3.30   Pontuação por obra (Classificação de nível)

Obra audiovisual registrada e exibida	Pontos por obra
Curta-metragem e programas de TV	1
Média-metragem	2
Telefilme/minissérie/seriada (até 26 cap.)	3
Longa-metragem/Seriada (acima de 26 cap.)	4

Para comprovar os pontos acima, a empresa deverá:

• indicar o número de Certificado de Produto Brasileiro (CPB), ou assemelhado, de cada obra produzida[76]; e
• apresentar documento comprobatório de que a obra foi programada e/ou exibida publicamente em determinado(s) segmento(s) de mercado.

Para fins de pontuação de obras de curtas e médias-metragens será suficiente a comprovação de exibição pública em festivais, mostras ou canais de televisão (incluindo canais comunitários e universitários). Para tanto será considerado como documento comprobatório todas as matérias de jornal e/ou revista especializada ou qualquer material de divulgação de mostras e festivais ou que comprove a realização e lançamento do produto.

Para as demais obras serão consideradas, exclusivamente, as que forem comprovadamente comercializadas ou exibidas publicamente, nos seguintes segmentos de mercado: salas de exibição pública comercial, vídeo doméstico

---

[76] Observar o art. 5º da Instrução Normativa n. 54, de 2 de maio de 2006, que dispõe: "A comprovação da titularidade da produção das obras audiovisuais brasileiras far-se-á, quando necessário, junto à Coordenação de Registro da Ancine, mediante indicação do número do Certificado de Produto Brasileiro – CPB – ou apresentação, mesmo de cópia, de documento de validade jurídica equivalente, de emissão dos seguintes orgãos ou entidades: I – Cinemateca Brasileira, no caso de obras audiovisuais concluídas até 18 de novembro de 1966; II – Instituto Nacional do Cinema Educativo – Ince; III – Instituto Nacional do Cinema – INC; IV – Empresa Brasileira de Filmes S/A – Embrafilme; V – Conselho Nacional de Cinema – Concine; VI – Secretaria da Cultura da Presidência da República – SEC/PR; VII – Secretaria para o Desenvolvimento Audiovisual do Ministério da Cultura – Sav/MinC, em período anterior a 7 de junho de 2002. § 1º A comprovação da propriedade dos direitos patrimoniais sobre uma obra audiovisual se fará com base nos dados constantes em seu registro como obra brasileira. § 2º A alteração das informações sobre a divisão percentual dos direitos patrimoniais constantes no registro de uma obra audiovisual se comprova por cópia de instrumento contratual ou assemelhado".

(VHS/DVD), meio de radiodifusão de som e imagem de caráter comercial, rede de televisão educativa ou serviço de comunicação eletrônica de massa por assinatura.

O sócio-diretor da empresa proponente, que tenha em seu currículo obras produzidas na condição de participante de outra empresa, deverá comprovar o vínculo pretendido mediante indicação do número do registro da obra e de sua participação societária na produtora titular.

Para fins de pontuação acima não serão consideradas as obras publicitárias, institucionais, de treinamento ou assemelhadas, ou quaisquer outras obras que não sejam registradas como brasileiras. Poderá ser pontuada a obra audiovisual não brasileira, mas produzida por brasileiros, desde que comprovado por meio de contratos de coprodução onde conste o mínimo de 40% de direitos patrimoniais para o coprodutor brasileiro, devidamente notarizado e consularizado, acompanhado de cópia da obra em qualquer suporte.

As obras que tenham sido apresentadas para pontuação de uma empresa produtora, bem como o currículo individual de um de seus sócios, não serão computadas para efeito de pontuação na classificação de uma nova empresa produtora de que este ou aquela sejam sócios. Excetuam-se os casos em que a produtora original foi dissolvida ou retirado seu sócio.

A partir da pontuação conquistada pela proponente, ele poderá se enquadrar nos níveis de 1 a 7 (vide tabela a seguir). O nível indica qual o limite máximo autorizado para captação de recursos incentivados ao abrigo de benefícios fiscais na esfera federal, segundo o somatório de pontos da coluna 2, atendidas as exigências mínimas da coluna 4.

Tabela 3.31   Classificação de nível conforme pontuação

1	2	3	4
Nível	Número de pontos	Limite de autorização em reais (R$)	Exigência mínima de obras produzidas ou coproduzidas
01	0 a 2	R$ 1.000.000,00 (um milhão)	Estreante
02	3 a 4	R$ 2.000.000,00 (dois milhões)	Somatório obras: 70'
03	5 a 8	R$ 3.000.000,00 (três milhões)	Somatório obras: 100'

04	9 a 12	R$ 6.000.000,00 (seis milhões)	1 longa-metragem ou 1 Telefilme/Minissérie/Seriada: maior do que 70' e menor ou igual a 120'
05	13 a 19	R$ 12.000.000,00 (doze milhões)	2 longas-metragens ou 2 Telefilmes/Minisséries/Seriadas: maiores do que 70' e menores ou iguais a 120'
06	20 a 24	R$ 24.000.000,00 (vinte e quatro milhões)	3 longas-metragens ou 3 Telefilmes/Minisséries/Seriadas: maiores do que 70' e menores ou iguais a 120'
07	25 ou mais	R$ 36.000.000,00 (trinta e seis milhões)	4 longas-metragens ou 4 Telefilmes/Minisséries/Seriadas: maiores do que 70' e menores ou iguais a 120'

Fonte: Ancine (Instrução Normativa n. 54/2006).

O limite de autorização de captação de recursos incentivados, advindos de benefícios federais, será aferido pelo somatório dos projetos ativos, excluindo-se aqueles que já tenham sido encaminhados à prestação de contas final. Será autorizada a captação de recursos incentivados acima dos limites estabelecidos, considerando a capacidade de captação da empresa proponente, tomando por base a média do valor captado pela proponente nos três últimos exercícios fiscais.

Sobre o assunto, ler a Instrução Normativa n. 54, de 2 de maio de 2006.

Apresentação de projetos

Os projetos com a respectiva solicitação de aprovação para fins dos benefícios previstos deverão ser encaminhados pela proponente à Ancine em formato de folha A4, em uma única via, sem encadernação, contendo toda a documentação prevista a seguir.

Os projetos protocolados na Ancine para obtenção de autorização de captação de recursos incentivados, derivados de outros projetos já registrados na Ancine, relativos a mesma obra audiovisual, deverão manter o título original, acompanhado apenas de sua característica particular, como produção, distribuição, exportação, desenvolvimento de roteiro ou outra característica pertinente ao projeto.

Em até 45 dias após o recebimento do projeto, a Ancine deverá encaminhar à proponente uma carta de análise documental contendo as seguintes informações:

I – nome do projeto;
II – nome da proponente;
III –número do processo;
IV – data do protocolo do projeto na Ancine;
V – solicitação de documentações não entregues ou entregues incompletas e outras adicionais que, por ventura, se entenda necessária para a análise do projeto.

Os projetos deverão constituir-se dos seguintes documentos:

- formulário de solicitação de análise e enquadramento firmado pelo responsável legal da proponente, de acordo com o modelo disponível no portal da Ancine (www.ancine.gov.br), contendo, no mínimo, as seguintes informações: identificação do projeto e do proponente, resumo geral do orçamento, cronograma de produção, demonstrativo de receitas, sinopse e justificativas e declarações obrigatórias;
- cópia da última alteração do ato constitutivo da empresa proponente devidamente registrada no órgão competente[77];
- currículo da proponente;
- roteiro impresso ou em mídia ótica (CD ou similar)[78];
- cópia do certificado de registro do roteiro[79] ou indicação do número, livro, folha e data de seu registro na Fundação Biblioteca Nacional[80];

---

77 Ficam dispensadas de autenticação as cópias reprográficas mencionadas. Havendo dúvida quanto à autenticidade das cópias, a Ancine poderá solicitar a apresentação do documento original para conferência.
78 Para os projetos de filmes não ficcionais, poderão ser aceitos como substitutivos do roteiro os seguintes documentos que comprovem o conhecimento do tema e das condições de produção da obra proposta: I – pesquisa sobre o tema; II – fotos e ilustrações sobre o tema; III – fotos e ilustrações dos locais de filmagem ou gravação, dos cenários ou dos personagens; IV – descrição da dramaturgia e das técnicas a serem utilizadas; V – texto contendo o resumo da obra proposta. Em caráter excepcional, para os projetos de minisséries, obras seriadas e programas para televisão de caráter educativo e cultural, poderá ser aceito o roteiro do primeiro capítulo e o argumento ou escaletas dos demais. A aceitação da documentação mencionada, como substitutiva do roteiro, ficará à critério da Ancine, e condicionada à comprovação da viabilidade artística, técnica e financeira do projeto.
79 A Ancine aceita o envio apenas da cópia do requerimento de registro do roteiro na FBN. Essa alteração está prevista para ser incluída por nova minuta que irá alterar a IN n. 22 (esperar normativo que regulamentará o que é aceito na prática).
80 Ficam dispensadas de autenticação as cópias reprográficas mencionadas. Havendo dúvida quanto à autenticidade das cópias, a Ancine poderá solicitar a apresentação do documento original para conferência.

• contrato de cessão ou opção de direitos de adaptação de obra literária e/ou de realização de roteiro entre o detentor dos direitos e a proponente pelo prazo mínimo de 01 (um) ano, com firma reconhecida em cartório;
• orçamento analítico, impresso e em mídia ótica (CD ou similar), conforme modelo disponível no portal da Ancine (www.ancine.gov.br), detalhado e dividido nas etapas exigidas[81];
• carta de interesse de programadora estrangeira, para projetos que utilizem os incentivos previstos no inciso X do art. 39 da MP n. 2.228-1, de 06/09/01;
• carta de interesse de contribuinte estrangeiro ou de seu representante legal para projetos que utilizem os incentivos previstos no art. 3º-A da Lei n. 8.685/93;
• contratos de coprodução, quando houver.
• carta de intenção do administrador do Funcine confirmando seu interesse na inclusão do projeto na carteira de projetos do Funcine (exclusivo para projetos que pleiteiem o benefício dos Funcines).

A Ancine poderá solicitar à proponente, a qualquer tempo, outros documentos que entenda necessários à análise do projeto, além daqueles previstos nesse artigo.

Os projetos a serem realizados em associação com empresas de outros países por meio de acordos de coprodução internacional com o Brasil deverão apresentar, além da documentação especificada anteriormente, a seguinte documentação complementar em cópias autenticadas:

• documentação referente ao enquadramento no convênio ou acordo internacional de coprodução, com referência específica do projeto, consularizado e traduzido;
• contrato de coprodução da proponente com a empresa estrangeira, consularizado e traduzido, contendo as seguintes informações: especificação dos valores e origem dos aportes financeiros e especificação dos direitos patrimoniais distribuídos entre os coprodutores;
• ato constitutivo da empresa de outro país, consularizado e traduzido.

---

81 O orçamento apresentado deverá ser dividido em etapas, conforme segue: 1 – desenvolvimento do projeto; 2 – pré-produção; 3 – produção e filmagem; 4— pós-produção; 5 – despesas administrativas; 6 – tributos e taxas; 7 – comercialização; 8 – administração; 9 – gerenciamento e execução de projeto.

Os projetos a serem realizados em coprodução ou associação com empresas de outros países com os quais o Brasil não mantenha acordo de coprodução deverão atender às seguintes exigências a constarem no contrato de coprodução:

• contrato de coprodução da proponente com a empresa estrangeira, consularizado e traduzido, contendo as seguintes informações: especificação dos valores e origem dos aportes financeiros e especificação dos direitos patrimoniais distribuídos entre os coprodutores;
• ato constitutivo da empresa de outro país, consularizado e traduzido;
• comprovar a utilização para a produção da obra de, no mínimo, dois terços de artistas e técnicos brasileiros ou estrangeiros residentes no Brasil há mais de três anos;
• titularidade mínima de 40% dos direitos patrimoniais da obra à proponente.

Os proponentes dos projetos a serem realizados com a utilização do incentivo previsto na Lei n. 10.179, de 06/02/2001 (conversão da dívida externa), deverão apresentar no momento anterior à conversão de títulos, os seguintes documentos, além dos já especificados:

• carta da proponente da conversão, constituindo, como mandatária, instituição financeira integrante do Sistema Especial de Liquidação e Custódia – Selic, com poderes para negociar no mercado secundário, ao par, com ágio ou deságio, as NTN-D, de que trata a Portaria n. 202/96, do Ministério da Fazenda;
• contrato de coprodução, quando houver.

Destaque-se o conteúdo do art. 13 da Instrução Normativa Ancine n. 22/2003[82], que apresenta os limites para a elaboração do projeto audiovisual:

Art. 13. Poderão constar nos orçamentos dos projetos os seguintes itens orçamentários, nos limites de valores correspondentes:
I – Taxa de Coordenação e Colocação Pública de Certificados de Investimento Audiovisual – no limite máximo de 10% (dez por cento) do valor dos Cer-

---

82 Alterado pelo art. 3° da Instrução Normativa n. 59, de 13 de março de 2007.

tificados de Investimento Audiovisual emitidos, para os projetos a serem autorizados pelo mecanismo previsto no art. 1° da Lei n. 8.685/93.

II – Agenciamento - no limite máximo de 10% (dez por cento) do valor autorizado para captação de recursos incentivados, para os projetos a serem autorizados pelos mecanismos previstos na Lei n. 8.313/91 e no art. 1°-A da Lei n. 8.685/93.

III – Administração da Negociação das Notas do Tesouro Nacional (NTN) – no limite máximo de 0,50% (cinquenta centésimos por cento) do valor total dos títulos ou do valor do resgate dos referidos títulos, caso não sejam negociados no mercado secundário, para os projetos a serem incentivados pelo mecanismo previsto no inciso V do art. 1° da Lei n. 10.179/2001.

IV – Taxa de remuneração dos serviços de gerenciamento e execução do respectivo projeto, por empresas produtoras cinematográficas brasileiras, no montante máximo de 10% (dez por cento) do total aprovado, na forma do art. 12 da Lei n. 11.437/2006.

§ 1° No caso de os serviços a que se refere o inciso IV serem terceirizados, seus pagamentos deverão ser comprovados nas prestações de contas com notas fiscais ou recibos das empresas contratadas, acompanhados dos comprovantes de recolhimento dos tributos e contribuições correspondentes.

§ 2° É vedado o pagamento da taxa de agenciamento para captações de recursos provenientes de editais ou qualquer outro mecanismo de seleção pública, incluindo programas internacionais com participação do Ministério da Cultura – MinC e Ancine, ou realizada por empresas estatais de qualquer entidade federativa.

A IN que regula projetos na área de exibição é a 61, de 07 de maio de 2007. A partir dela o proponente de projeto pode encontrar regras para proposição de projetos desse tipo. Este normativo estabeleceu critérios para permitir a construção e reforma de salas de exibição, classificando distância entre equipamentos já instalados, no intuito de levar cinemas para onde não tem.

Análise dos projetos apresentados

São levados em consideração na análise do projeto, que deverá ser examinado para aprovação[83] em até 45 dias contados do protocolo na agência[84]:

---

83 A Ancine não se obrigará a realizar a análise, no mesmo exercício de sua apresentação, de projetos protocolados após o dia 15 de novembro de cada ano.
84 Caso haja diligência documental, o prazo será suspenso na data de recebimento pela proponente de carta de diligência. Após o cumprimento das exigências, o prazo prosseguirá pelo

- capacidade empresarial da proponente, de acordo com sua classificação na Ancine[85];
- compatibilidade de custos do roteiro com o orçamento;
- regularidade fiscal, tributária, previdenciária, com o FGTS e no Cadin (Cadastro Informativo dos Créditos não quitados de órgãos e entidades federais) da proponente, de acordo com as certidões negativas de débito emitidas pela Receita Federal do Brasil e pela Caixa Econômica Federal, cujos documentos serão verificados pela Ancine ou solicitados ao proponente se necessário[86];
- regularidade da proponente com o registro de empresa da Ancine e em relação à prestação de contas de projetos realizados com recursos oriundos de fomento direto ou indireto administrados pela Ancine;
- regularidade da proponente no Cadastro de Inadimplentes do Governo Federal (Cadin).

A Ancine poderá, excepcionalmente, analisar e aprovar projetos cujo orçamento esteja acima dos limites de valores previstos para captação de recursos incentivados, de acordo com a classificação das proponentes apresentada anteriormente. Nesse caso, a agência poderá exigir, além dos documentos relacionados, outros que comprovem a capacidade empresarial da proponente e a viabilidade financeira do projeto.

A Ancine poderá, atendendo aos critérios de análise e enquadramento do projeto e de classificação e habilitação da proponente, denegar sua aprovação, desde que de forma fundamentada. A decisão denegatória deverá ser comunicada à proponente com a respectiva justificativa. A proponente poderá, no prazo de trinta dias a contar do recebimento da decisão denegatória, interpor recurso à Diretoria Colegiada da Ancine solicitando revisão da decisão. Esta terá o prazo de trinta dias a contar da interposição do recurso para emitir decisão sobre ele.

---

período remanescente. O não atendimento das exigências am até trinta dias da data de recebimento da carta de diligência implicará no cancelamento do projeto.

85 As proponentes que não tenham formalizado solicitação de classificação de nível ficam automaticamente classificadas no nível 1 (vide p. 148, que fala da classe de nível).

86 Regularidade somente será comprovada nos autos para fins de publicação da aprovação no Diário Oficial da União.

Aprovação dos projetos

Aprovado o projeto, a Ancine solicitará a abertura de conta-corrente de captação junto ao Banco do Brasil S.A., na agência indicada pela proponente. A proponente deverá encaminhar à agência bancária em que a conta tenha sido aberta a documentação necessária para a consolidação da abertura.

A comprovação de aprovação do projeto somente se dará por meio de ato da Ancine publicado no *Diário Oficial da União*, após a confirmação de abertura das contas-correntes de captação pelo Banco do Brasil S.A. e a verificação da regularidade[87]. A deliberação que aprova o projeto terá as seguintes informações:

- título do projeto e número no Salic;
- número do processo administrativo na Ancine;
- razão social da proponente;
- número do registro da proponente no Cadastro Nacional de Pessoa Jurídica (CNPJ);
- município e unidade da federação de origem da proponente;
- valor total do orçamento aprovado;
- valores autorizados de captação por modalidade de incentivo;
- número do banco, agência e conta-corrente de captação destinada ao depósito dos recursos incentivados;
- período da autorização de captacão;
- especificamente para o mecanismo da Lei Rouanet deverá constar ainda o extrato da proposta aprovada, conforme art. 35 do Decreto n. 5.761/2006.

O prazo para captação de recursos incentivados será de quatro exercícios fiscais, incluindo o exercício do ano da aprovação. Terão o prazo de cinco exercícios fiscais os projetos que tiverem sua aprovação publicada no último trimestre do ano. Importante ressaltar que o prazo de captação pelos mecanismos dispostos nos arts. 1º e 1º-A da Lei do Audiovisual terá como limite o exercício de 2016, inclusive, período fixado em lei de vigência desses mecanismos para obtenção do benefício fiscal. Quando forem pleiteados recursos com base no mecanismo do art. 1º da Lei do Audiovisual, a proponente terá sessenta dias, após a publicação da aprovação do projeto no *DOU*, para registrar o pedido de emissão e distribuição dos respectivos Certificados de Investimento junto

---

87 Regularidade fiscal, tributária, previdenciária e no Cadin, além de regularidade junto à Ancine.

à Comissão de Valores Mobiliários (CVM). Esse prazo pode ser prorrogado, a critério da Ancine, mediante a devida solicitação e justificativa formal da proponente.

Caso o registro não seja feito, o projeto será arquivado. As eventuais solicitações de alteração da quantidade dos Certificados de Investimento somente serão atendidas se a emissão anterior estiver registrada na CVM.

Sobre o assunto ler Instrução Normativa n. 22, de 30 de dezembro de 2003.

Emissão e distribuição de Certificados de Investimento

A partir da aprovação dos projetos nos termos da Lei do Audiovisual, a proponente deve solicitar a emissão dos títulos pela corretora após a publicação da respectiva portaria. O registro e emissão de títulos de certificados de investimento são regulados pela Comissão de Valores Mobiliários (CVM), a partir da Instrução n. 260, de 9 de abril de 1997.

Dispõe o art. 4º da referida Instrução que o

> pedido de registro e emissão de Certificados de Investimento na CVM será formulado pela empresa emissora em conjunto com o líder da distribuição, instruído com os seguintes documentos:
>
> I – contrato ou estatuto social da empresa emissora;
>
> II – ato deliberativo da emissão de Certificados de Investimento;
>
> III – indicação do diretor ou sócio-gerente da empresa emissora responsável pelo projeto;
>
> IV – contrato identificando os direitos e as obrigações da empresa emissora e dos subscritores dos certificados;
>
> V – cópia da guia de recolhimento da taxa de fiscalização relativa ao registro de emissão dos Certificados de Investimento;
>
> VI – cópia do contrato de distribuição dos Certificados de Investimento e, se houver, o de garantia de subscrição;
>
> VII – contrato de garantia de liquidez, se houver;
>
> VIII – modelo de Certificado de Investimento;
>
> IX – modelo de boletim de subscrição com identificação de sua nomeação, que deverá conter:
>
> a – espaço para assinatura e;

b – declaração expressa do investidor de haver tomado conhecimento da existência do prospecto e da forma de obtê-lo;

X – minuta do prospecto, que deverá ser elaborada na forma do art. 11 desta Instrução[88];

XI – cópias dos documentos submetidos à apreciação do Ministério da Cultura, nos termos do art. 7º do Decreto n. 974/93[89];

XII – cópia do documento de aprovação do projeto na Ancine contendo o respectivo número de registro;

XIII – indicação do número das contas de aplicação financeira vinculadas ao projeto e da agência do Banco do Brasil S/A em que estas foram abertas, bem como os nomes dos titulares das contas.

O comunicado de captação de recursos, diferentemente da Lei Rouanet, é feito pela corretora responsável pelo projeto, e não pela produtora.

Acompanhe no algoritmo abaixo um resumo do trâmite do projeto após a aprovação nos termos da Lei do Audiovisual:

---

88 Art. 11 – O prospecto deverá conter as seguintes informações: I – qualificação da empresa emissora; II – ato deliberativo da emissão dos Certificados de Investimento; III – informações acerca do projeto que constitui o objeto da emissão dos Certificados de Investimento; IV – características da emissão, tais como: a) valor total da emissão; b) quantidade de cotas em que se divide a emissão; c) prazo de distribuição junto ao público, o qual não poderá exceder 360 dias contados da consessão do registro, prorrogáveis, com o prévio consentimento da CVM, mediante pedido devidamente justificado e aprovado pela Ancine; d) prazo para entrega dos certificados não superior a 30 dias após a comprovação, junto à CVM e à Ancine, da captação da totalidade dos recursos previstos no orçamento global, salvo na hipótese da existência de garantia firme; V – valor da cota em moeda corrente; VI – número e data de registro na CVM; VII – identificação dos direitos e obrigações da empresa emissora e dos subscritores dos certificados (...); VIII – condições de distribuição no que concerne à colocação dos certificados junto ao público e eventual garantia de subscrição prestada pelo líder e consorciados; IX – demonstrativo dos custos de distribuição dos certificados; X – garantias oferecidas pela empresa emissora, se houver; XI – indicação dos meios que serão utilizados para a veiculação das informações previstas nesta Instrução. Parágrafo único: Após essas indicações, o prospecto deverá conter o seguinte texto: "O registro da presente emissão não implica, por parte da CVM, garantia de veracidade das informações prestadas ou em julgamento sobre a qualidade do projeto, da empresa emissora ou da rentabilidade e risco do investimento representado pelo Certificado de Investimento".

89 Competência delegada à Ancine.

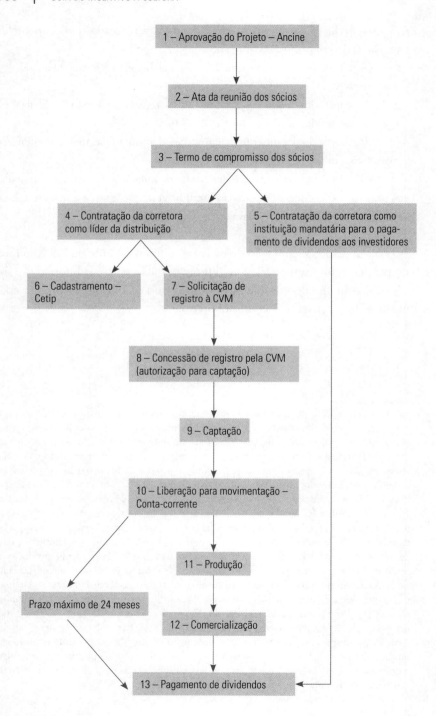

Prorrogação de projetos

No caso de projetos de produção de obras audiovisuais, que tenham entre suas fontes de recursos um dos mecanismos de fomento dispostos na Lei n. 8.313/91 (Rouanet), serão aprovados por um exercício fiscal, podendo ser prorrogado anualmente o prazo de captação, por até três exercícios consecutivos, mediante apresentação de carta, datada e assinada pelo representante legal da proponente, encaminhada à Ancine até 31 de março subsequente ao fim do prazo de captação autorizado, solicitando a prorrogação ordinária. Esta prorrogação fica sujeita à regularidade do proponente fiscal, tributária, previdenciária, no Cadin e junto à Ancine. No caso de projetos de realização de festivais internacionas, estes serão aprovados por um exercício fiscal. A Ancine poderá autorizar prorrogação ordinária do prazo de captação por mais um exercício fiscal para projetos de Festivais Internacionais cujo evento não tenha sido realizado, mediante solicitação expressa do proponente, encaminhada à Agência até o dia 31 de março do ano subsequente ao fim do prazo de captação originalmente autorizado. Para projetos de Festivais Internacionais realizados no último trimestre do ano poderá ser prorrogada ordinariamente a captação por mais 90 dias, mediante solicitação expressa do proponente, encaminhada à Agência. A autorização da prorrogação ordinária mencionada fica sujeita ao exame de regularidade fiscal, tributária, previdenciária, no Cadin e junto à Ancine.

Por sua vez, a prorrogação extraordinária deve vir acompanhada dos seguintes itens, além dos listados acima:

- justificativa para a não conclusão do projeto dentro do prazo de captação, informando o novo prazo previsto para a conclusão do projeto e novo cronograma das etapas de realizacão;
- apresentação de relatório de Acompanhamento da Execução do Projeto, para projetos que já obtiveram autorização para movimentação de recursos incentivados, conforme modelo constante do portal da Ancine (www.ancine.gov.br), contendo as seguintes informações: identificação do projeto, do proponente, descrição detalhada do trabalho executado e dos gastos efetuados;
- extrato bancário completo de conta de movimentação do projeto, desde a abertura até a data do pedido, comprovando os depósitos efetuados e os gastos executados.

Os projetos cuja solicitação de prorrogação ordinária ou extraordinária de prazo de captação não tenha sido realizada até o último dia do mês de março do ano seguinte ao último ano autorizado para captação serão considerados com prazo de captação encerrado.

A Ancine poderá solicitar documentação comprobatória da fase em que se encontra a execução do projeto, conforme informações prestadas pela proponente no relatório de acompanhamento de execução do projeto. É facultado a ela, para a análise da solicitação de prorrogação, avaliar a prestação de contas parcial dos gastos já efetuados para a realização do projeto. Para que este possa ser prorrogado devem ser atendidas exigências de regularidade mencionadas. Por fim, a prorrogação extraordinária deve ser solicitada anualmente e, se aprovada, estenderá o prazo de captação por somente um exercício fiscal a cada vez. No caso de projetos com captação de recursos efetivada, mas sem liberação, a prorrogação extraordinária será aprovada, por mais um exercício fiscal. Ao final deste, uma nova prorrogação extraordinária será considerada aprovada apenas se o montante de recursos for suficiente para a aprovação da sua liberação. No caso em que não haja condição de nova prorrogação, poderá ser solicitado pedido de reinvestimento. Para projetos de obras audiovisuais sem captação de recursos incentivados não serão concedidas prorrogações extraordinárias.

A Diretoria Colegiada da Ancine poderá deliberar diferentemente do sugerido nas instruções normativas, autorizando mais um ano de captação, por exemplo, para projetos que já estejam no limite da prorrogação extraordinária, sempre no intuito de que o projeto se realize e levando em conta o interesse público.

Contas bancárias

A legislação define três tipos de conta bancária, já definidas no início deste capítulo. São elas:

i) *Contas de recolhimento*: são abertas para receber os recursos previstos nos arts. 3º e 3º-A da Lei n. 8.685/93 e no inciso X, do art. 39 da Medida Provisória n. 2.228-1, de 06/09/01. Elas devem ser abertas no Banco do Brasil, em nome do representante da contribuinte ou do responsável pela remessa, quando autorizado. Para a abertura da conta de recolhimento são exigidos os seguintes documentos (cópias autenticadas) da empresa mediante o Banco do Brasil:

- atos de constituição da empresa e respectivas alterações (contrato social ou estatuto);
- atos de nomeação dos representantes legais da empresa (no caso de S.A.);
- RG, CPF e comprovante de residência dos representantes legais da empresa;
- autorização devidamente preenchida e assinada;
- informação ao Banco do Brasil S.A. de que a conta-corrente de recolhimento se destina, exclusivamente, aos fins previstos no art. 3º da Lei n. 8.685, de 1993 ou no inciso X do art. 39 da Medida Provisória n. 2.228-1/2001

A Ancine autorizará a transferência dos recursos depositados em conta de recolhimento para a conta de captação vinculada ao projeto aprovado, quando da apresentação da seguinte documentação:

a) contrato de coprodução firmado entre a proponente e a empresa coprodutora contribuinte dos recursos depositados na conta de recolhimento, observados os seguintes termos:

- a proponente deverá ser a detentora majoritária dos direitos patrimoniais sobre a obra audiovisual;
- estabelecimento dos mercados de exibição da obra audiovisual;
- estabelecimento do cronograma de desembolso;

b) indicação pela empresa coprodutora das guias de recolhimento que serão transferidas para conta de captação da proponente.

Após cumpridas essas exigências, os valores serão transferidos integralmente para a conta de captação vinculada ao projeto aprovado, que deverão permanecer bloqueados até que o contribuinte solicite, formalmente, a liberação de cada parcela, respeitando o cronograma de desembolso do contrato de coprodução e elaborada de acordo com o modelo de solicitação de transferência de recursos disponível no portal da Ancine (www.ancine.gov.br), que deverá conter, no mínimo, identificação do projeto, da empresa produtora e da empresa coprodutora, o valor total a ser transferido e a relação das guias de recolhimento a serem utilizadas.

Os rendimentos financeiros somente poderão ser utilizados na execução do projeto a que forem transferidos, estando sujeitos às mesmas condições de prestação de contas exigidas para o projeto. Esses rendimentos não serão considerados como investimento, para efeito dos montantes autorizados e constantes no contrato de coprodução.

ii) *Contas de captação:* as contas de captação serão abertas a pedido da Ancine no Banco do Brasil em nome da proponente na agência por ela indicada e, atendendo às seguintes condições:

- estar vinculada somente a um mecanismo de incentivo;
- estar vinculada somente a um projeto.

Nas contas de captação somente serão permitidos depósitos de valores que sejam oriundos:

- das captações de recursos incentivados, autorizadas pela Ancine, e exclusivamente para o projeto a que forem destinadas;
- das contas de recolhimento acima relatadas, quando for o caso.

Os valores depositados nas contas de captação deverão ser aplicados em fundos de investimento lastreados em títulos da dívida pública. Esses rendimentos financeiros somente poderão ser utilizados na execução do projeto a que estão vinculados.

Os rendimentos financeiros das contas de captação serão considerados como aporte complementar ao projeto, estando sujeitos às mesmas condições de prestação de contas exigidas para o projeto. Os valores depositados em conta de captação são bloqueados e somente serão transferidos para a conta de movimentação por ordem expressa da Ancine, após solicitação da proponente a cada captação efetuada.

iii) *Conta de movimentação:* a conta de movimentação deverá ser aberta em nome da proponente, em instituição bancária de livre-escolha, atendendo às seguintes condições:

- estar vinculada somente a um projeto;

- ser informada à Ancine, no momento da solicitação para movimentação de recursos, mediante apresentação do termo de abertura ou de extrato bancário;
- cada projeto deverá possuir uma única conta de movimentação, independente do número de mecanismos de incentivo utilizados[90].

Nas contas de movimentação somente serão permitidos depósitos de valores que sejam oriundos da conta de captação do projeto ou depósitos da própria proponente, para fins de pagamentos de despesas relacionadas ao projeto, inclusive de contrapartida, quando necessário. Os montantes depositados na conta de movimentação serão destinados exclusivamente para pagamento direto aos fornecedores e/ou prestadores de serviços relacionados à execução do projeto, não podendo ser transferidos para outras contas-correntes utilizadas pela proponente. Os valores depositados na conta de movimentação deverão ser aplicados em fundos de investimentos lastreados em títulos da dívida pública. Os rendimentos financeiros da conta de movimentação serão considerados como aporte complementar ao projeto, estando sujeitos às mesmas condições de prestação de contas exigidas para o projeto.

Redimensionamento[91]

O projeto poderá ser redimensionado uma única vez, por solicitação da proponente, acompanhada de justificativa para as modificações propostas, e da seguinte documentação:

- formulário de redimensionamento de projeto, conforme modelo disponível no portal da Ancine (www.ancine.gov.br), contendo, no mínimo, as seguintes informações: identificação do projeto e do proponente, novo resumo geral do orçamento, cronograma de produção e novo demonstrativo de receitas;
- roteiro impresso ou em mídia ótica (CD ou similar), caso haja alteração em relação à última versão apresentada à Ancine;

---

90 A proponente poderá solicitar à Superintendência de Fomento da Ancine autorização para abertura de nova conta de movimentação, desde que apresente justificativa fundamentada, por meio de carta datada e assinada por seu representante legal.
91 Sem prejuízo do remanejamento interno, outro mecanismo que autoriza o remanejamento das rubricas aprovadas, sem alteração do valor total do projeto (vide art. 45-A da IN n. 22 da Ancine).

- orçamento analítico, impresso e em mídia ótica (CD ou similar), conforme modelo disponível no portal da Ancine (www.ancine.gov.br), assinalando as rubricas cujo valor será alterado e, no caso de projetos cuja movimentação dos recursos já tenha sido autorizada pela Ancine, indicando o valor executado de cada rubrica;
- apresentação de relatório de Acompanhamento da Execução do Projeto, para projetos que já obtiveram autorização para movimentação de recursos incentivados, conforme modelo constante no portal da Ancine (www.ancine.gov.br), contendo as seguintes informações: identificação do projeto e do proponente, e descrição detalhada do trabalho executado e dos gastos efetuados;
- recibos de captação pela Lei n. 8.313/91, recibos de captação pelo art. 1º-A da Lei n. 8.685/93 e recibo de subscrição de certificados de investimento audiovisual, para captações pelo art. 1º, da Lei n. 8.685/93, quando houver.

A Ancine poderá solicitar documentação comprobatória da fase em que se encontra a execução do projeto, conforme informações prestadas pela proponente no relatório de acompanhamento de execução do projeto. É facultado à Ancine, para a análise da solicitação de redimensionamento, determinar avaliação da prestação de contas parcial dos gastos já efetuados para a realização do projeto.

A análise da solicitação de redimensionamento do projeto terá como critério os seguintes fatores, além dos exigidos para apresentação do projeto (vide p. 151):

- viabilidade financeira para a realização do projeto;
- regularidade quanto à utilização dos recursos captados para o projeto.

Remanejamento de fontes

As fontes de recursos aprovadas para o projeto poderão ser remanejadas livremente pela proponente entre si, desde que não haja alteração do valor global do orçamento. A diferença entre o redimensionamento e o remanejamento é que no redimensionamento são feitas alterações no orçamento e, eventualmente, no valor total do projeto. No caso do remanejamento, só se pede para alterar de um mecanismo aprovado para outro sem, com isso, alterar orçamento ou valor total autorizado pela Ancine. Por isso pode-se solicitar tantos remanejamentos quantos forem necessários à Ancine. Diferentemente do redimensionamento, que só se pode apresentar um por projeto.

O remanejamento das fontes de recursos poderá ser autorizado pela Ancine por solicitação da proponente, acompanhada da seguinte documentação:

• formulário de solicitação de remanejamento, de acordo com modelo disponível no portal da Ancine (www.ancine.gov.br), contendo, no mínimo, as seguintes informações: identificação do projeto e do proponente e demonstrativo de receitas indicando o valor aprovado atualmente e o novo valor solicitado por mecanismo;

• recibos de captação pela Lei n. 8.313/91, recibos de captação pelo art. 1º-A da Lei n. 8.685/93 e recibo de subscrição de certificados de investimento audiovisual, para captações pelo art. 1º da Lei n. 8.685/93, quando houver.

• regularidade fiscal, tributária, previdenciária, no Cadin e junto à Ancine.

Autorização para movimentação de recursos incentivados

A movimentação das contas de captação será autorizada pela Ancine quando o valor correspondente a 50% do orçamento aprovado para a realização do projeto for integralizado e desde que atendida a exigência de regularidade fiscal, tributária, previdenciária, no Cadin e junto à Ancine. Considera-se valor orçamentário aprovado para a realização do projeto o resultado da subtração dos valores relativos à comercialização e agenciamento ou coordenação e colocação pública de certificados de investimento audiovisual do valor global do orçamento do projeto[92].

Para a obtenção da autorização de movimentação de recursos incentivados, a proponente deverá encaminhar a seguinte documentação:

• formulário de solicitação de movimentação de recursos, de acordo com o modelo disponível no portal da Ancine (www.ancine.gov.br), contendo a identificação do projeto e do proponente, termo de compromisso firmado pelo representante legal da empresa proponente e a relação dos documentos necessários;

---

92 Não é considerado o valor da comissão de agenciamento para efeito do cálculo das captações. A autorização de movimentação será encaminhada formalmente pela Ancine à agência do governo no Banco do Brasil.

- recibos de captação pela Lei n. 8.313/91, recibos de captação pelo art. 1º-A da Lei n. 8.685/93 e recibo de subscrição de certificados de investimento audiovisual, para captações pelo art. 1º da Lei n. 8.685/93, quando houver;
- comprovação da integralização do valor correspondente a 50% (cinquenta por cento) do orçamento aprovado para a realização do projeto;
- termo de abertura ou extrato da conta corrente de movimentação;
- carta de anuência do diretor da obra, contendo declaração de sua nacionalidade, com firma reconhecida, observado o disposto no inciso V do art. 1º da Medida Provisória n. 2.228-1, de 06/09/2001;
- renovação do contrato de cessão de adaptação de obra literária ou de realização de roteiro entre o detentor dos direitos e a proponente, caso o prazo do documento apresentado anteriormente tenha expirado.

Para a comprovação da integralização do valor correspondente a 50% do orçamento aprovado (mencionado anteriormente), os valores depositados na conta de captação de recursos incentivados deverão alcançar, no mínimo, 25% do orçamento aprovado para a realização do projeto, considerando-se, ainda, para a totalização dos 25% complementares:

- os contratos de patrocínio celebrados entre a produtora e empresas estatais, multinacionais ou de grande porte[93];
- os contratos de patrocínio decorrentes de Editais Públicos Federais, Municipais ou Estaduais;
- os contratos de coprodução internacionais;
- os contratos de coprodução pelo art. 3º da Lei n. 8.685/93 e inciso X do art. 39 da Medida Provisória n. 2.228-1, de 06/09/2001;
- os contratos de coprodução pelos arts. 3º e 3º-A da Lei n. 8.685/93 e pelo inciso X do art. 39 da MP n. 2.228-1/2001;
- os contratos para produção decorrentes da utilização dos Funcines;
- recursos próprios gastos no projeto, desde que seja apresentado um demonstrativo de despesas, relacionando a nota fiscal emitida pela empresa prestadora do serviço ou fornecedora e item orçamentário correspondente; e
- os valores dos aportes de prêmios e acordos internacionais, desde que devidamente comprovados.

---

93 Considera-se empresa de grande porte as sociedades anônimas e aquelas que não se enquadrarem na definição dos incisos I e II do art. 3º da Lei Complementar n. 123, de 14.12.2006.

Acompanhamento e execução de projetos

Após a publicação da aprovação do projeto no Diário Oficial da União, o proponente deverá encaminhar regularmente à Ancine os recibos de captação pela Lei n. 8.313/91, recibos de captação pelo art. 1º-A da Lei n. 8.685/93 e recibos de subscrição de certificados de investimento audiovisual pelo art. 1º, da Lei n. 8.685/93, no prazo de até 10 dias após a efetivação da captação. A execução física e financeira do projeto deverá obedecer aos valores constantes em cada rubrica orçamentária inclusa no orçamento global aprovado pela Ancine. O remanejamento interno de valores entre rubricas orçamentárias, que não implique redimensionamento, deverá ser submetido à análise prévia por parte da Ancine sempre que:

- implique alteração superior a 20% do valor de pelo menos um item orçamentário; e/ou
- a soma total dos valores das rubricas alteradas supere 10% do orçamento global aprovado pela Ancine[94].

A solicitação de remanejamento interno prevista deverá ser encaminhada à Ancine por meio de:

- carta, datada e assinada pelo representante legal da proponente, justificando as alterações;
- orçamento analítico, impresso e em mídia ótica (CD ou similar), conforme modelo disponível no portal da Ancine (www.ancine.gov.br), assinalando as rubricas que se pretende alterar.

O proponente deve, durante todo o período em que o projeto estiver em acompanhamento pela Ancine e apto a captar recursos incentivados federais, manter regularidade fiscal, tributária, previdenciária, com o FGTS e no Cadin[95].

---

94 O remanejamento interno de valores entre as rubricas orçamentárias que não se enquadre nessas condições deverá constar de novo orçamento analítico, conforme modelo disponível no portal da Ancine (www.ancine.gov.br), assinalando as rubricas que sofreram alteração de valor, acompanhado das respectivas justificativas, a ser encaminhado com a Prestação de Contas Final.

95 A Ancine verificará obrigatoriamente a regularidade mencionada no caput, mediante consulta direta às certidões emitidas pela Receita Federal do Brasil e pela Caixa Econômica Fe-

A Ancine somente solicitará as certidões à proponente, caso não seja possível consultá-las diretamente nos sítios da Receita Federal do Brasil e da Caixa Econômica Federal na Internet. Ela fará o controle anual da captação e movimentação dos recursos incentivados, bem como do acompanhamento de regularidade do proponente. Constatada qualquer irregularidade da proponente, observando-se o devido processo administrativo, esta deverá tomar as providências necessárias para a sua regularização, que uma vez não efetivada poderá implicar a suspensão da autorização de captação.

Conclusão do projeto

O prazo máximo para a conclusão dos projetos é de 24 meses, a contar da data da autorização da primeira movimentação das contas de captação. Em caráter excepcional e mediante justificativa que comprove caso fortuito, a Ancine poderá autorizar a prorrogação do prazo de conclusão do projeto.

A conclusão do projeto somente se dará após o encaminhamento pela proponente e aprovação pela Ancine do seguinte material:

a) obras audiovisuais:
- cópia da obra no formato e bitola aprovados pela Ancine para o projeto;
- cópia da obra em formato VHS (PAL-M ou NTSC).

b) festival:
- material de divulgação e materiais impressso;

c) prestação de contas (regra apresentada logo a seguir).

Após a análise desse material, a Ancine enviará à proponente correspondência informando a aprovação ou não da prestação de contas do projeto, bem como a notificará em caso de dúvidas e/ou questionamentos.

As cópias a serem entregues pela empresa proponente à Ancine, para fins do cumprimento desse artigo, deverão ter sua cópia final realizada nos seguintes formatos e sistemas:

---

deral, bem como consulta ao Cadin, nas análises das seguintes solicitações: aprovação do projeto; prorrogações ordinárias, para projetos que tenham entre suas fontes de recursos um dos mecanismos de fomento dispostos na Lei n. 8.313/91; prorrogações extraordinárias; redimensionamento; e autorização para primeira movimentação de recursos.

a) obras cinematográficas de longa-metragem:
- película cinematográfica com bitola de 35 mm (trinta e cinco milímetros);
- sistema digital de alta definição HD (*high definition*), para as obras aprovadas pela Ancine com previsão de exibição exclusiva no circuito de salas com projeção digital.

b) obras cinematográficas ou videofonográficas de curta e média-metragem, seriadas, telefilme, minissérie e programas para televisão:
- em película cinematográfica com bitolas de 16 milímetros ou de 35 milímetros, em fita magnética formato Beta, sistema digital, NTSC ou em fita magnética, sistema digital de alta definição (HDTV).

Em casos excepcionais, a Ancine, por decisão de sua Diretoria Colegiada, poderá autorizar o cumprimento do previsto nos itens acima apontados com cópia em outro formato que não os especificados acima.

Das inspeções da Ancine

A Ancine poderá, a qualquer tempo e por iniciativa própria, acompanhar a aplicação de recursos incentivados e de outros recursos destinados a projetos de obras audiovisuais. Compete à Superintendência de Desenvolvimento Industrial o acompanhamento da aplicação de recursos dessa natureza.

O acompanhamento da aplicação de recursos dar-se-á mediante inspeção contábil, financeira e operacional dos projetos audiovisuais. A inspeção é o instrumento de acompanhamento utilizado pela Superintendência de Desenvolvimento Industrial para suprir omissões e lacunas de informações, esclarecer dúvidas ou apurar denúncias ou representações quanto à regularidade da aplicação de recursos em projetos audiovisuais.

A inspeção contábil, financeira e operacional far-se-á internamente, com base em informações e dados apresentados pela proponente, ou, ainda, externamente, junto às dependências das sociedades empresárias e aos empresários individuais, os quais deverão garantir o pleno acesso dos agentes públicos encarregados do acompanhamento da aplicação de recursos em projetos audiovisuais.

A inspeção contábil, financeira e operacional dos projetos audiovisuais compreenderá controle da execução, exame de créditos e débitos, análise da documentação fiscal, solicitação da relação de pagamentos parcial ou final e, ainda, a supervisão dos mecanismos de autocontrole adotados pelas proponentes de projetos audiovisuais. A documentação objeto de inspeção deverá ser preferencialmente original, da qual constarão, obrigatoriamente, nome, assinatura ou rubrica do representante legal da proponente.

Os agentes públicos[96] encarregados do acompanhamento da aplicação de recursos promoverão, nos limites de suas atribuições e nos termos dos regulamentos, diligências e vistorias nas empresas individuais, na sede das sociedades empresariais ou em uma de suas filiais onde esteja arquivada a documentação relativa ao projeto audiovisual.

A inspeção contábil, financeira e operacional será realizada por iniciativa da Ancine ou em decorrência de representação de qualquer interessado, pessoa física ou jurídica. A representação deverá ser formulada por escrito, dirigida à Superintendência de Desenvolvimento Industrial, e conterá, obrigatoriamente:

- a autoridade a que se dirige;
- a identificação, o endereço (residencial ou comercial) ou local para recebimento de comunicações, a data e a assinatura do requerente ou de seu representante legal; e
- a exposição dos fatos e a indicação da proponente de projetos audiovisuais.

O erro quanto ao destinatário do requerimento não prejudicará o seu exame, providenciando-se seu encaminhamento à autoridade competente. A representação formulada com inobservância dos requisitos estabelecidos nos quesitos aqui descritos será automaticamente arquivada. Quando a narração dos fatos não configurar nenhuma irregularidade, a representação será arquivada e considerada insubsistente por falta de objeto.

---

96 Os agentes públicos encarregados do acompanhamento da aplicação de recursos devem ter assegurados pela proponente: I – acesso à documentação relativa à execução do projeto audiovisual que, sem justa causa, não poderá ser sonegada; II – competência para requerer, por escrito, às proponentes de projetos audiovisuais os documentos e informações desejadas, fixando prazo razoável para atendimento. No exercício de suas funções, o agente público encarregado do acompanhamento da aplicação de recursos deverá: I – manter atitude de independência, seremidade e imparcialidade; II – guardar sigilo sobre dados e informações obtidos na inspeção contábil, financeira e operacional, utilizando-os, exclusivamente, para a elaboração de pareceres e relatórios destinados à chefia imediata. O agente público encarregado do acompanhamento da aplicação de recursos elaborará relatório circunstanciado das diligências e vistorias realizadas.

Sem prejuízo da representação, a autoridade competente, sempre que constatar indícios de irregularidade, promoverá inspeções por iniciativa própria. Essas inspeções serão realizadas em conformidade com programa de trabalho elaborado pela Ancine. A data da inspeção será sempre comunicada à proponente com antecedência mínima de dez dias. A notificação, para esses casos, será feita na pessoa da proponente, do representante legal ou de mandatário com poderes expressos[97].

O Superintendente de Desenvolvimento Industrial ou agente público designado pela Ancine terá acesso a toda a documentação e todas as informações relativas à aplicação de recursos nos projetos audiovisuais que receberem recursos públicos, examinando nos limites dos recursos incentivados ou orçamentários.

No caso de restrições de acesso aos documentos ou informações, o agente público encarregado do acompanhamento da aplicação de recursos cientificará imediatamente o Superintendente de Desenvolvimento Industrial, que notificará a empresa a, no prazo improrrogável de até quinze dias, apresentar os documentos, informações e esclarecimentos julgados necessários. Não cumprido o prazo e/ou considerando o relatório final apresentado pelo agente público encarregado do acompanhamento da aplicação de recursos, o Superintendente de Desenvolvimento Industrial adotará uma das seguintes medidas:

• aprovação da inspeção, quando não apurada irregularidade na aplicação de recursos em projetos de obras audiovisuais;

• determinação à proponente para adoção de medidas corretivas e de prevenção;

• encaminhamento à Diretoria Colegiada de solicitação de aprovação de suspensão ou interrupção da execução de projetos de obras audiovisuais apresentados pela proponente, observada ampla defesa e o contraditório.

No curso da inspeção, se constatado procedimento de que possa resultar dano ao erário ou irregularidade grave, o agente público encarregado do acompanhamento da aplicação de recursos representará, desde logo, com suporte em elementos concretos e convincentes, ao Superintendente de De-

---

97 Reza o art. 13 da Instrução Normativa n. 37/2004 que "A notificação poderá ser efetuada: I – mediante ciência nos autos; II – pessoalmente, por intermédio de agente público da Ancine; III – mediante correspondência registrada, com aviso de recebimento ("AR"), contendo indicação expressa de que se destina a notificar o destinatário; o IV – por qualquer outro meio, inclusive eletrônico, que assegure a certeza da ciência do interessado".

senvolvimento Industrial, o qual, observada a urgência requerida, deverá solicitar, em prazo não superior a cinco dias úteis, que a proponente se pronuncie sobre os fatos apontados. Consideradas improcedentes as justificativas oferecidas ou quando estas não forem apresentadas, o referido Superintendente adotará uma das medidas expostas.

Quando existirem indícios de que a proponente, prosseguindo na execução do projeto, possa retardar ou dificultar a realização dos trabalhos, causar danos ao erário ou inviabilizar seu ressarcimento, o Superintendente de Desenvolvimento Industrial adotará também uma das medidas já relacionadas.

A constatação de irregularidades na aplicação de recursos em projetos de obras audiovisuais impede a aprovação da prestação de contas final. A proponente deverá ser cientificada das decisões administrativas mediante notificação.

Das decisões do Superintendente de Desenvolvimento Industrial caberá recurso, a ser interposto no prazo de vinte dias, contados da data em que a proponente de projetos de obra audiovisual for notificada. O recurso será dirigido à Diretoria Colegiada da Ancine, que deverá no prazo de quinze dias decidir pela sua reconsideração ou não, ouvida a Superintendência de Desenvolvimento Industrial.

Na fluência do prazo para interposição de recurso será facultada vista do processo às proponentes de projetos de obras audiovisuais, representantes legais ou mandatários devidamente constituídos, durante o expediente normal da Ancine, no local designado pela autoridade julgadora. O simples protesto pela apresentação de recurso não interrompe a fluência do prazo para sua interposição.

Salvo disposição legal em contrário, os recursos não têm efeito suspensivo. Tendo em conta a gravidade da pena e havendo justo receio de prejuízo de difícil ou incerta reparação decorrente da sua execução, a autoridade julgadora poderá, de ofício ou a pedido, dar efeito suspensivo ao recurso.

O recurso será julgado no prazo de trinta dias, contados do recebimento dos autos pelo órgão competente para o julgamento, prorrogável por igual período em caso de justificada necessidade. O órgão competente para o julgamento do recurso poderá confirmar, modificar, anular ou revogar total ou parcialmente a decisão recorrida. Conforme o julgamento realizado, se representar gravame à situação do recorrente, este deverá ser notificado para que formule alegações antes da decisão final.

O recurso não será conhecido quando interposto:

- fora do prazo;
- perante órgão ou autoridade incompetente;
- por quem não tenha legitimidade para tanto; ou
- contra decisão de que não caiba recurso na esfera administrativa.

O não conhecimento do recurso não impede que a Ancine reveja, por iniciativa própria, eventual ato ilegal, desde que não ocorrida a preclusão administrativa.

Sobre esse item, ver Instrução Normativa n. 37, de 14 de dezembro de 2004.

Prestação de contas

A prestação de contas deverá ser apresentada à Ancine até 120 dias após a conclusão do objeto do projeto incentivado.

Integram a prestação de contas os seguintes documentos:

- relatório de cumprimento do objeto – Anexo I
- demonstrativo de recursos aprovados x recursos captados – Anexo II
- demonstrativo do orçamento aprovado x orçamento executado – Anexo III;
- demonstrativo da execução da receita – Anexo IV;
- relação de pagamentos – Anexo V;
- conciliação bancária – Anexo VI;
- demonstrativo financeiro do extrato bancário – Anexo VII;
- ficha técnica resumida – Anexo VIII;
- comprovante de encerramento das contas-correntes de captação e de movimentação de recursos incentivados;
- comprovante do recolhimento do saldo das contas-correntes de captação e de movimentação de recursos à Ancine, quando houver;
- extrato das contas bancárias específicas do projeto, compreendendo o período de recebimento da 1ª parcela até o último pagamento;
- quando se tratar de produção cinematográfica ou videofonográfica, comprovante de entrega da cópia da obra, ao setor competente da Ancine, deverão ter sua cópia final realizada nos seguintes formatos e sistemas:

a) obra cinematográfica de longa-metragem: película cinematográfica com bitola de 35 mm (trinta e cinco milímetros); ou sistema digital de alta definição HD *(high definition)*, para as obras aprovadas pela Ancine com previsão de exibição exclusiva no circuito de salas com projeção digital.

b) obras cinematográficas ou videofonográficas de curta e média-metragens, seriadas, telefilme, minissérie e programas para televisão em película cinematográfica com bitolas de 16 milímetros ou de 35 milímetros, em fita magnética formato beta, sistema digital, NTSC ou em fita magnética, sistema digital de alta definição (HDTV).

c) projetos de distribuição, comercialização ou exibição de obras audiovisuais cinematográficas e videofonográficas, material de divulgação referente a comercialização e distribuição.

No caso de projetos de reforma e construção de salas, deverá constar carta do engenheiro ou arquiteto responsável da empresa contratada para execução da obra informando que o serviço foi concluído.

A proponente deverá possuir controles próprios, onde estarão registrados, de forma destacada, os créditos e os débitos do projeto, bem como ter os comprovantes e documentos originais, em boa ordem, ficando à disposição dos órgãos de controle interno e externo pelo prazo de 5 anos, contados a partir da aprovação das contas. Os documentos fiscais que comprovem as despesas realizadas pela proponente deverão ser emitidos em seu nome e devidamente identificados com o título do projeto incentivado, revestidos das formalidades legais, numerados sequencialmente, em ordem cronológica e classificados com o número dos itens macros do orçamento a que se relacionar a despesa. Não serão aceitos documentos fiscais que comprovem despesas realizadas em data anterior à da aprovação do projeto incentivado.

A prestação de contas parcial ou final será analisada e avaliada pela Superintendência de Desenvolvimento Industrial, com base nos documentos enviados, que emitirá parecer sobre os seguintes aspectos:

- técnico – quanto à execução física e ao alcance dos objetivos do projeto;
- financeiro – quanto à correta e regular aplicação dos recursos públicos.

Em matéria de prestação de contas aplica-se ainda subsidiariamente as regras da Instrução Normativa Ancine n. 21, de 30 de dezembro de 2003, a

Instrução Normativa TCU n. 13, de 4 de dezembro de 1996, a Instrução Normativa TCU n. 09, de 16 de fevereiro de 1995, bem como do Regimento Interno do Tribunal de Contas da União (TCU).

Para verificar as penalidades aplicadas por infrações cometidas no âmbito da atividade audiovisual ou cinematográfica, vide Instrução Normativa n. 30, de 20 de julho de 2004.

Aplicação de marca da Ancine

A proponente deverá fazer constar nos créditos das obras audiovisuais produzidas com recursos incentivados e em todo seu material de divulgação o texto e a logomarca Ancine definidos em manual de identidade visual da agência. Além disso, todos os projetos específicos da área audiovisual para fruição dos mecanismos instituídos por meio das Leis ns. 8.313/91, 8.685/93, 10.179/2001 e 11.437/2006 e da Medida Provisória n. 2.228/2001, ou dos recursos orçamentários da Ancine concedidos por meio de ações de fomento direto, ou disponibilizados por meio do Fundo Setorial do Audiovisual terão a obrigação de aplicação das logomarcas da Ancine. Para os projetos que utilizam incentivos da Lei Rouanet, recomenda-se a leitura do texto do Decreto n. 5.761/2006 e da Instrução Normativa MinC n. 1/2012.

Sobre a forma de aplicação de marca da Ancine e sanções pela sua não aplicação, ver a Instrução Normativa n. 85, de 02 de dezembro de 2009.

Cancelamento do projeto e devolução de saldo não utilizado

A proponente poderá solicitar a qualquer momento o cancelamento do projeto, apresentadas as devidas justificativas, nas seguintes condições:

I – quando o projeto ainda não estiver aprovado pela Ancine acompanhado de respectiva carta justificativa;

II – quando o projeto não possuir captação de recursos incentivados, apresentada a seguinte documentação:

a) extrato completo das contas-correntes de captação;

b) comprovação de encerramento das contas de captação no Banco do Brasil S/A;

c) cancelamento das cotas junto à Comissão de Valores Mobiliários (CVM), para projetos aprovados pelo art. 1° da Lei n. 8.685/93;

III – para projetos que possuem captação de recursos, observados os termos dos arts. 51 a 53 da IN n. 22/2003, acompanhada da seguinte documentação:

a) extrato bancário de conta de captação de recursos incentivados, desde a data de abertura da conta ou desde a data da última apresentação dos extratos à Ancine; e

b) informação sobre a destinação dos recursos captados.

Após o atendimento e a análise da documentação, a Ancine comunicará o cancelamento do projeto à proponente e à CVM, quando for o caso. Ela poderá providenciar o cancelamento do projeto, sem anuência da proponente, quando:

I – a diligência documental não for atendida em até 30 dias da data do recebimento de carta da Ancine, enviada via correio, com aviso de recebimento;

II – a solicitação de prorrogação do prazo de captação de recursos não tenha sido feita até o dia 31 de março do ano seguinte ao último ano autorizado para captação;

III – quando a prorrogação de prazo não for aprovada pela Diretoria Colegiada, a partir de decisão fundamentada.

Nos casos em que, encerrado o prazo de autorização de captação de recursos incentivados, haja captação parcial de recursos e não existam condições ou interesse da proponente em realizar o projeto, esta poderá solicitar o cancelamento do projeto e a destinação de tais recursos depositados na conta de captação como reinvestimento em outro ou outros projetos aprovados pela Ancine, desde que utilizados os mesmos mecanismos de incentivo.

O reinvestimento[98] somente poderá ocorrer com autorização da Ancine e com a anuência expressa dos investidores, em papel timbrado da empresa. O reinvestimento somente poderá ocorrer para fins de viabilização imediata da movimentação de recursos para a realização do projeto.

---

98 Para a solicitação do reinvestimento, é necessária a apresentação do extrato das contas bancárias específicas do projeto, compreendendo o período de recebimento da 1ª parcela até o último pagamento.

O reinvestimento referente aos recursos incentivados pelo art. 1º da Lei n. 8.685/93 deverá ser comunicado pela proponente do projeto que está sendo cancelado junto à CVM, por intermédio de corretora de valores.

Para o reinvestimento referente aos recursos incentivados pelo art. 1º da Lei n. 8.685/93, será considerado o valor de face dos Certificados de Investimento Audiovisual, sendo vedadas quaisquer remunerações pela operação.

A transferência de recursos incentivados da conta de captação do projeto cancelado para a conta de captação do projeto beneficiário do reinvestimento ocorrerá após autorização expressa da Ancine, encaminhada à agência do governo no Banco do Brasil.

Não execução dos projetos

As proponentes que, tendo sido autorizadas à movimentação de recursos incentivados, não concluírem o projeto nos prazos e condições estabelecidos, estarão sujeitas às penalidades previstas na legislação.

No caso dos projetos apoiados pela Lei n. 8.685/93, o não cumprimento do projeto, a não efetivação do investimento ou a sua realização em desacordo com o estatuído na autorização da Ancine, bem como na legislação vigente, implica a devolução dos benefícios concedidos, acrescidos de correção monetária, juros e demais encargos previstos na legislação do imposto de renda de acordo com a redação do art. 6º da mesma lei. Sobre o débito corrigido incidirá multa de cinquenta por cento.

No caso de cumprimento de mais de setenta por cento sobre o valor orçado do projeto apoiado pela Lei n. 8.685/93, a devolução dos recursos será proporcional à parte não cumprida. A não devolução dos recursos na forma prevista acarretará na inscrição da Proponente, assegurada ampla defesa, no Cadastro informativo de créditos não quitados do setor público federal (Cadin).

Encerrado o prazo de autorização, serão destinados à Ancine para aplicação em projetos de fomento à indústria cinematográfica nacional os recursos existentes em contas:

I – de recolhimento, sem utilização em projetos audiovisuais;
II – de captação desde que não haja condições ou interesse da proponente em realizar o projeto ou o reinvestimento em outros projetos, conforme regras da legislação.

Cadastro de Produto Brasileiro (CPB) e registro de obra

Determina o art. 28 da Medida Provisória n. 2.228-1/2001 que "toda obra cinematográfica e videofonográfica brasileira deverá, antes de sua exibição ou comercialização, requerer à Ancine o registro do título e o Certificado de Produto Brasileiro (CPB)[99]".

O CPB para obras audiovisuais cinematográficas ou videofonográficas brasileiras não publicitárias será emitido pela Ancine sempre que requerido por pessoa física ou jurídica titular do direito patrimonial sobre a obra. Para solicitar o CPB as pessoas físicas ou jurídicas devem estar cadastradas na agência.

Para solicitar o CPB, a proponente deverá, além de preencher o formulário-padrão da agência, juntar os seguintes documentos e informações:

I – comprovação do registro na Ancine da empresa produtora brasileira, no caso de a requerente ser pessoa jurídica ou pessoa física;

II – comprovação do registro na Ancine da empresa produtora da obra, quando ativa, no caso em que seus direitos patrimoniais tenham sido transferidos para o requerente;

III – identificação da obra, observando-se o mesmo título constante em processos referentes à captação de recursos incentivados, ou justificando sua alteração, sempre que for o caso;

IV – cópia da Nota Fiscal emitida pelo laboratório de imagem da primeira cópia ou, em caso de sua inexistência, uma cópia da obra em qualquer suporte que comprove a produção;

V – cópia do contrato firmado com os diretores (ou diretor) da obra, quando este for pessoa diferente do produtor;

VI – cópia da cédula de identidade dos diretores (ou diretor) ou, quando estrangeiro(s), comprovante de residência no país há mais de três anos;

VII – relação de artistas e técnicos, inclusive do produtor quando pessoa física, com indicação de nome, função, número de RG e registro no Ministé-

---

[99] Observar os §§ 1º e 2º do art. 28 da MP n. 2.228-1/2001: "§ 1º no caso de obra cinematográfica ou obra videofonográfica publicitária brasileira, após a solicitação do registro do título, a mesma poderá ser exibida ou comercializada, devendo ser retirada de exibição ou ser suspensa sua comercialização caso seja constatado o não pagamento do Condecine ou o fornecimento de informações incorretas. § 2º As versões, as adaptações, as vinhetas e as chamadas realizadas a partir da obra cinematográfica e videofonográfica publicitária original devem ser consideradas, juntamente com esta, um só título, para efeito do pagamento da Condecine."

rio do Trabalho e, no caso de estrangeiros, comprovante de residência no país há mais de cinco anos;

VIII – roteiro musical, acompanhado de termo de responsabilidade acerca do uso da obra musical ou lítero-musical;

IX – cópia do contrato firmado com o(s) roteirista(s);

X – declaração de titularidade patrimonial sobre a obra, contendo a participação de cada coprodutor;

XI – cópia do contrato de coprodução e todos os seus aditivos, quando houver;

XII – cópia do contrato com terceiros que implique alienação de direitos patrimoniais sobre a obra.

A Ancine poderá prescindir da apresentação do número de registro no Ministério do Trabalho, bem como dos documentos relacionados nos itens III a VIII no caso de obras audiovisuais brasileiras produzidas anteriormente à edição da MP n. 2.228-1/2001. A Ancine poderá também prescindir da apresentação do número de registro no Ministério do Trabalho, no caso de obras audiovisuais de curta e média-metragens.

A emissão do Certificado de Produto Brasileiro (CPB) relativo à obra cinematográfica ou videofonográfica realizada em regime de coprodução com empresa estrangeira far-se-á mediante a apresentação do contrato de coprodução, bem como da comprovação de uma das seguintes condições:

I – ser realizada por empresa produtora brasileira registrada na Ancine, em associação com empresas de países com os quais o Brasil mantenha acordo de coprodução cinematográfica ou videofonográfica e em consonância com os termos desses acordos;

II – ser realizada em regime de coprodução, por empresa produtora brasileira registrada na Ancine, em associação com empresas de outros países com os quais o Brasil não mantenha acordo de coprodução, assegurada a titularidade de, no mínimo, 40% dos direitos patrimoniais da obra à empresa produtora brasileira e utilizar para sua produção, no mínimo, dois terços de artistas e técnicos brasileiros ou residentes no Brasil há mais de três anos.

O Certificado de Produto Brasileiro (CPB) será documento apto à comprovação da nacionalidade de obras cinematográficas e videofonográficas sempre que exigido:

I – pela legislação referente à concessão de incentivos fiscais;
II – pelo regulamento de mostras e festivais patrocinados com recursos públicos;
III – por indicação oficial por órgão da Administração Pública para participação em mostras e festivais;
IV – para habilitação como obra brasileira para merecimento da concessão de prêmios;
V – para efeito dos arts. 55 e 56 da Medida Provisória n. 2.228-1/2001[100].

São equiparados ao Certificado de Produto Brasileiro (CPB)[101] os documentos congêneres emitidos:

I – pela Cinemateca Brasileira, no caso de obras audiovisuais concluídas até 18 de novembro de 1966;
II – pelo extinto Instituto Nacional do Cinema Educativo (Ince);
III – pelo extinto Instituto Nacional do Cinema (INC);
IV – pela extinta Empresa Brasileira de Filmes S/A (Embrafilme) em convênio com o Concine;
V – pelo extinto Conselho Nacional de Cinema (Concine);
VI – pela extinta Secretaria da Cultura da Presidência da República (SEC/PR);

---

100 Art. 55. Por um prazo de vinte anos, contados a partir de 5 de setembro de 2001, as empresas proprietárias, locatárias ou arrendatárias de salas, espaços ou locais de exibição pública comercial exibirão obras cinematográficas brasileiras de longa-metragem, por um número de dias fixado, anualmente, por decreto, ouvidas as entidades representativas dos produtores, distribuidores e exibidores. § 1º A exibição de obras cinematográficas brasileiras far-se-á proporciomalmente, no semestre, podendo o exibidor antecipar a programação do semestre seguinte. § 2º A Ancine aferirá, semestralmente, o cumprimento do disposto neste artigo. § 3º As obras cinematográficas e os telefilmes que forem exibidos em meios eletrônicos antes da exibição comercial em salas não serão computados para fins do cumprimento do disposto no *caput*. Art. 56. Por um prazo de vinte anos, contados a partir de 5 de setembro de 2001, as empresas de distribuição de vídeo doméstico deverão ter um percentual anual de obras brasileiras cinematográficas e videofonográficas entre seus títulos, obrigando-se a lançá-las comercialmente. Parágrafo único. O percentual de lançamentos e títulos a que se refere este artigo será fixado anualmente por decreto, ouvidas as entidades de caráter nacional representativas das atividades de produção, distribuição e comercialização de cinematográficas e videofonográficas.
101 O titular dos direitos patrimoniais sobre a obra cinematográfica ou videofonográfica brasileira, mediante comprovação da emissão de qualquer dos documentos relacionados neste artigo, poderá requerer sua substituição pelo CPB.

VII – pela extinta Secretaria de Desenvolvimento Audiovisual do Ministério da Cultura (SDAv/MinC);

VIII – pela Secretaria do Audiovisual do Ministério da Cultura SAV/MinC, antes de 7 de junho de 2002.

O CPB valerá como Certificado de Origem, para todos os efeitos, inclusive para fins de exportação.

Para as obras audiovisuais publicitárias brasileiras e brasileiras filmadas no exterior será emitido o Certificado de Registro de Título (CRT), que se equipara ao CPB, para todos os fins, inclusive como Certificado de Origem.

Toda obra audiovisual, logo que registrada junto à Ancine, deverá recolher a Contribuição para o Desenvolvimento da Indústria Cinematográfica Nacional (Condecine). Não abordaremos nesta seção, pois não tratamos do tema no livro, as obras audiovisuais publicitárias, restringindo a análise às produções independentes nacionais.

São fatos geradores da Condecine: a produção da obra no país, quando da informação à Ancine; o licenciamento da obra por empresa registrada na Ancine e detentora desse direito para cada segmento de mercado definido pela legislação, quando do ato de registro do contrato na Ancine; a distribuição da obra por empresa registrada na Ancine e autorizada a promover sua exibição ou veiculação no mercado brasileiro, quando do ato de registro na Ancine do contrato que a contém; a veiculação da obra em qualquer segmento de mercado para o qual haja sido realizado o prévio registro do seu título.

O pagamento da Condecine deverá ser feito quando do registro do título para cada segmento de mercado em que se pretenda veicular a obra e ocorrerá sempre antes da sua exibição ou veiculação.

Os valores devidos da Condecine, e as hipóteses de isenção e/ou de redução de valores, estão expressos no anexo IX da Instrução Normativa n. 26, de 24 de junho de 2004.

A empresa detentora dos direitos de exploração comercial da obra deverá efetuar a solicitação do registro do título por segmento de mercado e o respectivo pagamento da Condecine. Para solicitar o registro do título, o requerente deverá:

I – indicar o tipo de obra audiovisual cinematográfica ou videofonográfica de acordo com as definições contidas no art. 1º da MP n. 2.228-1/2001:

a) não seriada;
b) seriada em capítulos titulados ou episódios;
c) seriada em capítulos não titulados.

II – obter o Documento de Arrecadação de Receitas Federais (Darf);

III – assegurar-se da correta informação do respectivo valor devido como pagamento da Condecine e da inserção do número de referência no campo 5 do Darf, indicados através das seguintes modalidades:

a) via internet: as inserções serão emitidas pelo próprio sistema;

b) por requerimento dirigido à Ancine: o número de referência será expedido pelo sistema e colocado no campo 5 do Darf e a Ancine o encaminhará ao interessado.

IV – pagar o Darf na rede bancária, no ato do registro do título;

V – apresentar a Ancine cópia legível do Darf pago, no prazo máximo de cinco dias úteis, acompanhada dos seguintes documentos:

a) resumo do contrato a fim de que a Ancine proceda à conferência das informações nele contidas;

b) ficha técnica no caso de obras audiovisuais brasileiras;

c) declaração no caso de obra cuja comercialização no Brasil venha a ser realizada com até seis cópias;

d) declaração e comprovação do ano de produção, caso a obra audiovisual destinada à veiculação em serviços de radiodifusão de sons e imagens tenha sido realizada mais de vinte anos antes do registro do título.

Recebida essa documentação e depois de conferida e considerada de acordo com as exigências legais, a Ancine emitirá o competente Certificado de Registro do título, que, exclusivo ao segmento de mercado determinado, autorizará a comercialização e a veiculação da obra no Brasil.

Importante destacar que o registro do título não implica no reconhecimento, em favor do solicitante, de direito real, autoral ou patrimonial sobre a obra.

Por fim, vale mencionar que desde o final de 2006 a Ancine emitirá o "Certificado de Obra Cinematográfica Mercosul". O Certificado Mercosul poderá ser requerido por pessoa física ou jurídica, titular majoritária do direito patrimonial da obra ou por seu representante comercial, detentor dos direitos de comercialização da obra, desde que devidamente autorizado. O Certificado Mercosul se equipara ao Certificado de Produto Brasileiro (CPB) como comprovante da nacionalidade brasileira da obra cinematográfica, especialmente para fins de exportação.

Sobre CPB, ver Instrução Normativa n. 25, de 30 de março de 2004. Sobre obrigatoriedade do registro de obra e pagamento de Condecine, ver Instrução Normativa n. 26, de 24 de julho de 2004. Sobre Certificado de Obra Cinematográfica Mercosul ver a Instrução Normativa n. 57, de 08 de dezembro de 2006.

Obrigatoriedade de registro do título da obra audiovisual na Ancine e da informação prévia sobre os contratos[102]

A Medida Provisória n. 2.228, de 6 de setembro de 2001, criou a Agência Nacional de Cinema (Ancine), e revogou a Lei Federal n. 8.401/92 que dispunha, no seu art. 19, sobre a obrigatoriedade do registro junto ao órgão competente dos contratos de exploração, produção ou coprodução das obras audiovisuais.

A partir da criação da mencionada agência, as empresas produtoras de obras audiovisuais e todos aqueles que explorem comercialmente os direitos sobre as obras audiovisuais brasileiras estão obrigados a realizar, previamente, o registro do título da obra e obter o Certificado de Produto Brasileiro (CPB). Além disso, todas as obras audiovisuais, cinematográficas ou videofonográficas, estão obrigadas ao pagamento da Contribuição para o Desenvolvimento da Indústria Cinematográfica Nacional (Condecine), previamente à sua exibição ou utilização em território nacional.

Desaparece, portanto, o registro dos contratos de exploração de obra audiovisual de que tratava a Lei federal n. 8.401/92, revogada, mas criou-se a obrigatoriedade, previamente à utilização da obra audiovisual, de registro do título e de obtenção do CPB no caso das obras brasileiras, e de pagamento da Condecine no caso das obras estrangeiras e igualmente das brasileiras, devendo o tributo ser pago previamente à exibição ou utilização dessas obras.

Os contratos de produção, coprodução ou exploração de obras audiovisuais não mais precisam ser registrados, sendo que para a exibição dessas obras no Brasil há que se efetuar o pagamento do tributo devido, o registro do título e a obtenção do CPB.

Entretanto, isso não significa que tais contratos não sejam objetos de exame pela agência, pois eles são necessários para, por exemplo, identificar se os direitos sobre a obra pertencem, ou estão licenciados, àquele que requerer o

---

102 Texto elaborado com a colaboração de Rodrigo Kopke Salinas.

registro de determinado título, ou para definir se determinada relação de coprodução entre empresa produtora brasileira e empresa coprodutora estrangeira com o objetivo de obtenção de incentivos fiscais à produção atende aos requisitos legais que visam à classificação da obra a ser produzida como brasileira.

Não se vê por que seria necessário o registro do contrato de produção, coprodução ou exploração de obra audiovisual se a agência não irá aprová-lo e tampouco detém qualquer poder de interferência sobre a autonomia da vontade das partes expressa no documento. Contudo, deve a agência, no exercício de seu poder de fiscalização e de concessão de incentivos fiscais à cultura, verificar se a produção, ou coprodução, que se pretende realizar com incentivo fiscal atende aos requisitos legais.

Talvez para permitir o exercício dessa fiscalização o art. 29 da MP n. 2.228 determine que, previamente, e juntamente com o comprovante do pagamento da Condecine, aquele que contratar com terceiros os direitos de produção, coprodução, distribuição, licença, exibição, importação, exportação ou qualquer comercialização de obra audiovisual informe à Ancine sobre o fato.

Contratos de coprodução de obra cinematográfica

É importante referirmos primeiramente que a obra cinematográfica é protegida pelo direito de autor, como dispõe o art. 2°, item 1, da Convenção de Berna para a Proteção das Obras Literárias Artísticas e Científicas, no que se segue o art. 7°, VI, da Lei federal n. 9.610/98, razão pela qual os contratos de produção ou coprodução de obra audiovisual, assim como aqueles relativos à cessão, parcial ou total, dos direitos de exploração da obra e aqueles de importação ou de exportação de obra audiovisual, têm por objeto direitos de autor.

Por isso, em todos os contratos que tenham por objeto a obra audiovisual, é importante que seja definido quem é o respectivo titular dos direitos autorais patrimoniais e, por conseguinte, titular dos direitos de sua exploração comercial.

Antes de tudo, cumpre abrirmos um parêntese para frisar que a Lei n. 9.610, de 19 de fevereiro de 1998, substituiu a expressão obra cinematográfica, contida na legislação anterior, a Lei n. 5.988/73, pela expressão obra audiovisual, na qual estão compreendidas a obra cinematográfica e também as obras televisivas e todas aquelas que sejam resultado da expressão conjunta de imagens em movimento, com ou sem som.

A exemplo da revogada Lei federal n. 5.988/73, o art. 16 da Lei n. 9.610/98 instituiu um regime específico para a determinação da autoria na obra audiovisual e, por conseguinte, na obra cinematográfica. Com efeito, a legislação estabelece três pessoas como possíveis coautores da obra audiovisual: o autor do argumento literário, o autor do argumento musical e o diretor. Não obstante, a mesma legislação define como produtor da obra audiovisual aquele que "toma a iniciativa e tem a responsabilidade econômica da primeira fixação do fonograma ou da obra audiovisual, qualquer que seja a natureza do suporte utilizado" (art. 5°, XI). A despeito de conceituar o produtor de obra audiovisual, a lei não instituiu, a exemplo da legislação correlata em outros países, um regime de presunção legal de cessão de direitos autorais das pessoas físicas coautoras da obra audiovisual para o produtor, pelo qual este tornar-se-ia automaticamente o titular dos direitos autorais patrimoniais sobre a obra audiovisual produzida e, por conseguinte, estaria legitimado para proceder à sua exploração comercial. Dessa forma, revestem-se de importância crucial os contratos do coautor com os produtores da obra audiovisual. De acordo com o novo regime legal, o produtor deve adquirir, por contrato de cessão, os direitos autorais dos coautores da obra audiovisual, que são pessoas físicas, para que possa proceder à exploração comercial da obra.

Já pelo contrato de coprodução de obra audiovisual, duas ou mais empresas associam-se para unir esforços conjuntos, visando à produção da obra, e também estabelecem o regime de cotitularidade de direitos autorais patrimoniais sobre a obra audiovisual a ser produzida. Pressupõe-se estar devidamente regularizada contratualmente a relação do produtor, ou dos produtores, com os coautores da obra.

Nesse sentido, o objetivo do contrato de coprodução é estabelecer fundamentalmente a união de esforços das partes visando à realização do filme e, consequentemente, à partilha de direitos dos coprodutores sobre a obra audiovisual e das receitas oriundas de sua exploração econômica e, ainda, qual das partes deverá exercer, em nome das demais, os direitos de utilização e exploração comercial da obra.

Outro elemento essencial do contrato de coprodução audiovisual, além de estabelecer o percentual de titularidade nos direitos autorais da obra, é determinar a participação de cada um dos produtores no orçamento do produto audiovisual.

Além disso, o contrato de coprodução deve demonstrar requisitos que são exigidos pela legislação de incentivo fiscal à cultura em nível federal, quais sejam, o caráter independente da produção audiovisual e o fato de que a obra será considerada uma obra brasileira.

Os mecanismos de incentivo fiscal à cultura para a atividade audiovisual, estabelecidos nos arts. 1º, 1º-A e 3º e 3º-A da Lei n. 8.685/93, determinam com clareza que a obra beneficiada deverá ser brasileira. O conceito de obra brasileira está, por sua vez, no art. 1º, V, da MP n. 2.228/2001, que estabelece três hipóteses. A primeira é aquela em que a obra a ser produzida o seja por empresa brasileira registrada na Ancine (sendo que a própria MP n. 2.228/2001, no § 1º do art. 1º, traz o conceito de empresa brasileira, qual seja, aquela que "constituída sob as leis brasileiras, com sede e administração no país, cuja maioria do capital total e votante seja de titularidade direta ou indireta de brasileiros natos ou naturalizados há mais de dez anos, os quais devem exercer de fato e de direito o poder decisório na empresa"). Já a segunda e a terceira hipóteses trazem a associação com o conceito de coprodução. A segunda contempla a hipótese de ser brasileira, a obra realizada em regime de coprodução com empresa estrangeira cujo país mantenha acordo de coprodução com o Brasil, e em consonância com suas disposições, isto é, observando-se o que determina esse acordo. A terceira hipótese é aquela em que o país da empresa estrangeira não mantém acordo bilateral de coprodução com o Brasil, devendo, portanto, observar-se "a titularidade de, no mínimo, 40% dos direitos patrimoniais da obra" à empresa brasileira, e também de se utilizar para sua produção, no mínimo, 2/3 de artistas e técnicos brasileiros ou residentes no Brasil há mais de três anos.

Não obstante, o incentivo fiscal à cultura tenha em si o objetivo de fomento à produção cultural nacional, a característica específica da atividade audiovisual de internacionalização da produção, principalmente por meio da associação de empresas produtoras brasileiras a produtoras estrangeiras para o financiamento dessa produção, levou a que a questão da nacionalidade da obra a ser produzida mediante incentivos fiscais do governo brasileiro tivesse de ser regulada com detalhes nos diplomas legais que tratam da matéria. E a caracterização de determinada obra como brasileira ou estrangeira atende a requisito que está, normalmente, no contrato de coprodução, visto que é por meio deste que, normalmente, partilham-se os direitos patrimoniais de autor sobre ela.

Por isso, a principal preocupação dos acordos internacionais de coprodução cinematográfica é estabelecer a garantia de participação mínima das empresas dos respectivos países na titularidade dos direitos sobre a obra e também na partilha das receitas oriundas de sua exploração econômica. Assim, por exemplo, uma eventual divisão das receitas pelos mercados de exploração do filme deverá ater-se normalmente à proporcionalidade da contribuição financeira de cada um dos coprodutores no custo de produção do filme.

Registro de agente econômico

O registro de agentes econômicos na Ancine poderá ser realizado nas seguintes modalidades:

I – Registro completo de pessoa jurídica;
II – Registro simplificado de pessoa jurídica;
III – Registro de pessoa natural.

O registro de agente econômico na modalidade registro completo de pessoa jurídica é obrigatório para as pessoas jurídicas brasileiras que operam no mercado audiovisual e que desempenham atividades de produção, distribuição, programação, empacotamento e exibição de obras cinematográficas e videofonográficas.

O registro de agente econômico, na modalidade registro completo de pessoa jurídica, é obrigatório também para:

I – Todas as pessoas jurídicas brasileiras, que exerçam atividades econômicas audiovisuais e que objetivem utilizar recursos públicos, inclusive provenientes de incentivos fiscais, destinados à atividade audiovisual;
II – Responsável pela remessa das importâncias pagas, creditadas, empregadas, entregues ou remetidas ao contribuinte estrangeiro que se beneficie de abatimentos conforme disposto nos arts. 3° ou 3°-A da Lei n. 8.685/93, ou nos termos do inciso X do art. 39 da Medida Provisória n. 2.228-1/2001;
III – Representante legal no Brasil, responsável pela gestão das contas de recolhimento, do contribuinte estrangeiro beneficiário de abatimentos conforme disposto nos arts. 3° ou 3°-A da Lei n. 8.685/1993, ou nos termos do inciso X do art. 39 da Medida Provisória n. 2.228-1/2001;

IV – Pessoas jurídicas brasileiras, independentemente de sua atividade econômica, detentoras de direitos patrimoniais dirigentes de obras audiovisuais não publicitárias a serem registradas na Ancine.

No requerimento do registro completo de pessoa jurídica, o agente econômico deverá informar as suas controladas, controladoras e coligadas. Nos casos em que um agente econômico já tiver realizado o registro completo de pessoa jurídica, se constatado, posteriormente, a ocorrência de controle ou coligação não informada, a Ancine poderá aplicar as sanções previstas na Lei n. 11.437/2006, observando-se o devido processo administrativo de que trata a Lei n. 9.784/1999, sem prejuízo da apuração da infração administrativa descrita no art. 22 da Medida Provisória n. 2.228-1/2001, e seu regulamento.

Sobre documentos e critérios de registro de agente econômico ver a Instrução Normativa Ancine n. 91, de 01 de dezembro de 2010.

4
Mecanismos estaduais de incentivo à cultura

Alguns estados brasileiros possuem legislação de incentivo à cultura, como é o caso do Acre, da Bahia, do Ceará, do Mato Grosso do Sul, de Minas Gerais, da Paraíba, do Rio de Janeiro, do Rio Grande do Norte, do Rio Grande do Sul, de Santa Catarina e de São Paulo.

Parte dessas leis data do início da nova estrutura de incentivos fiscais no Brasil; a lei do Rio de Janeiro, por exemplo, data de 1992 e permanece em vigor até hoje.

Do mesmo modo que o incentivo federal se baseia no benefício de imposto de renda, os incentivos estaduais baseiam-se no imposto sobre operações relativas à circulação de mercadorias sobre prestação de serviços e de comunicação de transporte interestadual e intermunicipal (ICMS), tributo de competência dos estados federados.

A mais recente lei, comentada nessa nova edição do livro, é o programa de apoio à cultura do governo do estado de São Paulo, recentemente bastante aprimorado. A seguir, serão mantidas atualizadas as últimas alterações da lei de incentivo do estado da Bahia.

LEI DE INCENTIVO À CULTURA DO ESTADO
DE SÃO PAULO – PROGRAMA DE AÇÃO CULTURAL (PROAC)

O incentivo à cultura no estado de São Paulo foi introduzido pela Lei n. 12.268, de 20 de fevereiro de 2006, e foi regulamentado pelo Decreto n. 54.275, de 27 de abril de 2009. Essa legislação trata da criação do Proac, no limite do Estado de São Paulo, com o intuito de financiar o setor cultural. O programa recebeu recente unificação em seu regulamento a partir da edição das Resoluções ns. 96 e 100, de 22 de novembro de 2011.

Os recursos do programa são originados a partir de três mecanismos: o orçamento anual da Secretaria de Estado da Cultura; o Fundo Estadual de Cultura; e o mecanismo de incentivo fiscal. Nesse caso, as duas primeiras ferramentas consistem na disponibilização de recursos públicos para o financiamento de projetos a partir de apoios em editais. Os editais que disponibilizam recursos para as várias áreas estão sendo lançados aos poucos e devem ser anualmente reeditados. Neste texto cuida-se, no entanto, somente dos incentivos fiscais introduzidos pelo Proac.

São segmentos culturais beneficiados pela lei, de acordo com seu art. 4º:

> Art. 4º – Os recursos do PAC[1] serão destinados a atividades culturais independentes, de caráter privado, nos seguintes segmentos:
> I – artes plásticas, visuais e *design*;
> II – bibliotecas, arquivos e centros culturais;
> III – cinema;
> IV – circo;
> V – cultura popular;
> VI – dança;
> VII – eventos carnavalescos e escolas de samba;
> VIII – "hip-hop";
> IX – literatura;
> X – museu;
> XI – música;
> XII – ópera;

---

1 Legislação originalmente trata o programa de ação cultural de PAC, mas o programa teve seu nome alterado para Proac para evitar confusão com o programa do governo federal de aceleração do crescimento (PAC).

XIII – patrimônio histórico e artístico;
XIV – pesquisa e documentação;
XV – teatro;
XVI – vídeo;
XVII – bolsas de estudo para cursos de caráter cultural ou artístico, ministrados em instituições nacionais ou internacionais sem fins lucrativos;
XVIII – programas de rádio e de televisão com finalidades cultural, social e de prestação de serviços à comunidade;
XIX – projetos especiais – primeiras obras, experimentações, pesquisas, publicações, cursos, viagens, resgate de modos tradicionais de produção, desenvolvimento de novas tecnologias para as artes e para a cultura e preservação da diversidade cultural;
XX – restauração e conservação de bens protegidos por órgão oficial de preservação;
XXI – recuperação, construção e manutenção de espaços de circulação da produção cultural no Estado.

PROPONENTE DO PROJETO

Poderão apresentar projetos, como pessoa física, o próprio artista ou o detentor de direitos sobre o seu conteúdo e, como pessoa jurídica, cooperativas e empresas que tenham como objeto atividades artísticas e culturais, ou instituições culturais sem fins lucrativos[2]. É vedado a entidades da Administração Pública, direta ou indireta, federais, estaduais ou municipais. Tanto pessoas físicas quanto jurídicas devem comprovar domicílio ou sede no estado há pelo menos dois anos.

Os proponentes devem efetuar o Cadastro Geral de Proponente (CGP) junto à Secretaria de Cultura para fazer jus ao pleito do incentivo fiscal. Segundo informações do sítio da Secretaria de Cultura do Estado[3], o cadastro deverá vir acompanhado dos seguintes documentos:

a) Pessoa física:
- Cédula de Identidade (RG);
- Cadastro de Pessoa Física (CPF).

---

2 Art. 8º da Lei estadual n. 12.268, de 20 de fevereiro de 2006.
3 Disponível em: http://www.cultura.sp.gov.br/

b) Pessoa jurídica:

• Contrato ou Estatuto Social da sociedade ou instituição e suas alterações, devidamente registrado, que tenha sede e/ou domicílio no estado de São Paulo, há pelo menos 2 (dois) anos, constando em seus objetivos e finalidades a realização de atividades culturais e artísticas[4];

• Ata registrada da eleição da diretoria em exercício;

• Comprovante de inscrição no Cadastro Nacional de Pessoa Jurídica (CNPJ);

• Certidões Negativas relativas à Seguridade Social (INSS) e ao Fundo de Garantia por Tempo de Serviço (FGTS);

• Cédula de identidade (RG) e Cadastro de Pessoa Física (CPF) do representante legal da pessoa jurídica que firmou o cadastro de inscrição.

c) Pessoa jurídica – cooperativa[5]:

• Todos os documentos previstos na alínea *b* para a pessoa jurídica;

• Comprovante de que a pessoa física anuente é membro associado individual da cooperativa ou representante de núcleo de produção do projeto proposto;

• Comprovante de que a pessoa física anuente tem residência no estado de São Paulo há pelo menos 2 (dois) anos;

• Cédula de identidade (RG) da pessoa física anuente;

• Cadastro de pessoa física (CPF) do anuente.

O proponente, pessoa física ou jurídica, deverá ainda apresentar:

a) Certidão Negativa de Débitos de Tributos e Contribuições Federais;

b) Cópia dos comprovantes de domicílio ou sede há pelo menos 2 (dois) anos no Estado de São Paulo (IPTU, correspondência bancária, contas de água, luz, gás, telefone fixo ou contrato de aluguel de imóvel) em nome do proponente, sendo uma cópia de um comprovante atual e uma cópia de um comprovante de pelo menos 2 (dois) anos atrás;

---

4 Na hipótese da pessoa jurídica não ter realizado atividades culturais durante os últimos 2 (dois) anos, será facultada, para comprovação de atuação na área cultural, a apresentação dos currículos das pessoas físicas que a integrem ou com ela mantenham vínculo, que comprovem experiência na área cultural pelo período mínimo exigido.

5 Propostas apresentadas por meio de cooperativas deverão ter como responsável técnico/artístico do projeto o anuente cooperado que deverá ser previamente aprovado como proponente pessoa física.

c) Cópia assinada do Cadastro Geral do Proponente (CGP) realizado no sítio eletrônico www.cultura.sp.gov.br;

d) Currículo que comprove efetiva atuação na área cultural há pelo menos 2 (dois) anos.

Uma vez prestadas as informações e fornecidos os documentos solicitados, a Secretaria de Cultura comunicará o proponente da conformidade ou não de seu cadastro. Se aprovado o cadastro, o proponente receberá por e-mail um número de CGP e uma senha provisória para ter acesso ao cadastro de projetos no sistema. O proponente poderá ser dispensado de enviar fisicamente a documentação relacionada, quando estiver disponível a interface para a inclusão da documentação por meio digital, no portal de cadastro de proponente, exceto a cópia assinada do CGP.

APRESENTAÇÃO E APROVAÇÃO DE PROJETOS

Para a apresentação e aprovação de projetos deve-se, primeiramente, ser feito o cadastro (CGP), conforme anteriormente explicitado.

O proponente cadastrado – seja pessoa física ou jurídica – está habilitado para apresentar seu projeto em formato digital pelo sítio www.cultura.sp.gov.br.

Definido projeto cultural como a proposta de conteúdo artístico-cultural, com destinação exclusivamente pública, e de iniciativa da produção independente, que receberá os benefícios do Programa de Apoio à Cultura, serão os seguintes os valores máximos de projetos apresentados por pessoa jurídica para as áreas abaixo discriminadas[6]:

I – Artes plásticas, visuais e *design* – R$ 400.000,00;

II – Bibliotecas, arquivos e centros culturais – R$ 200.000,00[7];

---

6   No caso de proponente pessoa física, entendido aqui também o anuente cooperado, o valor máximo de captação de recursos para cada projeto, por meio do incentivo fiscal será a metade dos valores relacionados abaixo.

7   O valor determinado neste item poderá ser de até R$ 1.000.000,00 (um milhão de reais) desde que: I) o proponente seja entidade pública ou privada sem fins lucrativos; II) os recursos sejam destinados a Planos Anuais de Atividades, ficando vedada a utilização de recursos para custeio das despesas fixas de entidades; III) a entidade desenvolva atividades culturais diversificadas, de modo permanente e há pelo menos 02 (dois) anos de forma contínua; IV) a entidade promova a prestação pública de contas, sujeitas à auditorias e que tenha em sua estrutura um Conselho de Administração ou equivalente.

III – Cinema – R$ 600.000,00;
IV – Circo – R$ 200.000,00;
V – Cultura Popular – R$ 100.000,00;
VI – Dança – R$ 400.000,00;
VII – Eventos Carnavalescos e Escolas de Samba – R$ 300.000,00;
VIII – "Hip-Hop" – R$ 100.000,00;
IX – Literatura – R$ 200.000,00;
X – Museu – R$ 400.000,00;
XI – Música – R$ 300.000,00;
XII – Ópera – R$ 300.000,00;
XIII – Patrimônio Histórico e Artístico – R$ 500.000,00;
XIV – Pesquisa e Documentação – R$ 100.000,00;
XV – Teatro – R$ 500.000,00;
XVI – Vídeo – R$ 100.000,00;
XVII – Bolsas de estudos para cursos de caráter cultural ou artístico, ministrados em instituições nacionais ou internacionais sem fins lucrativos – R$ 50.000,00;
XVIII – Programas de Rádio e de Televisão com finalidades cultural, social e de prestação de serviços à comunidade – R$ 200.000,00;
XIX – Projetos Especiais – primeiras obras experimentações, pesquisas, publicações, cursos, viagens, resgate de modos tradicionais de produção, desenvolvimento de novas tecnologias para as artes e para a cultura e preservação da diversidade cultural – R$ 200.000,00;
XX – Restauração e Conservação de bens protegidos por órgão oficial de preservação – R$ 600.000,00;
XXI – Recuperação, Construção e Manutenção de espaços de circulação da produção cultural no Estado – R$ 500.000,00.

BENEFÍCIO FISCAL

A lei permite que para as pessoas jurídicas com estabelecimento em São Paulo o abatimento integral seja de até 3% de seu ICMS, caso patrocinem projetos culturais credenciados pela Secretaria de Cultura.

Os percentuais de desconto do ICMS devido variam conforme o volume desse imposto pago anualmente pela empresa – que vão de 0,038% a 3%, de acordo com a respectiva apuração anual do imposto, conforme Quadro 4.1 abaixo reproduzido[8]:

1 – 3% (três por cento) para contribuinte que tenha apurado imposto a recolher anual igual ou inferior a R$ 74.999.999,99 (setenta e quatro milhões, novecentos e noventa e nove mil, novecentos e noventa e nove reais e noventa e nove centavos);
2 – 2% (dois por cento) para contribuinte que tenha apurado imposto a recolher anual entre R$ 75.000.000,00 (setenta e cinco milhões de reais) e R$ 119.999.999,99 (cento e dezenove milhões, novecentos e noventa e nove mil, novecentos e noventa e nove reais e noventa e nove centavos);
3 – 1,25% (um inteiro e vinte e cinco centésimos por cento) para contribuinte que tenha apurado imposto a recolher anual entre R$ 120.000.000,00 (cento e vinte milhões de reais) e R$ 199.999.999,99 (cento e noventa e nove milhões, novecentos e noventa e nove mil, novecentos e noventa e nove reais e noventa e nove centavos);
4 – 0,75% (setenta e cinco centésimos por cento) para contribuinte que tenha apurado imposto a recolher anual entre R$ 200.000.000,00 (duzentos milhões de reais) e R$ 299.999.999,99 (duzentos e noventa e nove milhões, novecentos e noventa e nove mil, novecentos e noventa e nove reais e noventa e nove centavos);
5 – 0,50% (cinquenta centésimos por cento) para contribuinte que tenha apurado imposto a recolher anual entre R$ 300.000.000,00 (trezentos milhões de reais) e R$ 499.999.999,99 (quatrocentos e noventa e nove milhões, novecentos e noventa e nove mil, novecentos e noventa e nove reais e noventa e nove centavos);
6 – 0,30% (trinta centésimos por cento) para contribuinte que tenha apurado imposto a recolher anual entre R$ 500.000.000,00 (quinhentos milhões de reais) e R$ 749.999.999,99 (setecentos e quarenta e nove milhões, novecentos e noventa e nove mil, novecentos e noventa e nove reais e noventa e nove centavos);
7 – 0,20% (vinte centésimos por cento) para contribuinte que tenha apurado imposto a recolher anual entre R$ 750.000.000,00 (setecentos e cinquenta milhões de reais) e R$ 999.999.999,99 (novecentos e noventa e nove milhões, novecentos e noventa e nove mil, novecentos e noventa e nove reais e noventa e nove centavos);
8 – 0,15% (quinze centésimos por cento) para contribuinte que tenha apurado imposto a recolher anual entre R$ 1.000.000.000,00 (um bilhão de reais) e R$ 1.499.999.999,99 (um bilhão, quatrocentos e noventa e nove milhões, novecentos e noventa e nove mil, novecentos e noventa e nove reais e noventa e nove centavos);
9 – 0,10% (dez centésimos por cento) para contribuinte que tenha apurado imposto a recolher anual entre R$ 1.500.000.000,00 (um bilhão e quinhentos milhões de reais) e R$ 2.499.999.999,99 (dois bilhões, quatrocentos e noventa e nove milhões, novecentos e noventa e nove mil, novecentos e noventa e nove reais e noventa e nove centavos);

---

8   Extraído do Decreto SF n. 51.944, de 29 de junho de 2007.

10 – 0,06% (seis centésimos por cento) para contribuinte que tenha apurado imposto a recolher anual entre R$ 2.500.000.000,00 (dois bilhões e quinhentos milhões de reais) e R$ 3.999.999.999,99 (três bilhões, novecentos e noventa e nove milhões, novecentos e noventa e nove mil, novecentos e noventa e nove reais e noventa e nove centavos);

11 – 0,038% (trinta e oito milésimos por cento) para contribuinte que tenha apurado imposto a recolher anual igual ou superior a R$ 4.000.000.000,00 (quatro bilhões de reais).

O desconto no ICMS devido será integral (100%), não havendo contrapartida do contribuinte ou mesmo do proponente do projeto obrigatória para uso destes recursos. Esse mecanismo não veda, ainda, a cumulatividade com outros incentivos em vigor.

INCENTIVADOR DO PROJETO

O incentivador do projeto será, necessariamente, a pessoa contribuinte do ICMS no estado de São Paulo, que fará a dedução nos impostos no formato apresentado. Para tanto, o contribuinte incentivador deverá preencher os seguintes requisitos, de acordo com sua regulamentação:

a) Prévio cadastro e habilitação na Secretaria da Fazenda (o patrocinador se inscreve no sítio da Secretaria de Estado da Fazenda (www.fazenda.sp.gov.br) e aguarda a resposta de qual valor poderá ser disponibilizado mensalmente para apoiar projetos com isenção de ICMS);
b) Regularidade fiscal;
c) Regularidade com o sistema da seguridade social;
d) Tenha apurado ICMS a recolher no ano imediatamente anterior.

O incentivador não poderá ter qualquer participação nos direitos patrimoniais, autorais ou receitas resultantes do projeto incentivado. A lei veda, ainda, vínculo entre proponente e patrocinador, que não pode apoiar projetos em que seja(m) beneficiário(a)(s) a empresa patrocinadora, seus proprietários, sócios, diretores, cônjuges e parentes em primeiro grau, salvo nos casos de projetos de conservação ou restauração de bens protegidos por órgão público.

TRAMITAÇÃO DO PROCESSO ADMINISTRATIVO

Estando regularmente cadastrados proponente e incentivador, o projeto deve ser encaminhado à Comissão de Análise de Projetos (CAP) que fará a análise deste tendo como critérios exclusivos:

I – Interesse público[9];
II – Compatibilidade de custos;
III – Capacidade demonstrada pelo proponente e responsável técnico/artístico para a realização do projeto; e
IV – Atendimento da legislação relativa ao Proac.

A CAP poderá ainda, se necessário, solicitar ao promotor dados complementares ao projeto apresentado, ou mesmo encaminhar os projetos para análise e manifestação de órgãos setoriais e comissões técnicas da Secretaria de Cultura, ou a outros profissionais especializados.

A lei teve o cuidado de acrescentar a vedação à intervenção de qualquer natureza por parte da CAP no projeto cultural apresentado.

Pode ser aprovado apenas um projeto por proponente pessoa física e dois projetos para proponente pessoa jurídica. A aprovação de mais de um projeto por proponente dependerá do desenvolvimento ou da retirada do projeto anterior[10].

Uma vez aprovado o projeto, a CAP emitirá um Certificado de Incentivo Cultural, documento contendo a identificação do proponente, a denominação do projeto e seu respectivo segmento cultural, a data de aprovação e o valor autorizado para captação. Ele comprova que o projeto pode ser objeto do aporte de recursos passíveis de dedução fiscal durante o mesmo exercício fiscal em que foi aprovado, sem prejuízo da possibilidade de renovação[11].

Os proponentes (e seus responsáveis) declarados inadimplentes em razão da inadequada aplicação dos recursos recebidos ou pela não realização do pro-

---

9 Poderão ser consideradas de interesse público e artístico, nos termos do inciso I deste artigo, as atividades relacionadas às expressões culturais, de acordo com o artigo 4º da Lei n. 12.268/2006.
10 Trata-se, aqui, de procedimento que, ao que parece, será adotado pela Secretaria Estadual, muito embora não conste de lei ou de qualquer ato regulamentar infralegal.
11 A primeira renovação para a captação do exercício seguinte será automática.

jeto não poderão celebrar qualquer outro ajuste ou receber recursos do governo do estado por um período de cinco anos.

PRESTAÇÃO DE CONTAS

As normas para execução de projetos bem como para sua prestação de contas estão expressas na Resolução 96, de 22 de novembro de 2011.

Vale ressaltar aqui alguns aspectos relativos à prestação de contas que será examinada em prévio agendamento na Secretaria do Programa de Ação Cultural, cópias dos documentos abaixo relacionados:

1 – Extratos bancários: Deverão ser apresentados extratos mensais que comprovem a abertura e a manutenção de conta-corrente em uma das agências da instituição bancária indicada pela SEC, exclusiva para movimentação financeira relativa ao projeto aprovado, em nome do proponente. Os recursos não poderão ser geridos em outra conta bancária e tampouco será permitido depositar ou receber recursos de outras fontes, devendo a conta ser exclusiva para a movimentação dos recursos originários da captação via Proac – ICMS. Os extratos mensais deverão demonstrar a movimentação financeira referente ao período compreendido entre a primeira liberação de recursos pelo Programa de Ação Cultural e o último pagamento, registrando saldo zero no início do projeto, e comprovando que a conta foi zerada ao final. Além disso, no caso de aplicação dos recursos, o proponente deverá apresentar demonstrativo bancário que informe os rendimentos auferidos.

2 – Documentos explicativos do relatório financeiro: O proponente deverá apresentar documento explicativo sempre que for necessário para esclarecer eventuais ajustes feitos pela instituição financeira, tais como estornos ou movimentações feitas pelo Banco.

3 – Notas fiscais: O proponente deverá apresentar cópias das notas fiscais em primeira via, autenticadas por Tabelião ou acompanhadas dos respectivos originais para autenticação, quando da aquisição de materiais e da contratação de serviços com pessoas jurídicas. As notas fiscais deverão ser emitidas dentro do prazo de vigência determinado pela autoridade fazendária e ter, obrigatoriamente, todos os campos de seu cabeçalho preenchidos. Deverão conter também o número existente no respectivo Certificado de Incentivo Cultural emitido pela SEC, por ocasião da aprovação do projeto, o nome do projeto e a descrição legível dos produtos ou dos serviços. Quando for o caso, deverão conter, também, as retenções devidas, bem como os respectivos comprovantes de pagamento (guias de recolhimento), anexados.

4 – Recibos: Os recibos serão utilizados quando se tratar de contratação de pessoas físicas. Deverão ser apresentados em primeira via, no original ou em cópias autenticadas por Tabelião, ou ainda em cópias acompanhadas dos originais para autenticação, e conter o nome do proponente, o nome do projeto e o número do Programa de Ação Cultural, a descrição dos serviços prestados, o valor pago, a data de emissão do documento, a assinatura e os dados pessoais do profissional prestador de serviços: nome e endereço completos, CPF e documento de identidade. Além disso, deverão indicar os impostos devidos e respectivos comprovantes de pagamento.

5 – Conhecimentos de Transporte: Para comprovar os serviços de transporte intermunicipal e interestadual de cargas previsto no projeto aprovado pela CAP.

6 – O proponente deverá apresentar comprovação de recolhimento dos impostos, referentes às retenções definidas por lei, devidos em razão de pagamentos efetuados para a execução do projeto, quando for o caso.

7 – Comprovantes de Deslocamento: recibos de táxi, passagens aéreas e rodoviárias, *tickets* de pedágio e taxas de embarque, relativos a deslocamentos e viagens previstos no projeto aprovado pela CAP, estão liberados da indicação do vínculo com o projeto do Programa de Ação Cultural, obedecendo ao limite do valor autorizado pela CAP, observado o disposto no art. 7º. O proponente deverá apresentar, juntamente com cada passagem, o nome do passageiro e sua respectiva função no projeto.

8 – Outros documentos: os pagamentos de pequenas despesas de valores inferiores a R$ 50,00 (cinquenta reais), limitado a 1% do valor do projeto, poderão ser aceitos mediante declaração feita pelo proponente, explicando e justificando qual o vínculo dos mesmos para a realização do projeto.

LEI DE INCENTIVO À CULTURA DA BAHIA – FAZCULTURA

A Lei n. 7.015, de 9 de dezembro de 1996, institui o incentivo à cultura nos limites do estado da Bahia. O Programa Estadual de Incentivo à Cultura, mais conhecido como Fazcultura, abre caminho para as pessoas jurídicas financiarem a atividade cultural nas mais diversas áreas, mediante abatimento de até 5% do ICMS (imposto sobre operações relativas à circulação de mercadorias sobre prestação de serviços e de comunicação de transporte interestadual e intermunicipal) a recolher, contando com o limite de 80% do projeto a ser patrocinado.

A lei visa beneficiar projetos do segmento cultural, que incluem:

I – Promover o incentivo à pesquisa, ao estudo, à edição de obras e à produção das atividades artístico-culturais nas seguintes áreas:
   a) artes cênicas, plásticas e gráficas;
   b) cinema e vídeo;
   c) fotografia;
   d) literatura;
   e) música;
   f) artesanato, folclore e tradições populares;
   g) museus;
   h) bibliotecas e arquivos.

II – Promover a aquisição, manutenção, conservação, restauração, produção e construção de bens móveis e imóveis de relevante interesse artístico, histórico e cultural;

III – Promover campanhas de conscientização, difusão, preservação e utilização de bens culturais;

IV – Instituir prêmios em diversas categorias, dentre as áreas indicadas no item I (Ex.: artes cênicas, música etc.).

A legislação da Bahia exige, em seu art. 5°, que o evento decorrente do projeto cultural incentivado seja realizado obrigatoriamente no território de seu estado, o que não implica dizer que ele deva ocorrer exclusivamente lá. O art. 3° do regulamento determina que o lançamento do evento deve ocorrer no estado da Bahia[12].

A lei do estado baiano prevê o prazo para apresentação de projetos em resolução da Comissão Gerenciadora. Periodicamente as resoluções determinam os prazos para apresentação de projetos e os respectivos critérios de avaliação.

---

12 § 3° do art. 3° do Decreto Estadual n. 12.901, de 13 de maio de 2011.

PROPONENTE DO PROJETO

Podem ser proponentes de projeto ao Fazcultura pessoas físicas ou jurídicas, sendo documentos necessários para o pleito do incentivo:

I – para todos os proponentes:
a) currículo;
b) documentação específica básica de acordo com área de atuação do projeto, a ser estabelecida em Resolução da Comissão Gerenciadora;
II – se pessoa jurídica de direito privado:
a) cópia do Cadastro Nacional de Pessoa Jurídica (CNPJ);
b) cópia de Contrato Social ou Estatuto, devidamente registrado na Junta Comercial do Estado da Bahia (Juceb) ou nos Cartórios de Registro de Pessoas Jurídicas, e demais alterações, incluindo ata de designação do(s) representante(s) legal(is);
c) cópia do registro comercial para empresas individuais;
d) cópia do documento de identificação do responsável pela pessoa jurídica e do seu Cadastro de Pessoa Física (CPF);
III – se pessoa jurídica de direito público:
a) cópia do Cadastro Nacional de Pessoa Jurídica (CNPJ);
b) cópia do diploma de Prefeito ou do Decreto de nomeação;
c) cópia do documento de identificação do responsável pela pessoa jurídica e do seu Cadastro de Pessoa Física (CPF);
III – se pessoa física:
a) cópia do documento de identificação;
b) cópia do Cadastro de Pessoa Física (CPF).

O proponente do projeto pode ser representado por um procurador, desde que apresente instrumento público de constituição. Nesse caso, ainda, deverão ser anexadas, fotocópias do documento de identificação e cartão de inscrição do contribuinte no cadastro de pessoa física do Ministério da Fazenda, além da documentação exigida do proponente.

TRAMITAÇÃO DO PROCESSO ADMINISTRATIVO

O projeto deve ser apresentado com todas as folhas numeradas e rubricadas pelo proponente, iniciando pelo formulário próprio do programa em duas vias, digitado ou datilografado, assinado por proponente domiciliado na Bahia há pelo menos três anos com indicação de:

a) Nomes e apresentação dos currículos e cartas de anuência dos responsáveis pela identidade do projeto devidamente discriminados por área de conhecimento;

b) Local e tipo de espaço onde será realizado o projeto.

Em todos os projetos a serem beneficiados pelo programa Fazcultura existe a exigência de 75% (setenta e cinco por cento) dos principais profissionais serem baianos ou residentes e domiciliados no estado da Bahia. Deverão ser apresentados os nomes dos responsáveis pela identidade do projeto, acompanhados de currículos e cartas de anuência, conforme especificações contidas para projetos de cada área (vide logo a seguir). Projetos com duração superior a 06 meses devem apresentar, pelo menos, 25% da programação, devendo o proponente complementá-la em períodos acordados com a Secretaria Executiva do Programa Fazcultura.

Os projetos de oficinas devem apresentar a proposta a ser trabalhada, e indicar conteúdo, planejamento, público alvo, metodologia, duração, carga horária, professores e monitores com os respectivos currículos. Na realização de editais, festivais, prêmios, concursos e similares deverá ser apresentado o currículo resumido dos membros da comissão julgadora e o regulamento, cabendo à Comissão Gerenciadora do Fazcultura indicar um representante para integrar a comissão julgadora.

Ao projeto já aprovado e realizado anteriormente, que for concorrer novamente ao benefício do programa, com repetição de seus conteúdos fundamentais, deverá ser anexado relatório de atividades contendo as ações previstas e as executadas, bem como justificativa dos benefícios da continuidade do projeto.

O orçamento analítico de execução do projeto deverá ser o mais detalhado possível, não sendo admitidos itens genéricos que não expressem com clareza a descrição, a quantificação e os custos dos serviços e bens. Deverão constar na planilha orçamentária os seguintes tributos e taxas: pagamento destinado ao Ecad e à SBAT, quando o evento for com entrada franca; e contribuição previdenciária patronal (INSS) devida, quando do pagamento à pessoa física. A memória de cálculo da contribuição do INSS deverá ser apresentada em planilha anexa ao orçamento.

As despesas com INSS poderão ultrapassar o limite dos recursos próprios do patrocinador. As despesas com divulgação, incluindo gastos com recursos humanos, materiais e serviços previstos para esse fim, deverão ser calculadas em separado, obedecendo ao limite máximo de 20% (vinte por cento) sobre o valor da realização efetiva da proposta, sendo que as despesas com assessoria de imprensa e material gráfico (convites, ingressos, programas, panfletos, folders, cartazes) poderão fazer parte do custo de realização efetiva da proposta. O item administração, quando existir, deverá vir alocado na planilha orçamentária, após o valor de realização efetiva da proposta, não podendo ultrapassar 15% (quinze por cento) deste; despesas de agenciamento ou captação, quando existirem, deverão ser incluídas no total destinado à administração. No caso de projetos de circulação fora do estado da Bahia, só serão admitidas despesas nos seguintes itens: traslado, hospedagem, alimentação, pauta, contratação eventual de técnicos, aluguel de equipamentos e divulgação.

Não serão objeto de incentivo as despesas com recepção social, coquetel, confraternização, passeio ou congêneres, reservando-se a possibilidade de pertinência de despesas com recepcionistas, no caso de projetos de seminários, bienais, festivais e similares. No caso de projetos de edição, deverão ser observadas as seguintes condições:

 a) Gravação de CD: tiragem mínima de 1.000 e máxima de 3.000 unidades;
 b) Gravação de DVD: tiragem mínima de 500 e máxima de 1.000 unidades;
 c) Catálogo: tiragem mínima de 500 e máxima de 1.000 exemplares;
 d) Livros: tiragem mínima de 1.000 e máxima de 2.000 exemplares; ou, de preferência, digitalização e edição programada;
 e) Periódicos: tiragem mínima de 2.000 e máxima de 3.000 exemplares.

O projeto deve ser realizado no prazo estipulado no formulário de inscrição, obedecendo o cronograma e o orçamento aprovados pela comissão gerenciadora.

O proponente deverá apresentar, no formulário de inscrição, sua proposta de benefícios a comunidades baianas. Caberá à Comissão Gerenciadora do Fazcultura a análise do preço de comercialização fixado pelo proponente, estando este valor sujeito a alteração.

APROVAÇÃO DO PROJETO

Quando o projeto é aprovado, a Secretaria Executiva emite o certificado de enquadramento e fornece a ficha cadastral do patrocinador ao produtor. O prazo para emissão do certificado de enquadramento para assinatura do presidente da Comissão Gerenciadora é de 120 dias contados da data de inscrição, salvo se ocorrer diligência. O patrocinador deve preencher a ficha com as informações sobre sua empresa e encaminhá-la à secretaria executiva.

A ficha é enviada para a Secretaria da Fazenda, que analisa a situação fiscal do contribuinte patrocinador. Caso este não esteja em situação regular com o Fisco, o produtor será avisado de seu impedimento como patrocinador. Caso esteja regular, o produtor deverá comunicar o proponente para que assine o termo de compromisso com o patrocinador (no qual assinam patrocinador e produtor: o primeiro se compromete a transferir os recursos necessários para o projeto e o segundo a realizá-lo na forma e condições propostas), abertura de conta corrente específica, nas agências e instituições bancárias autorizadas pela Secretaria da Fazenda, para a movimentação de recursos desse projeto e, por fim, realizar a respectiva transferência de valores.

O produtor deverá entregar à Secretaria da Fazenda o termo de compromisso com o respectivo comprovante de depósito do patrocínio. Com esses documentos entregues, a Secretaria Executiva emite o Título de Incentivo e entrega-o ao patrocinador, que poderá utilizar-se do benefício no mês seguinte à transferência de valores para o projeto (benefício a cada incidência do imposto). O título de incentivo é um título nominal, intransferível, emitido pela comissão gerenciadora da Fazcultura, que especificará exatamente os valores que o patrocinador poderá utilizar para abatimento do ICMS.

A Resolução n. 780/04 trata exclusivamente da fixação e limites relativos a festejos juninos.

DISTRIBUIÇÃO DE RECURSOS DA LEI

Anualmente, a Comissão Gerenciadora define como será efetuada a distribuição de recursos entre as áreas de atuação. Esse é um aspecto inovador nas leis de incentivo, utilizado pela lei do estado da Bahia, que deve gerenciar o problema de limite orçamentário frente a uma demanda sempre crescente. No ano de 2007, a Resolução n. 65/2007 faz pequenos ajustes no texto das resoluções anteriores, definindo a distribuição por área. A regulamentação fixa ainda o limite orçamentário da mesma maneira que a distribuição, de R$ 40 mil a 1 milhão. Projetos de valores maiores exigem uma contrapartida proporcionalmente maior por parte do patrocinador; a resolução fixa todos esses percentuais. Para o exercício de 2007, os recursos foram distribuídos entre sete áreas, de acordo com os percentuais abaixo discriminados:

Tabela 4.1   Percentuais por área de atuação/Fazcultura.

Área de Atuação	Participação
Artes Cênicas (dança, teatro, circo, ópera)	20%
Música	20%
Cinema e Vídeo	20%
Literatura	05%
Artes Plásticas, Gráficas e Fotografia	10%
Artesanato, Folclore e Tradições Populares	10%
Arquivo, Biblioteca, Museu e Bens Móveis, Imóveis e Integrados	15%

Os percentuais indicados nas áreas acima serão distribuídos regionalmente nas proporções indicadas abaixo:

Tabela 4.2   Distribuição regional do Fazcultura.

Região	Participação
Projeto executado na Região Metropolitana de Salvador – RMS e proponente residente na região	50 %
Projeto executado em municípios do interior e proponente residente na RMS	30 %
Projetos executados em municípios do interior e da RMS e proponente residente no interior	20%

Em caso de não utilização total de recursos por uma das áreas de atuação relacionadas, ou por região discriminada acima, estes poderão ser remanejados por resolução aprovada pela Comissão Gerenciadora do Fazcultura.

Os projetos serão beneficiados, obedecendo-se aos seguintes limites:

a) R$ 40.000,00 (quarenta mil reais), quando relativos a Folclore ou Tradição Popular;

b) R$ 200.000,00 (duzentos mil reais), quando relativos a Artesanato, Artes Cênicas, Música, Literatura, Artes Plásticas, Gráficas, Fotografia ou Vídeo;

c) R$ 350.000,00 (trezentos e cinquenta mil reais), quando relativos a projeto de circulação por, ao menos, 10 (dez) cidades do interior da Bahia;

d) R$ 500.000,00 (quinhentos mil reais), quando relativos à manutenção de instituição de Direito Privado de natureza cultural, sem fins lucrativos e declarada de utilidade pública estadual;

e) R$ 1.000.000,00 (hum milhão de reais), quando relativos a Cinema, Arquivo, Biblioteca, Museu, Bens Móveis, Imóveis e Integrados.

Os projetos acima dos limites fixados anteriormente devem apresentar o plano de captação de recursos do valor referente a outras fontes. O incentivo fiscal para os projetos indicados será de 80% (oitenta por cento) do valor total do projeto, devendo a empresa patrocinadora contribuir com recursos próprios em parcela equivalente a, no mínimo, 20% (vinte por cento) do valor total da sua participação no projeto. O incentivo fiscal para os projetos indicados no item "e" acima deverá obedecer ao escalonamento de valores discriminado na tabela abaixo:

Tabela 4.3 Faixas de valor total do projeto x incentivo x contrapartida/Fazcultura.

Faixas de valor total do projeto	Incentivo máximo	Patrocinador
Até R$ 500.000,00	80%	20%
De R$ 500.000,01 a R$ 600.000,00	75%	25%
De R$ 600.000,01 a R$ 700.000,00	70%	30%
De R$ 700.000,01 a R$ 800.000,00	65%	35%
De R$ 800.000,01 a R$ 900.000,00	60%	40%
De R$ 900.000,01 a R$ 1.000.000,00	55%	45%

CRITÉRIOS PARA AVALIAÇÃO DE PROJETOS

As resoluções das comissões gerenciadoras n. 70, do ano de 2007, estabelecem os critérios gerais para avaliação de projetos que venham a ser apresentados sob essa legislação. Consideramos mais útil relacioná-los de forma sintética, no intuito de contribuir para aquele que vai apresentar projetos para a lei do estado da Bahia, ou mesmo busca definir parâmetros para sua legislação local:

a) Valor cultural do projeto:
i. Mérito artístico-cultural;
ii. Visibilidade e repercussão;
iii. Participação de novos talentos e/ou agentes culturais da Bahia;
iv. Incentivo à diversidade; e
v. Tradição e/ou originalidade.
b) Viabilidade e qualidade técnica do projeto:
i. Clareza e consistência das informações;
ii. Compatibilidade dos custos;
iii. Condições de sustentabilidade futura do projeto;
iv. Plano de distribuição comercial dos bens ou serviços culturais produzidos; e
v. Capacidade do projeto para agregar recursos de outras fontes.
c) Qualificação do produtor cultural e/ou da equipe executora do projeto:
i. Currículo do produtor cultural;
ii. Currículo do proponente; e
iii. Experiência e qualificação da equipe principal do projeto.
d) Benefícios sociais do projeto:
i. Geração direta de ocupação e renda no Estado;
ii. Efeito multiplicador do projeto;
iii. Possibilidade de formação técnica nas diversas linguagens ou áreas da cultura;
iv. Plano de acesso da população aos resultados do projeto; e
v. Capacidade inovadora e estruturante do projeto.
e) Relação custo/benefício do projeto.

O avaliador deverá levar ainda em conta na análise:

a) Despesas com serviços contábeis só serão permitidas quando o proponente for pessoa física;
b) Excluem-se em todas as hipóteses as despesas com serviços jurídicos e administrativos de terceiros[13];

---

13 Tais medidas soam um contrassenso, na medida em que posteriormente a Administração Pública exige organização jurídica e administrativa dos projetos.

c) É proibida a remuneração pela administração do projeto quando o proponente for o Poder Público, em qualquer esfera;

d) A aquisição de material permanente só será permitida por parte de pessoa jurídica de direito público ou privado, de natureza cultural, sem fins lucrativos e declaradas de utilidade pública estadual;

e) Projetos de manutenção de instituições de direito privado, de natureza cultural, sem fins lucrativos e declaradas de utilidade pública estadual, deverão apresentar:

i. Estimativa de receita, inclusive subvenções do poder público, quando houver;

ii. Planilha detalhada dos custos de manutenção, especificando os itens orçamentários cobertos pela receita da instituição, pelos recursos oriundos de outras fontes e pelo apoio do Fazcultura; e

iii. Indicação dos nomes dos profissionais e respectivas funções e remunerações;

f) Projetos de edição de livros, vídeos, CDs e DVDs só poderão ser apresentados uma única vez;

g) Novas tiragens só serão permitidas no caso de edições programadas e dentro do limite previsto para o total de exemplares em primeira edição;

h) Projetos de edição de periódicos poderão ser reapresentados uma única vez;

i) Os projetos de edição deverão prever a doação de 20% (vinte por cento) das tiragens ao sistema público de bibliotecas, através da Secult;

j) Projetos de filmes devem prever doação de cópia para o acervo do Estado;

k) Excluem-se os projetos cujos produtos sejam estreados ou lançados, em sua totalidade, fora da Bahia; e

l) Exclue-se a premiação em dinheiro.

São critérios específicos para cada uma das áreas, previstas na Resolução n. 65/2007:

Artes Cênicas e Música (Apresentações ao vivo)

1. O proponente deverá apresentar a seguinte documentação complementar:

a) ficha técnica pretendida, relacionando os nomes artísticos com as funções: Produtor, Diretor, Coreógrafo, Diretor Musical, Cenógrafo, Figurinista, Criador do Projeto de Iluminação, Assistentes, Intérpretes (Ex.: atores, dançarinos, músicos, grupos musicais, cantores, artistas de circo), Autor do Projeto Gráfico, dentre outros;

b) currículo e carta de anuência dos responsáveis pela identidade do projeto: diretor, coreógrafo, o curador da mostra ou festival, ou profissional equivalente;

c) texto ou argumento e roteiro do espetáculo a ser apresentado. Em se tratando de texto ou roteiro a ser criado no processo de realização do projeto, apresentar metodologia pretendida para sua criação e finalização;

d) memorial descritivo da proposta coreográfica, contendo uma sinopse do conteúdo temático e da proposta de concepção cênica e abordagem estética;

e) indicação de roteiro musical e/ou trilha sonora do espetáculo;

f) informação quanto ao uso do espaço, recursos técnicos, cenográficos, de iluminação, figurino e caracterização, além de outras formas de expressão a serem integradas à linguagem coreográfica; e

g) autorização ou orçamento de liberação de direitos autorais cedidos pelo titular (autor ou editor).

2. O proponente deverá apresentar as seguintes informações no formulário:

a) no campo 46 (Tema e Objetivo do Projeto):
• concepção e processo de criação pretendidos para a realização, definindo o perfil artístico e técnico da equipe; e
• concepção pretendida para a ambientação plástica e sonora (Ex.: cenografia, figurinos, iluminação, eventuais adereços, eventual trilha sonora – ao vivo ou gravada).

b) no campo 48 (Estratégia de Ação) indicações sobre:
• referências artísticas e técnicas;
• fontes de consulta;
• perfil e a forma de seleção dos participantes;
• forma de trabalho pretendida (Ex.: ensaios, leituras, improvisações, exercícios); e
• carga horária e o cronograma pretendidos.

Música e Literatura (Produção Fonográfica)

3. O proponente deverá apresentar a seguinte documentação complementar:

a) ficha técnica pretendida, relacionando os nomes artísticos com as funções: Produtor, Diretor Musical, Músicos, Artistas Convidados, Engenheiro de Som, Convidados, Autor do Projeto Gráfico;

b) currículo e carta de anuência dos responsáveis pela identidade do projeto: Artista ou Grupo beneficiado, Produtor, Diretor Musical, Artistas Convidados;

c) CD contendo músicas que serão gravadas. Nos casos específicos de música instrumental e coral, serão aceitos outras formas de registro, por exemplo, música escrita;

d) letras de todas as músicas, quando houver, com respectivas autorias e cartas de anuência, quando não do próprio artista;

e) autorização ou orçamento de liberação de direitos autorais cedidos pelo titular (autor ou editor); e

f) caso disponha, deve o proponente apresentar um CD contendo registros de outro(s) trabalho(s) já realizado(s) pelo grupo ou artista beneficiário do projeto.

4. Na produção fonográfica de obras literárias, a documentação complementar deverá observar o elencado no item 3, adaptando-se à especificidade da linguagem.

5. O proponente deverá observar as normas do Decreto n. 4.533/2002, do Governo Federal, sobre as obras fonográficas, que regulamenta o art. 113 da Lei n. 9.610/98 – Fonogramas.

Obras Audiovisuais – Cinema e Vídeo (Desenvolvimento de Roteiro Cinematográfico)

6. No caso de apoio ao desenvolvimento de roteiro cinematográfico do gênero ficção, inédito, é necessário a apresentação da seguinte documentação:

a) currículo do roteirista;

b) argumento do roteiro;

c) apresentação de declaração garantindo, quando da produção da obra audiovisual baseada no roteiro objeto desta Resolução, a citação expressa de que o roteiro foi desenvolvido por meio de incentivo do Fazcultura;

d) justificativa do projeto, contendo abordagem acerca do estilo, gênero, linguagem, aspectos criativos e importância de personagens; e

e) *story line*.

7. A liberação do recurso se dará da seguinte forma:

a) primeira parcela: inicio dos trabalhos;

b) segunda parcela: após a apresentação do roteiro em primeiro tratamento; e

c) terceira parcela: após a apresentação, em 02 (duas) vias digitadas ou datilografadas, do roteiro desenvolvido e devidamente registrado na Fundação Biblioteca Nacional.

Obras Audiovisuais – Cinema e Vídeo (Produção Cinematográfica)

8. O proponente deverá apresentar argumento em, no máximo, 03 (três) laudas e o roteiro devidamente registrado, observadas as seguintes especificidades:

a) ficção

Apresentação do roteiro tendo como base o argumento, com divisão de cenas por sequências, diálogos, ambientação e ação.

b) animação

Apresentação do roteiro do filme, acompanhado de diálogos e textos completos, e uma mostra do *storyboard* que descreva algumas cenas principais e demonstre a previsão de traços e enquadramento.

c) documentário

Apresentação de roteiro ou de pré-roteiro, com previsão de estrutura, esboço de textos, pesquisa prévia (sustentação teórico-prático da ideia que se pretende comunicar) e listagem de possíveis depoimentos.

9. No caso de obra de audiovisual de ficção, deverão ser apresentadas informações adicionais referentes à cenografia, figurino, efeitos especiais e digitais, locações e trilha sonora.

10. O proponente deverá apresentar ficha técnica acompanhada de currículos e termos de anuência ao projeto dos principais técnicos envolvidos no projeto: roteirista, diretor cinematográfico (ou de gravação ou de animação), diretor de fotografia e elenco principal.

11. Os projetos deverão ser acompanhados de todos os documentos relacionados no anexo II.

Literatura, Fotografia e Artes Gráficas (Edição)

12. Para edição de livros, catálogos e periódicos, o proponente deverá apresentar a seguinte documentação complementar:

a) ficha técnica acompanhada de currículo e carta de anuência dos responsáveis pela identidade do projeto: Autor (texto e/ou imagens) e Editor;
b) amostragem de fotografias e/ou ilustrações;
c) características do projeto gráfico do livro;
d) três orçamentos de gráficas baianas, sendo um deles da Empresa Gráfica da Bahia – EGBA; e
e) texto integral.

Artes Plásticas, Gráficas e Fotografia (Exposição)

13. O proponente deverá apresentar a seguinte documentação complementar:

a) ficha técnica acompanhada de currículo e carta de anuência dos responsáveis pela identidade do projeto: Artista(s) e Curador ou Coordenador da Mostra; e
b) documentação gráfica (descrição e esboço), fotográfica ou videográfica das obras a serem expostas/realizadas.

14. Havendo catálogo ou livro, devem ser observados os critérios específicos de Artes Gráficas (Edição).

Artesanato, Folclore e Tradições Populares

15. O proponente deverá apresentar ficha técnica acompanhada de currículos dos profissionais responsáveis pela elaboração e execução dos projetos.

16. Em caso de apresentação de manifestações tradicionais e/ou de realização de festas populares, festivais e feiras, o proponente deverá apresentar carta de anuência do principal responsável por cada manifestação popular envolvida, podendo ser presidentes de associações ou instituições representativas.

17. Quando se tratar de projetos relativos ao calendário de festas populares da Bahia, deverá ser observado o período tradicional de realização do festejo.

18. Quando o projeto abordar as comunidades artesanais tradicionais, onde a técnica artesanal é repassada de geração para geração, por tradição oral

ou aprendizado direto dos artesãos, o proponente deverá apresentar carta de anuência da associação ou instituição representativa da comunidade.

19. Projetos de apoio ou fomento ao artesanato tradicional, que incluam intervenção nas respectivas comunidades, deverão contar com a participação de profissionais da antropologia, e/ou sociologia, e/ou história, entre outras áreas afins, com experiência comprovada de atuação ou pesquisa no campo das tradições populares.

20. Projetos que registrem expressões materiais ou imateriais da cultura popular e que tenham distribuição comercial deverão assegurar em seu orçamento remuneração aos artistas envolvidos (artesãos, brincantes, cantadores, dentre outros).

Arquivo, Biblioteca e Museu

21. O proponente deverá apresentar a seguinte documentação complementar, de acordo com a natureza e as especificidades de cada projeto:

a) ficha técnica acompanhada de currículo comprovado e carta de anuência dos profissionais responsáveis pela identidade do projeto: arquivista, bibliotecário, museólogo ou historiador;

b) metodologia operacional e funcional prevista; e

c) planta do imóvel em escala, com distribuição dos espaços, sua destinação, mobiliários e equipamento.

22. No caso de construção, reforma ou restauração de imóvel para instalação de biblioteca, museu ou arquivo, devem ser cumpridas as exigências do item Construção, Reforma e/ou Ampliação e Restauração.

Arquivo

23. Descrição do acervo documental abrigado pela instituição, descrição dos conjuntos documentais que serão objeto da execução do projeto, com o estado de organização, conservação e intervenções necessárias.

Biblioteca

24. Apresentação de listagem do acervo, do equipamento e mobiliário, bem como organização técnica da coleção e informatização.

Museu

25. Indicação quantitativa e qualitativa do acervo a ser exposto; *layout* dos suportes de exposição (vitrines, bases e painéis) com descrição do material a ser empregado e orçamento discriminado; museografia, em escala, na planta do imóvel. Em caso de restauração do acervo, deverá ser anexado laudo com diagnóstico feito por restaurador, especificando a quantidade, estado de conservação (acompanhado de fotos), tipo de intervenção e orçamento.

Biblioteca digital

26. Informações sobre:
a) critérios de seleção do material a ser digitalizado;
b) armazenamento e número de obras que serão digitalizadas;
c) critérios de conversão;
d) processos a serem utilizados, tendo em vista as diferentes tipologias do suporte; e
e) forma de disponibilização e armazenamento do acervo digital.

27. Apresentação de autorização do autor ou titular dos direitos autorais.

28. Devem ser apresentados também os documentos constantes dos itens 32 e 33 deste anexo.

Bens Móveis, Imóveis e Integrados (Construção / Reforma e/ou Ampliação / Restauração)

29. O proponente deverá apresentar, além da ficha técnica acompanhada de currículo e carta de anuência dos profissionais, a seguinte documentação complementar:

Construção

a) título de propriedade do terreno;
b) projeto arquitetônico (planta(s) baixa(s), cortes, fachada(s) com especificações);
c) planta de situação em escala de 1:100 ou 1:200 (indicando as ruas e imóveis vizinhos);

d) projetos complementares (elétrico-eletrônico, hidráulico-sanitário e estrutural);
   e) orçamento com especificações de serviços e materiais; e
   f) cronograma físico-financeiro da obra.

Reforma e/ou Ampliação / Restauração

   a) título de propriedade do imóvel;
   b) fotos da situação atual. Após a conclusão da obra, deverão ser apresentadas, juntamente com o relatório para a prestação de contas, novas fotos para comparação com as que foram apresentadas no projeto;
   c) projeto arquitetônico (planta(s) baixa(s), cortes e fachada(s) indicando, de acordo com as normas, o que será construído, demolido e conservado, respectivamente, em cores vermelha, amarela e preta);
   d) projetos complementares (elétrico-eletrônico, hidráulico-sanitário e estrutural);
   e) planta de situação em escala de 1:100 ou 1:200 (indicando as ruas e imóveis vizinhos);
   f) orçamento com especificações de serviços e materiais; e
   g) cronograma físico-financeiro da obra.
   30. Todas as plantas devem ser assinadas pelo profissional responsável, com respectiva inscrição no Crea.
   31. No caso de propostas envolvendo bens tombados ou protegidos, apresentar a aprovação prévia do projeto pelo Iphan ou Ipac, inclusive com parecer sobre a qualificação técnica da equipe responsável.

Projeto Multimídia (sites e CD-Rom)

   32. Informações sobre a criação do produto, tais como: arquitetura da informação, textos, fotos e ilustrações, *layout* do site.
   33. Currículo e carta de anuência do *webdesigner*.

Oficinas / Cursos / Seminários

   34. O proponente deverá apresentar os nomes dos monitores, professores e palestrantes, com respectivos resumos curriculares.
   35. Em caso de Oficinas, verificar o anexo III.

PRESTAÇÃO DE CONTAS

As normas para preenchimento e encaminhamento da prestação de contas para projetos aprovados no âmbito do Programa Estadual de Incentivo à Cultura (Fazcultura) estão estabelecidas na Resolução da Comissão Gerenciadora n. 781/2004. O prazo para entrega é de trinta dias a contar do término do projeto[14]. As regras gerais estão definidas na exposição geral exigida pela Lei Rouanet, que são: as notas fiscais devem ser emitidas em nome do proponente, a conta corrente deve ser específica para o projeto, as contas devem ser prestadas em formulários específicos etc. O que buscamos contemplar abaixo são determinações específicas do Fazcultura.

A conta de movimentação deve ser aberta sempre no Bradesco. Nesse caso, o banco não cobrará tarifas de manutenção da conta, nem do fornecimento do primeiro talão de cheques por mês. Para abertura de conta em outro banco, por alguma impossibilidade a ser relatada, os órgãos do Fazcultura devem autorizar prévia e expressamente, mediante solicitação fundamentada do proponente.

Poderá ser constituído um fundo fixo, por meio de saque efetuado da conta corrente do projeto de, no máximo, R$ 3 mil[15] ou 20% do total de recursos captados. Esses recursos serão usados para o custeio de pequenas despesas, constantes do orçamento aprovado, que individualmente não excedam R$ 500,00. Outro aspecto diferenciador é que o saldo remanescente na conta do projeto deve ser devolvido ao governo do estado e ao patrocinador, de acordo com os percentuais de participação previstos na legislação vigente, somente se for igual ou superior a R$ 50,00. Essa obrigatoriedade de devolução proporcional é específica da lei do estado da Bahia, não tendo previsão em outras legislações de incentivo.

Os documentos que porventura estejam em língua estrangeira somente terão valor se acompanhados da respectiva tradução juramentada para língua portuguesa.

A prestação de contas pode ser apresentada de forma total ou parcial e isso vale para quase todos os mecanismos de incentivo. Havendo prestação par-

---

14 Conforme art. 31 do Decreto n. 12.901, de 13 de maio de 2011.
15 Exceto para os projetos de artes cênicas e tradições populares cujo valor máximo será de R$ 5 mil ou 20% do valor total dos recursos captados.

cial, a legislação baiana define alguns casos nos quais ela é obrigatória, que são:

a) para o proponente receber o Certificado de Enquadramento de um novo projeto;
b) em prazos acordados com a Secretaria Executiva, quando o projeto tiver duração igual ou superior a seis meses;
c) mensalmente, quando o projeto for de manutenção de espaços culturais, devendo ser feita a comprovação de pagamento dos salários com a juntada dos contratos e recibos respectivos;
d) quando a Secretaria de Cultura e Turismo julgar necessário, de acordo com o art. 38 do Decreto regulamentador do Fazcultura.

As datas de início e término do projeto não podem ser alteradas sem prévia autorização do Fazcultura. Em qualquer situação, esse pedido deve ser apresentado para expressa autorização. Além disso, todas as folhas que compõem a prestação de contas deverão ser numeradas e rubricadas pelo proponente.

5
Leis municipais de incentivo à cultura

Hoje, as leis municipais têm participação significativa no montante total concedido em incentivos culturais no Brasil. O primeiro município, antes mesmo da lei federal, a implantar o apoio a atividades culturais com abatimento em impostos foi São Paulo. Posteriormente, surgiu um grande número deles, tais como: São José dos Campos (SP), Americana (SP), Belém (PA), Belo Horizonte (MG), Contagem (MG), Cabedelo (PB), Curitiba (PR), Goiânia (GO), Londrina (PR), Maceió (AL), Rio de Janeiro (RJ), Santa Maria (RS) e Vitória (ES).

As leis municipais de incentivo à cultura concedem abatimentos no Imposto Predial e Territorial Urbano (IPTU) e Imposto Sobre Serviço (ISS) de qualquer natureza, nos limites do território de sua competência.

LEI DE INCENTIVO À CULTURA
DO MUNICÍPIO DE SÃO PAULO – LEI MENDONÇA

O Município de São Paulo é pioneiro na criação de uma lei municipal de incentivo à cultura. Instituído pela Lei Municipal n. 10.923, de 30 de dezembro de 1990, e batizada de Lei Mendonça, por se tratar de um projeto de lei (n. 398/90) do então vereador Marcos Mendonça, a lei disciplina em seu texto o apoio a projetos culturais no âmbito da cidade de São Paulo.

A lei cria três modos de efetuar a transferência de recursos para projetos culturais: doação, patrocínio ou investimento. De todo modo, diferentemente de outros mecanismos, não cria forma de abatimentos distintos para cada caso, generalizando o limite de 20% do valor devido a cada incidência dos tributos municipais (ISS ou IPTU), com um desconto no valor facial dos certificados de 30%.

A Lei n. 11.087, de 09 de setembro de 1991, fixa a dinâmica de repasse dos recursos para o projeto incentivado. Define, em seu art. 1º, como momento de realização da despesas

> Aquele em que, tomando conhecimento do implemento da condição por parte do contribuinte incentivador – a efetiva entrega do numerário ao empreendedor, atestada por este – a Prefeitura expede o competente certificado, que dará ao incentivador o direito ao pagamento de até 20% do Imposto Predial e Territorial Urbano – IPTU e Imposto Sobre Serviços de qualquer natureza – ISS, por ele devidos, precedidos da emissão do empenho correspondente.

O mecenas, seja ele patrocinador, doador ou investidor, não poderá, para o perfeito gozo dos benefícios previstos na lei, estar em débito com o Município de São Paulo[1].

Anualmente, a Câmara Municipal fixa o limite a ser usado como incentivo cultural, que não pode ser inferior a 2%, nem superior a 5% da receita proveniente do ISS e do IPTU.

Apesar de expressa exigência legal, a prefeitura da São Paulo estacionou em um aporte baixo e engessou bastante o uso da lei nos últimos anos.

A lei autoriza o apoio a sete categorias distintas de projeto, a saber:

I – música e dança;
II – teatro e circo;
III – cinema, fotografia e vídeo;
IV – literatura;
V – artes plásticas, artes gráficas e filatelia;
VI – folclore e artesanato;
VII – acervo e patrimônio histórico e cultural, museus e centros culturais.

---

1 Nos termos da Lei n. 11.184, de 9 de abril de 1992.

Para o acompanhamento da execução da lei municipal de incentivo à cultura, a lei autoriza a criação de uma comissão independente e autônoma, composta por profissionais de reconhecida idoneidade e notoriedade na área, que ficará incumbida da análise de enquadramento e da avaliação dos projetos culturais apresentados.

A Comissão de Averiguação e Avaliação de Projetos Culturais (CAAPC) foi criada pelo Decreto n. 29.684/91 e teve sua composição modificada pela última vez no Decreto n. 46.495, de 5 de novembro de 2005. Uma novidade introduzida por este último decreto é a criação do Grupo de Trabalho (GT), vinculado à Secretaria Municipal de Cultura. A partir deste, a CAAPC[2] passou a ter a seguinte composição e regras:

- Seis titulares integrantes dos quadros técnicos da Administração Municipal;
- No máximo, sete titulares e quatorze suplentes escolhidos dentre os indicados pelas entidades culturais cadastradas;
- O Secretário Municipal de Cultura escolherá, no mínimo, um membro titular e dois suplentes como representantes do setor cultural para cada área, dentre as indicações feitas pelas entidades credenciadas;
- O primeiro suplente participará das reuniões da CAAPC somente quando ausente o respectivo titular, e o segundo apenas quando ausente o primeiro;
- Na hipótese de não haver indicação de representante para uma das áreas culturais, o Secretário Municipal de Cultura o indicará livremente;
- O mandato dos membros da CAAPC findará em 31 de dezembro de cada ano;
- A coordenação da CAAPC ficará a cargo de servidor municipal, indicado pelo Secretário Municipal de Cultura, sem direito a voto;
- Os membros da CAAPC escolhidos a partir da data da publicação deste decreto poderão exercer, ininterruptamente, apenas dois mandatos.

---

2 Cabe à CAAPC (art. 6º do Decreto Municipal n. 46.595 de 5 de novembro de 2005): I – propor ao Secretário Municipal da Cultura a edição de normas para o edital de inscrição de projetos; II – analisar e avaliar os projetos sob os aspectos orçamentários, emitindo parecer a respeito e encaminhando suas conclusões ao Secretário Municipal da Cultura; III – propor o valor a ser concedido ao projeto, com vistas à sua realização, a título de incentivo, considerando o valor máximo definido pelo GT; IV – requerer parecer externo ou ao Departamento de Auditoria da Secretaria Municipal de Finanças, sobre o orçamento, sempre que necessário, em razão da especificidade do projeto; V – manifestar-se sobre a correta realização do projeto e sua prestação de contas; VI – analisar e autorizar as solicitações dos empreendedores quanto a: a) prorrogação do prazo previsto nos §§ 1º, 4º e 5º do art. 16 deste decreto; b) alterações do orçamento e do prazo de realização do projeto.

A análise dos projetos culturais deve se restringir ao aspecto orçamentário, sendo vedada a manifestação sobre o mérito. A lei assegura ainda prioridade aos projetos nos quais os contribuintes incentivadores tenham a intenção de participar do referido projeto. Esse mecanismo é utilizado, muitas vezes informalmente, por quase todos os mecanismos de incentivo disponíveis, pois visa estimular os projetos que já tenham previsão de patrocínio e, com isso, otimizar a utilização da renúncia fiscal[3].

Para a obtenção do incentivo, o empreendedor – nome dado à pessoa física ou jurídica que apresenta o projeto (na lei federal, chamado de proponente) – submete à apreciação da CAAPC os objetivos do projeto, sua justificativa cultural e artística e lista os recursos financeiros e humanos envolvidos. O empreendedor deve, necessariamente, residir no Município de São Paulo e o resultado dos projetos beneficiados deve ser apresentado prioritariamente e em sua maior parte, no âmbito do Município de São Paulo. As expressões "prioritário" e "em maior parte" abrem, no entanto, a possibilidade de apoio a projetos que não ocorram nos limites do município, mas que, de alguma forma estimulem e divulguem a arte e os artistas locais; no entanto esta deve ser uma parte menor do projeto proposto.

Os projetos podem, no entanto, contar com apoios totais ou parciais. O montante máximo de incentivo para cada projeto será definido pelo Grupo de Trabalho (GT), podendo a CAAPC propor montante inferior. De qualquer modo, o empreendedor deve, no recebimento dos recursos, providenciar a abertura de conta corrente específica para movimentação dos recursos recebidos com incentivos fiscais.

Ao GT caberá analisar a observância de algumas condições no intuito de avaliar se o projeto está adequado a respectiva política cultural do município, especialmente no que se refere a promover, estimular e preservar:

a) a produção cultural e artística, preferencialmente a que valorize iniciativas locais;
b) a geração de empregos na área cultural do Município;
c) o desenvolvimento do setor de turismo cultural do Município;
d) o acesso às fontes de cultura e o pleno exercício dos direitos culturais pelo cidadão;

---

3   Essa prioridade é prevista pelo § 4º do art. 3º da Lei.

e) o apoio, a valorização e a difusão, no Município de São Paulo, do conjunto de manifestações culturais e respectivos criadores;

f) a proteção das expressões diversificadas, responsáveis pelo mais amplo pluralismo cultural;

g) a salvaguarda, a sobrevivência e o florescimento dos modos de criar, fazer e viver dos habitantes da Cidade;

h) os bens materiais e imateriais que compõem o patrimônio artístico, histórico e cultural da Cidade;

i) a produção e difusão de bens culturais de valor universal, formadores e informadores de conhecimento, cultura, ciência e memória;

j) a produção cultural espontânea, que estimule o processo criativo e o acesso a manifestações comunitárias;

k) a produção inovadora;

l) a aquisição de ingressos para eventos culturais realizados no Município.

As regras de apresentação de projetos para o efetivo apoio eram definidas em editais trimestrais. O Dec. n. 35.570, de 6 de outubro de 1995, altera o art. 7º do Decreto n. 32.186, de 9 de setembro de 1992, e define que os editais passam a ser anuais. O Decreto n. 46.595/05 não disciplina sobre a anualidade do edital, deixando a critério da CAAPC a sugestão de critérios e ao Secretário Municipal de Cultura a competência para lançá-lo.

Conseguido o aporte, o poder público emite o certificado de investimento, que tem validade de dois anos, a contar da data de sua expedição. O certificado concede o incentivo fiscal ao projeto expresso em reais. Este pode ser utilizado para pagamento do montante principal de imposto vencido, devidamente corrigido, dele excluídos a multa e os juros de mora e desde que os débitos não estejam inscritos na dívida ativa.

Deve-se entregar a prestação de contas de todo recurso público utilizado. A Portaria Intersecretarial SF/SMC n. 1/2001 com as devidas alterações, publicada no Diário Oficial do Município de 7 de março de 2002, define os procedimentos para a prestação de contas. Reza o texto que "o empreendedor que não prestar contas dos recursos recebidos, inclusive das respectivas rentabilidades das aplicações financeiras, não estará apto para a pré-qualificação de novos projetos".

A lei prevê, ainda, sanção no valor de dez vezes o valor incentivado ao empreendedor que não comprovar a correta aplicação desta lei, por dolo, desvio do objetivo e/ou dos recursos. A aplicação da pena é função do Secretário Municipal de Cultura, observada a legislação pertinente. Cabe a ele também a representação ao Secretário dos Negócios Jurídicos para as providências relativas a eventuais aplicações de sanções penais.

PROPOSITURA DO PROJETO

Podem apresentar projetos para a obtenção do incentivo da Lei Mendonça pessoas físicas ou jurídicas domiciliadas no Município de São Paulo. Todas devem, evidentemente, possuir currículo na área cultural. São documentos necessários para apresentação de projetos:

- Pessoa física: cópias da cédula de identidade e do CPF, comprovante de domicílio no Município de São Paulo (cópia, em seu nome, de conta de luz, telefone, correspondência bancária, contrato de aluguel de imóvel etc.), currículo profissional ou outros que a Comissão (CAAPC) venha a exigir;
- Pessoa jurídica: cópias do instrumento constitutivo da empresa ou instituição, (devidamente registrado) e suas alterações; cópias da ata de eleição da diretoria em exercício, quando houver, e do respectivo registro; cópia do Cartão de Inscrição no CNPJ e do cartão de inscrição no CCM; currículo da instituição, da empresa ou de seus sócios principais, comprovante de endereço no Município de São Paulo, cópia do RG e CPF do representante legal da empresa ou instituição, e outros que a Comissão (CAAPC) venha a exigir.

TRAMITAÇÃO DO PROCESSO ADMINISTRATIVO

A partir da edição do novo decreto da Lei Mendonça, o processo de tramitação de projetos passou a funcionar da seguinte forma: a Secretaria Municipal de Cultura abre edital para recepção de projetos contendo todas as regras e condições; findo o prazo para protocolo de projetos, a Secretaria Municipal de Cultura publicará, em forma de extrato, a relação de todos os projetos culturais inscritos no Diário Oficial do Município.

A aprovação dos projetos pela Secretaria Municipal de Cultura, órgão deliberativo sobre a aprovação de projetos para a Lei Mendonça, será realizado em duas etapas: pré-qualificação após aprovação pelo GT e pela CAAPC; qualificação ou aprovação.

A primeira análise será realizada pelo GT. Este emitirá parecer favorável ao projeto cultural apresentado e realizado, prioritariamente e em sua maior parte, no âmbito territorial do Município de São Paulo, e que esteja em conformidade com a respectiva política cultural nos itens apontados (p. 223).

A CAAPC fará a análise posteriormente ao GT. Ela poderá aprovar o projeto que tenha parecer favorável do GT desde que este apresente orçamento exequível, adequado aos fins objetivados e valores praticados correntemente.

O GT e a CAAPC poderão, na fase da pré-qualificação, solicitar, pela Secretaria Executiva, esclarecimentos ao empreendedor sobre o projeto, o orçamento e a apresentação de documentos que entendam necessários à melhor análise da proposta (contratos, cartas de anuência dos envolvidos).

A CAAPC, após a análise do orçamento, poderá propor um incentivo menor àquele proposto pelo GT. O valor do incentivo a cada projeto será definido considerando-se:

a) a disponibilidade orçamentária para concessão do benefício;
b) o interesse público na realização do mesmo, priorizando as ações que visem atingir as comunidades com menor acesso a bens culturais;
c) a conformidade com a política cultural do município;
d) a imprescindibilidade do incentivo fiscal municipal para sua realização;
e) a caracterização do empreendedor como pessoa jurídica, com ou sem fins lucrativos;
f) a capacidade econômica de autossustentação.

O edital 2011 estabelece parâmetros para apoio de projetos, que devem se repetir para outras edições dos editais de São Paulo. Foram limites máximos por projeto estabelecidos no edital de 2011:

a) Projeto de restauro de bens imóveis situados no Município de São Paulo, tombados ou em processo de tombamento, pertencentes a órgãos públicos ou a particulares, desde que devidamente autorizado pelo proprietário e acompanhado de compromisso de apresentação do projeto de reforma no prazo máximo de dois anos a contar da pré-qualificação por este edital: R$ 300.000,00 (trezentos mil reais);

b) Obras de reforma ou restauro de bens imóveis situados no Município de São Paulo, tombados ou em processo de tombamento, pertencentes a órgãos públicos ou a particulares, desde que devidamente autorizado pelo proprietário e acompanhado de compromisso de apresentação do projeto de reforma no prazo máximo de dois anos a contar da pré-qualificação por este edital: R$ 1.000.000,00 (um milhão de reais);

c) Produção de filmes que mantenham vínculo cultural com a cidade de São Paulo:

c.1. Filmes de ficção e animação:

c.1.1. Longa-metragem, desde que realizado por diretor experiente: R$ 600.000,00 (seiscentos mil reais);

c.1.2. Média-metragem realizado por diretor experiente ou iniciante: R$ 150.000,00 (cento e cinquenta mil reais);

c.1.3. Curta-metragem realizado por diretores experientes ou iniciantes: R$ 80.000,00 (oitenta mil reais);

c.1.4. Finalização de filme de ficção de longa-metragem realizado por diretor experiente: R$ 250.000,00 (duzentos e cinquenta mil reais);

c.2. Documentários:

c.2.1. Longa-metragem, desde que realizado por diretor experiente: R$ 400.000,00 (quatrocentos mil reais);

c.2.2. Longa-metragem realizado por diretor iniciante: R$ 250.000,00 (duzentos e cinquenta mil reais);

c.2.3. Média-metragem realizado por diretor experiente ou iniciante: R$ 150.000,00 (cento e cinquenta mil reais);

c.2.4. Curta-metragem realizado por diretor experiente ou iniciante: R$ 80.000,00 (oitenta mil reais);

c.2.5. Finalização de documentário de longa-metragem, a ser realizada na cidade de São Paulo: R$ 100.000,00 (cem mil reais);

c.3. Para os fins deste edital, considera-se diretor experiente aquele que comprovar a direção e exibição de no mínimo um longa-metragem, ou cujo currículo, a critério do Grupo de Trabalho – GT, devidamente justificado, demonstrar habilitação profissional;

d. Montagem de espetáculo:

d.1. Ópera e opereta: R$ 300.000,00 (trezentos mil reais);

d.2. Artes cênicas e dança: R$ 300.000,00 (trezentos mil reais);

d.3. de música: até R$ 300.000,00 (trezentos mil reais), exigida a comprovação dos preços praticados no mercado;

e. Produção, realização e gravação, para distribuição ou download livre, observado o currículo do artista ou grupo e exigida a comprovação dos preços efetivamente praticados pelo mercado:

e.1. para DVD: até R$ 80.000,00 (oitenta mil reais);

e.2. para CD: até R$ 60.000,00 (sessenta mil reais);

f. Exposições:

f.1. Coletiva de artistas brasileiros, realizadas em órgãos públicos, museus, fundações, associações culturais sem fins lucrativos ou organizações sociais de interesse público: R$ 300.000,00 (trezentos mil reais):

f.2. Internacionais realizadas em órgãos públicos, museus, fundações, associações culturais sem fins lucrativos ou organizações sociais de interesse público: R$ 200.000,00 (duzentos mil reais);

f.3. Individual de artista nacional, realizada em órgãos públicos, museus, fundações, associações culturais sem fins lucrativos ou organizações sociais de interesse público: R$ 150.000,00 (cento e cinquenta mil reais);

f.4. Catálogo de exposições nacionais ou internacionais, não cumulativo com os itens anteriores: R$ 50.000,00 (cinquenta mil reais);

f.5. Individual de artista nacional, realizada em galerias de arte com livre acesso público: R$ 50.000,00 (cinquenta mil reais);

g. Edição de livros, vedados os conteúdos de caráter publicitário, técnico, promocional, e que tratem de edificações não tombadas por órgão de patrimônio histórico, autoajuda, comportamento, religião, desenvolvimento e treinamento de pessoas, meio ambiente, estudos educacionais, sociologia, vida animal e cursos profissionalizantes, ou outros que não tenham conteúdo artístico ou cultural:

g.1. de arte ou fotografia: R$ 200.000,00 (duzentos mil reais);

g.2. de conteúdo literário, sem ilustrações: R$ 30.000,00 (trinta mil reais);

g.3. de conteúdo literário, com ilustrações: até R$ 60.000,00 (sessenta mil reais);

g.4. Concurso, festival ou mostra, observado o item 2.2.7: R$ 300.000,00 (trezentos mil reais);

h. Intervenções artísticas em locais públicos: R$ 150.000,00 (cento e cinquenta mil reais);

i. Projetos em mídias digitais ou eletrônicas (web sites etc.): R$ 80.000,00 (oitenta mil reais);

j. Projetos que visem programação anual de exposições, apresentações teatrais, circenses ou música a serem realizados em fundações, associações culturais sem fins lucrativos, museus, parques municipais ou ruas, devidamente autorizadas e garantida sempre a gratuidade: R$ 500.000,00 (quinhentos mil reais);

k. Projetos que beneficiem exclusivamente a órgão público, fundação, associação cultural sem fins lucrativos, organização social ou organização da sociedade civil de interesse público, com sede ou filial no Município de São Paulo há mais de três anos, com certificado de utilidade pública ou de interesse público, cujo patrimônio tenha destinação pública em caso de dissolução: até R$ 500.000,00 (quinhentos mil reais) para:

k.1. aquisição, criação, implantação, restauração, ampliação, adequação ou informatização de acervos, coleções para bibliotecas, museus, arquivos culturais;

k.2. restauração, ampliação ou adequação física de reserva técnica de acervos culturais públicos;

k.3. aquisição, restauro ou conservação de bem móvel de valor histórico, artístico ou cultural com garantia de exposição e acesso público;

k.4. aquisição de obras para acervo museológico;

l. restauro ou conservação de esculturas públicas em locais públicos: R$ 300.000,00 (trezentos mil reais);

O resultado da pré-qualificação será publicado no Diário Oficial da Cidade de São Paulo (DOC). O prazo para recorrer do resultado da pré-qualificação é de 15 dias, contados da publicação do resultado no Diário Oficial. Indeferido o projeto, a Secretaria Executiva da CAAPC eliminará as cópias dele, guardando uma via para consulta do GT e da CAAPC, pelo prazo de um ano.

Após a análise, os resultados são publicados no Diário Oficial do Município (DOM) e o empreendedor deve retirar o Certificado Declaratório correspondente à aprovação.

A aprovação, segunda etapa do trâmite do projeto, ocorrerá mediante a apresentação dos seguintes documentos pelo empreendedor, no prazo máximo de 365 dias, contados da publicação do resultado da pré-qualificação, que deverá corresponder a, no mínimo, 50% do valor pré-qualificado, contendo:

I – manifestação expressa do contribuinte incentivador de que pretende repassar valores ao projeto, informando seu montante e forma da transferência (em pecúnia, bens ou serviços), contendo:

a) a qualificação completa do empreendedor e do incentivador (nome completo, RG, CPF, CNPJ e endereço);

b) os números de contribuinte do ISS e do IPTU do incentivador;

c) o título do projeto, número do protocolo de sua inscrição e data da publicação da pré-qualificação no Diário Oficial da Cidade;

d) a descrição dos bens e serviços, se for o caso, e o valor de cada um;

e) se em pecúnia, o número de parcelas e valor de cada uma;

f) o cronograma de repasses;

g) a que título os valores serão transferidos ao projeto (doação, patrocínio ou investimento);

h) as contrapartidas ofertadas pelo empreendedor ao incentivador;

II – cópia do CNPJ, CPF e RG do incentivador;

III – cópia do cartão de contribuinte mobiliário do incentivador ou carnê do IPTU de que conste ser ele o proprietário do imóvel;
IV – comprovação de regularidade do incentivador perante a Previdência Social;
V – comprovação de regularidade do empreendedor relativamente ao ISS, IPTU e Previdência Social.

A aprovação ocorrerá a partir do seguinte critério:

I – existência de recursos orçamentários e financeiros, observadas as cotas mensais;
II – apresentação dos documentos e informações previstos listados acima;
III – comprovação da existência de outras fontes que garantam a realização do projeto;
IV – correspondência da primeira proposta de incentivo a, no mínimo, 50% do valor autorizado na pré-qualificação;
V – correspondência da primeira parcela ou fração do incentivo aprovado a valor não inferior a 15% do incentivo concedido, em qualquer hipótese;
VI – apresentação da documentação do incentivador e do empreendedor prevista para essa fase no edital;
VII – não estar o empreendedor inadimplente com a prestação de contas de projeto de sua responsabilidade;
VIII – manifestação favorável da CAAPC se o valor apresentado for inferior ao valor do projeto ou for apresentada proposta de repasse parcelado.

Após o prazo máximo de 15 dias da publicação da aprovação, o empreendedor deve assinar o Termo de Responsabilidade na Secretaria Executiva da CAAPC.

CAPTAÇÃO DE RECURSOS

Segundo disciplina o art. 1º, § 2º, da Lei Mendonça, "os portadores dos certificados poderão utilizá-los para o pagamento dos Impostos Sobre Serviço (ISS) de qualquer natureza e sobre a Propriedade Predial e Territorial Urbana (IPTU) até o limite de 20% do valor devido a cada incidência do tributo". O prazo de validade dos certificados é de dois anos para sua utilização, contados a partir da data de expedição do certificado, sendo o seu valor corrigido mensalmente pelos mesmos índices aplicáveis na correção do imposto em cujo pagamento são utilizados (art. 6º).

Os impostos municipais podem ser utilizados pelos empresários desde que transferidos até o último dia útil do mês anterior ao do pagamento do tributo. Após comprovado o depósito do recurso na conta do projeto cultural, a prefeitura do Município de São Paulo, por meio da Secretaria Municipal de Cultura, emite o certificado de investimento que já pode ser utilizado no exercício seguinte. Importante salientar que o patrocinador deve preencher um cadastro, apresentar documentos de regularidade, para que seja pré-aprovado pela prefeitura.

A seguir, um exemplo de aplicação de recursos em um projeto aprovado pela Lei Mendonça.

Tabela 5.1 Simulação do benefício de uma empresa que se utiliza da Lei Mendonça.

	Com apoio à cultura em reais (R$)	Sem apoio à cultura em reais (R$)
1) Valor devido de INSS (ou IPTU)	500.000,00	500.000,00
2) Valor do patriocínio, investimento ou doação (Lei n. 10.923/90)	500.000,00	0,00
3) Desconto permitido do ISS ou IPTU devido de 70% (*)	35.000,00	0,00
4) Valor da contrapartida do empresário (**)	15.000,00	0,00
5) Impostos municipais a serem pagos	465.000,00	500.000,00
6) Valores gastos entre impostos e investimentos em projetos culturais	515.000,00	500.000,00

(*) Esse desconto é limitado a 20% do ISS ou IPTU devido e descontado a cada incidência do imposto. Na medida em que se paga o imposto, perde-se a possibilidade de abatimento, já que é vedado o desconto retroativo.
(**) O empresário entrou com recursos próprios no valor de 30% do total investido e recebeu todos os benefícios para sua marca, além de ingressos para o espetáculo ou produtos para distribuição como brinde.
Obs.: Os repasses ao projeto devem ser feitos sempre até o último dia do período de incidência do tributo. No caso do ISS, que vence normalmente dia 5, o repasse deve ser feito até o último dia do mês anterior. Para o IPTU vale a mesma regra. De todo modo, o apoio utilizando a parcela do IPTU não interfere na utilização de parcela do ISS.

FUNDO ESPECIAL DE PROMOÇÃO DAS ATIVIDADES CULTURAIS (FEPAC)

Em seus artigos finais, a lei autoriza a criação, submetida à Secretaria Municipal de Cultura, do Fundo Especial de Promoção das Atividades Culturais (Fepac) para outras aplicações. O saldo não utilizado das contas bancárias dos projetos incentivados deve ser recolhido para este fundo. O recolhimento é previsto no parágrafo único do art. 25 do Decreto regulamentador.

As receitas do Fepac são provenientes de:

- dotações orçamentárias;
- preços das cessões dos Corpos Estáveis, teatros e espaços culturais municipais, suas rendas de bilheteria, quando não revertidas a título de cachês;
- direitos autorais e da venda de livros ou outras publicações e trabalhos gráficos editados ou coeditados pela Secretaria Municipal de Cultura;
- patrocínios recebidos à participação na produção de filmes ou vídeos;
- arrecadação dos preços públicos originados da prestação de serviços pela Secretaria e de multas aplicadas em consequência de danos praticados a bens artísticos e culturais e a bens imóveis de valor histórico, quando não seja receita do Conpresp;
- rendimento proveniente de aplicação de seus recursos disponíveis;
- recursos provenientes de saldo positivo na conta dos projetos incentivados pela lei municipal;
- outras rendas eventuais.

PRESTAÇÃO DE CONTAS

A forma de apresentação da prestação de contas segundo a lei municipal de incentivo à cultura de São Paulo está disciplinada, basicamente, no texto da Portaria Intersecretarial SF/SMC n. 01/2001. Parte do texto foi extraído para roteirização das instruções abaixo:

1 – Da formalização do processo

O empreendedor deve apresentar documentação necessária das despesas realizadas, bem como parecer do contador responsável pelo projeto, submetendo-o à CAAPC até 60 dias após o encerramento do projeto. Havendo projetos com realização parcial, prestam-se contas após o encerramento de cada fase. A CAAPC autua o processo de prestação de contas, juntando a documentação recebida do empreendedor.

2 – Da tramitação do processo

Após a formalização, a CAAPC examina a prestação de contas quanto ao exato cumprimento das obrigações assumidas pelo empreendedor em conformidade com a legislação vigente e, depois de sua aprovação formal no processo, sob o aspecto cultural e orçamentário, bem como sobre a compatibilidade entre o plano de aplicação e a despesa realizada. Posteriormente, a CAAPC remete o processo ao Departamento de Auditoria, da Secretaria de Finanças para conferência e análise do aspecto contábil.

Feita a análise de competência e estando a prestação de contas regular, o Departamento de Auditoria encaminha o processo ao Departamento do Tesouro para a obtenção da informação quanto à utilização dos benefícios por parte do incentivador. Na sequência, o Departamento de Auditoria envia ao Secretário de Finanças para apreciação e posterior encaminhamento à Secretaria Municipal de Cultura para arquivamento do processo.

3 – Das obrigações do empreendedor

Todas as pessoas físicas ou jurídicas que receberam os incentivos culturais previstos na Lei Mendonça estão obrigados a prestar contas à CAAPC. O empreendedor obriga-se a: a) providenciar abertura de conta bancária específica para o projeto, destinada à movimentação de recursos recebidos do patrocinador; b) utilizar recursos recebidos, bem como os rendimentos financeiros decorrentes desse recurso, exclusivamente em favor do projeto aprovado; c) submeter-se, a qualquer tempo, à fiscalização dos órgãos municipais competentes, franqueando-lhes o exame dos livros contábeis e documentos fiscais utilizados na prestação de contas.

4 – Da prestação de contas

A prestação de contas deve ser acompanhada de ofício no qual o empreendedor faz os detalhamentos e as observações que desejar, junto do balancete de prestação de contas. Ela deve ser enviada em via única com documentação original. Posteriormente, a CAAPC confrontará os documentos originais com as despesas listadas no Anexo IV (relação analítica de despesas). Em seguida, a CAAPC apõe um carimbo em cada nota que diz "Projeto cultural – Lei n. 10.923/90" para identificar os documentos originais utilizados para projetos incentivados. Serão retiradas cópias desses documentos apresentados pelo empreendedor e devolvidos os originais, devendo o empreendedor conservá-los por um período de cinco anos para eventuais verificações da auditoria ou demais órgãos fiscalizadores. Todo documento, na prestação de contas, deverá ser apresentado em papel sulfite tamanho ofício, respeitando-se as possíveis anotações no verso. Cada folha de papel poderá conter mais de um documento, desde que estes não se superponham. Os documentos deverão ser relacionados e agrupados de acordo com os itens discriminados no orçamento detalhado e colocados em ordem cronológica, relacionados e totalizados, encartados em pasta ou capa, para evitar extravios. Recomenda-se que sejam feitos dois furos grandes em todo processo encaminhado aos órgãos de governo e com margens suficientes para comporem o corpo de um processo administrativo. As prestações de contas que não seguirem esses parâmetros poderão não ser recebidas pela CAAPC.

5 – Da instrução do processo

Os documentos de instrução do processo são coletados por técnicos da Prefeitura do Município de São Paulo e por membros da CAAPC antes e durante a execução do projeto cultural. Deverão instruir o processo administrativo os seguintes documentos:

- cópia do edital convocatório para os empreendedores apresentarem seus projetos;
- cópia da relação de projetos inscritos no edital publicada no Diário Oficial do Município de São Paulo;
- cópia dos projetos aprovados e seus valores publicados no Diário Oficial do Município de São Paulo;
- cópia do projeto cultural e seu orçamento detalhado;
- cópia do Termo de Responsabilidade;
- cópia do Certificado Declaratório;
- cópia do Certificado do Incentivador;

- requerimento de solicitação dos benefícios previstos na Lei n. 10.923, de 30 de dezembro de 1990;
- cópia dos recibos de depósito dos recursos recebidos na conta do empreendedor;
- cópia do CPF (se for pessoa física) ou CNPJ (frente e verso), da Certidão Negativa de Débito (CND) e Certidão de Regularidade de Tributos Municipais (CTM) (se for pessoa jurídica);
- Guia de Arrecadação modelo 99T, em favor da Fepac, devidamente autenticada, quando houver saldo positivo do valor incentivado;
- cópia da carta de repasse;
- cópia da nota de reserva.

6 – Da documentação da prestação de contas

Na apresentação de prestação de contas pelo empreendedor à CAAPC, deverão estar anexados os seguintes documentos, além dos que já farão parte da instrução do processo:

- demonstrativo de recursos recebidos e despesas efetuadas, devidamente preenchido e assinado;
- relação analítica de receitas e despesas;
- demonstrativos dos rendimentos de aplicação financeira ou, se for o caso, a declaração de que os recursos recebidos não foram aplicados no mercado financeiro;
- notas fiscais, devidamente quitadas, notas fiscais ao consumidor, notas fiscais simplificadas e *tickets* de caixa, ficando estes documentos dispensados de quitação;
- recibos de passagens (aéreas, marítimas ou terrestres);
- recibos de serviços de terceiros, contendo: nome do empreendedor, descrição da despesa, serviço (código da lista do ISS, data, valor unitário, valor total e CCM[4], se for inscrito);
- cópia do cartão de isenção ou guia de recolhimento dos impostos obrigatórios por lei quando se tratar de pessoa jurídica ou for o caso de pagamento de prestação de serviços a pessoas físicas sujeitas à tributação na mesma fonte;

---
4 Cadastro de Contribuintes do Município (CCM).

- outras guias de arrecadação, tais como retenção de imposto de renda na fonte, quando for o caso;
- extrato bancário que comprove a movimentação dos recursos relativos ao incentivo recebido, de contas-correntes e de aplicações, com saldo zerado.

7 – Outras disposições sobre a prestação de contas

Alguns outros pontos devem ser objeto de atenção dos empreendedores que apresentarem suas prestações de contas para a CAAPC:

- todos os comprovantes de despesa, relacionados com o projeto cultural, deverão ser emitidos em nome do empreendedor responsável por sua realização e do projeto constando número de inscrição deste;
- não serão aceitas notas fiscais ou documentos com data anterior à assinatura do Termo de Responsabilidade, independentemente da data do vencimento da fatura, ou com data posterior ao encerramento do projeto;
- as notas fiscais de serviço deverão estar quitadas por meio de recibo ou no próprio corpo da nota, com carimbo e assinatura;
- as Notas Fiscais ou Recibos deverão conter o nome e endereço do empreendedor (executor do projeto), bem como a comprovação do recolhimento do ISS e Imposto de Renda. Se for serviço prestado por pessoa física ou jurídica, isenta de tributos, deverá ser anexada cópia do cartão de isenção:
  – os recibos deverão conter, no mínimo, os seguintes dados: nome do empreendedor, descrição da despesa, código de serviço (item da lista do ISS), data, valor unitário, valor total e CCM, se for inscrito;
  – os recibos de prestação de serviços fornecidos por pessoas não estabelecidas deverão conter: nome, endereço, documento de identificação, detalhes da despesa, o projeto incentivado e os descontos obrigatórios por lei.
- o material ou equipamento importado deverá vir acompanhado de: Declaração de Importação, Darf, Conhecimento Original de Carga ou Transporte, Guia de Importação e Nota Fiscal de Entrada;
- Os documentos pertinentes à prestação de contas não devem conter rasuras, erros ou emendas e preenchimentos incompletos;
- Serão glosadas as despesas:
  – não comprovadas com documentos;
  – não previstas no orçamento detalhado;

– com as diárias dos beneficiários que residam no município onde se realiza a atividade;

– com bebidas alcoólicas, exceto quando usadas para fins de projetos culturais na área de vernissage, cinema/vídeo e artes cênicas;

– pessoais, tais como: cigarros, creme dental, vestuário etc.; sendo, entretanto, consideradas quando orçadas para fins de projetos na área cinema, vídeo/artes cênicas;

– com refeição e outras despesas de convidados pessoais, não previstos em orçamento detalhado;

– com serviços administrativos não previstos no orçamento (exemplo: datilografia de relatórios etc.);

– realizadas a título de pagamentos por adiantamentos;

– de serviços prestados por terceiros com recibo em papéis timbrados do empreendedor.

• Despesas com combustível deverão ser comprovadas com Notas Fiscais em nome do empreendedor, preenchidos integralmente pelo emitente, devendo constar, inclusive, o número da placa do veículo abastecido;

• As despesas com táxi, motorista particular, transporte de pessoas e pedágio deverão ser comprovadas por recibo/nota fiscal emitido por órgão responsável, devendo o empreendedor, mediante a declaração, justificar a sua utilização no projeto cultural, informando também o nome do usuário, o itinerário e a data da realização do serviço;

• Na aquisição de passagens, deverá ser observado:

– se foram adquiridas pelo próprio empreendedor para utilização por terceiros, a comprovação será feita pelo recibo de sua aquisição juntamente com o canhoto da passagem utilizada;

– se adquiridas, diretamente, por terceiros, a comprovação será feita por recibo do reembolso realizado ao nomeado no bilhete, juntamente com a cópia da passagem utilizada;

– despesas com viagens serão comprovadas por Notas Fiscais de Hotéis e/ou restaurantes (inclusive quanto a lanches), devidamente discriminado;

– desde que conste na nota fiscal, a CAAPC considerará as despesas denominadas "serviços" até o limite máximo de 10% do total da despesa.

• As despesas com aquisição de material permanente somente serão aceitas se o empreendedor for pessoa jurídica sem fins lucrativos, cujo patrimônio tenha comprovada destinação pública em caso de dissolução, desde que estejam contempladas no orçamento detalhado;

- A aquisição de material permanente usado deverá ser comprovada por documento fiscal hábil, com discriminação material, nome e endereço legíveis do vendedor e do empreendedor;
- Se o empreendedor adquirir material de consumo para ser aplicado em construção, reconstrução, modificação, reforma ou ampliação de bens que, após a utilização, vier a incorporar-se na categoria de "material permanente", deverá, juntamente com a prestação de contas, apresentar relação discriminada e totalizada do material, incluindo os serviços aplicados e informar a denominação do material permanente deles resultante;
- Excetuam-se do item "material permanente" os materiais adquiridos para execução de cenários e outros, utilizados em teatro, show, cinema, vídeo e *performance*, desde que consumidos no próprio evento;
- As despesas não comprovadas ou que não constem do orçamento detalhado apresentado com o projeto e aprovado pela CAAPC correrão por conta exclusiva do empreendedor (casos excepcionais devidamente justificados deverão obter prévia autorização formal da CAAPC);
- O empreendedor somente se eximirá da responsabilidade com a CAAPC após a aprovação das contas apresentadas, permanecendo, porém, responsável pela guarda e conservação dos bens e materiais durante a execução dos projetos culturais para os quais foi concedida a verba;
- O remanejamento de verba só poderá ocorrer após a aprovação da CAAPC (o remanejamento realizado é exclusivo para os itens solicitados e aprovados pela CAAPC e desde que não cause prejuízo à execução do projeto);
- É vedado transferir verbas ou saldo de um projeto para outro, mesmo que o empreendedor seja beneficiário de mais de um projeto em continuidade;
- É vedado modificar, sem prévia autorização formal da CAAPC, qualquer discriminação constante do Termo de Responsabilidade;
- Caso o recolhimento seja efetuado após o período determinado para prestação de contas, o valor será corrigido, desde o primeiro dia após esgotado o prazo até a data do efetivo ressarcimento;
- Os valores a serem ressarcidos aos cofres públicos deverão ser atualizados, monetariamente, de acordo com as normas estabelecidas pela municipalidade.

* O descumprimento das obrigações assumidas, além das sanções penais cabíveis, sujeitará o empreendedor às penalidades previstas na Lei federal n. 8.666/93, com as alterações introduzidas pela Lei federal n. 8.883/94 (art. 87), Lei municipal n. 10.923/90 (art. 7º) e Decreto n. 41.256/2001, a saber:

I – advertência;

II – após advertência, a juízo da administração, multa de até duas vezes sobre o valor do incentivo recebido;

III – multa de 10 vezes o valor incentivado, pela não comprovação da correta aplicação do incentivo, por dolo ou por desvio do objeto e/ou recursos;

IV – impedimento de contratar com a Administração, por prazo não superior a dois anos;

V – inabilitação pelo prazo de 02 (dois) anos para recebimento de novos recursos, quando a prestação de contas não for aprovada.

6
Penalidades

As legislações de incentivo à cultura autorizam que pessoas físicas ou jurídicas, de natureza cultural, movimentem recursos oriundos de renúncia fiscal de impostos. Justamente por isso, todas as leis de incentivo exigem a prestação de contas como forma de verificar a correta aplicação dos recursos, além do resultado cultural proveniente do projeto incentivado.

Por esta mesma razão, todas as leis de incentivo à cultura devem prever penalidades para os patrocinadores e proponentes do projeto que agirem com fraude na administração dos recursos.

Como forma de esclarecer e contribuir para que burlas a este sistema deixem de existir, é que dedicamos este capítulo ao tema das penalidades, sendo certo que essas fraudes têm o efeito pernicioso de desviar recursos de uma área carente por investimentos, além de tornar os mecanismos de incentivo uma forma mal vista de parceria entre o setor privado e o setor público. Pretendemos, com esse capítulo, apresentar um quadro das condutas que são caracterizadas como infrações à legislação de incentivo à cultura, com as sanções previstas no âmbito de cada lei, com tipificação até de crime, com pena de reclusão. Não é, entretanto, objetivo do presente estudo descrever em maiores detalhes de tipologia criminal, o que fugiria do escopo geral da obra. Trata-se, em verdade, de uma sistematização das principais condutas irregulares para a boa utilização dos recursos públicos e o regular funcionamento dos mecanismos de incentivo.

Veremos que podem se sujeitar às penalidades legais o produtor cultural e o patrocinador, com sanções impostas tanto no âmbito civil quanto penal.

A Lei Rouanet possui quatro artigos que tratam das penalidades impostas por descumprimento de seus mandamentos (arts. 30, 38, 39 e 40), que estão divididos em: penalidades aplicáveis ao investidor e penalidades aplicáveis ao proponente do projeto.

PENALIDADES APLICÁVEIS AO INVESTIDOR (PATROCINADOR OU DOADOR)

O art. 30 da Lei Rouanet estabelece genericamente as punições aplicáveis àqueles que infringirem algum dos mecanismos de incentivo à cultura (mecenato), não se aplicando, entretanto, ao investidor do FNC ou Ficart. Caso haja infração de qualquer dos dispositivos legais do capítulo VI (do Incentivo a Projetos Culturais), sem prejuízo das sanções penais, o investidor ficará sujeito ao pagamento do imposto sobre a renda atualizado em relação a cada exercício financeiro. Nos casos de atos praticados com participação do proponente, este será considerado solidariamente responsável por inadimplência ou irregularidade verificada.

Dentre as infrações previstas, encontra-se a do art. 23, § 1º, que estabelece como infração o "recebimento pelo patrocinador de qualquer vantagem financeira ou material em decorrência do patrocínio que efetuar". Certamente que a penalidade pela fraude capitulada nesse artigo não deverá ficar restrita somente ao pagamento do imposto de renda devido, visto ser ela também motivo da pena prevista no art. 38, com multa de duas vezes o valor da vantagem recebida indevidamente. Ressalte-se que esta multa é aplicada ao investidor e ao beneficiário, na mesma proporção de valor.

O art. 27 determina que não pode ser feita doação ou investimento na forma de patrocínio para pessoa ou instituição vinculada ao agente, passando a definir quais os critérios para se determinar essa vinculação. Caso haja infração dessa norma, o doador ou patrocinador faltoso será considerado devedor do tributo aportado indevidamente a um projeto impedido de receber o incentivo dessa instituição com que possui vínculo, além da atualização prevista no art. 30. Destaque-se para a exceção prevista no § 2º do art. 27, que exclui do rol de pessoas vinculadas às instituições culturais sem fins lucrativos, criadas pelo doador ou patrocinador, desde que devidamente constituídas e em funcionamento na forma da legislação em vigor. Nesse caso, não há objeto para aplicação de penalidade, desde que demonstrado o vínculo.

O referido capítulo prevê a possibilidade de dedução do IR dos valores efetivamente gastos em favor dos projetos culturais conforme os percentuais fixados no art. 26, quando a não obediência a estes limites culminará na aplicação da pena prevista no art. 30.

Em função do disposto no art. 36, a Secretaria da Receita Federal, do Ministério da Fazenda, é a competente para fiscalizar a execução da Lei no que se refere à aplicação dos incentivos fiscais.

Identificando-se a ocorrência de fraude, dolo ou simulação, será aplicada ao doador a multa correspondente a duas vezes o valor da vantagem recebida indevidamente, conforme estabelece o art. 39. Essa determinação é reafirmada pela Instrução Normativa Conjunta MinC/MF n. 01/95 (INC) e pelos arts. 95 e 96 do Decreto n. 3.000, de 26 de março de 1999, quando a multa será aplicada por infração constatada pela Secretaria da Receita Federal. Caso seja identificado conluio, a multa será aplicada ao doador ou patrocinador e ao beneficiário.

Situação de máxima gravidade, por se tratar de desvio completo da finalidade da lei, é a obtenção de redução do IR utilizando-se fraudulentamente de qualquer benefício da Lei Rouanet, nos termos do art. 40. Essa conduta é tipificada como crime, com pena de reclusão de dois a seis meses e multa no valor de 20% do valor do projeto. A lei define como a pessoa que responde pelo crime o acionista controlador e os administradores que tenham concorrido para o crime. Esta pena também é repetida na Lei n. 8.685/93, que é um dos mecanismos de fomento à atividade audiovisual, àquele que obtiver reduções de impostos, utilizando-se fraudulentamente dos benefícios da referida lei (para a produção de obras audiovisuais cinematográficas brasileiras de produção independente), com a diferença que a multa é de 50% sobre o valor da redução. Esse entendimento é reforçado pelos arts. 483, 489, 971 e 972 do Decreto n. 3.000, de 26 de março de 1999.

Os incentivadores devem ser instruídos com relação aos prazos em que podem usufruir os benefícios fiscais estabelecidos na INC acima referida. Com efeito, estes somente podem ser gozados no período definido pelas portarias de homologação do MinC (art. 15 da INC).

PENALIDADES APLICÁVEIS AO PROPONENTE DO PROJETO

O art. 30, § 2º[1], da Lei n. 8.313/91 estabelece que havendo irregularidades na execução de projetos em nome de um proponente, o MinC deverá suspender a análise ou concessões de novos incentivos a este mesmo proponente até a regularização da situação original. A irregularidade de um projeto serve como memória para que a administração acautele-se em relação às demais concessões a um mesmo proponente. Nesse período, o próprio sistema do MinC gera uma informação para a rede – "Proponente inabilitado".

O proponente também se sujeita às penalidades previstas no art. 38, conforme acima exposto, que corresponde à multa de duas vezes o valor da vantagem recebida indevidamente no caso de dolo, fraude ou simulação, inclusive no caso de desvio de objeto. Essa determinação é reafirmada pela Instrução Normativa Conjunta MinC/MF n. 01/95 que acrescenta em seu art. 14 que o responsável do projeto estará sujeito ao recolhimento do IR que deixou de ser pago pelo incentivador, com os acréscimos legais e sem prejuízo das sanções penais cabíveis, nos casos de:

I – incorreta utilização das doações e patrocínios recebidos;

II – não realização do projeto, sem justa causa e sem recolhimento ao FNC das doações e patrocínios recebidos; e

III – não realização do projeto, ainda que com justa causa, após esgotados os prazos concedidos e sem o recolhimento ao FNC das doações e patrocínios recebidos.

Nesses casos, o doador e o patrocinador respondem solidariamente com o responsável pelo projeto (parágrafo único do art. 14 da INC).

O beneficiário que recebe recursos e deixa de promover, sem justa causa, a atividade cultural objeto do incentivo, também incorre em crime, punível com pena de reclusão de dois a seis meses e multa de 20% do valor do projeto. Esta pena também é repetida na Lei n. 8.685/93, que cria mecanismos de fomento à atividade audiovisual, ao produtor que, recebendo os recursos, deixa de realizar o produto que recebeu o incentivo – art. 10, § 2º (produção

---

1 Parágrafo acrescentado à antiga redação do art. 30 de Lei n. 8.313/91, antes de ser alterada pela Lei n. 9.874/99.

de obras audiovisuais cinematográficas brasileiras de produção independente), com a diferença que a multa é de 50% sobre o valor da redução.

Grande parte das medidas administrativas sancionadoras relacionadas à incorreta administração dos recursos públicos decorre da análise que se faz da prestação de contas. O sistema de análise da prestação de contas encontra-se fixado pela Instrução Normativa n. 1/2012 e estabelece que no caso de desaprovação, será dado prazo de trinta dias ao proponente beneficiário para recolhimento dos recursos irregularmente aplicados ou ressarcimento do dano, corrigidos pela taxa Selic desde a data da captação de recursos ou do dano[2]. Esgotado o prazo sem o cumprimento das exigências, caberá à Secretaria de Fomento e Incentivo à Cultura (Sefic) ou à Secretaria do Audiovisual (SAV) providenciar a comunicação ao órgão de controle interno para instauração de Tomada de Contas Especial, bem como, se necessário, à Receita Federal do Brasil para que esta proceda à fiscalização tributária de que trata o art. 36 da Lei n. 8.313, de 1991, e o art. 12 da Instrução Normativa Conjunta MinC/MF n. 1, de 1995. Trata-se da primeira medida administrativa prevista no âmbito da prestação de contas que poderá culminar na inscrição no Cadastro Informativo de Créditos Não Quitados (Cadin) e no Sistema Integrado de Administração Financeira do Governo Federal (Siafi).

Independente das demais sanções aplicáveis previstas na lei, a Instrução Normativa MinC n. 1/2012 estabelece pena de inabilitação aos responsáveis por projetos culturais que forem reprovados ou aprovados com ressalvas, nas seguintes proporções[3]:

I – por um ano:

a) aqueles que deixarem de informar o recebimento de recursos de outras fontes para o mesmo projeto;

b) aqueles cuja prestação de contas tenha sido apresentada fora do prazo; ou

c) aqueles que tiverem prestação de contas aprovadas com ressalvas em virtude de inexecução parcial ou da inobservância das normas aplicáveis à execução e à prestação de contas de projeto;

II – por dois anos:

---

2   Art. 87 da Instrução Normativa MinC n. 1/2012.
3   Art. 97 da Instrução Normativa MinC n. 1/2012.

a) aqueles que tiverem prestação de contas reprovada, independentemente da posterior devolução dos recursos; ou

b) aqueles que reincidirem nas condutas previstas no inciso I deste artigo;

III – por três anos:

a) aqueles que, na execução do projeto ou na prestação de contas, tenham agido de má fé, incorrendo em desvio de recursos ou improbidade administrativa; ou

b) aqueles que, na execução de projeto cultural, tenham incorrido em violações de direitos autorais, humanos, ambientais ou outras garantias constitucionais;

Aplicada a sanção de inabilitação, caberá ainda recurso ao Ministro de Estado da Cultura, que deverá ater-se exclusivamente aos motivos da inabilitação, sendo defeso ao proponente rediscutir os motivos da aprovação com ressalva ou da reprovação da prestação de contas do projeto cultural.

Inabilitado o proponente junto ao Ministério da Cultura, este fica impedido de:

I – envio de novas propostas ao MinC para obtenção de apoio;

II – encaminhamento do projeto para análise técnica;

III – inclusão de projeto na pauta da reunião da CNIC;

IV – publicação da portaria de autorização para captação de recursos;

V – prorrogação dos prazos de captação e execução do projeto;

VI – movimentação dos recursos captados abaixo do percentual exigido pela IN 01/2012; e

VII – recebimento de recursos decorrentes de outros mecanismos do Pronac.

A Lei Mendonça, do município de São Paulo, prevê em seu art. 7º a multa de dez vezes o valor incentivado ao empreendedor que não comprovar a correta aplicação da lei, por dolo, desvio do objetivo e/ou dos recursos, sem prejuízo das sanções penais cabíveis. A aplicação dessa penalidade é competência do secretário municipal de cultura, conforme previsão do art. 32 do Decreto n. 46.595, de 5 de novembro de 2005.

A punição ao beneficiário é mais comum também em outros mecanismos de incentivo à cultura. Encontramos no Diário Oficial do Município de

Londrina várias portarias da Secretaria Municipal de Cultura aplicando penalidades em razão de má versação de dinheiro público ou por descumprimento no prazo regulamentar para a apresentação de prestação de contas. Achamos interessante reproduzir uma das portarias, subtraindo o nome do projeto e empreendedor envolvidos, para ilustração do leitor.

DIÁRIO OFICIAL DO MUNICÍPIO DE LONDRINA

Portaria n. 2, de 07 de novembro de 2000

SÚMULA: aplica penalidades previstas na Legislação Municipal de Incentivo Fiscal à Cultura.

A SECRETÁRIA DA CULTURA DO MUNICÍPIO DE LONDRINA, ESTADO DO PARANÁ, no uso de suas atribuições legais, com fundamento na Seção V, Capítulo IV, Decreto Municipal n. 619, de 28 de outubro de 1998, em especial quanto aos arts. 48 e 50, e, **CONSIDERANDO,** o descumprimento dos prazos regulamentares fixados em 31/12/1999 e 30/06/2000 pelo Decreto Municipal n. 153, de 30/04/1993, para as prestações de contas da aplicação dos recursos financeiros captados por meio da Legislação Municipal de Incentivo Fiscal à Cultura, referente ao projeto cultural "Nome do projeto", do empreendedor cultural senhor "Nome do empreendedor", e, do não atendimento aos expedientes:

N. Ofício	Data Encaminhamento	Data Recebimento	Prazo p/ Regularização
009/2000	10/04/2000	11/04/2000	17/04/2000
018/2000	01/06/2000	O mesmo não foi encontrado	24 Horas, após recebimento
064/2000	29/08/2000	O mesmo não foi encontrado	72 Horas
107/2000	20/09/2000	26/10/2000	02/10/2000

RESOLVE:

1. suspender a execução do projeto cultural, se o mesmo estiver em curso;
2. cassar a Declaração de Incentivo emitida;

3. inabilitar os benefícios da Legislação Municipal de Incentivo Fiscal à Cultura por 5 (cinco) anos consecutivos, contados a partir de 2001.
4. esta Portaria entrará em vigor na data de sua publicação.

Londrina, 07 de novembro de 2000.
Angela Farah Marçal – Secretária da Cultura.

INTERCÂMBIO DE INFORMAÇÕES

Como forma de restringir o apoio paralelo de diferentes entes federativos a um mesmo projeto, o Decreto n. 5.761/2006, que regulamenta a Lei Rouanet, prevê a instauração de um sistema integrado de informações relativas aos apoios culturais concedidos pela União, pelos estados, pelo Distrito Federal e pelos municípios. Esse sistema visa cruzar os dados relativos aos projetos culturais aprovados e evitar a captação em duplicidade dos valores reclamados por projeto (art. 48).

Para os fins acima expostos, "não se considera duplicidade a agregação de recursos, nos diferentes níveis de governo, para cobertura financeira de programas, projetos e ações, desde que as importâncias autorizadas nas várias esferas não ultrapasse o seu valor total", devendo o projeto estar aprovado em cada ente incentivador (§ 1º do art. 48[4]).

Ainda que haja o intercâmbio de informações entre os níveis de governo, o proponente deve também prestar informações ao órgão incentivador sobre o recebimento de apoio financeiro de quaisquer outras fontes, quando a omissão "sujeitará o proponente às sanções e penalidades previstas na Lei n. 8.313, de 1991, e na legislação especial aplicável".

---

4 Decreto n. 5.761/2006.

7
Considerações finais

Com as modificações ocorridas nas leis de incentivo à cultura desde o início da década de 1990, quando estas foram instituídas, identificamos uma situação de efervescência de ideias e posições sobre as diversas formas de estímulo das atividades culturais. O quadro que temos é extremamente positivo, pois está estimulando a criação de uma consciência do empresariado sobre quanto é importante o investimento em cultura e como este pode dar retorno para sua marca e para seu balanço financeiro e social. No que pesem algumas críticas contrárias às leis, todos concordam que elas foram fundamentais no processo de consolidação do investimento em cultura no Brasil.

A edição da Medida Provisória n. 2.228-1, de 6 de setembro de 2001, aumenta a carteira de incentivos fiscais para o empresário que pretende aplicar seus recursos na atividade cultural, criando novos fundos e novos programas de governo. A partir dele criaram-se dois grandes benefícios ao audiovisual, por exemplo. São eles o Fundo de Financiamento da Indústria Cinematográfica Nacional (Funcine) e o benefício fiscal na Contribuição para o desenvolvimento da Indústria Cinematográfica Nacional (Condecine) das televisões que transmitam programação internacional diretamente do exterior para o Brasil (art. 39, X, da MP n. 2.228-1/2001). Ainda no campo audiovisual, contamos com a edição da Lei n. 12.485/2012, que regula o serviço audiovisual de acesso condicionado. Esta lei permitirá o aumento de investimento de forma concomitante com o aumento de demanda pelo produto audiovisual brasileiro.

Com resultados positivos a olhos vistos, consideramos de extrema importância para a vitalidade que a cultura brasileira merece a manutenção da legislação de fomento à cultura. Esse instrumento que a cultura ganhou depois de séculos para autogerir-se, formar profissionais, viabilizar produções relevantes e estimular as atividades que reforçam conceitos da arte nacional merece ter sua continuidade, como patrimônio constituído em favor da sociedade brasileira. A política de incentivo deve ser consagrada entre os fundamentos da nossa sociedade, de uma idealização e conquista suprapartidária, não sofrendo com as contingências e polaridades de disputas políticas. Somente a continuidade pode garantir credibilidade, nacional e internacional, e a manutenção de um movimento de estruturação da atividade econômica cultural. O decreto que regulamenta a Lei Rouanet, publicado no dia 28 de abril de 2006, traz algumas mudanças positivas em relação ao uso dos incentivos, sem prejuízo de sua continuidade e constante reforço. Além disso, traz do mesmo modo avanços o advento da Instrução Normativa n. 1/2012, editada pelo Ministério da Cultura.

Cada vez mais os olhos da população mundial estão se voltando para aspectos originais da cultura de um povo, aos elementos que fundam e diferenciam as populações. Sem dúvida nenhuma, a solução de alguns dos problemas do Brasil passa pela exploração criteriosa e consciente de sua cultura para exportação e de seu turismo cultural. Constitui a atividade cultural do brasileiro uma das mais ricas em produção de todo o mundo. Felizmente uma cultura ainda genuína, fixada nas suas origens, que evoluiu grandemente em virtude do seu conteúdo primígeno. Isso pode ser visto na música, no cinema, na escultura, enfim, nas mais diversas manifestações culturais. Esse efeito globalizante tem modificado a personalidade das culturas locais em todo o mundo, alterando características de povos e chamando a atenção das autoridades internacionais. Precisamos impulsionar e incrementar o discurso do "exportar para crescer". Nesse sentido, as produtoras para a televisão já criaram a ABPI/TV, o segmento de música e artes cênicas lançou a Brazilian Music & Arts (BM&A), as artes plásticas reúnem-se na Fundação Bienal de São Paulo e o cinema no Sindicato da Indústria Audiovisual do Estado de São Paulo (Siaesp), os produtores de instrumentos musicais se encontram na Associação Nacional dos Pequenos e Médios Fabricantes de Instrumentos Musicais (Anafim). Estas são entidades responsáveis pela promoção de manifestações culturais além das fronteiras brasileiras.

Por fim, espera-se que este livro tenha cumprido essa função que é, principalmente, a de entregar ferramentas ao produtor cultural e aos diversos profissionais que militam nessa área, no intuito de implementar as possibilidades para que esses profissionais construam por si só o seu produto cultural. Passamos a expor, a seguir, um texto sobre registro de obra intelectual e uma relação de sites que entendemos interessantes para a pesquisa mais aprofundada sobre alguns dos temas que consideramos importantes.

REGISTRO DE OBRAS INTELECTUAIS

O registro da obra é importante como prova de anterioridade, não garantindo a pessoa que o requer a titularidade dos direitos.

Por zelo, é usual que se proceda ao registro de uma obra intelectual que venha a produzir como autor em um dos órgãos indicados em nossa legislação, a saber: Biblioteca Nacional para livros e projetos, Escola de Música da UFRJ para obras musicais, e assim por diante[1].

Como o registro só é válido para provar que aquela ideia que estava no plano geral foi recolhida pelo autor em primeiro lugar, pode estar, sem nenhum problema, procedendo ao registro em um cartório de títulos e documentos mais próximo ou qualquer outro órgão que possua fé pública.

No caso de proponentes de projetos culturais, por exemplo, o protocolo do MinC, na Ancine ou outro órgão público que gerencie programas de incentivo fiscal em sua via de documento já é válido como prova de anterioridade e, portanto, goza da proteção de que trata a LDA.

É importante ressaltar neste livro os procedimentos adotados para registro pois, nos casos de projetos que versem sobre audiovisuais, estes devem apresentar cópia do registro de roteiro na Fundação Biblioteca Nacional (FBN). De todo modo, o protocolo na FBN já seria considerado uma prova de anterioridade e, com isso, o proponente do projeto estaria resguardado.

---

1   Locais para registro (art.17 da Lei n. 5.988/73 e art. 19 da Lei n. 9.610/98): "Para segurança dos seus direitos, o autor da obra intelectual poderá registrá-la, conforme sua natureza, na Biblioteca Nacional, na Escola de Música, na Escola de Belas Artes da Universidade Federal do Rio de Janeiro, no Instituto Nacional do Cinema, ou no Conselho federal de Engenharia, Arquitetura e Agronomia. § 1º: Se a obra for de natureza que comporte registro em mais de um desses órgãos, deverá ser registrada naquele com que tiver maior afinidade".

SERVIÇOS NA INTERNET

A internet é hoje uma grande aliada na obtenção de alguns documentos, tais como guias e certidões, e também para localizar programas e serviços criados pelos órgãos governamentais que cuidam de ações para o mercado cultural. Abaixo constam algumas das facilidades:

Guias via internet

A maior parte dos preenchimentos de guia pode ser efetuada pela internet. Relacionamos alguns sites em que se pode encontrar a guia para preenchimento *on-line*:

• Darf – Receita Federal – http://www.receita.fazenda.gov.br
Buscar link de "Serviços", "Darf – Documento de Arrecadação" e a opção "Sicalc – Cálculo e emissão de Darf".
• GPS e GFIP – Guia da Previdência Social com Código de Barras – Ministério da Previdência e Assistência Social – http://www.mpas.gov.br/
Buscar link de "Serviços" e opção "Guias";
• Darm – Município de São Paulo – http://www.prefeitura.sp.gov.br/ financas/
Buscar link de "Serviços on-line".

Certidões Negativas de Débito

Muitas das certidões negativas de débito podem ser obtidas via internet. São elas:

• Certidão Conjunta de Débitos relativos a Tributos Federais e à Dívida Ativa da União emitida pela Secretaria de Receita Federal em conjunto com a Procuradoria Geral da Fazenda Nacional – http://www.receita.fazenda.gov.br/
• Certidão Negativa do Fundo de Garantia por Tempo de Serviço (FGTS) emitida pela Caixa Econômica Federal: http://www.cef.gov.br/
• Certidão Negativa de Débito da Previdência Social emitida pelo Instituto Nacional de Seguridade Social (INSS), órgão do Ministério da Previdência e Assistência Social (MPAS) – http://www.mpas.gov.br/

Sites de interesse

Relacionamos a seguir alguns sites de interesse do mercado cultural, nos quais podem ser encontradas importantes informações:

• Governo Federal – Presidência da República: http://www.brasil.gov.br ou http://www.planalto.gov.br/
• Ministério da Cultura: http://www.cultura.gov.br
• Agência Nacional de Cinema (Ancine): http://www.ancine.gov.br
• Diário Oficial da União: http://www.in.gov.br
(Publicações de projetos aprovados na Lei Rouanet e Lei do Audiovisual – Seção 1. Publicações de extratos de convênio, inclusive FNC – Seção 3)
• Proex: http://www.bb.com.br/appbb/portal/gov/ep/srv/fed/AdmRecPROEX.jsp
(Programa de financiamento às exportações do Governo Federal)
• Banco do Brasil: http://www.bb.com.br
(Localize o Proex como: Governo – Proex)
• Legislação federal brasileira: http://www.senado.gov.br/ – (Legislação federal)
• Programa FazCultura: http://www.cultura.ba.gov.br/apoio-a-projetos/fazcultura/
• Secretaria de Estado da Cultura de Minas Gerais: http://www.cultura.mg.gov.br
• Secretaria de Estado da Cultura do Rio de Janeiro: http://www.cultura.rj.gov.br/
• Secretaria de Estado da Cultura de São Paulo: http://www.cultura.sp.gov.br
• Secretaria Municipal da Cultura de São Paulo: http://www.prefeitura.sp.gov.br/cidade/secretarias/cultura/lei_de_incentivo/
• Secretaria de Cultura do Município do Rio de Janeiro: http://www.rio.rj.gov.br/cultura
• Diário Oficial do Município de São Paulo: http://www.prodam.sp.gov.br
• Brazilian, Music & Arts – http://www.bma.org.br
• Fundação Bienal de São Paulo – http://www.bienalsaopaulo.org.br
• Cesnik, Quintino e Salinas Advogados: http://www.cqs.adv.br

- Animus Consultoria (empresa especializada, entre outras coisas, em regularização de direitos em projetos e execução e prestação de contas de projetos): http://www.animusconsult.com.br
- Fundação Casa de Rui Barbosa: http://www.casaruibarbosa.gov.br
- Fundação Palmares: http://www.palmares.gov.br
- Fundação Nacional de Arte (Funarte): http://www.funarte.gov.br
- Fundação Biblioteca Nacional: http://www.bn.br
- Instituto do Patrimônio Histórico e Artístico Nacional (Iphan): http://www.iphan.gov.br
- Instituto Brasileiro de Museus (Ibram): http://www.museus.gov.br

8
Legislação

LEI ROUANET

LEI N. 8.313, DE 23 DE DEZEMBRO DE 1991

Restabelece princípios da Lei n. 7.505, de 2 de julho de 1986, institui o Programa Nacional de Apoio à Cultura (Pronac) e dá outras providências

O Presidente da República,
Faço saber que o Congresso Nacional decreta e eu sanciono a seguinte Lei:

CAPÍTULO I
DISPOSIÇÕES PRELIMINARES

Art. 1º Fica instituído o Programa Nacional de Apoio à Cultura (Pronac), com a finalidade de captar e canalizar recursos para o setor de modo a:

I – contribuir para facilitar, a todos, os meios para o livre acesso às fontes da cultura e o pleno exercício dos direitos culturais;

II – promover e estimular a regionalização da produção cultural e artística brasileira, com valorização de recursos humanos e conteúdos locais;

III – apoiar, valorizar e difundir o conjunto das manifestações culturais e seus respectivos criadores;

IV – proteger as expressões culturais dos grupos formadores da sociedade brasileira e responsáveis pelo pluralismo da cultura nacional;

V – salvaguardar a sobrevivência e o florescimento dos modos de criar, fazer e viver da sociedade brasileira;

VI – preservar os bens materiais e imateriais do patrimônio cultural e histórico brasileiro;

VII – desenvolver a consciência internacional e o respeito aos valores culturais de outros povos ou nações;

VIII – estimular a produção e difusão de bens culturais de valor universal, formadores e informadores de conhecimento, cultura e memória;

IX – priorizar o produto cultural originário do país.

▪**Art. 2º** O Pronac será implementado através dos seguintes mecanismos:

I – Fundo Nacional da Cultura (FNC);

II – Fundos de Investimento Cultural e Artístico (Ficart);

III – Incentivo a projetos culturais.

§ 1º Os incentivos criados por esta Lei somente serão concedidos a projetos culturais cuja exibição, utilização e circulação dos bens culturais deles resultantes sejam abertas, sem distinção, a qualquer pessoa, se gratuitas, e a público pagante, se cobrado ingresso.

Renumerado do parágrafo único pela Lei n. 11.646, de 2008.

§ 2º É vedada a concessão de incentivo a obras, produtos, eventos ou outros decorrentes, destinados ou circunscritos a coleções particulares ou circuitos privados que estabeleçam limitações de acesso.

Acrescentado pela Lei n. 11.646, de 2008.

▪**Art. 3º** Para cumprimento das finalidades expressas no art. 1º desta Lei, os projetos culturais em cujo favor serão captados e canalizados os recursos do Pronac atenderão, pelo menos, a um dos seguintes objetivos:

I – incentivo à formação artística e cultural, mediante:

a) concessão de bolsas de estudo, pesquisa e trabalho, no Brasil ou no exterior, a autores, artistas e técnicos brasileiros ou estrangeiros residentes no Brasil;

b) concessão de prêmios a criadores, autores, artistas, técnicos e suas obras, filmes, espetáculos musicais e de artes cênicas em concursos e festivais realizados no Brasil;

c) instalação e manutenção de cursos de caráter cultural ou artístico, destinados à formação, especialização e aperfeiçoamento de pessoal da área da cultura, em estabelecimentos de ensino sem fins lucrativos;

II – fomento à produção cultural e artística, mediante:

a) produção de discos, vídeos, obras cinematográficas de curta e média-metragem e filmes documentais, preservação do acervo cinematográfico bem assim de outras obras de reprodução videofonográfica de caráter cultural;

Alterada pela Medida Provisória n. 2.228-1, de 2001.

b) edição de obras relativas às ciências humanas, às letras e às artes;

c) realização de exposições, festivais de arte, espetáculos de artes cênicas, de música e de folclore;

d) cobertura de despesas com transporte e seguro de objetos de valor cultural destinados a exposições públicas no país e no exterior;

e) realização de exposições, festivais de arte e espetáculos de artes cênicas ou congêneres;

III – preservação e difusão do patrimônio artístico, cultural e histórico, mediante:

a) construção, formação, organização, manutenção, ampliação e equipamento de museus, bibliotecas, arquivos e outras organizações culturais, bem como de suas coleções e acervos;

b) conservação e restauração de prédios, monumentos, logradouros, sítios e demais espaços, inclusive naturais, tombados pelos poderes públicos;

c) restauração de obras de arte e bens móveis e imóveis de reconhecido valor cultural;

d) proteção do folclore, do artesanato e das tradições populares nacionais;

IV – estímulo ao conhecimento dos bens e valores culturais, mediante:

a) distribuição gratuita e pública de ingressos para espetáculos culturais e artísticos;

b) levantamentos, estudos e pesquisas na área da cultura e da arte e de seus vários segmentos;

c) fornecimento de recursos para o FNC e para fundações culturais com fins específicos ou para museus, bibliotecas, arquivos ou outras entidades de caráter cultural;

V – apoio a outras atividades culturais e artísticas, mediante:

a) realização de missões culturais no país e no exterior, inclusive através do fornecimento de passagens;

b) contratação de serviços para elaboração de projetos culturais;

c) ações não previstas nos incisos anteriores e consideradas relevantes pelo Ministro de Estado da Cultura, consultada a Comissão Nacional de Apoio à Cultura.
Redação dada pela Lei n. 9.874, de 1999.

CAPÍTULO II
DO FUNDO NACIONAL DA CULTURA (FNC)

■**Art. 4º** Fica ratificado o Fundo de Promoção Cultural, criado pela Lei n. 7.505, de 2 de julho de 1986, que passará a denominar-se Fundo Nacional da Cultura (FNC), com o objetivo de captar e destinar recursos para projetos culturais compatíveis com as finalidades do Pronac e de:

I – estimular a distribuição regional equitativa dos recursos a serem aplicados na execução de projetos culturais e artísticos;

II – favorecer a visão interestadual, estimulando projetos que explorem propostas culturais conjuntas, de enfoque regional;

III – apoiar projetos dotados de conteúdo cultural que enfatizem o aperfeiçoamento profissional e artístico dos recursos humanos na área da cultura, a criatividade e a diversidade cultural brasileira;

IV – contribuir para a preservação e proteção do patrimônio cultural e histórico brasileiro;

V – favorecer projetos que atendam às necessidades da produção cultural e aos interesses da coletividade, aí considerados os níveis qualitativos e quantitativos de atendimentos às demandas culturais existentes, o caráter multiplicador dos projetos através de seus aspectos socioculturais e a priorização de projetos em áreas artísticas e culturais com menos possibilidades de desenvolvimento com recursos próprios.

§ 1º O FNC será administrado pelo Ministério da Cultura e gerido por seu titular, para cumprimento do Programa de Trabalho Anual, segundo os princípios estabelecidos nos arts. 1º e 3º.
Redação dada pela Lei n. 9.874, de 1999.

§ 2º Os recursos do FNC somente serão aplicados em projetos culturais após aprovados, com parecer do órgão técnico competente, pelo Ministro de Estado da Cultura.
Redação dada pela Lei n. 9.874, de 1999.

§ 3º Os projetos aprovados serão acompanhados e avaliados tecnicamente pelas entidades supervisionadas, cabendo a execução financeira à SEC/PR[1].

§ 4º Sempre que necessário, as entidades supervisionadas utilizarão peritos para análise e parecer sobre os projetos, permitida a indenização de despesas com o deslocamento, quando houver, e respectivos pró-labore e ajuda de custos, conforme ficar definido no regulamento.

§ 5º O Secretário da Cultura da Presidência da República designará a unidade da estrutura básica da SEC/PR que funcionará como secretaria executiva do FNC.

§ 6º Os recursos do FNC não poderão ser utilizados para despesas de manutenção administrativa do Ministério da Cultura, exceto para a aquisição ou locação de equipamentos e bens necessários ao cumprimento das finalidades do Fundo.
Redação dada pela Lei n. 9.874, de 1999.

§ 7º Ao término do projeto, a SEC/PR efetuará uma avaliação final de forma a verifi-

---

[1] SEC/PR significa Secretaria de Comunicação da Presidência da República. As atribuições foram delegadas ao Ministério da Cultura; portanto, onde se lê SEC/PR, lê-se, atualmente, MINC.

car a fiel aplicação dos recursos, observando as normas e os procedimentos a serem definidos no regulamento desta Lei, bem como a legislação em vigor.

§ 8º As instituições públicas ou privadas recebedoras de recursos do FNC e executoras de projetos culturais, cuja avaliação final não for aprovada pela SEC/PR, nos termos do parágrafo anterior, ficarão inabilitadas pelo prazo de três anos ao recebimento de novos recursos, ou enquanto a SEC/PR não proceder a reavaliação do parecer inicial.

▪ **Art. 5º** O FNC é um fundo de natureza contábil, com prazo indeterminado de duração, que funcionará sob as formas de apoio a fundo perdido ou de empréstimos reembolsáveis, conforme estabelecer o regulamento, e constituído dos seguintes recursos:

I – recursos do Tesouro Nacional;

II – doações nos termos da legislação vigente;

III – legados;

IV – subvenções e auxílios de entidades de qualquer natureza, inclusive de organismos internacionais;

V – saldos não utilizados na execução dos projetos a que se referem o Capítulo IV e o presente Capítulo desta Lei;

VI – devolução de recursos de projetos previstos no Capítulo IV e no presente Capítulo desta Lei, e não iniciados ou interrompidos, com ou sem justa causa;

VII – um por cento da arrecadação dos Fundos de Investimentos Regionais, a que se refere a Lei n. 8.167, de 16 de janeiro de 1991, obedecida na aplicação a respectiva origem geográfica regional;

VIII – três por cento da arrecadação bruta dos concursos de prognósticos e loterias federais e similares cuja realização estiver sujeita a autorização federal, deduzindo-se este valor do montante destinado aos prêmios;
Redação dada pela Lei n. 9.999, de 2000.

IX – reembolso das operações de empréstimo realizadas através do fundo, a título de financiamento reembolsável, observados critérios de remuneração que, no mínimo, lhes preserve o valor real;

X – resultado das aplicações em títulos públicos federais, obedecida a legislação vigente sobre a matéria;

XI – conversão da dívida externa com entidades e órgãos estrangeiros, unicamente mediante doações, no limite a ser fixado pelo Ministro da Economia, Fazenda e Planejamento, observadas as normas e os procedimentos do Banco Central do Brasil;

XII – saldo de exercícios anteriores;

XIII – recursos de outras fontes.

▪ **Art. 6º** O FNC financiará até oitenta por cento do custo total de cada projeto, mediante comprovação, por parte do proponente, ainda que pessoa jurídica de direito público, da circunstância de dispor do montante remanescente ou estar habilitado à obtenção do respectivo financiamento, através de outra fonte devidamente identificada, exceto quanto aos recursos com destinação especificada na origem.

§ 1º *(Vetado.)*

§ 2º Poderão ser considerados, para efeito de totalização do valor restante, bens e serviços oferecidos pelo proponente para implementação do projeto, a serem devidamente avaliados pela SEC/PR.

▪ **Art. 7º** A SEC/PR estimulará, através do FNC, a composição, por parte de instituições financeiras, de carteiras para financiamento de projetos culturais, que levem em conta o caráter social da iniciativa, mediante critérios, normas, garantias e taxas de juros especiais a serem aprovados pelo Banco Central do Brasil.

CAPÍTULO III
DOS FUNDOS DE INVESTIMENTO CULTURAL E ARTÍSTICO (FICART)

▪ **Art. 8º** Fica autorizada a constituição de Fundos de Investimento Cultural e Artístico (Ficart), sob a forma de condomínio, sem personalidade jurídica, caracterizando comunhão de recursos destinados à aplicação em projetos culturais e artísticos.

▪**Art. 9º** São considerados projetos culturais e artísticos, para fins de aplicação de recursos do Ficart, além de outros que venham a ser declarados pelo Ministério da Cultura:
Redação dada pela Lei n. 9.874, de 1999.

I – a produção comercial de instrumentos musicais, bem como de discos, fitas, vídeos, filmes e outras formas de reprodução fonovideográficas;

II – a produção comercial de espetáculos teatrais, de dança, música, canto, circo e demais atividades congêneres;

III – a edição comercial de obras relativas às ciências, às letras e às artes, bem como de obras de referência e outras de cunho cultural;

IV – construção, restauração, reparação ou equipamento de salas e outros ambientes destinados a atividades com objetivos culturais, de propriedade de entidades com fins lucrativos;

V – outras atividades comerciais ou industriais, de interesse cultural, assim consideradas pelo Ministério da Cultura.
Redação dada pela Lei n. 9.874, de 1999.

▪**Art. 10.** Compete à Comissão de Valores Mobiliários (CVM), ouvida a SEC/PR, disciplinar a constituição, o funcionamento e a administração dos Ficart, observadas as disposições desta Lei e as normas gerais aplicáveis aos fundos de investimento.

▪**Art. 11.** As cotas dos Ficart, emitidas sempre sob a forma nominativa ou escritural, constituem valores mobiliários sujeitos ao regime da Lei n. 6.385, de 7 de dezembro de 1976.

▪**Art. 12.** O titular das cotas do Ficart:

I – não poderá exercer qualquer direito real sobre os bens e direitos integrantes do Patrimônio do Fundo;

II – não responde pessoalmente por qualquer obrigação legal ou contratual, relativamente aos empreendimentos do Fundo ou da instituição administradora, salvo quanto à obrigação de pagamento do valor integral das cotas subscritas.

▪**Art. 13.** À instituição administradora do Ficart compete:

I – representá-lo ativa e passivamente, judicial e extrajudicialmente;

II – responder pessoalmente pela evicção de direito, na eventualidade da liquidação deste.

▪**Art. 14.** Os rendimentos e ganhos de capital auferidos pelos Ficart ficam isentos do imposto sobre operações de crédito, câmbio e seguro, assim como do Imposto sobre Renda e Proventos de Qualquer Natureza.
Vide Lei n. 8.894, de 1994.

▪**Art. 15.** Os rendimentos e ganhos de capital distribuídos pelos Ficart, sob qualquer forma, sujeitam-se à incidência do Imposto sobre a Renda na fonte à alíquota de vinte e cinco por cento.

Parágrafo único. Ficam excluídos da incidência na fonte de que trata este artigo os rendimentos distribuídos a beneficiário pessoa jurídica tributada com base no lucro real, os quais deverão ser computados na declaração anual de rendimentos.

▪**Art. 16.** Os ganhos de capital auferidos por pessoas físicas ou jurídicas não tributadas com base no lucro real, inclusive isentas, decorrentes da alienação ou resgate de cotas dos Ficart, sujeitam-se à incidência do Imposto sobre a Renda, à mesma alíquota prevista para a tributação de rendimentos obtidos na alienação ou resgate de cotas de Fundos Mútuos de Ações.

§ 1º Considera-se ganho de capital a diferença positiva entre o valor de cessão ou resgate da cota e o custo médio atualizado da aplicação, observadas as datas de aplicação, resgate ou cessão, nos termos da legislação pertinente.

§ 2º O ganho de capital será apurado em relação a cada resgate ou cessão, sendo permitida a compensação do prejuízo havido em uma operação com o lucro obtido em outra, da mesma ou diferente espécie, desde que de renda variável, dentro do mesmo exercício fiscal.

§ 3º O imposto será pago até o último dia útil da primeira quinzena do mês subsequente àquele em que o ganho de capital foi auferido.

§ 4º Os rendimentos e ganhos de capital a que se referem o *caput* deste artigo e o artigo anterior, quando auferidos por investidores residentes ou domiciliados no exterior, sujeitam-se à tributação pelo Imposto sobre a Renda, nos termos da legislação aplicável a esta classe de contribuintes.

▪**Art. 17.** O tratamento fiscal previsto nos artigos precedentes somente incide sobre os rendimentos decorrentes de aplicações em Ficart que atendam a todos os requisitos previstos na presente lei e na respectiva regulamentação a ser baixada pela Comissão de Valores Mobiliários (CVM).

Parágrafo único. Os rendimentos e ganhos de capital auferidos por Ficart, que deixem de atender aos requisitos específicos desse tipo de fundo, sujeitar-se-ão à tributação prevista no art. 43 da Lei n. 7.713, de 22 de dezembro de 1988.

CAPÍTULO IV
DO INCENTIVO A PROJETOS CULTURAIS

▪**Art. 18.** Com o objetivo de incentivar as atividades culturais, a União facultará às pessoas físicas ou jurídicas a opção pela aplicação de parcelas do Imposto sobre a Renda, a título de doações ou patrocínios, tanto no apoio direto a projetos culturais apresentados por pessoas físicas ou por pessoas jurídicas de natureza cultural como através de contribuições ao FNC, nos termos do art. 5º, inciso II, desta Lei, desde que os projetos atendam aos critérios estabelecidos no art. 1º desta Lei.
Redação dada pela Lei n. 9.874, de 1999.

§ 1º Os contribuintes poderão deduzir do Imposto de Renda devido as quantias efetivamente despendidas nos projetos elencados no § 3º, previamente aprovados pelo Ministério da Cultura, nos limites e nas condições estabelecidos na legislação do Imposto de Renda vigente, na forma de:
Acrescentado pela Lei n. 9.874, de 1999.

a) doações; e
Acrescentada pela Lei n. 9.874, de 1999.

b) patrocínios.
Acrescentada pela Lei n. 9.874, de 1999.

§ 2º Pessoas jurídicas tributadas com base no lucro real não poderão deduzir o valor da doação ou do patrocínio referido no parágrafo anterior como despesa operacional.
Acrescentado pela Lei n. 9.874, de 1999.

§ 3º As doações e os patrocínios na produção cultural, a que se refere o § 1º, atenderão exclusivamente aos seguintes segmentos:
Acrescentado pela Lei n. 9.874, de 1999.
Vide Medida Provisória n. 2.228-1, de 2001.

a) artes cênicas;
Acrescentada pela Lei n. 9.874, de 1999.
Vide Medida Provisória n. 2.228-1, de 2001.

b) livros de valor artístico, literário ou humanístico;
Acrescentada pela Lei n. 9.874, de 1999.
Vide Medida Provisória n. 2.228-1, de 2001.

c) música erudita ou instrumental;
Acrescentada pela Lei n. 9.874, de 1999.
Vide Medida Provisória n. 2.228-1, de 2001.

d) exposições de artes visuais;
Acrescentada pela Lei n. 9.874, de 1999.
Vide Medida Provisória n. 2.228-1, de 2001.

e) doações de acervos para bibliotecas públicas, museus, arquivos públicos e cinematecas, bem como treinamento de pessoal e aquisição de equipamentos para manutenção desses acervos;
Acrescentada pela Lei n. 9.874, de 1999.
Vide Medida Provisória n. 2.228-1, de 2001.

f) produção de obras cinematográficas e videofonográficas de curta e média metragem e preservação e difusão do acervo audiovisual;
Vide Medida Provisória n. 2.228-1, de 2001.

g) preservação do patrimônio cultural material e imaterial;

Vide Medida Provisória n. 2.228-1, de 2001.

h) construção e manutenção de salas de cinema e teatro, que poderão funcionar também como centros culturais comunitários, em Municípios com menos de 100.000 (cem mil) habitantes.
Acrescentada pela Lei n. 11.646, de 2008.

■**Art. 19.** Os projetos culturais previstos nesta Lei serão apresentados ao Ministério da Cultura, ou a quem este delegar atribuição, acompanhados do orçamento analítico, para aprovação de seu enquadramento nos objetivos do Pronac.
Redação dada pela Lei n. 9.874, de 1999.

§ 1º O proponente será notificado dos motivos da decisão que não tenha aprovado o projeto, no prazo máximo de cinco dias.
Redação dada pela Lei n. 9.874, de 1999.

§ 2º Da notificação a que se refere o parágrafo anterior, caberá pedido de reconsideração ao Ministro de Estado da Cultura, a ser decidido no prazo de sessenta dias.
Redação dada pela Lei n. 9.874, de 1999.

§ 3º *(Vetado.)*
§ 4º *(Vetado.)*
§ 5º *(Vetado.)*

§ 6º A aprovação somente terá eficácia após publicação de ato oficial contendo o título do projeto aprovado e a instituição por ele responsável, o valor autorizado para obtenção de doação ou patrocínio e o prazo de validade da autorização.

§ 7º O Ministério da Cultura publicará anualmente, até 28 de fevereiro, o montante dos recursos autorizados pelo Ministério da Fazenda para a renúncia fiscal no exercício anterior, devidamente discriminados por beneficiário.
Redação dada pela Lei n. 9.874, de 1999.

§ 8º Para a aprovação dos projetos será observado o princípio da não concentração por segmento e por beneficiário, a ser aferido pelo montante de recursos, pela quantidade de projetos, pela respectiva capacidade executiva e pela disponibilidade do valor absoluto anual de renúncia fiscal.
Acrescentado pela Lei n. 9.874, 1999.

■**Art. 20.** Os projetos aprovados na forma do artigo anterior serão, durante sua execução, acompanhados e avaliados pela SEC/PR ou por quem receber a delegação dessas atribuições.

§ 1º A SEC/PR, após o término da execução dos projetos previstos neste artigo, deverá, no prazo de seis meses, fazer uma avaliação final da aplicação correta dos recursos recebidos, podendo inabilitar seus responsáveis pelo prazo de até três anos.

§ 2º Da decisão a que se refere o parágrafo anterior, caberá pedido de reconsideração ao Ministro de Estado da Cultura, a ser decidido no prazo de sessenta dias.
Redação dada pela Lei n. 9.874, de 1999.

§ 3º O Tribunal de Contas da União incluirá em seu parecer prévio sobre as contas do Presidente da República análise relativa a avaliação de que trata este artigo.

■**Art. 21.** As entidades incentivadoras e captadoras de que trata este Capítulo deverão comunicar, na forma que venha a ser estipulada pelo Ministério da Economia, Fazenda e Planejamento, e SEC/PR, os aportes financeiros realizados e recebidos, bem como as entidades captadoras efetuar a comprovação de sua aplicação.

■**Art. 22.** Os projetos enquadrados nos objetivos desta Lei não poderão ser objeto de apreciação subjetiva quanto ao seu valor artístico ou cultural.

■**Art. 23.** Para os fins desta Lei, considera-se:

I – *(vetado)*

II – patrocínio: a transferência de numerário, com finalidade promocional ou a cobertura, pelo contribuinte do Imposto sobre a Renda e proventos de qualquer natureza, de gastos, ou a utilização de bem móvel ou imóvel do seu patrimônio, sem a transferência de domínio, para a realização, por outra pessoa física ou jurídica, de atividade cultural com ou sem finalidade lucrativa prevista no art. 3º desta Lei.

§ 1º Constitui infração a esta Lei o recebimento pelo patrocinador de qualquer vantagem financeira ou material em decorrência do patrocínio que efetuar.

§ 2º As transferências definidas neste artigo não estão sujeitas ao recolhimento do Imposto sobre a Renda na fonte.

■**Art. 24.** Para os fins deste Capítulo, equiparam-se a doações, nos termos do regulamento:

I – distribuições gratuitas de ingressos para eventos de caráter artístico-cultural por pessoa jurídica a seus empregados e dependentes legais;

II – despesas efetuadas por pessoas físicas ou jurídicas com o objetivo de conservar, preservar ou restaurar bens de sua propriedade ou sob sua posse legítima, tombados pelo Governo Federal, desde que atendidas as seguintes disposições:

a) preliminar definição, pelo Instituto Brasileiro do Patrimônio Cultural (IBPC), das normas e critérios técnicos que deverão reger os projetos e orçamentos de que trata este inciso;

b) aprovação prévia, pelo IBPC, dos projetos e respectivos orçamentos de execução das obras;

c) posterior certificação, pelo referido órgão, das despesas efetivamente realizadas e das circunstâncias de terem sido as obras executadas de acordo com os projetos aprovados.

■**Art. 25.** Os projetos a serem apresentados por pessoas físicas ou pessoas jurídicas, de natureza cultural para fins de incentivo, objetivarão desenvolver as formas de expressão, os modos de criar e fazer, os processos de preservação e proteção do patrimônio cultural brasileiro, e os estudos e métodos de interpretação da realidade cultural, bem como contribuir para propiciar meios, à população em geral, que permitam o conhecimento dos bens de valores artísticos e culturais, compreendendo, entre outros, os seguintes segmentos:

I – teatro, dança, circo, ópera, mímica e congêneres;

II – produção cinematográfica, videográfica, fotográfica, discográfica e congêneres;

III – literatura, inclusive obras de referência;

IV – música;

V – artes plásticas, artes gráficas, gravuras, cartazes, filatelia e outras congêneres;

VI – folclore e artesanato;

VII – patrimônio cultural, inclusive histórico, arquitetônico, arqueológico, bibliotecas, museus, arquivos e demais acervos;

VIII – humanidades; e

IX – rádio e televisão, educativas e culturais, de caráter não comercial.

Parágrafo único. Os projetos culturais relacionados com os segmentos do inciso II deste artigo deverão beneficiar exclusivamente as produções independentes, bem como as produções culturais-educativas de caráter não comercial, realizadas por empresas de rádio e televisão.

Redação dada pela Lei n. 9.874, de 1999.

■**Art. 26.** O doador ou patrocinador poderá deduzir do imposto devido na declaração do Imposto sobre a Renda os valores efetivamente contribuídos em favor de projetos culturais aprovados de acordo com os dispositivos desta Lei, tendo como base os seguintes percentuais:

Vide arts. 5º e 6º, II, da Lei n. 9.532, de 1997.

I – no caso das pessoas físicas, oitenta por cento das doações e sessenta por cento dos patrocínios;

II – no caso das pessoas jurídicas tributadas com base no lucro real, quarenta por cento das doações e trinta por cento dos patrocínios.

§ 1º A pessoa jurídica tributada com base no lucro real poderá abater as doações e patrocínios como despesa operacional.

§ 2º O valor máximo das deduções de que trata o *caput* deste artigo será fixado anualmente pelo Presidente da República, com base em um percentual da renda tributável das pessoas físicas e do imposto devido por pessoas jurídicas tributadas com base no lucro real.

§ 3º Os benefícios de que trata este artigo não excluem ou reduzem outros benefícios, abatimentos e deduções em vigor, em especial as doações a entidades de utilidade pública efetuadas por pessoas físicas ou jurídicas.

§ 4º *(Vetado.)*

§ 5º O Poder Executivo estabelecerá mecanismo de preservação do valor real das contribuições em favor de projetos culturais relativamente a este Capítulo.

▪**Art. 27.** A doação ou o patrocínio não poderá ser efetuada à pessoa ou instituição vinculada ao agente.

§ 1º Consideram-se vinculados ao doador ou patrocinador:

a) a pessoa jurídica da qual o doador ou patrocinador seja titular, administrador, gerente, acionista ou sócio, na data da operação, ou nos doze meses anteriores;

b) o cônjuge, os parentes até o terceiro grau, inclusive os afins, e os dependentes do doador ou patrocinador ou dos titulares, administradores, acionistas ou sócios de pessoa jurídica vinculada ao doador ou patrocinador, nos termos da alínea anterior;

c) outra pessoa jurídica da qual o doador ou patrocinador seja sócio.

§ 2º Não se consideram vinculadas as instituições culturais sem fins lucrativos, criadas pelo doador ou patrocinador, desde que devidamente constituídas e em funcionamento, na forma da legislação em vigor.

Redação dada pela Lei n. 9.874, de 1999.

▪**Art. 28.** Nenhuma aplicação dos recursos previstos nesta Lei poderá ser feita através de qualquer tipo de intermediação.

Parágrafo único. A contratação de serviços necessários à elaboração de projetos para a obtenção de doação, patrocínio ou investimento, bem como a captação de recursos ou a sua execução por pessoa jurídica de natureza cultural, não configuram a intermediação referida neste artigo.

Redação dada pela Lei n. 9.874, de 1999.

▪**Art. 29.** Os recursos provenientes de doações ou patrocínios deverão ser depositados e movimentados em conta bancária específica em nome do beneficiário, e a respectiva prestação de contas deverá ser feita nos termos do regulamento da presente Lei.

Parágrafo único. Não serão consideradas, para fins de comprovação do incentivo, as contribuições em relação às quais não se observe esta determinação.

▪**Art. 30.** As infrações aos dispositivos deste capítulo, sem prejuízo das sanções penais cabíveis, sujeitarão o doador ou patrocinador ao pagamento do valor atualizado do Imposto sobre a Renda devido em relação a cada exercício financeiro, além das penalidades e demais acréscimos previstos na legislação que rege a espécie.

§ 1º Para os efeitos deste artigo, considera-se solidariamente responsável por inadimplência ou irregularidade verificada a pessoa física ou jurídica propositora do projeto.

Renumerado do parágrafo único pela Lei n. 9.874, de 1999.

§ 2º A existência de pendências ou irregularidades na execução de projetos da proponente junto ao Ministério da Cultura suspenderá a análise ou concessão de novos incentivos, até a efetiva regularização.

Acrescentado pela Lei n. 9.874, de 1999.

§ 3º Sem prejuízo do parágrafo anterior, aplica-se, no que couber, cumulativamente, o disposto nos arts. 38 e seguintes desta Lei.

Acrescentado pela Lei n. 9.874, de 1999.

CAPÍTULO V
DAS DISPOSIÇÕES
GERAIS E TRANSITÓRIAS

▪**Art. 31.** Com a finalidade de garantir a participação comunitária, a representação de artista e criadores no trato oficial dos assuntos da cultura e a organização nacional sistêmica da área, o Governo Federal estimulará a institucionalização de Conselhos de Cultura no Distrito Federal, nos Estados e nos Municípios.

▪ **Art. 31-A.** Para os efeitos desta Lei, ficam reconhecidos como manifestação cultural a música gospel e os eventos a ela relacionados, exceto aqueles promovidos por igrejas.
Acrescentado pela Lei n. 12.590, de 2012.

▪ **Art. 32.** Fica instituída a Comissão Nacional de incentivo à Cultura (Cnic), com a seguinte composição:

I – o Secretário da Cultura da Presidência da República;

II – os Presidentes das entidades supervisionadas pela SEC/PR;

III – o Presidente da entidade nacional que congregar os Secretários de Cultura das Unidades Federadas;

IV – um representante do empresariado brasileiro;

V – seis representantes de entidades associativas dos setores culturais e artísticos de âmbito nacional.

§ 1º A Cnic será presidida pela autoridade referida no inciso I deste artigo, que, para fins de desempate, terá o voto de qualidade.

§ 2º Os mandatos, a indicação e a escolha dos representantes a que se referem os incs. IV e V deste artigo, assim como a competência da Cnic, serão estipulados e definidos pelo regulamento desta Lei.

▪ **Art. 33.** A SEC/PR, com a finalidade de estimular e valorizar a arte e a cultura, estabelecerá um sistema de premiação anual que reconheça as contribuições mais significativas para a área:

I – de artistas ou grupos de artistas brasileiros ou residentes no Brasil, pelo conjunto de sua obra ou por obras individuais;

II – de profissionais da área do patrimônio cultural;

III – de estudiosos e autores na interpretação crítica da cultura nacional, através de ensaios, estudos e pesquisas.

▪ **Art. 34.** Fica instituída a Ordem do Mérito Cultural, cujo estatuto será aprovado por Decreto do Poder Executivo, sendo que as distinções serão concedidas pelo Presidente da República, em ato solene, a pessoas que, por sua atuação profissional ou como incentivadoras das artes e da cultura, mereçam reconhecimento.

▪ **Art. 35.** Os recursos destinados ao então Fundo de Promoção Cultural, nos termos do art. 1º, § 6º, da Lei n. 7.505, de 2 de julho de 1986, serão recolhidos ao Tesouro Nacional para aplicação pelo FNC, observada a sua finalidade.

▪ **Art. 36.** O Departamento da Receita Federal, do Ministério da Economia, Fazenda e Planejamento, no exercício de suas atribuições específicas, fiscalizará a efetiva execução desta Lei no que se refere à aplicação de incentivos fiscais nela previstos.

▪ **Art. 37.** O Poder Executivo a fim de atender ao disposto no art. 26, § 2º, desta Lei, adequando-o às disposições da Lei de Diretrizes Orçamentárias, enviará, no prazo de trinta dias, mensagem ao Congresso Nacional estabelecendo total da renúncia fiscal e correspondente cancelamento de despesas orçamentárias.

▪ **Art. 38.** Na hipótese de dolo, fraude ou simulação, inclusive no caso de desvio de objeto, será aplicada, ao doador e ao beneficiário, multa correspondente a duas vezes o valor da vantagem recebida indevidamente.

▪ **Art. 39.** Constitui crime, punível com a reclusão de dois a seis meses e multa de vinte por cento do valor do projeto, qualquer discriminação de natureza política que atente contra a liberdade de expressão, de atividade intelectual e artística, de consciência ou crença, no andamento dos projetos a que se refere esta Lei.

▪ **Art. 40.** Constitui crime, punível com reclusão de dois a seis meses e multa de vinte por cento do valor do projeto, obter redução do Imposto de Renda utilizando-se fraudulentamente de qualquer benefício desta Lei.

§ 1º No caso de pessoa jurídica respondem pelo crime o acionista controlador e os administradores que para ele tenham concorrido.

§ 2º Na mesma pena incorre aquele que, recebendo recursos, bens ou valores em função desta Lei, deixa de promover, sem justa causa, atividade cultural objeto do incentivo.

■**Art. 41.** O Poder Executivo, no prazo de sessenta dias, regulamentará a presente Lei.

■**Art. 42.** Esta Lei entra em vigor na data de sua publicação.

■**Art. 43.** Revogam-se as disposições em contrário.

Brasília, 23 de dezembro de 1991; 170º da Independência e 103º da República.

FERNANDO COLLOR
Jarbas Passarinho

DECRETO N. 5.761, DE 27 DE ABRIL DE 2006

Regulamenta a Lei n. 8.313, de 23 de dezembro de 1991, estabelece a sistemática de execução do Programa Nacional de Apoio à Cultura (Pronac), e dá outras providências.

O Presidente da República, no uso das atribuições que lhe confere o art. 84, inciso IV, da Constituição, e tendo em vista o disposto na Lei n. 8.313, de 23 de dezembro de 1991, DECRETA:

CAPÍTULO I
DAS DISPOSIÇÕES GERAIS

▪ **Art. 1º** O Programa Nacional de Apoio à Cultura (Pronac) desenvolver-se-á mediante a realização de programas, projetos e ações culturais que concretizem os princípios da Constituição, em especial seus arts. 215 e 216, e que atendam às finalidades previstas no art. 1º e a pelo menos um dos objetivos indicados no art. 3º da Lei n. 8.313, de 23 de dezembro de 1991.

▪ **Art. 2º** Na execução do Pronac serão apoiados programas, projetos e ações culturais destinados às seguintes finalidades:

I – valorizar a cultura nacional, considerando suas várias matrizes e formas de expressão;

II – estimular a expressão cultural dos diferentes grupos e comunidades que compõem a sociedade brasileira;

III – viabilizar a expressão cultural de todas as regiões do país e sua difusão em escala nacional;

IV – promover a preservação e o uso sustentável do patrimônio cultural brasileiro em sua dimensão material e imaterial;

V – incentivar a ampliação do acesso da população à fruição e à produção dos bens culturais;

VI – fomentar atividades culturais afirmativas que busquem erradicar todas as formas de discriminação e preconceito;

VII – desenvolver atividades que fortaleçam e articulem as cadeias produtivas e os arranjos produtivos locais que formam a economia da cultura;

VIII – apoiar as atividades culturais de caráter inovador ou experimental;

IX – impulsionar a preparação e o aperfeiçoamento de recursos humanos para a produção e a difusão cultural;

X – promover a difusão e a valorização das expressões culturais brasileiras no exterior, assim como o intercâmbio cultural com outros países;

XI – estimular ações com vistas a valorizar artistas, mestres de culturas tradicionais, técnicos e estudiosos da cultura brasileira;

XII – contribuir para a implementação do Plano Nacional de Cultura e das políticas de cultura do Governo Federal; e

XIII – apoiar atividades com outras finalidades compatíveis com os princípios constitucionais e os objetivos preconizados pela Lei n. 8.313, de 1991, assim consideradas pelo Ministro de Estado da Cultura.

▪ **Art. 3º** A execução do Pronac deverá obedecer às normas, diretrizes e metas estabelecidas em seu plano anual, que deverá estar de acordo com o plano plurianual e com a Lei de Diretrizes Orçamentárias.

Parágrafo único. O plano anual de que trata este artigo será elaborado pelo Ministério da Cultura, que o publicará até o dia 30 de novembro do ano anterior àquele em que vigorará, de acordo com o disposto na Lei n. 8.313, de 1991, e neste Decreto, observadas as diretrizes e metas estabelecidas no Plano Nacional de Cultura.

▪ **Art. 4º** Para os efeitos deste Decreto, entende-se por:

I – proponente: as pessoas físicas e as pessoas jurídicas, públicas ou privadas, com atuação na área cultural, que proponham programas, projetos e ações culturais ao Ministério da Cultura;

II – beneficiário: o proponente de programa, projeto ou ação cultural favorecido pelo Pronac;

III – incentivador: o contribuinte do Imposto sobre a Renda e proventos de qualquer natureza, pessoa física ou jurídica, que efetua doação ou patrocínio em favor de programas, projetos e ações culturais aprovados pelo Ministério da Cultura, com vistas a incentivos fiscais, conforme estabelecido na Lei n. 8.313, de 1991;

IV – doação: a transferência definitiva e irreversível de numerário ou bens em favor de proponente, pessoa física ou jurídica sem fins lucrativos, cujo programa, projeto ou ação cultural tenha sido aprovado pelo Ministério da Cultura;

V – patrocínio: a transferência definitiva e irreversível de numerário ou serviços, com finalidade promocional, a cobertura de gastos ou a utilização de bens móveis ou imóveis do patrocinador, sem a transferência de domínio, para a realização de programa, projeto ou ação cultural que tenha sido aprovado pelo Ministério da Cultura;

VI – pessoa jurídica de natureza cultural: pessoa jurídica, pública ou privada, com ou sem fins lucrativos, cujo ato constitutivo disponha expressamente sobre sua finalidade cultural; e

VII – produção cultural-educativa de caráter não comercial: aquela realizada por empresa de rádio e televisão pública ou estatal.

■**Art. 5º** O Ministério da Cultura poderá escolher, mediante processo público de seleção, os programas, projetos e ações culturais a serem financiados pelos mecanismos definidos no art. 2º da Lei n. 8.313, de 1991, podendo designar comitês técnicos para essa finalidade.

§ 1º O montante dos recursos destinados aos processos públicos de seleção e a sua respectiva distribuição serão definidos em portaria do Ministério da Cultura, que será publicada no Diário Oficial da União, observado o estabelecido no plano anual do Pronac.

§ 2º As empresas patrocinadoras interessadas em aderir aos processos seletivos promovidos pelo Ministério da Cultura deverão informar, previamente, o volume de recursos que pretendem investir, bem como sua área de interesse, respeitados o montante e a distribuição dos recursos definidas pelo Ministério da Cultura.

§ 3º A promoção de processos públicos para seleção de projetos realizada, de forma independente, por empresas patrocinadoras deverá ser previamente informada ao Ministério da Cultura.

■**Art. 6º** Os procedimentos administrativos relativos a apresentação, recepção, seleção, análise, aprovação, acompanhamento, monitoramento, avaliação de resultados e emissão de laudo de avaliação final dos programas, projetos e ações culturais, no âmbito do Pronac, serão definidos pelo Ministro de Estado da Cultura e publicados no Diário Oficial da União, observadas as disposições deste Decreto.

§ 1º Nos casos de programas, projetos ou ações culturais que tenham como objeto a preservação de bens culturais tombados ou registrados pelos poderes públicos, em âmbito federal, estadual ou municipal, além do cumprimento das normas a que se refere o *caput*, será obrigatória a apreciação pelo órgão responsável pelo respectivo tombamento ou registro, observada a legislação relativa ao patrimônio cultural.

§ 2º Os programas, projetos e ações apresentados com vistas à utilização de um dos mecanismos de implementação do Pronac serão analisados tecnicamente no âmbito do Ministério da Cultura, pelos seus órgãos ou entidades vinculadas, de acordo com as suas respectivas competências.

§ 3º A apreciação técnica de que trata o § 2º deverá verificar, necessariamente, o atendimento das finalidades do Pronac, a adequação dos custos propostos aos praticados no mercado, sem prejuízo dos demais aspectos exigidos pela legislação aplicável, vedada a apreciação subjetiva baseada em valores artísticos ou culturais.

§ 4º A proposta com o parecer técnico será submetida, de acordo com a matéria a que esteja relacionada, à Comissão do Fundo Nacional da Cultura, criada pelo art. 14, ou à Comissão Nacional de Incentivo à Cultura, a que se refere o art. 38, que recomendará ao Ministro de Estado da Cultura a aprovação total, parcial ou a não aprovação do programa, projeto ou ação em questão.

§ 5º Da decisão referida no § 4º caberá pedido de reconsideração dirigido ao Ministro de Estado da Cultura, no prazo de até dez dias contados da comunicação oficial ao proponente.

§ 6º O pedido de reconsideração será apreciado pelo Ministro de Estado da Cultura em até sessenta dias, contados da data de sua interposição, após manifestação do órgão responsável pela análise técnica e, se julgar oportuno, da Comissão competente.

▪Art. 7º Os programas, projetos e ações culturais aprovados serão acompanhados e avaliados tecnicamente pelos órgãos competentes do Ministério da Cultura.

§ 1º O Ministério da Cultura e suas entidades vinculadas poderão utilizar-se dos serviços profissionais de peritos, antes da aprovação, durante e ao final da execução dos programas, projetos e ações já aprovados, permitida a indenização de despesas com deslocamento e pagamento de pró-labore ou de ajuda de custo para vistorias, quando necessário.

§ 2º O acompanhamento e a avaliação referidos neste artigo objetivam verificar a fiel aplicação dos recursos e dar-se-ão por meio de comparação entre os resultados esperados e atingidos, os objetivos previstos e alcançados, os custos estimados e os efetivamente realizados, além do aferimento da repercussão da iniciativa na sociedade, de forma a atender aos objetivos da Lei n. 8.313, de 1991, bem como ao disposto neste Decreto e no plano anual do Pronac.

§ 3º A avaliação referida no § 2º será ultimada pelo Ministério da Cultura mediante expedição do laudo final de avaliação, devendo o beneficiário ser notificado da decisão ministerial resultante.

§ 4º Da decisão a que se refere o § 3º caberá recurso ao Ministro de Estado da Cultura, no prazo de dez dias, contados da data em que o beneficiário tomou ciência da decisão ministerial e do correspondente laudo final de avaliação.

§ 5º O recurso de que trata o § 4º será apreciado pelo Ministro de Estado da Cultura em até sessenta dias, contados da data de sua interposição, após a manifestação do órgão competente do Ministério.

§ 6º No caso de não aprovação da execução dos programas, projetos e ações de que trata o § 3º, será estabelecido o prazo estritamente necessário para a conclusão do objeto proposto.

§ 7º Não concluído o programa, projeto ou ação no prazo estipulado, serão aplicadas pelo Ministério da Cultura as penalidades previstas na Lei n. 8.313, de 1991, e adotadas as demais medidas administrativas cabíveis.

▪Art. 8º As atividades de acompanhamento e avaliação técnica de programas, projetos e ações culturais poderão ser delegadas aos Estados, Distrito Federal e Municípios, bem como a órgãos ou entidades da administração pública federal e dos demais entes federados, mediante instrumento jurídico que defina os direitos e os deveres mútuos.

Parágrafo único. A delegação prevista no *caput*, relativamente aos Estados, Distrito Federal e Municípios, dependerá da existência, no respectivo ente federado, de Lei de Incentivos Fiscais ou de fundos específicos para a cultura, bem como de órgão colegiado com atribuição de análise de programas e projetos culturais em que a sociedade tenha representação ao menos paritária em relação ao Poder Público e no qual as diversas áreas culturais e artísticas estejam representadas.

■**Art. 9°** O Ministério da Cultura deverá elaborar e publicar relatório anual de avaliação do Pronac, relativo à avaliação dos programas, projetos e ações culturais referidos neste Decreto, enfatizando o cumprimento do disposto no plano anual do Pronac.

Parágrafo único. O relatório de que trata este artigo integrará a tomada de contas anual do Ministério da Cultura, a ser encaminhada ao Tribunal de Contas da União.

CAPÍTULO II
DO FUNDO NACIONAL DA CULTURA

■**Art. 10.** Os recursos do Fundo Nacional da Cultura poderão ser utilizados, observado o disposto no plano anual do Pronac, da seguinte forma:

I – recursos não reembolsáveis para utilização em programas, projetos e ações culturais de pessoas jurídicas públicas ou privadas sem fins lucrativos;

II – financiamentos reembolsáveis para programas, projetos e ações culturais de pessoas físicas ou de pessoas jurídicas privadas, com fins lucrativos, por meio de agentes financeiros credenciados pelo Ministério da Cultura;

III – concessão de bolsas de estudo, de pesquisa e de trabalho – para realização de cursos ou desenvolvimento de projetos, no Brasil ou no exterior;

IV – concessão de prêmios;

V – custeio de passagens e ajuda de custos para intercâmbio cultural no Brasil ou no exterior;

VI – transferência a Estados, Municípios e Distrito Federal para desenvolvimento de programas, projetos e ações culturais, mediante instrumento jurídico que defina direitos e deveres mútuos; e

VII – em outras situações definidas pelo Ministério da Cultura, enquadráveis nos arts. 1° e 3° da Lei n. 8.313, de 1991.

§ 1° O Ministro de Estado da Cultura expedirá as instruções normativas necessárias para definição das condições e procedimentos das concessões previstas neste artigo e respectivas prestações de contas.

§ 2° Para o financiamento reembolsável, o Ministério da Cultura definirá com os agentes financeiros credenciados a taxa de administração, os prazos de carência, os juros limites, as garantias exigidas e as formas de pagamento, que deverão ser aprovadas pelo Banco Central do Brasil, conforme disposto no art. 7° da Lei n. 8.313, de 1991.

§ 3° A taxa de administração a que se refere o § 2° não poderá ser superior a três por cento dos recursos disponíveis para financiamento.

§ 4° Para o financiamento de que trata o § 2°, serão fixadas taxas de remuneração que, no mínimo, preservem o valor originalmente concedido, conforme o disposto no inciso IX do art. 5° da Lei n. 8.313, de 1991.

§ 5° Os subsídios decorrentes de financiamentos realizados a taxas inferiores à taxa de captação dos recursos financeiros pelo Governo Federal devem ser registrados pelo Fundo Nacional da Cultura para constar na Lei orçamentária e suas informações complementares.

§ 6° Na operacionalização do financiamento reembolsável, o agente financeiro será qualquer instituição financeira, de caráter oficial, devidamente credenciada pelo Ministério da Cultura.

§ 7° Os subsídios concedidos em financiamentos reembolsáveis devem ser apurados para compor o rol dos benefícios creditícios e financeiros que integram as informações complementares da Lei Orçamentária Anual.

■**Art. 11.** A execução orçamentária, financeira e patrimonial do Fundo Nacional da Cultura bem como a supervisão e coordenação das atividades administrativas necessárias ao seu funcionamento serão exercidas em conformidade com o disposto nos §§ 1º e 3º do art. 4º da Lei n. 8.313, de 1991.

▪Art. 12. O percentual de financiamento do Fundo Nacional da Cultura, limitado a oitenta por cento do custo total de cada programa, projeto ou ação cultural, será aprovado pelo Ministério da Cultura mediante proposta da Comissão do Fundo Nacional da Cultura.

Parágrafo único. A contrapartida a ser obrigatoriamente oferecida pelo proponente para fins de complementação do custo total do programa, projeto ou ação cultural deverá ser efetivada mediante aporte de numerário, bens ou serviços, ou comprovação de que está habilitado à obtenção do respectivo financiamento por meio de outra fonte devidamente identificada, vedada como contrapartida a utilização do mecanismo de incentivos fiscais previstos.

▪Art. 13. A contrapartida será dispensada sempre que os recursos tenham sido depositados no Fundo Nacional da Cultura com destinação especificada na origem, tais como:

I – transferência de recursos a programas, projetos e ações culturais identificados pelo doador ou patrocinador por ocasião do depósito ao Fundo Nacional da Cultura, desde que correspondam ao custo total do projeto; e

II – programas, projetos e ações identificados pelo autor de emendas aditivas ao orçamento do Fundo Nacional da Cultura, ainda que o beneficiário seja órgão federal, desde que o valor da emenda corresponda ao custo total do projeto.

§ 1º Os programas, projetos e ações culturais previstos nos incisos I e II não serão objeto de apreciação pela Comissão do Fundo Nacional da Cultura.

§ 2º As entidades vinculadas ao Ministério da Cultura ficam dispensadas de apresentar contrapartida quando receberem recursos do Fundo Nacional da Cultura para o desenvolvimento de programas, projetos e ações culturais.

▪Art. 14. Fica criada, no âmbito do Ministério da Cultura, a Comissão do Fundo Nacional da Cultura, à qual compete:

I – avaliar e selecionar os programas, projetos e ações culturais que objetivem a utilização de recursos do Fundo Nacional da Cultura, de modo a subsidiar sua aprovação final pelo Ministro de Estado da Cultura;

II – apreciar as propostas de editais a serem instituídos em caso de processo público de seleção de programas, projetos e ações a serem financiados com recursos do Fundo Nacional da Cultura, para homologação pelo Ministro de Estado da Cultura;

III – elaborar a proposta de plano de trabalho anual do Fundo Nacional da Cultura, que integrará o plano anual do Pronac, a ser submetida ao Ministro de Estado da Cultura para aprovação final de seus termos;

IV – apreciar as propostas de plano anual das entidades vinculadas ao Ministério da Cultura, com vistas à elaboração da proposta de que trata o inciso III; e

V – exercer outras atribuições estabelecidas pelo Ministro de Estado da Cultura.

▪Art. 15. A Comissão do Fundo Nacional da Cultura será integrada:

I – pelo Secretário-Executivo do Ministério da Cultura, que a presidirá;

II – pelos titulares das Secretarias do Ministério da Cultura;

III – pelos presidentes das entidades vinculadas ao Ministério da Cultura; e

IV – por um representante do Gabinete do Ministro de Estado da Cultura.

▪Art. 16. A Comissão do Fundo Nacional da Cultura definirá em ato próprio, mediante proposta aprovada pela maioria absoluta de seus integrantes, as normas relativas à sua organização e funcionamento, que será homologado pelo Ministro de Estado da Cultura.

▪Art. 17. Os programas, projetos e ações culturais de iniciativa própria do Ministério da Cultura, a serem financiados com recursos do Fundo Nacional da Cultura, deverão constar de seu plano anual, obedecido o disposto no art. 3º, e serão apresentados à Comissão do Fundo Nacional da Cultura com orçamentos detalhados e justificativas referendadas, obrigatoriamente, pelo titular da unidade proponente ou seu substituto legal.

CAPÍTULO III
DOS FUNDOS DE INVESTIMENTOS CULTURAIS E ARTÍSTICOS

▪**Art. 18.** A Comissão de Valores Mobiliários (CVM) disciplinará a constituição, o funcionamento e a administração dos Fundos de Investimentos Culturais e Artísticos (Ficart), nos termos do art. 10 da Lei n. 8.313, de 1991.

§ 1º A CVM prestará informações ao Ministério da Cultura sobre a constituição dos Ficart e seus respectivos agentes financeiros, inclusive quanto às suas áreas de atuação.

▪**Art. 19.** Para receber recursos dos Ficart, os programas, projetos e ações culturais deverão destinar-se:

I – à produção e distribuição independentes de bens culturais e à realização de espetáculos artísticos e culturais;

II – à construção, restauração, reforma, equipamento e operação de espaços destinados a atividades culturais, de propriedade de entidades com fins lucrativos; e

III – a outras atividades comerciais e industriais de interesse cultural, assim consideradas pelo Ministério da Cultura.

▪**Art. 20.** A aplicação dos recursos dos Ficart far-se-á, exclusivamente, por meio de:

I – contratação de pessoas jurídicas com sede no território brasileiro, tendo por finalidade exclusiva a execução de programas, projetos e ações culturais;

II – participação em programas, projetos e ações culturais realizados por pessoas jurídicas de natureza cultural com sede no território brasileiro; e

III – aquisição de direitos patrimoniais para exploração comercial de obras literárias, audiovisuais, fonográficas e de artes cênicas, visuais, digitais e similares.

▪**Art. 21.** O Ministério da Cultura, em articulação com a CVM, definirá regras e procedimentos para acompanhamento e fiscalização da execução dos programas, projetos e ações culturais beneficiados com recursos do Ficart.

CAPÍTULO IV
DOS INCENTIVOS FISCAIS

Seção I
Das Formas de Aplicação

▪**Art. 22.** A opção prevista no art. 24 da Lei n. 8.313, de 1991, exercer-se-á:

I – em favor do próprio contribuinte do Imposto sobre a Renda e proventos de qualquer natureza, quando proprietário ou titular de posse legítima de bens móveis e imóveis tombados pela União, e após cumprimento das exigências legais aplicáveis a bens tombados e mediante prévia apreciação pelo Instituto do Patrimônio Histórico e Artístico Nacional (Iphan), no valor das despesas efetuadas com o objetivo de conservar ou restaurar aqueles bens; e

II – em favor de pessoas jurídicas contribuintes do Imposto sobre a Renda e proventos de qualquer natureza, para compra de ingressos de espetáculos culturais e artísticos, desde que para distribuição gratuita comprovada a seus empregados e respectivos dependentes legais, obedecendo a critérios a serem definidos em ato do Ministério da Cultura.

▪**Art. 23.** As opções previstas nos arts. 18 e 26 da Lei n. 8.313, de 1991, serão exercidas:

I – em favor do Fundo Nacional da Cultura, com destinação livre ou direcionada a programas, projetos e ações culturais específicos, sob a forma de doação, ou com destinação especificada pelo patrocinador, sob a forma de patrocínio;

II – em favor de programas, projetos e ações culturais apresentados por pessoas físicas ou jurídicas sem fins lucrativos, sob a forma de doação, abrangendo:

a) numerário ou bens, para realização de programas, projetos e ações culturais; e

b) numerário para aquisição de produtos culturais e ingressos para espetáculos culturais e artísticos, de distribuição pública e gratuita, conforme normas a serem estabelecidas em ato do Ministério da Cultura;

III – em favor de programas, projetos e ações culturais apresentados por pessoas físicas ou jurídicas, com ou sem fins lucrativos, sob a forma de patrocínio, abrangendo:

a) numerário ou a utilização de bens, para realização de programas, projetos e ações culturais; e

b) numerário, para a cobertura de parte do valor unitário de produtos culturais e ingressos para espetáculos culturais e artísticos, conforme normas e critérios estabelecidos pelo Ministério da Cultura;

IV – em favor dos projetos culturais selecionados pelo Ministério da Cultura por meio de processo público de seleção, na forma estabelecida no art. 2º; e

V – em favor de projetos que tenham por objeto a valorização de artistas, mestres de culturas tradicionais, técnicos e estudiosos, com relevantes serviços prestados à cultura brasileira.

§ 1º Os programas, projetos e ações culturais apresentados por órgãos integrantes da administração pública direta somente poderão receber doação ou patrocínio na forma prevista no inciso I.

§ 2º É vedada a destinação de novo subsídio para a mesma atividade cultural em projeto já anteriormente subsidiado.

▪Art. 24. Equiparam-se a programas, projetos e ações culturais os planos anuais de atividades consideradas relevantes para a cultura nacional pela Comissão Nacional de Incentivo à Cultura:

I – de associações civis de natureza cultural, sem fins lucrativos, cuja finalidade estatutária principal seja dar apoio a instituições da União, dos Estados, do Distrito Federal ou dos Municípios, no atendimento dos objetivos previstos no art. 3º da Lei n. 8.313, de 1991; e

II – de outras pessoas jurídicas de natureza cultural, sem fins lucrativos.

§ 1º O valor a ser incentivado nos planos anuais será equivalente à estimativa de recursos a serem captados a título de doações e patrocínios, conforme constar da previsão anual de receita e despesa apresentada pelo proponente.

§ 2º Os planos anuais submeter-se-ão às mesmas regras de aprovação, execução, avaliação e prestação de contas aplicáveis aos programas, projetos e ações culturais incentivados.

▪Art. 25. As despesas referentes aos serviços de captação dos recursos para execução de programas, projetos e ações culturais aprovados no âmbito da Lei n. 8.313, de 1991, serão detalhadas em planilha de custos, obedecidos os limites definidos em ato do Ministério da Cultura.

Parágrafo único. Os programas, projetos e ações culturais aprovados mediante a sistemática descrita no art. 5º não poderão realizar despesas referentes a serviços de captação de recursos.

▪Art. 26. As despesas administrativas relacionadas aos programas, projetos e ações culturais que visem à utilização do mecanismo previsto neste Capítulo ficarão limitadas a quinze por cento do orçamento total do respectivo programa, projeto ou ação cultural.

Parágrafo único. Para efeito deste Decreto, entende-se por despesas administrativas aquelas executadas na atividade-meio dos programas, projetos e ações culturais, excluídos os gastos com pagamento de pessoal indispensáveis à execução das atividades-fim e seus respectivos encargos sociais, desde que previstas na planilha de custos.

▪**Art. 27.** Dos programas, projetos e ações realizados com recursos incentivados, total ou parcialmente, deverão constar formas para a democratização do acesso aos bens e serviços resultantes, com vistas a:

I – tornar os preços de comercialização de obras ou de ingressos mais acessíveis à população em geral;

II – proporcionar condições de acessibilidade a pessoas idosas, nos termos do art. 23 da Lei n. 10.741, de 1º de outubro de 2003, e portadoras de deficiência, conforme o disposto no art. 46 do Decreto n. 3.298, de 20 de dezembro de 1999;

III – promover distribuição gratuita de obras ou de ingressos a beneficiários previamente identificados que atendam às condições estabelecidas pelo Ministério da Cultura; e

IV – desenvolver estratégias de difusão que ampliem o acesso.

Parágrafo único. O Ministério da Cultura poderá autorizar outras formas de ampliação do acesso para atender a finalidades não previstas nos incs. I a IV, desde que devidamente justificadas pelo proponente nos programas, projetos e ações culturais apresentados.

▪**Art. 28.** No caso de doação ou patrocínio de pessoas físicas e jurídicas em favor de programas e projetos culturais amparados pelo art. 18 da Lei n. 8.313, de 1991, o percentual de dedução será de até cem por cento do valor do incentivo, respeitados os limites estabelecidos na legislação do Imposto de Renda vigente e o disposto no § 4º do art. 3º da Lei n. 9.249, de 26 de dezembro de 1995, não sendo permitida a utilização do referido montante como despesa operacional pela empresa incentivadora.

▪**Art. 29.** Os valores transferidos por pessoa física, a título de doação ou patrocínio, em favor de programas e projetos culturais enquadrados em um dos segmentos culturais previstos no art. 26 da Lei n. 8.313, de 1991, poderão ser deduzidos do imposto devido na declaração de rendimentos relativa ao período de apuração em que for efetuada a transferência de recursos, obedecidos os limites percentuais máximos de:

I – oitenta por cento do valor das doações; e

II – sessenta por cento do valor dos patrocínios.

Parágrafo único. O limite máximo das deduções de que tratam os incisos I e II é de seis por cento do imposto devido, nos termos do disposto no art. 22 da Lei n. 9.532, de 10 de dezembro de 1997.

▪**Art. 30.** Observado o disposto no § 4º do art. 3º da Lei n. 9.249, de 1995, os valores correspondentes a doações e patrocínios realizados por pessoas jurídicas em favor de programas e projetos culturais enquadrados em um dos segmentos culturais previstos no art. 26 da Lei n. 8.313, de 1991, poderão ser deduzidos do imposto devido, a cada período de apuração, nos limites percentuais máximos de:

I – quarenta por cento do valor das doações; e

II – trinta por cento do valor dos patrocínios.

§ 1º A pessoa jurídica tributada com base no lucro real poderá lançar em seus registros contábeis, como despesa operacional, o valor total das doações e dos patrocínios efetuados no período de apuração de seus tributos.

§ 2º O limite máximo das deduções de que tratam os incs. I e II do *caput* é de quatro por cento do imposto devido, nos termos do disposto no inciso II do art. 6º da Lei n. 9.532, de 1997.

▪**Art. 31.** Não constitui vantagem financeira ou material a destinação ao patrocinador de até dez por cento dos produtos resultantes do programa, projeto ou ação cultural, com a finalidade de distribuição gratuita promocional, consoante plano de distribuição a ser apresentado quando da inscrição do programa, projeto ou ação, desde que previamente autorizado pelo Ministério da Cultura.

Parágrafo único. No caso de haver mais de um patrocinador, cada um poderá receber produtos resultantes do projeto em quantidade proporcional ao investimento efetuado, respeitado o limite de dez por cento para o conjunto de incentivadores.

Art. 32. O valor da renúncia fiscal autorizado no âmbito do Pronac e a correspondente execução orçamentário-financeira de programas, projetos e ações culturais deverão integrar o relatório anual de atividades.

Parágrafo único. O valor da renúncia de que trata o *caput* será registrado anualmente no demonstrativo de benefícios tributários da União para integrar as informações complementares à Lei Orçamentária Anual.

Art. 33. Os programas, projetos e ações culturais a serem analisados nos termos do inciso II do art. 25 da Lei n. 8.313, de 1991, deverão beneficiar somente as produções culturais independentes.

Art. 34. As instituições culturais sem fins lucrativos referidas no § 2º do art. 27 da Lei n. 8.313, de 1991, poderão beneficiar-se de incentivos fiscais preferencialmente em seus planos anuais de atividades, nos termos do inciso II do art. 24 e seus §§ 1º e 2º.

Parágrafo único. O Ministério da Cultura estabelecerá os critérios para avaliação das instituições referidas neste artigo.

Art. 35. A aprovação do projeto será publicada no Diário Oficial da União, contendo, no mínimo, os seguintes dados:

I – título do projeto;

II – número de registro no Ministério da Cultura;

III – nome do proponente e respectivo CNPJ ou CPF;

IV – extrato da proposta aprovada pelo Ministério da Cultura;

V – valor e prazo autorizados para captação dos recursos; e

VI – enquadramento quanto às disposições da Lei n. 8.313, de 1991.

§ 1º As instituições beneficiárias não poderão ressarcir-se de despesas efetuadas em data anterior à da publicação da portaria de autorização para captação de recursos.

§ 2º O prazo máximo para captação de recursos coincidirá com o término do exercício fiscal em que foi aprovado o projeto.

§ 3º No caso de nenhuma captação ou captação parcial dos recursos autorizados no prazo estabelecido, os programas, projetos e ações culturais poderão ser prorrogados, a pedido do ponente, nas condições e prazos estabelecidos no ato de prorrogação, de acordo com normas expedidas pelo Ministério da Cultura.

§ 4º Enquanto o Ministério da Cultura não se manifestar quanto ao pedido de prorrogação, fica o proponente impedido de promover a captação de recursos.

Art. 36. As transferências financeiras dos incentivadores para os respectivos beneficiários serão efetuadas, direta e obrigatoriamente, em conta bancária específica, aberta em instituição financeira oficial, de abrangência nacional, credenciada pelo Ministério da Cultura.

Art. 37. O controle do fluxo financeiro entre os incentivadores e seus beneficiários estabelecer-se-á por meio do cruzamento das informações prestadas ao Ministério da Cultura, por parte de cada um deles, de modo independente.

CAPÍTULO V
DA COMISSÃO NACIONAL DE INCENTIVO À CULTURA

Art. 38. Compete à Comissão Nacional de Incentivo à Cultura, instituída pelo art. 32 da Lei n. 8.313, de 1991:

I – subsidiar, mediante parecer técnico fundamentado do relator designado, nas decisões do Ministério da Cultura quanto aos incentivos fiscais e ao enquadramento dos programas, projetos e ações culturais nas finalidades e objetivos previstos na Lei n. 8.313, de 1991, observado o plano anual do Pronac;

II – subsidiar na definição dos segmentos culturais não previstos expressamente nos Capítulos III e IV da Lei n. 8.313, de 1991;

III – analisar, por solicitação do seu presidente, as ações consideradas relevantes e não previstas no art. 3º da Lei n. 8.313, de 1991;

IV – fornecer subsídios para avaliação do Pronac, propondo medidas para seu aperfeiçoamento;

V – emitir parecer sobre recursos apresentados contra decisões desfavoráveis à aprovação de programas e projetos culturais apresentados;

VI – emitir parecer sobre recursos contra decisões desfavoráveis quanto à avaliação e prestação de contas de programas, projetos e ações culturais realizados com recursos de incentivos fiscais;

VII – apresentar subsídios para a elaboração de plano de trabalho anual de incentivos fiscais, com vistas à aprovação do plano anual do Pronac;

VIII – subsidiar na aprovação dos projetos de que trata o inciso V do art. 23; e

IX – exercer outras atribuições que lhe forem conferidas pelo seu presidente.

§ 1º O presidente da Comissão poderá deliberar *ad referendum* do colegiado, independentemente do oferecimento prévio dos subsídios a que se referem este artigo.

§ 2º As deliberações da Comissão serão adotadas por maioria simples, cabendo ao seu presidente utilizar, além do seu voto, o de qualidade, para fins de desempate.

▪**Art. 39.** São membros da Comissão Nacional de Incentivo à Cultura:

I – o Ministro de Estado da Cultura, que a presidirá;

II – os presidentes de cada uma das entidades vinculadas ao Ministério da Cultura;

III – o presidente de entidade nacional que congrega os Secretários de Cultura das unidades federadas;

IV – um representante do empresariado nacional; e

V – seis representantes de entidades associativas de setores culturais e artísticos, de âmbito nacional.

§ 1º Os membros referidos nos incisos I a III indicarão seus respectivos primeiro e segundo suplentes, que os substituirão em suas ausências e impedimentos legais e eventuais.

§ 2º Os membros e seus respectivos primeiro e segundo suplentes referidos nos incisos. IV e V terão mandato de dois anos, permitida uma única recondução, sendo o processo de sua indicação estabelecido em ato específico do Ministro de Estado da Cultura, obedecidos os critérios estabelecidos neste Decreto.

§ 3º A Comissão poderá constituir grupos técnicos com a finalidade de assessorá-la no exercício de suas competências.

§ 4º O Ministério da Cultura prestará o apoio técnico e administrativo aos trabalhos da Comissão.

▪**Art. 40.** A indicação dos membros referidos no inciso V do art. 39 deverá contemplar as seguintes áreas:

I – artes cênicas;

II – audiovisual;

III – música;

IV – artes visuais, arte digital e eletrônica;

V – patrimônio cultural material e imaterial, inclusive museológico e expressões das culturas negra, indígena e das populações tradicionais; e

VI – humanidades, inclusive a literatura e obras de referência.

▪**Art. 41.** Os membros da Comissão Nacional de Incentivo à Cultura e respectivos suplentes, referidos nos incisos IV e V do art. 39, ficam impedidos de participar da apreciação de programas, projetos e ações culturais nos quais:

I – tenham interesse direto ou indireto na matéria;

II – tenham participado como colaborador na elaboração do projeto ou tenham participado da instituição proponente nos últimos dois anos, ou se tais situações ocorrem quanto ao cônjuge, companheiro ou parente e afins até o terceiro grau; e

III – estejam litigando judicial ou administrativamente com o proponente ou respectivo cônjuge ou companheiro.

Parágrafo único. O membro da Comissão que incorrer em impedimento deve comunicar o fato ao referido colegiado, abstendo-se de atuar, sob pena de nulidade dos atos que praticar.

▪**Art. 42.** Os membros da Comissão Nacional de Incentivo à Cultura e respectivos suplentes, referidos nos inciso II do art. 39, abster-se-ão de atuar na apreciação de programas, projetos e ações culturais nos quais as respectivas entidades vinculadas tenham interesse direto na matéria, sob pena de nulidade dos atos que praticarem.

▪**Art. 43.** O funcionamento da Comissão Nacional de Incentivo à Cultura será regido por normas internas aprovadas pela maioria absoluta de seus membros, observado o disposto neste Decreto.

CAPÍTULO VI
DA DIVULGAÇÃO DO PRONAC

▪**Art. 44.** Os programas, projetos e ações culturais financiados com recursos do Pronac deverão apresentar, obrigatoriamente, planos de distribuição de produtos deles decorrentes, obedecidos os seguintes critérios:

I – até dez por cento dos produtos com a finalidade de distribuição gratuita promocional pelo patrocinador; e

II – até dez por cento dos produtos, a critério do Ministério da Cultura, para distribuição gratuita pelo beneficiário.

▪**Art. 45.** Serão destinados ao Ministério da Cultura, obrigatoriamente, para composição do seu acervo e de suas entidades vinculadas, pelo menos seis cópias do produto cultural ou do registro da ação realizada, resultantes de programas e projetos e ações culturais financiados pelo Pronac.

▪**Art. 46.** Os produtos materiais e serviços resultantes de apoio do Pronac serão de exibição, utilização e circulação públicas, não podendo ser destinados ou restritos a circuitos privados ou a coleções particulares, excetuados os casos previstos no Capítulo III deste Decreto.

▪**Art. 47.** É obrigatória a inserção da logomarca do Ministério da Cultura:

I – nos produtos materiais resultantes de programas, projetos e ações culturais realizados com recursos do Pronac, bem como nas atividades relacionadas à sua difusão, divulgação, promoção, distribuição, incluindo placa da obra, durante sua execução, e placa permanente na edificação, sempre com visibilidade pelo menos igual à da marca do patrocinador majoritário; e

II – em peças promocionais e campanhas institucionais dos patrocinadores que façam referência a programas, projetos e ações culturais beneficiados com incentivos fiscais.

Parágrafo único. As logomarcas e os critérios de inserção serão estabelecidos pelo manual de identidade visual do Ministério da Cultura, aprovado pelo Ministro de Estado da Cultura, em consonância com o órgão responsável pela comunicação social no âmbito da Presidência da República, e publicado no Diário Oficial da União.

CAPÍTULO VII
DA INTEGRAÇÃO DO PRONAC
AO SISTEMA NACIONAL DE CULTURA

▪**Art. 48.** Será estabelecido mecanismo de intercâmbio de informações com os Estados, Municípios e Distrito Federal, com o objetivo de se evitar duplicidade entre essas esferas e o Pronac no apoio aos programas, projetos e ações executados nas respectivas unidades federadas.

§ 1º Não se considera duplicidade a agregação de recursos, nos diferentes níveis de governo, para cobertura financeira de programas, projetos e ações, desde que as importâncias autorizadas nas várias esferas não ultrapasse o seu valor total.

§ 2º A agregação de recursos a que se refere o § 1º não exime o proponente da aprovação do projeto em cada nível de governo, nos termos das respectivas legislações.

§ 3º A captação de recursos em duplicidade ou a omissão de informação relativa ao recebimento de apoio financeiro de quaisquer outras fontes sujeitará o proponente às sanções e penalidades previstas na Lei n. 8.313, de 1991, e na legislação especial aplicável.

**CAPÍTULO VIII
DAS DISPOSIÇÕES
FINAIS E TRANSITÓRIAS**

▪**Art. 49.** O Ministério da Cultura concederá anualmente certificado de reconhecimento a investidores, beneficiários e entidades culturais que se destacarem pela contribuição à realização dos objetivos do Pronac, na forma definida em ato do Ministério da Cultura.

Parágrafo único. Será facultada a utilização do certificado a que se refere o *caput* pelo seu detentor, para fins promocionais, consoante normas estabelecidas pelo Ministério da Cultura.

▪**Art. 50.** No prazo de até cento e vinte dias, a contar da publicação deste Decreto, o Ministro de Estado da Cultura expedirá as instruções necessárias para seu cumprimento.

▪**Art. 51.** Os programas e projetos culturais aprovados com base no disposto nos Decretos ns. 4.397, de 1º de outubro de 2002, e 4.483 de 25 de novembro de 2002, poderão permanecer válidos até o último dia útil do exercício de 2006, observado o seguinte:

I – no caso de captação parcial de recursos, poderão os seus responsáveis apresentar prestação de contas final ou adequar-se às normas contidas neste Decreto; e

II – caso de não captação de recursos, poderão ser definitivamente encerrados ou adequados às normas contidas neste Decreto.

Parágrafo único. Para fins de revalidação da autorização para captação de recursos, a adequação deverá ser solicitada ao Ministério da Cultura, que emitirá parecer à luz das disposições deste Decreto.

▪**Art. 52.** Os projetos e programas já aprovados com base no Decreto n. 1.494, de 17 de maio de 1995, permanecerão válidos e vigentes, na forma da legislação aplicável à data de sua aprovação, até o final do prazo para a captação de recursos.

Parágrafo único. Decorrido o prazo de captação de recursos, os projetos poderão ser prorrogados, a critério do Ministério da Cultura.

▪**Art. 53.** O Ministério da Fazenda e o Ministério da Cultura disciplinarão, em ato conjunto, os procedimentos para a fiscalização dos recursos aportados pelos incentivadores em programas, projetos e ações culturais, com vistas à apuração do montante da renúncia fiscal de que trata este Decreto, nos termos do art. 36 da Lei n. 8.313, de 1991.

▪**Art. 54.** Este Decreto entra em vigor na data de sua publicação.

▪**Art. 55.** Ficam revogados os Decretos ns. 1.494, de 17 de maio de 1995, 2.585, de 12 de maio de 1998, 4.397, de 1º de outubro de 2002, e 4.483, de 25 de novembro de 2002.

Brasília, 27 de abril de 2006; 185º da Independência e 118º da República.

LUIZ INÁCIO LULA DA SILVA
*Guido Mantega / Paulo Bernardo Silva
Gilberto Gil*

LEI DO AUDIOVISUAL

LEI N. 8.685, DE 20 DE JULHO DE 1993

Cria mecanismos de fomento à atividade audiovisual e dá outras providências

O Presidente da República,
Faço saber que o Congresso Nacional decreta e eu sanciono a seguinte Lei:
■Art. 1º Até o exercício fiscal de 2016, inclusive, os contribuintes poderão deduzir do imposto de renda devido as quantias referentes a investimentos feitos na produção de obras audiovisuais cinematográficas brasileiras de produção independente, mediante a aquisição de quotas representativas de direitos de comercialização sobre as referidas obras, desde que esses investimentos sejam realizados no mercado de capitais, em ativos previstos em lei e autorizados pela Comissão de Valores Mobiliários – CVM, e os projetos de produção tenham sido previamente aprovados pela Agência Nacional do Cinema – Ancine.
Redação dada pela Lei n. 12.375, de 2010.
§ 1º A responsabilidade dos adquirentes é limitada à integralização das quotas subscritas.
§ 2º A dedução prevista neste artigo está limitada a três por cento do imposto devido pelas pessoas físicas e a um por cento do imposto devido pelas pessoas jurídicas.
Vide Lei n. 9.323, de 1996.
§ 3º Os valores aplicados nos investimentos de que trata o artigo anterior serão:
a) deduzidos do imposto devido no mês a que se referirem os investimentos, para as pessoas jurídicas que apuram o lucro mensal;
b) deduzidos do imposto devido na declaração de ajuste para:
1. as pessoas jurídicas que, tendo optado pelo recolhimento do imposto por estimativa, apuram o lucro real anual;
2. as pessoas físicas.
§ 4º A pessoa jurídica tributada com base no lucro real poderá, também, abater o total dos investimentos efetuados na forma deste artigo como despesa operacional.
§ 5º Os projetos específicos da área audiovisual, cinematográfica de exibição, distribuição e infraestrutura técnica apresentados por empresa brasileira de capital nacional poderão ser credenciados pelos Ministérios da Fazenda e da Cultura para fruição dos incentivos fiscais de que trata o *caput* deste artigo.
■Art. 1º-A. Até o ano-calendário de 2016, inclusive, os contribuintes poderão deduzir do imposto de renda devido as quantias referentes ao patrocínio à produção de obras cinematográficas brasileiras de produção independente, cujos projetos tenham sido previamente aprovados pela Ancine, do imposto de renda devido apurado:
Acrescentado pela Lei n. 11.437, de 2006.
I – na declaração de ajuste anual pelas pessoas físicas; e
Acrescentado pela Lei n. 11.437, de 2006.
II – em cada período de apuração, trimestral ou anual, pelas pessoas jurídicas tributadas com base no lucro real.
Acrescentado pela Lei n. 11.437, de 2006.
§ 1º A dedução prevista neste artigo está limitada:
Acrescentado pela Lei n. 11.437, de 2006.
I – a 4% (quatro por cento) do imposto devido pelas pessoas jurídicas e deve observar o limite previsto no inciso II do art. 6º da Lei n. 9.532, de 10 de dezembro de 1997; e
Acrescentado pela Lei n. 11.437, de 2006.
II – a 6% (seis por cento) do imposto devido pelas pessoas físicas, conjuntamente com as deduções de que trata o art. 22 da Lei n. 9.532, de 10 de dezembro de 1997.
Acrescentado pela Lei n. 11.437, de 2006.
§ 2º Somente são dedutíveis do imposto devido os valores despendidos a título de patrocínio:
Acrescentado pela Lei n. 11.437, de 2006.

I – pela pessoa física no ano-calendário a que se referir a declaração de ajuste anual; e
Acrescentado pela Lei n. 11.437, de 2006.

II – pela pessoa jurídica no respectivo período de apuração de imposto.
Acrescentado pela Lei n. 11.437, de 2006.

§ 3º As pessoas jurídicas não poderão deduzir o valor do patrocínio de que trata o *caput* deste artigo para fins de determinação do lucro real e da base de cálculo da Contribuição Social sobre o Lucro Líquido – CSLL.
Acrescentado pela Lei n. 11.437, de 2006.

§ 4º Os projetos específicos da área audiovisual, cinematográfica de difusão, preservação, exibição, distribuição e infraestrutura técnica apresentados por empresa brasileira poderão ser credenciados pela Ancine para fruição dos incentivos fiscais de que trata o *caput* deste artigo, na forma do regulamento.
Acrescentado pela Lei n. 11.437, de 2006.

§ 5º Fica a Ancine autorizada a instituir programas especiais de fomento ao desenvolvimento da atividade audiovisual brasileira para fruição dos incentivos fiscais de que trata o *caput* deste artigo.
Acrescentado pela Lei n. 11.505, de 2007.

§ 6º Os programas especiais de fomento destinar-se-ão a viabilizar projetos de distribuição, exibição, difusão e produção independente de obras audiovisuais brasileiras escolhidos por meio de seleção pública, conforme normas expedidas pela Ancine.
Acrescentado pela Lei n. 11.505, de 2007.

§ 7º Os recursos dos programas especiais de fomento e dos projetos específicos da área audiovisual de que tratam os §§ 4º e 5º deste artigo poderão ser aplicados por meio de valores reembolsáveis ou não reembolsáveis, conforme normas expedidas pela Ancine.
Acrescentado pela Lei n. 11.505, de 2007.

§ 8º Os valores reembolsados na forma do § 7º deste artigo destinar-se-ão ao Fundo Nacional da Cultura e serão alocados em categoria de programação específica denominada Fundo Setorial do Audiovisual.
Acrescentado pela Lei n. 11.505, de 2007.

■**Art. 2º** O art. 13 do Decreto-Lei n. 1.089, de 2 de março de 1970, alterado pelo art. 1º do Decreto-Lei n. 1.741, de 27 de dezembro de 1979, passa a vigorar com a seguinte redação:

"Art. 13 – As importâncias pagas, creditadas, empregadas, remetidas ou entregues aos produtores, distribuidores ou intermediários no exterior, como rendimentos decorrentes da exploração de obras audiovisuais estrangeiras em todo o território nacional, ou por sua aquisição ou importação a preço fixo, ficam sujeitas ao imposto de 25% na fonte."

■**Art. 3º** Os contribuintes do Imposto de Renda incidente nos termos do art. 13 do Decreto-Lei n. 1.089, de 1970, alterado pelo art. 2º desta Lei, poderão beneficiar-se de abatimento de 70% (setenta por cento) do imposto devido, desde que invistam no desenvolvimento de projetos de produção de obras cinematográficas brasileiras de longa-metragem de produção independente, e na coprodução de telefilmes e minisséries brasileiros de produção independente e de obras cinematográficas brasileiras de produção independente.
Redação dada pela Lei n. 10.454, de 2002.

§ 1º A pessoa jurídica responsável pela remessa das importâncias pagas, creditadas, empregadas ou remetidas aos contribuintes de que trata o *caput* deste artigo terá preferência na utilização dos recursos decorrentes do benefício fiscal de que trata este artigo.
Acrescentado pela Lei n. 11.437, de 2006.

§ 2º Para o exercício da preferência prevista no § 1º deste artigo, o contribuinte poderá transferir expressamente ao responsável pelo pagamento ou remessa o benefício de que trata o *caput* deste artigo em dispositivo do contrato ou por documento especialmente constituído para esses fins.
Acrescentado pela Lei n. 11.437, de 2006.

■**Art. 3º-A.** Os contribuintes do Imposto de Renda incidente nos termos do art. 72 da Lei n. 9.430, de 27 de dezembro de 1996, beneficiários do crédito, emprego, remessa,

entrega ou pagamento pela aquisição ou remuneração, a qualquer título, de direitos, relativos à transmissão, por meio de radiodifusão de sons e imagens e serviço de comunicação eletrônica de massa por assinatura, de quaisquer obras audiovisuais ou eventos, mesmo os de competições desportivas das quais faça parte representação brasileira, poderão beneficiar-se de abatimento de 70% (setenta por cento) do imposto devido, desde que invistam no desenvolvimento de projetos de produção de obras cinematográficas brasileira de longa-metragem de produção independente e na coprodução de obras cinematográficas e videofonográficas brasileiras de produção independente de curta, média e longas-metragens, documentários, telefilmes e minisséries.
Acrescentado pela Lei n. 11.437, de 2006.

§ 1º A pessoa jurídica responsável pela remessa das importâncias pagas, creditadas, empregadas, entregues ou remetidas aos contribuintes de que trata o *caput* deste artigo terá preferência na utilização dos recursos decorrentes do benefício fiscal de que trata este artigo.
Acrescentado pela Lei n. 11.437, de 2006.

§ 2º Para o exercício da preferência prevista no § 1º deste artigo, o contribuinte poderá transferir expressamente ao responsável pelo crédito, emprego, remessa, entrega ou pagamento o benefício de que trata o *caput* deste artigo em dispositivo do contrato ou por documento especialmente constituído para esses fins.
Acrescentado pela Lei n. 11.437, de 2006.

▪**Art. 4º** O contribuinte que optar pelo uso dos incentivos previstos nos arts. 1º, 1º-A, 3º e 3º-A, todos desta Lei, depositará, dentro do prazo legal fixado para o recolhimento do imposto, o valor correspondente ao abatimento em conta de aplicação financeira especial, em instituição financeira pública, cuja movimentação sujeitar-se-á a prévia comprovação pela Ancine de que se destina a investimentos em projetos de produção de obras audiovisuais cinematográficas e videofonográficas brasileiras de produção independente.
Redação dada pela Lei n. 11.437, de 2006.

§ 1º As contas de aplicação financeira a que se refere este artigo serão abertas:
I – em nome do proponente, para cada projeto, no caso do art. 1º e do art. 1º-A, ambos desta Lei;
Redação dada pela Lei n. 11.437, de 2006.

II – em nome do contribuinte, do seu representante legal ou do responsável pela remessa, no caso do art. 3º e do art. 3º-A, ambos desta Lei.
Redação dada pela Lei n. 11.437, de 2006.

III – em nome da Ancine, para cada programa especial de fomento, no caso do § 5º do art. 1º-A desta Lei.
Acrescentado pela Lei n. 11.505, de 2007.

§ 2º Os projetos a que se refere este artigo e os projetos beneficiados por recursos dos programas especiais de fomento instituídos pela Ancine deverão atender cumulativamente aos seguintes requisitos:
Redação dada pela Lei n. 11.505, de 2007.

I – contrapartida de recursos próprios ou de terceiros correspondente a 5% (cinco por cento) do orçamento global aprovado, comprovados ao final de sua realização;
Redação dada pela Lei n. 10.454, de2002.

II – limite do aporte de recursos objeto dos incentivos previstos no art. 1º e no art. 1º-A, ambos desta Lei, somados, é de R$ 4.000.000,00 (quatro milhões de reais) e, para o incentivo previsto no art. 3º e no art. 3º-A, ambos desta Lei, somados, é de R$ 3.000.000,00 (três milhões de reais), podendo esses limites serem utilizados concomitantemente;
Redação dada pela Lei n. 11.437, de 2006.

III – apresentação do projeto para aprovação da Ancine, conforme regulamento.
Redação dada pela Lei n. 10.454, de 2002.

§ 3º Os investimentos a que se refere este artigo não poderão ser utilizados na produção de obras audiovisuais de natureza publicitária.
Redação dada pela Lei n. 10.454, de 2002.

§ 4° A liberação de recursos fica condicionada à integralização de pelo menos 50% (cinquenta por cento) dos recursos aprovados para realização do projeto.
Redação dada pela Lei n. 10.454, de 2002.

§ 5° A utilização dos incentivos previstos nesta Lei não impossibilita que o mesmo projeto se beneficie de recursos previstos na Lei n. 8.313, de 23 de dezembro de 1991, desde que enquadrados em seus objetivos, limitado o total desses incentivos a 95% (noventa e cinco por cento) do total do orçamento aprovado pela Ancine.
Acrescentado pela Lei n. 10.454, de 2002.

▪ **Art. 5°** Os valores depositados nas contas de que trata o inciso I do § 1° do art. 4° e não aplicados no prazo de 48 (quarenta e oito) meses da data do primeiro depósito e os valores depositados nas contas de que trata o inciso II do § 1° do art. 4° e não aplicados no prazo de 180 (cento e oitenta) dias, prorrogável por igual período, serão destinados ao Fundo Nacional da Cultura, alocados no Fundo Setorial do Audiovisual.
Redação dada pela Lei n. 12.599, de 2012.

▪ **Art. 6°** O não cumprimento do projeto a que se referem os arts. 1°, 3° e 5° desta Lei e a não efetivação do investimento ou a sua realização em desacordo com o estatuído implicam a devolução dos benefícios concedidos, acrescidos de correção monetária, juros e demais encargos previstos na legislação do Imposto de Renda.

§ 1° Sobre o débito corrigido incidirá multa de cinquenta por cento.

§ 2° No caso de cumprimento de mais de setenta por cento sobre o valor orçado do projeto, a devolução será proporcional à parte não cumprida.

▪ **Art. 7°** Os arts. 4° e 30 da Lei n. 8.401, de 1992, passam a vigorar com a seguinte redação:

"Art. 4° ....

§ 1° A produção e adaptação de obra audiovisual estrangeira, no Brasil, deverá realizar-se mediante contrato com empresa brasileira de capital nacional, e utilizar, pelo menos, um terço de artistas e técnicos brasileiros.

§ 2° O Poder Público poderá reduzir o limite mínimo, a que se refere o parágrafo anterior, no caso de produções audiovisuais de natureza jornalístico-noticiosa.

....

Art. 30. Até o ano 2003, inclusive, as empresas distribuidoras de vídeo doméstico deverão ter um percentual de obras brasileiras audiovisuais cinematográficas e videofonográficas entre seus títulos, obrigando-se a lançá-las comercialmente.

§ 1° O percentual de lançamentos e títulos a que se refere este artigo será fixado anualmente pelo Poder Executivo, ouvidas as entidades de caráter nacional representativas das atividades de produção, distribuição e comercialização de obras cinematográficas e videofonográficas.

.... "

▪ **Art. 8°** Fica instituído o depósito obrigatório, na Cinemateca Brasileira, de cópia da obra audiovisual que resultar da utilização de recursos incentivados ou que merecer prêmio em dinheiro concedido pelo Governo Federal.

Parágrafo único. A Cinemateca Brasileira poderá credenciar arquivos ou cinematecas, públicos ou privados, para o cumprimento do disposto neste artigo.

▪ **Art. 9°** O Poder Executivo fiscalizará a efetiva execução desta Lei no que se refere à realização de obras audiovisuais e à aplicação dos recursos nela comprometidos.

▪ **Art. 10.** Sem prejuízo das sanções de natureza administrativa ou fiscal, constitui crime obter reduções de impostos utilizando-se fraudulentamente de qualquer benefício desta Lei, punível com a pena de reclusão de dois a seis meses e multa de cinquenta por cento sobre o valor da redução.

§ 1° No caso de pessoa jurídica, respondem pelo crime o acionista ou o cotista controlador e os administradores que para ele tenham concorrido, ou que dele se tenham beneficiado.

§ 2° Na mesma pena incorre aquele que, recebendo recursos em função desta Lei, deixe de promover, sem justa causa, a atividade objeto do incentivo.

■**Art. 11.** Fica sujeito à multa, que variará de 100 (cem) a 1.500 (um mil e quinhentas) Ufirs, sem prejuízo de outras sanções que couberem, aquele que descumprir o disposto nos arts. 4° e 30 da Lei n. 8.401, de 1992, com a redação dada pelo art. 7° desta Lei.

■**Art. 12.** É estimado o montante da renúncia fiscal decorrente desta Lei no exercício de 1993 em Cr$ 200.000.000.000,00 (duzentos bilhões de cruzeiros).

■**Art. 13.** O Poder Executivo regulamentará esta Lei no prazo de noventa dias.

■**Art. 14.** Esta Lei entra em vigor na data de sua publicação.

■**Art. 15.** Fica revogado o art. 45 da Lei n. 4.131, de 3 de setembro de 1962.

Brasília, 20 de julho de 1993; 172° da Independência e 105° da República.

ITAMAR FRANCO
Fernando Henrique Cardoso
Antônio Houaiss

MEDIDA PROVISÓRIA N. 2.228-1, DE 6 DE SETEMBRO DE 2001

Estabelece princípios gerais da Política Nacional do Cinema, cria o Conselho Superior do Cinema e a Agência Nacional do Cinema (Ancine), institui o Programa de Apoio ao Desenvolvimento do Cinema Nacional (Prodecine), autoriza a criação de Fundos de Financiamento da Indústria Cinematográfica Nacional (Funcines), altera a legislação sobre a Contribuição para o Desenvolvimento da Indústria Cinematográfica Nacional e dá outras providências

O PRESIDENTE DA REPÚBLICA, no uso da atribuição que lhe confere o art. 62 da Constituição, adota a seguinte Medida Provisória, com força de lei:

CAPÍTULO I
DAS DEFINIÇÕES

▪ **Art. 1º** Para fins desta Medida Provisória entende-se como:

I – obra audiovisual: produto da fixação ou transmissão de imagens, com ou sem som, que tenha a finalidade de criar a impressão de movimento, independentemente dos processos de captação, do suporte utilizado inicial ou posteriormente para fixá-las ou transmiti-las, ou dos meios utilizados para sua veiculação, reprodução, transmissão ou difusão;

II – obra cinematográfica: obra audiovisual cuja matriz original de captação é uma película com emulsão fotossensível ou matriz de captação digital, cuja destinação e exibição seja prioritariamente e inicialmente o mercado de salas de exibição;

III – obra videofonográfica: obra audiovisual cuja matriz original de captação é um meio magnético com capacidade de armazenamento de informações que se traduz em imagens em movimento, com ou sem som;

IV – obra cinematográfica e videofonográfica de produção independente: aquela cuja empresa produtora, detentora majoritária dos direitos patrimoniais sobre a obra, não tenha nenhuma associação ou vínculo, direto ou indireto, com empresas de serviços de radiodifusão de sons e imagens ou operadoras de comunicação eletrônica de massa por assinatura;

V – obra cinematográfica brasileira ou obra videofonográfica brasileira: aquela que atende a um dos seguintes requisitos:

Redação dada pela Lei n. 10.454, de 2002.

a) ser produzida por empresa produtora brasileira, observado o disposto no § 1º, registrada na Ancine, ser dirigida por diretor brasileiro ou estrangeiro residente no país há mais de 3 (três) anos, e utilizar para sua produção, no mínimo, 2/3 (dois terços) de artistas e técnicos brasileiros ou residentes no Brasil há mais de 5 (cinco) anos;

Redação dada pela Lei n. 10.454, de 2002.

b) ser realizada por empresa produtora brasileira registrada na Ancine, em associação com empresas de outros países com os quais o Brasil mantenha acordo de coprodução cinematográfica e em consonância com os mesmos;

c) ser realizada, em regime de coprodução, por empresa produtora brasileira registrada na Ancine, em associação com empresas de outros países com os quais o Brasil não mantenha acordo de coprodução, assegurada a titularidade de, no mínimo, 40% (quarenta por cento) dos direitos patrimoniais da obra à empresa produtora brasileira e utilizar para sua produção, no mínimo, 2/3 (dois terços) de artistas e técnicos brasileiros ou residentes no Brasil há mais de 3 (três) anos;

Redação dada pela Lei n. 10.454, de 2002.

VI – segmento de mercado: mercados de salas de exibição, vídeo doméstico em qualquer suporte, radiodifusão de sons e imagens, comunicação eletrônica de massa por assinatura, mercado publicitário audiovisual ou quaisquer outros mercados que veiculem obras cinematográficas e videofonográficas;

VII – obra cinematográfica ou videofonográfica de curta-metragem: aquela cuja duração é igual ou inferior a quinze minutos;

VIII – obra cinematográfica ou videofonográfica de média-metragem: aquela cuja duração é superior a quinze minutos e igual ou inferior a setenta minutos;

IX – obra cinematográfica ou videofonográfica de longa-metragem: aquela cuja duração é superior a setenta minutos;

X – obra cinematográfica ou videofonográfica seriada: aquela que, sob o mesmo título, seja produzida em capítulos;

XI – telefilme: obra documental, ficcional ou de animação, com no mínimo cinquenta e no máximo cento e vinte minutos de duração, produzida para primeira exibição em meios eletrônicos;

XII – minissérie: obra documental, ficcional ou de animação produzida em película ou matriz de captação digital ou em meio magnético com, no mínimo, 3 (três) e no máximo 26 (vinte e seis) capítulos, com duração máxima de 1.300 (mil e trezentos) minutos;

Acrescentado pela Lei n. 10.454, de 2002.

XIII – programadora: empresa que oferece, desenvolve ou produz conteúdo, na forma de canais ou de programações isoladas, destinado às empresas de serviços de comunicação eletrônica de massa por assinatura ou de quaisquer outros serviços de comunicação, que transmitam sinais eletrônicos de som e imagem que sejam gerados e transmitidos por satélite ou por qualquer outro meio de transmissão ou veiculação;

Acrescentado pela Lei n. 10.454, de 2002.

XIV – programação internacional: aquela gerada, disponibilizada e transmitida diretamente do exterior para o Brasil, por satélite ou por qualquer outro meio de transmissão ou veiculação, pelos canais, programadoras ou empresas estrangeiras, destinada às empresas de serviços de comunicação eletrônica de massa por assinatura ou de quaisquer outros serviços de comunicação que transmitam sinais eletrônicos de som e imagem;

Acrescentado pela Lei n. 10.454, de 2002.

XV – programação nacional: aquela gerada e disponibilizada, no território brasileiro, pelos canais ou programadoras, incluindo obras audiovisuais brasileiras ou estrangeiras, destinada às empresas de serviços de comunicação eletrônica de massa por assinatura ou de quaisquer outros serviços de comunicação que transmitam sinais eletrônicos de som e imagem, que seja gerada e transmitida diretamente no Brasil por empresas sediadas no Brasil, por satélite ou por qualquer outro meio de transmissão ou veiculação;

Acrescentado pela Lei n. 10.454, de 2002.

XVI – obra cinematográfica ou videofonográfica publicitária: aquela cuja matriz original de captação é uma película com emulsão fotossensível ou matriz de captação digital, cuja destinação é a publicidade e propaganda, exposição ou oferta de produtos, serviços, empresas, instituições públicas ou privadas, partidos políticos, associações, administração pública, assim como de bens materiais e imateriais de qualquer natureza;

Acrescentado pela Lei n. 10.454, de 2002.

XVII – obra cinematográfica ou videofonográfica publicitária brasileira: aquela que seja produzida por empresa produtora brasileira registrada na Ancine, observado o disposto no § 1°, realizada por diretor brasileiro ou estrangeiro residente no país há mais de 3 (três) anos, e que utilize para sua produção, no mínimo, 2/3 (dois terços) de artistas e técnicos brasileiros ou residentes no Brasil há mais de 5 (cinco) anos;

Acrescentado pela Lei n. 10.454, de 2002.

XVIII – obra cinematográfica ou videofonográfica publicitária brasileira filmada no exterior: aquela, realizada no exterior, produzida por empresa produtora brasileira registrada na Ancine, observado o disposto no § 1°, realizada por diretor brasileiro ou es-

trangeiro residente no Brasil há mais de 3 (três) anos, e que utilize para sua produção, no mínimo, 1/3 (um terço) de artistas e técnicos brasileiros ou residentes no Brasil há mais de 5 (cinco) anos;
Acrescentado pela Lei n. 10.454, de 2002.

XIX – obra cinematográfica ou videofonográfica publicitária estrangeira: aquela que não atende o disposto nos incisos XVII e XVIII do *caput*;
Redação dada pela Lei n. 12.599, de 2012.

XX – obra cinematográfica ou videofonográfica publicitária brasileira de pequena veiculação: aquela que seja produzida por empresa produtora brasileira registrada na Ancine, observado o disposto no § 1°, realizada por diretor brasileiro ou estrangeiro residente no país há mais de 3 (três) anos, e que utilize para sua produção, no mínimo, 2/3 (dois terços) de artistas e técnicos brasileiros ou residentes no Brasil há mais de 3 (três) anos e cuja veiculação esteja restrita a Municípios que totalizem um número máximo de habitantes a ser definido em regulamento;
Acrescentado pela Lei n. 10.454, de 2002.

XXI – claquete de identificação: imagem fixa ou em movimento inserida no início da obra cinematográfica ou videofonográfica contendo as informações necessárias à sua identificação, de acordo com o estabelecido em regulamento.
Acrescentado pela Lei n. 10.454, de 2002.

§ 1° Para os fins do inciso V deste artigo, entende-se por empresa brasileira aquela constituída sob as leis brasileiras, com sede e administração no país, cuja maioria do capital total e votante seja de titularidade direta ou indireta de brasileiros natos ou naturalizados há mais de 10 (dez) anos, os quais devem exercer de fato e de direito o poder decisório da empresa.
Redação dada pela pela Lei n. 10.454, de 2002.

§ 2° Para os fins do disposto nos incisos XVII, XVIII e XX deste artigo, entende-se por empresa brasileira aquela constituída sob as leis brasileiras, com sede e administração no país, cuja maioria do capital seja de titularidade direta ou indireta de brasileiros natos ou naturalizados há mais de 5 (cinco) anos, os quais devem exercer de fato e de direito o poder decisório da empresa.
Acrescentado pela Lei n. 10.454, de 2002.

§ 3° Considera-se versão de obra publicitária cinematográfica ou videofonográfica a edição ampliada ou reduzida em seu tempo de duração, realizada a partir do conteúdo original de uma mesma obra cinematográfica ou videofonográfica publicitária, e realizada sob o mesmo contrato de produção.
Acrescentado pela Lei n. 10.454, de 2002.

§ 4° Para os fins desta Medida Provisória, entende-se por:
Acrescentado pela Lei n. 12.485, de 2011.

I – serviço de comunicação eletrônica de massa por assinatura: serviço de acesso condicionado de que trata a lei específica sobre a comunicação audiovisual de acesso condicionado;
Acrescentado pela Lei n. 12.485, de 2011.

II – programadoras de obras audiovisuais para o segmento de mercado de serviços de comunicação eletrônica de massa por assinatura: empresas programadoras de que trata a lei específica sobre a comunicação audiovisual de acesso condicionado.
Acrescentado pela Lei n. 12.485, de 2011

CAPÍTULO II
DA POLÍTICA NACIONAL DO CINEMA

▪**Art. 2°** A política nacional do cinema terá por base os seguintes princípios gerais:

I – promoção da cultura nacional e da língua portuguesa mediante o estímulo ao desenvolvimento da indústria cinematográfica e audiovisual nacional;

II – garantia da presença de obras cinematográficas e videofonográficas nacionais nos diversos segmentos de mercado;

III – programação e distribuição de obras audiovisuais de qualquer origem nos meios eletrônicos de comunicação de massa sob obrigatória e exclusiva responsabilidade, inclusive editorial, de empresas brasileiras, qualificadas na forma do § 1° do art. 1° da Medida Provisória n. 2.228-1, de 6 de setembro de 2001, com a redação dada por esta Lei; Redação dada pela Lei n. 10.454, de 2002.

IV – respeito ao direito autoral sobre obras audiovisuais nacionais e estrangeiras.

CAPÍTULO III
DO CONSELHO SUPERIOR DO CINEMA

■**Art. 3°** Fica criado o Conselho Superior do Cinema, órgão colegiado integrante da estrutura da Casa Civil da Presidência da República, a que compete:

I – definir a política nacional do cinema;

II – aprovar políticas e diretrizes gerais para o desenvolvimento da indústria cinematográfica nacional, com vistas a promover sua autossustentabilidade;

III – estimular a presença do conteúdo brasileiro nos diversos segmentos de mercado;

IV – acompanhar a execução das políticas referidas nos incisos I, II e III;

V – estabelecer a distribuição da Contribuição para o Desenvolvimento da Indústria Cinematográfica (Condecine) para cada destinação prevista em lei.

■**Art. 4°** O Conselho Superior do Cinema será integrado:

I – pelos Ministros de Estado:
 a) da Justiça;
 b) das Relações Exteriores;
 c) da Fazenda;
 d) da Cultura;
 e) do Desenvolvimento, Indústria e Comércio Exterior;
 f) das Comunicações; e
 g) Chefe da Casa Civil da Presidência da República, que o presidirá;

II – por cinco representantes da indústria cinematográfica e videofonográfica nacional, que gozem de elevado conceito no seu campo de especialidade, a serem designados por decreto, para mandato de dois anos, permitida uma recondução.

§ 1° O regimento interno do Conselho Superior do Cinema será aprovado por resolução.

§ 2° O Conselho reunir-se-á sempre que for convocado por seu Presidente.

§ 3° O Conselho deliberará mediante resoluções, por maioria simples de votos, presentes, no mínimo, cinco membros referidos no inciso I deste artigo, dentre eles o seu Presidente, que exercerá voto de qualidade no caso de empate, e três membros referidos no inciso II deste artigo.

§ 4° Nos casos de urgência e relevante interesse, o Presidente poderá deliberar *ad referendum* dos demais membros.

§ 5° O Presidente do Conselho poderá convidar para participar das reuniões técnicos, personalidades e representantes de órgãos e entidades públicos e privados.

CAPÍTULO IV
DA AGÊNCIA NACIONAL DO CINEMA (ANCINE)

Seção I
Dos objetivos e competências

■**Art. 5°** Fica criada a Agência Nacional do Cinema (Ancine), autarquia especial, vinculada ao Ministério do Desenvolvimento, Indústria e Comércio Exterior[2], observado o disposto no art. 62 desta Medida Provisória, órgão de fomento, regulação e fiscalização da indústria cinematográfica e videofonográfica, dotada de autonomia administrativa e financeira.

§ 1° A Agência terá sede e foro no Distrito Federal e escritório central na cidade do

---
2   A Ancine está vinculada, atualmente, ao Ministério da Cultura.

Rio de Janeiro, podendo estabelecer escritórios regionais.

§ 2° O Ministério do Desenvolvimento, Indústria e Comércio Exterior supervisionará as atividades da Ancine, podendo celebrar contrato de gestão, observado o disposto no art. 62.

▪Art. 6° A Ancine terá por objetivos:

I – promover a cultura nacional e a língua portuguesa mediante o estímulo ao desenvolvimento da indústria cinematográfica e videofonográfica nacional em sua área de atuação;

II – promover a integração programática, econômica e financeira de atividades governamentais relacionadas à indústria cinematográfica e videofonográfica;

III – aumentar a competitividade da indústria cinematográfica e videofonográfica nacional por meio do fomento à produção, à distribuição e à exibição nos diversos segmentos de mercado;

IV – promover a autossustentabilidade da indústria cinematográfica nacional visando ao aumento da produção e da exibição das obras cinematográficas brasileiras;

V – promover a articulação dos vários elos da cadeia produtiva da indústria cinematográfica nacional;

VI – estimular a diversificação da produção cinematográfica e videofonográfica nacional e o fortalecimento da produção independente e das produções regionais com vistas ao incremento de sua oferta e à melhoria permanente de seus padrões de qualidade;

VII – estimular a universalização do acesso às obras cinematográficas e videofonográficas, em especial as nacionais;

VIII – garantir a participação diversificada de obras cinematográficas e videofonográficas estrangeiras no mercado brasileiro;

IX – garantir a participação das obras cinematográficas e videofonográficas de produção nacional em todos os segmentos do mercado interno e estimulá-la no mercado externo;

X – estimular a capacitação dos recursos humanos e o desenvolvimento tecnológico da indústria cinematográfica e videofonográfica nacional;

XI – zelar pelo respeito ao direito autoral sobre obras audiovisuais nacionais e estrangeiras.

▪Art. 7° A Ancine terá as seguintes competências:

I – executar a política nacional de fomento ao cinema, definida na forma do art. 3°;

II – fiscalizar o cumprimento da legislação referente à atividade cinematográfica e videofonográfica nacional e estrangeira nos diversos segmentos de mercados, na forma do regulamento;

III – promover o combate à pirataria de obras audiovisuais;

IV – aplicar multas e sanções, na forma da lei;

V – regular, na forma da lei, as atividades de fomento e proteção à indústria cinematográfica e videofonográfica nacional, resguardando a livre manifestação do pensamento, da criação, da expressão e da informação;

VI – coordenar as ações e atividades governamentais referentes à indústria cinematográfica e videofonográfica, ressalvadas as competências dos Ministérios da Cultura e das Comunicações;

VII – articular-se com os órgãos competentes dos entes federados com vistas a otimizar a consecução dos seus objetivos;

VIII – gerir programas e mecanismos de fomento à indústria cinematográfica e videofonográfica nacional;

IX – estabelecer critérios para a aplicação de recursos de fomento e financiamento à indústria cinematográfica e videofonográfica nacional;

X – promover a participação de obras cinematográficas e videofonográficas nacionais em festivais internacionais;

XI – aprovar e controlar a execução de projetos de coprodução, produção, distribuição, exibição e infraestrutura técnica a serem realizados com recursos públicos e incentivos fiscais, ressalvadas as competências dos Ministérios da Cultura e das Comunicações;

XII – fornecer os Certificados de Produto Brasileiro às obras cinematográficas e videofonográficas;

XIII – fornecer Certificados de Registro dos contratos de produção, coprodução, distribuição, licenciamento, cessão de direitos de exploração, veiculação e exibição de obras cinematográficas e videofonográficas;

XIV – gerir o sistema de informações para o monitoramento das atividades da indústria cinematográfica e videofonográfica nos seus diversos meios de produção, distribuição, exibição e difusão;

XV – articular-se com órgãos e entidades voltados ao fomento da produção, da programação e da distribuição de obras cinematográficas e videofonográficas dos Estados-membros do Mercosul e demais membros da comunidade internacional;

XVI – prestar apoio técnico e administrativo ao Conselho Superior do Cinema;

XVII – atualizar, em consonância com a evolução tecnológica, as definições referidas no art. 1° desta Medida Provisória.

XVIII – regular e fiscalizar o cumprimento dos princípios da comunicação audiovisual de acesso condicionado, das obrigações de programação, empacotamento e publicidade e das restrições ao capital total e votante das produtoras e programadoras fixados pela lei que dispõe sobre a comunicação audiovisual de acesso condicionado;

XIX – elaborar e tornar público plano de trabalho como instrumento de avaliação da atuação administrativa do órgão e de seu desempenho, estabelecendo os parâmetros para sua administração, bem como os indicadores que permitam quantificar, objetivamente, a sua avaliação periódica, inclusive com relação aos recursos aplicados em fomento à produção de audiovisual;

Acrescentado pela Lei n. 12.485, de 2011.

XX – enviar relatório anual de suas atividades ao Ministério da Cultura e, por intermédio da Presidência da República, ao Congresso Nacional;

Acrescentado pela Lei n. 12.485, de 2011.

XXI – tomar dos interessados compromisso de ajustamento de sua conduta às exigências legais no âmbito de suas competências, nos termos do § 6° do art. 5° da Lei n. 7.347, de 24 de julho de 1985.

Acrescentado pela Lei n. 12.485, de 2011.

XXII – promover interação com administrações do cinema e do audiovisual dos Estados membros do Mercosul e demais membros da comunidade internacional, com vistas na consecução de objetivos de interesse comum; e

Acrescentado pela Lei n. 12.599, de 2012.

XXIII – estabelecer critérios e procedimentos administrativos para a garantia do princípio da reciprocidade no território brasileiro em relação às condições de produção e exploração de obras audiovisuais brasileiras em territórios estrangeiros.

Acrescentado pela Lei n. 12.599, de 2012.

Parágrafo único. A organização básica e as competências das unidades da Ancine serão estabelecidas em ato do Poder Executivo.

Seção II
Da Estrutura

▪ **Art. 8°** A Ancine será dirigida em regime de colegiado por uma diretoria composta de um Diretor-Presidente e três Diretores, com mandatos não coincidentes de quatro anos.

§ 1° Os membros da Diretoria serão brasileiros, de reputação ilibada e elevado conceito no seu campo de especialidade, escolhidos pelo Presidente da República e por ele nomeados após aprovação pelo Senado Federal, nos termos da alínea *f* do inciso III do art. 52 da Constituição Federal.

§ 2° O Diretor-Presidente da Ancine será escolhido pelo Presidente da República entre os membros da Diretoria Colegiada.

§ 3° Em caso de vaga no curso do mandato de membro da Diretoria Colegiada, esta será completada por sucessor investido na forma prevista no § 1° deste artigo, que o exercerá pelo prazo remanescente.

§ 4° Integrarão a estrutura da Ancine uma Procuradoria-Geral, que a representará em juízo, uma Ouvidoria-Geral e uma Auditoria.

§ 5° A substituição dos dirigentes em seus impedimentos será disciplinada em regulamento.

Art. 9° Compete à Diretoria Colegiada da Ancine:

I – exercer sua administração;

II – editar normas sobre matérias de sua competência;

III – aprovar seu regimento interno;

IV – cumprir e fazer cumprir as políticas e diretrizes aprovadas pelo Conselho Superior de Cinema;

V – deliberar sobre sua proposta de orçamento;

VI – determinar a divulgação de relatórios semestrais sobre as atividades da Agência;

VII – decidir sobre a venda, cessão ou aluguel de bens integrantes do seu patrimônio;

VIII – notificar e aplicar as sanções previstas na legislação;

IX – julgar recursos interpostos contra decisões de membros da Diretoria;

X – autorizar a contratação de serviço de terceiros na forma da legislação vigente;

XI – autorizar a celebração de contratos, convênios e acordos.

Parágrafo único. A Diretoria Colegiada reunir-se-á com a presença de, pelo menos, três diretores, dentre eles o Diretor-Presidente, e deliberará por maioria simples de votos.

Art. 10. Compete ao Diretor-Presidente da Ancine:

I – exercer a representação legal da agência;

II – presidir as reuniões da Diretoria Colegiada;

III – cumprir e fazer cumprir as decisões da Diretoria Colegiada;

IV – exercer o voto de qualidade, em caso de empate, nas deliberações da Diretoria Colegiada;

V – nomear, exonerar e demitir servidores e empregados;

VI – prover os cargos em comissão e as funções de confiança;

VII – aprovar editais de licitação e homologar adjudicações;

VIII – encaminhar ao órgão supervisor a proposta de orçamento da Ancine;

IX – assinar contratos, acordos e convênios, previamente aprovados pela Diretoria Colegiada;

X – ordenar despesas e praticar os atos de gestão necessários ao alcance dos objetivos da Ancine;

XI – sugerir a propositura de ação civil pública pela Ancine, nos casos previstos em lei;

XII – exercer a função de Secretário-Executivo do Conselho Superior do Cinema;

XIII – exercer outras atividades necessárias à gestão da Ancine e à implementação das decisões do Conselho Superior do Cinema.

Seção III
Das Receitas e do Patrimônio

Art. 11. Constituem receitas da Ancine:

I – *(revogado)*

II – *(revogado)*

III – o produto da arrecadação das multas resultantes do exercício de suas atribuições;

IV – *(revogado)*

V – o produto da execução da sua dívida ativa;

VI – as dotações consignadas no Orçamento Geral da União, créditos especiais, créditos adicionais, transferências e repasses que lhe forem conferidos;

VII – as doações, legados, subvenções e outros recursos que lhe forem destinados;

VIII – os valores apurados na venda ou aluguel de bens móveis e imóveis de sua propriedade;

IX – os valores apurados em aplicações no mercado financeiro das receitas previstas neste artigo;

X – produto da cobrança de emolumentos por serviços prestados;

XI – recursos provenientes de acordos, convênios ou contratos celebrados com entidades, organismos ou empresas, públicos ou privados, nacionais e internacionais;

XII – produto da venda de publicações, material técnico, dados e informações, inclusive para fins de licitação pública;

XIII – *(revogado)*

▪**Art. 12.** Fica a Ancine autorizada a alienar bens móveis ou imóveis do seu patrimônio que não se destinem ao desempenho das funções inerentes à sua missão institucional.

Seção IV
Dos Recursos Humanos

▪**Art. 13.** *(Revogado pela Lei n. 10.871, de 2004.)*

▪**Art. 14.** A Ancine poderá contratar especialistas para a execução de trabalhos nas áreas técnica, administrativa, econômica e jurídica, por projetos ou prazos limitados, observando-se a legislação em vigor.

▪**Art. 15.** A Ancine poderá requisitar, com ônus, servidores de órgãos e entidades integrantes da administração pública federal direta, autárquica e fundacional, quaisquer que sejam as atribuições a serem exercidas.

CAPÍTULO V
DO SISTEMA DE INFORMAÇÕES E MONITORAMENTO DA INDÚSTRIA CINEMATOGRÁFICA E VIDEOFONOGRÁFICA

▪**Art. 16.** Fica criado o Sistema de Informações e Monitoramento da Indústria Cinematográfica e Videofonográfica, de responsabilidade da Ancine, podendo para sua elaboração e execução ser conveniada ou contratada entidade ou empresa legalmente constituída.

▪**Art. 17.** Toda sala ou espaço de exibição pública destinado à exploração de obra cinematográfica em qualquer suporte deverá utilizar o sistema de controle de receitas de bilheteria, conforme definido em regulamento pela Ancine.

▪**Art. 18.** As empresas distribuidoras, as programadoras de obras audiovisuais para o segmento de mercado de serviços de comunicação eletrônica de massas por assinatura, as programadoras de obras audiovisuais para outros mercados, conforme assinalado na alínea *e* do Anexo I desta Medida Provisória, assim como as locadoras de vídeo doméstico e as empresas de exibição, devem fornecer relatórios periódicos sobre a oferta e o consumo de obras audiovisuais e as receitas auferidas pela exploração delas no período, conforme normas expedidas pela Ancine.

Redação dada pela Lei n. 11.437, de 2006.

▪**Art. 19.** As empresas distribuidoras e locadoras de obras cinematográficas para vídeo, doméstico ou para venda direta ao consumidor, em qualquer suporte, deverão emitir semestralmente relatório enumerando as obras cinematográficas brasileiras distribuídas no período, número de obras estrangeiras e sua relação, número de cópias distribuídas por título, conforme definido em regulamento, devendo estas informações serem remetidas à Ancine.

▪**Art. 20.** Poderá ser estabelecida, por lei, a obrigatoriedade de fornecimento periódico de informações sobre veiculação ou difusão de obras cinematográficas e videofonográficas para empresas operantes em outros segmentos de mercado além daqueles indicados nos arts. 18 e 19.

▪**Art. 21.** As cópias das obras cinematográficas e videofonográficas destinadas à venda, cessão, empréstimo, permuta, locação, exibição, com ou sem fins lucrativos, bem como as obras cinematográficas e videofonográficas publicitárias deverão conter em seu suporte marca indelével e irremovível com a identificação do detentor do direito autoral no Brasil, com todas as informações que o identifiquem, conforme modelo aprovado pela Ancine e pela Secretaria da Receita Federal do Ministério da Fazenda, sem prejuízo do que trata a Lei n. 9.610, de 19 de fevereiro de 1998, e o Decreto n. 2.894, 22 de dezembro de 1998.

Parágrafo único. No caso de obras cinematográficas e videofonográficas publicitárias, a marca indelével e irremovível de que trata o *caput* e nas finalidades ali previstas deverá constar na claquete de identificação.
Redação dada pela Lei n. 10.454, de 2002.

Art. 22. É obrigatório o registro das empresas de produção, distribuição, exibição de obras cinematográficas e videofonográficas nacionais ou estrangeiras na Ancine, conforme disposto em regulamento.

Parágrafo único. Para se beneficiar de recursos públicos ou incentivos fiscais destinados à atividade cinematográfica ou videofonográfica a empresa deve estar registrada na Ancine.

Art. 23. A produção no Brasil de obra cinematográfica ou videofonográfica estrangeira deverá ser comunicada à Ancine.

Parágrafo único. A produção e a adaptação de obra cinematográfica ou videofonográfica estrangeira, no Brasil, deverão realizar-se mediante contrato com empresa produtora brasileira, que será a responsável pela produção perante as leis brasileiras.

Art. 24. Os serviços técnicos de cópia e reprodução de matrizes de obras cinematográficas e videofonográficas que se destinem à exploração comercial no mercado brasileiro deverão ser executados em laboratórios instalados no país.

Parágrafo único. As obras cinematográficas e videofonográficas estrangeiras estão dispensadas de copiagem obrigatória no país até o limite de 6 (seis) cópias, bem como seu material de promoção e divulgação nos limites estabelecidos em regulamento.
Redação dada pela Lei n. 10.454, de 2002.

Art. 25. Toda e qualquer obra cinematográfica ou videofonográfica publicitária estrangeira só poderá ser veiculada ou transmitida no País, em qualquer segmento de mercado, devidamente adaptada ao idioma português e após pagamento da Condecine, de que trata o art. 32.
Redação dada pela Lei n. 12.599, de 2012.

Parágrafo único. A adaptação de obra cinematográfica ou videofonográfica publicitária deverá ser realizada por empresa produtora brasileira registrada na Ancine, conforme normas por ela expedidas.
Redação dada pela Lei n. 12.599, de 2012.

Art. 26. A empresa produtora de obra cinematográfica ou videofonográfica com recursos públicos ou provenientes de renúncia fiscal deverá depositar na Cinemateca Brasileira ou entidade credenciada pela Ancine uma cópia de baixo contraste, interpositivo ou matriz digital da obra, para sua devida preservação.

Art. 27. As obras cinematográficas e videofonográficas produzidas com recursos públicos ou renúncia fiscal, após decorridos dez anos de sua primeira exibição comercial, poderão ser exibidas em canais educativos mantidos com recursos públicos nos serviços de radiodifusão de sons e imagens e nos canais referidos nas alíneas *b* a *g* do inciso I do art. 23 da Lei n. 8.977, de 6 de janeiro de 1995, e em estabelecimentos públicos de ensino, na forma definida em regulamento, respeitados os contratos existentes.

Art. 28. Toda obra cinematográfica e videofonográfica brasileira deverá, antes de sua exibição ou comercialização, requerer à Ancine o registro do título e o Certificado de Produto Brasileiro (CPB).
Redação dada pela Lei n. 10.454, de 2002.

§ 1º No caso de obra cinematográfica ou obra videofonográfica publicitária brasileira, após a solicitação do registro do título, a

mesma poderá ser exibida ou comercializada, devendo ser retirada de exibição ou ser suspensa sua comercialização, caso seja constatado o não pagamento da Condecine ou o fornecimento de informações incorretas.
Acrescentado pela pela Lei n. 10.454, de 2002.

§ 2º As versões, as adaptações, as vinhetas e as chamadas realizadas a partir da obra cinematográfica e videofonográfica publicitária original, brasileira ou estrangeira, até o limite máximo de 5 (cinco), devem ser consideradas um só título, juntamente com a obra original, para efeito do pagamento da Condecine.
Redação dada pela Lei n. 12.599, de 2012.

§ 3º As versões, as adaptações, as vinhetas e as chamadas realizadas a partir da obra cinematográfica e videofonográfica publicitária original destinada à publicidade de varejo, até o limite máximo de 50 (cinquenta), devem ser consideradas um só título, juntamente com a obra original, para efeito do pagamento da Condecine.
Acrescentado pela Lei n. 12.599, de 2012.

§ 4º Ultrapassado o limite de que trata o § 2º ou o § 3º, deverá ser solicitado novo registro do título de obra cinematográfica e videofonográfica publicitária original.
Acrescentado pela Lei n. 12.599, de 2012.

▪**Art. 29.** A contratação de direitos de exploração comercial, de licenciamento, produção, coprodução, exibição, distribuição, comercialização, importação e exportação de obras cinematográficas e videofonográficas em qualquer suporte ou veículo no mercado brasileiro deverá ser informada à Ancine, previamente à comercialização, exibição ou veiculação da obra, com a comprovação do pagamento da Condecine para o segmento de mercado em que a obra venha a ser explorada comercialmente.
Redação dada pela Lei n. 10.454, de 2002.

Parágrafo único. No caso de obra cinematográfica ou videofonográfica publicitária, deverá ser enviado à Ancine o resumo do contrato firmado entre as partes, conforme modelo a ser estabelecido em regulamento.
Acrescentado pela Lei n. 10.454, de 2002.

▪**Art. 30.** Para concessão da classificação etária indicativa de obras cinematográficas e videofonográficas será exigida pelo órgão responsável a comprovação do pagamento da Condecine no segmento de mercado a que a classificação etária indicativa se referir.

▪**Art. 31.** *(Revogado pela Lei n. 12.485, de 2001.)*

CAPÍTULO VI
DA CONTRIBUIÇÃO PARA O DESENVOLVIMENTO DA INDÚSTRIA CINEMATOGRÁFICA NACIONAL (CONDECINE)

▪**Art. 32.** A Contribuição para o Desenvolvimento da Indústria Cinematográfica Nacional – Condecine terá por fato gerador:
Redação dada pela Lei n. 12.485, de 2011.

I – a veiculação, a produção, o licenciamento e a distribuição de obras cinematográficas e videofonográficas com fins comerciais, por segmento de mercado a que forem destinadas;
Acrescentado pela Lei n. 12.485, de 2011.

II – a prestação de serviços que se utilizem de meios que possam, efetiva ou potencialmente, distribuir conteúdos audiovisuais nos termos da lei que dispõe sobre a comunicação audiovisual de acesso condicionado, listados no Anexo I desta Medida Provisória;
Acrescentado pela Lei n. 12.485, de 2011.

III – a veiculação ou distribuição de obra audiovisual publicitária incluída em programação internacional, nos termos do inciso XIV do art. 1º desta Medida Provisória, nos casos em que existir participação direta de agência de publicidade nacional, sendo tributada nos mesmos valores atribuídos quando da veiculação incluída em programação nacional.
Acrescentado pela Lei n. 12.485, de 2011.

Parágrafo único. A Condecine também incidirá sobre o pagamento, o crédito, o emprego, a remessa ou a entrega, aos produtores, distribuidores ou intermediários no exterior, de importâncias relativas a rendimento decorrente da exploração de obras cinematográficas e videofonográficas ou por sua aquisição ou importação, a preço fixo.

▪**Art. 33.** A Condecine será devida para cada segmento de mercado, por:
Redação dada pela Lei n. 12.485, de 2011.

I – título ou capítulo de obra cinematográfica ou videofonográfica destinada aos seguintes segmentos de mercado:

a) salas de exibição;
b) vídeo doméstico, em qualquer suporte;
c) serviço de radiodifusão de sons e imagens;
d) serviços de comunicação eletrônica de massa por assinatura;
e) outros mercados, conforme anexo.

II – título de obra publicitária cinematográfica ou videofonográfica, para cada segmento dos mercados previstos nas alíneas *a* a *e* do inciso I a que se destinar;
Redação dada pela Lei n. 12.485, de 2011.

III – prestadores dos serviços constantes do Anexo I desta Medida Provisória, a que se refere o inciso II do art. 32 desta Medida Provisória.
Acrescentado pela Lei n. 12.485, de 2011.

§ 1º A Condecine corresponderá aos valores das tabelas constantes do Anexo I a esta Medida Provisória.

§ 2º Na hipótese do parágrafo único do art. 32, a Condecine será determinada mediante a aplicação de alíquota de onze por cento sobre as importâncias ali referidas.

§ 3º A Condecine será devida:
Redação dada pela Lei n. 12.485, de 2011.

I – uma única vez a cada 5 (cinco) anos, para as obras a que se refere o inciso I do *caput* deste artigo;
Acrescentado pela Lei n. 12.485, de 2011.

II – a cada 12 (doze) meses, para cada segmento de mercado em que a obra seja efetivamente veiculada, para as obras a que se refere o inciso II do *caput* deste artigo;
Acrescentado pela Lei n. 12.485, de 2011.

III – a cada ano, para os serviços a que se refere o inciso III do *caput* deste artigo.
Acrescentado pela Lei n. 12.485, de 2011.

§ 4º Na ocorrência de modalidades de serviços qualificadas na forma do inciso II do art. 32 não presentes no Anexo I desta Medida Provisória, será devida pela prestadora a Contribuição referente ao item "a" do Anexo I, até que lei fixe seu valor.
Acrescentado pela Lei n. 12.485, de 2011.

▪**Art. 34.** O produto da arrecadação da Condecine será destinado ao Fundo Nacional da Cultura – FNC e alocado em categoria de programação específica denominada Fundo Setorial do Audiovisual, para aplicação nas atividades de fomento relativas aos Programas de que trata o art. 47 desta Medida Provisória.
Redação dada pela Lei n. 11.437, de 2006.

▪**Art. 35.** A Condecine será devida pelos seguintes sujeitos passivos:

I – detentor dos direitos de exploração comercial ou de licenciamento no país, conforme o caso, para os segmentos de mercado previstos nas alíneas *a* a *e* do inciso I do art. 33;

II – empresa produtora, no caso de obra nacional, ou detentor do licenciamento para exibição, no caso de obra estrangeira, na hipótese do inciso II do art. 33;

III – o responsável pelo pagamento, crédito, emprego, remessa ou entrega das importâncias referidas no parágrafo único do art. 32;
Redação dada pela Lei n. 12.485, de 2011.

IV – as concessionárias, permissionárias e autorizadas de serviços de telecomunicações, relativamente ao disposto no inciso II do art. 32;
Acrescentado pela Lei n. 12.485, de 2011.

V – o representante legal e obrigatório da programadora estrangeira no País, na hipótese do inciso III do art. 32.
Acrescentado pela Lei n. 12.485, de 2011.

■**Art. 36.** A Condecine deverá ser recolhida à Ancine, na forma do regulamento:
Redação dada pela Lei n. 10.454, de 2002.

I – na data do registro do título para os mercados de salas de exibição e de vídeo doméstico em qualquer suporte, e serviços de comunicação eletrônica de massa por assinatura para as programadoras referidas no inciso XV do art. 1º da Medida Provisória n. 2.228-1, de 6 de setembro de 2001, em qualquer suporte, conforme Anexo I;
Redação dada pela Lei n. 10.454, de 2002.

II – na data do registro do título para o mercado de serviços de radiodifusão de sons e imagens e outros mercados, conforme Anexo I;
Redação dada pela Lei n. 10.454, de 2002.

III – na data do registro do título ou até o primeiro dia útil seguinte à sua solicitação, para obra cinematográfica ou videofonográfica publicitária brasileira, brasileira filmada no exterior ou estrangeira para cada segmento de mercado, conforme Anexo I;
Redação dada pela Lei n. 12.599, de 2012.

IV – na data do registro do título, para o mercado de serviços de radiodifusão de sons e imagens e de comunicação eletrônica de massa por assinatura, para obra cinematográfica e videofonográfica nacional, conforme Anexo I;
Redação dada pela Lei n. 10.454, de 2002.

V – na data do pagamento, crédito, emprego ou remessa das importâncias referidas no parágrafo único do art. 32;
Redação dada pela Lei n. 10.454, de 2002.

VI – na data da concessão do certificado de classificação indicativa, nos demais casos, conforme Anexo I;
Redação dada pela Lei n. 10.454, de 2002.

VII – anualmente, até o dia 31 de março, para os serviços de que trata o inciso II do art. 32 desta Medida Provisória.
Acrescentado pela Lei n. 12.485, de 2011.

■**Art. 37.** O não recolhimento da Condecine no prazo sujeitará o contribuinte às penalidades e acréscimos moratórios previstos nos arts. 44 e 61 da Lei n. 9.430, de 27 de dezembro de 1996.

§ 1º A pessoa física ou jurídica que promover a exibição, transmissão, difusão ou veiculação de obra cinematográfica ou videofonográfica que não tenha sido objeto do recolhimento da Condecine responde solidariamente por essa contribuição.
Redação dada pela Lei n. 10.454, de 2002.

§ 2º A solidariedade de que trata o § 1º não se aplica à hipótese prevista no parágrafo único do art. 32.
Acrescentado pela Lei n. 10.454, de 2002.

■**Art. 38.** A administração da Condecine, inclusive as atividades de arrecadação, tributação e fiscalização, compete à:
Redação dada pela Lei n. 10.454, de 2002.

I – Secretaria da Receita Federal, na hipótese do parágrafo único do art. 32;
Acrescentado pela Lei n. 10.454, de 2002.

II – Ancine, nos demais casos.
Acrescentado pela Lei n. 10.454, de 2002.

§ 1º Aplicam-se à Condecine, na hipótese de que trata o inciso I do *caput*, as normas do Decreto n. 70.235, de 6 de março de 1972.
Redação dada pela Lei n. 10.454, de 2002.

§ 2º A Ancine e a Agência Nacional de Telecomunicações – Anatel exercerão as atividades de regulamentação e fiscalização no âmbito de suas competências e poderão definir o recolhimento conjunto da parcela da Condecine devida referente ao inciso III do *caput* do art. 33 e das taxas de fiscalização de que trata a Lei n. 5.070, de 7 de julho de 1966, que cria o Fundo de Fiscalização das Telecomunicações.
Acrescentado pela Lei n. 12.485, de 2011.

■**Art. 39.** São isentos da Condecine:

I – a obra cinematográfica e videofonográfica destinada à exibição exclusiva em festivais e mostras, desde que previamente autorizada pela Ancine;

II – a obra cinematográfica e videofonográfica jornalística, bem assim os eventos esportivos;

III – as chamadas dos programas e a publicidade de obras cinematográficas e videofonográficas veiculadas nos serviços de radiodifusão de sons e imagens, nos serviços de comunicação eletrônica de massa por assinatura e nos segmentos de mercado de salas de exibição e de vídeo doméstico em qualquer suporte;
Redação dada pela Lei n. 12.599, de 2012.

IV – as obras cinematográficas ou videofonográficas publicitárias veiculadas em Municípios que totalizem um número de habitantes a ser definido em regulamento;
Redação dada pela Lei n. 10.454, de 2002.

V – a exportação de obras cinematográficas e videofonográficas brasileiras e a programação brasileira transmitida para o exterior;

VI – as obras audiovisuais brasileiras, produzidas pelas empresas de serviços de radiodifusão de sons e imagens e empresas de serviços de comunicação eletrônica de massa por assinatura, para exibição no seu próprio segmento de mercado ou quando transmitidas por força de lei ou regulamento em outro segmento de mercado, observado o disposto no parágrafo único, exceto as obras audiovisuais publicitárias;
Redação dada pela Lei n. 10.454, de 2002.

VII – o pagamento, o crédito, o emprego, a remessa ou a entrega aos produtores, distribuidores ou intermediários no exterior, das importâncias relativas a rendimentos decorrentes da exploração de obras cinematográficas ou videofonográficas ou por sua aquisição ou importação a preço fixo, bem como qualquer montante referente a aquisição ou licenciamento de qualquer forma de direitos, referentes à programação, conforme definição constante do inciso XV do art. 1º;
Acrescentado pela Lei n. 10.454, de 2002.

VIII – obras cinematográficas e videofonográficas publicitárias brasileiras de caráter beneficente, filantrópico e de propaganda política;
Acrescentado pela Lei n. 10.454, de 2002.

IX – as obras cinematográficas e videofonográficas incluídas na programação internacional de que trata o inciso XIV do art. 1º, quanto à Condecine prevista no inciso I, alínea *d* do art. 33;
Acrescentado pela Lei n. 10.454, de 2002.

X – a Condecine de que trata o parágrafo único do art. 32, referente à programação internacional, de que trata o inciso XIV do art. 1º, desde que a programadora beneficiária desta isenção opte por aplicar o valor correspondente a 3% (três por cento) do valor do pagamento, do crédito, do emprego, da remessa ou da entrega aos produtores, distribuidores ou intermediários no exterior, das importâncias relativas a rendimentos ou remuneração decorrentes da exploração de obras cinematográficas ou videofonográficas ou por sua aquisição ou importação a preço fixo, bem como qualquer montante referente a aquisição ou licenciamento de qualquer forma de direitos, em projetos de produção de obras cinematográficas e videofonográficas brasileiras de longa, média e curta-metragens de produção independente, de coprodução de obras cinematográficas e videofonográficas brasileiras de produção independente, de telefilmes, minisséries, documentais, ficcionais, animações e de programas de televisão de caráter educativo e cultural, brasileiros de produção independente, aprovados pela Ancine;
Acrescentado pela Lei n. 10.454, de 2002.

XI – a Anatel, as Forças Armadas, a Polícia Federal, as Polícias Militares, a Polícia Rodoviária Federal, as Polícias Civis e os Corpos de Bombeiros Militares;
Acrescentado pela Lei n. 12.485, de 2011.

XII – as hipóteses previstas pelo inciso III do art. 32, quando ocorrer o fato gerador de que trata o inciso I do mesmo artigo, em relação à mesma obra audiovisual publicitária, para o segmento de mercado de comunicação eletrônica de massa por assinatura.
Acrescentado pela Lei n. 12.599, de 2012.

§ 1° As obras audiovisuais brasileiras, produzidas pelas empresas de serviços de radiodifusão de sons e imagens e empresas de serviços de comunicação eletrônica de massa por assinatura, estarão sujeitas ao pagamento da Condecine se vierem a ser comercializadas em outros segmentos de mercado.
Renumerado pela Lei n. 10.454, de 2002.

§ 2° Os valores correspondentes aos 3% (três por cento) previstos no inciso X do *caput* deste artigo deverão ser depositados na data do pagamento, do crédito, do emprego, da remessa ou da entrega aos produtores, distribuidores ou intermediários no exterior das importâncias relativas a rendimentos decorrentes da exploração de obras cinematográficas e videofonográficas ou por sua aquisição ou importação a preço fixo, em conta de aplicação financeira especial em instituição financeira pública, em nome do contribuinte.
Redação dada pela Lei n. 11.437, de 2006.

§ 3° Os valores não aplicados na forma do inciso X do *caput* deste artigo, após 270 (duzentos e setenta) dias de seu depósito na conta de que trata o § 2° deste artigo, destinar-se-ão ao FNC e serão alocados em categoria de programação específica denominada Fundo Setorial do Audiovisual.
Redação dada pela Lei n. 11.437, de 2006.

§ 4° Os valores previstos no inciso X do *caput* deste artigo não poderão ser aplicados em obras audiovisuais de natureza publicitária.
Redação dada pela Lei n. 11.437, de 2006.

§ 5° A liberação dos valores depositados na conta de aplicação financeira especial fica condicionada à integralização de pelo menos 50% (cinquenta por cento) dos recursos aprovados para a realização do projeto.
Acrescentado pela Lei n. 10.454, de 2002.

§ 6° Os projetos produzidos com os recursos de que trata o inciso X do *caput* deste artigo poderão utilizar-se dos incentivos previstos na Lei n. 8.685, de 20 de julho de 1993, e na Lei n. 8.313, de 23 de dezembro de 1991, limitados a 95% (noventa e cinco por cento) do total do orçamento aprovado pela Ancine para o projeto.
Redação dada pela Lei n. 11.437, de 2006.

▪**Art. 40.** Os valores da Condecine ficam reduzidos a:

I – vinte por cento, quando se tratar de obra cinematográfica ou videofonográfica não publicitária brasileira;

II – trinta por cento, quando se tratar de:

a) obras audiovisuais destinadas ao segmento de mercado de salas de exibição que sejam exploradas com até 6 (seis) cópias;
Redação dada pela Lei n. 10.454, de 2002.

b) obras cinematográficas e videofonográficas destinadas à veiculação em serviços de radiodifusão de sons e imagens e cuja produção tenha sido realizada mais de vinte anos antes do registro do contrato no Ancine;

III – *(revogado)*

IV – 10% (dez por cento), quando se tratar de obra publicitária brasileira realizada por microempresa ou empresa de pequeno porte, segundo as definições do art. 3° da Lei Complementar n. 123, de 14 de dezembro de 2006, com custo não superior a R$ 10.000,00 (dez mil reais), conforme regulamento da Ancine.
Acrescentado pela Lei n. 12.599, de 2012.

CAPÍTULO VII
DOS FUNDOS FINANCEIROS DA INDÚSTRIA CINEMATOGRÁFICA NACIONAL (FUNCINES)

▪**Art. 41.** Os Fundos de Financiamento da Indústria Cinematográfica Nacional – Funcines serão constituídos sob a forma de condomínio fechado, sem personalidade jurídica, e administrados por instituição financeira autorizada a funcionar pelo Banco Central do Brasil ou por agências e bancos de desenvolvimento.
Redação dada pela Lei n. 11.437, de 2006.

§ 1º O patrimônio dos Funcines será representado por cotas emitidas sob a forma escritural, alienadas ao público com a intermediação da instituição administradora do Fundo.

§ 2º A administradora será responsável por todas as obrigações do Fundo, inclusive as de caráter tributário.

■Art. 42. Compete à Comissão de Valores Mobiliários autorizar, disciplinar e fiscalizar a constituição, o funcionamento e a administração dos Funcines, observadas as disposições desta Medida Provisória e as normas aplicáveis aos fundos de investimento.

Parágrafo único. A Comissão de Valores Mobiliários comunicará a constituição dos Funcines, bem como as respectivas administradoras à Ancine.

■Art. 43. Os recursos captados pelos Funcines serão aplicados, na forma do regulamento, em projetos e programas que, atendendo aos critérios e diretrizes estabelecidos pela Ancine, sejam destinados a:

I – projetos de produção de obras audiovisuais brasileiras independentes realizadas por empresas produtoras brasileiras;
Redação dada pela Lei n. 11.437, de 2006.

II – construção, reforma e recuperação das salas de exibição de propriedade de empresas brasileiras;
Redação dada pela Lei n. 11.437, de 2006.

III – aquisição de ações de empresas brasileiras para produção, comercialização, distribuição e exibição de obras audiovisuais brasileiras de produção independente, bem como para prestação de serviços de infraestrutura cinematográficos e audiovisuais;
Redação dada pela Lei n. 11.437, de 2006.

IV – projetos de comercialização e distribuição de obras audiovisuais cinematográficas brasileiras de produção independente realizados por empresas brasileiras; e
Redação dada pela Lei n. 11.437, de 2006.

V – projetos de infraestrutura realizados por empresas brasileiras.
Acrescentado pela Lei n. 11.437, de 2006.

§ 1º Para efeito da aplicação dos recursos dos Funcines, as empresas de radiodifusão de sons e imagens e as prestadoras de serviços de telecomunicações não poderão deter o controle acionário das empresas referidas no inciso III do *caput* deste artigo.
Redação dada pela Lei n. 11.437, de 2006.

§ 2º Os Funcines deverão manter, no mínimo, 90% (noventa por cento) do seu patrimônio aplicados em empreendimentos das espécies enumeradas neste artigo, observados, em relação a cada espécie de destinação, os percentuais mínimos a serem estabelecidos em regulamento.
Redação dada pela Lei n. 11.437, de 2006.

§ 3º A parcela do patrimônio do Fundo não comprometida com as aplicações de que trata este artigo, será constituída por títulos emitidos pelo Tesouro Nacional ou pelo Banco Central do Brasil.

§ 4º É vedada a aplicação de recursos de Funcines em projetos que tenham participação majoritária de quotista do próprio Fundo.

§ 5º As obras audiovisuais de natureza publicitária, esportiva ou jornalística não podem se beneficiar de recursos dos Funcines ou do FNC alocados na categoria de programação específica Fundo Setorial do Audiovisual.
Redação dada pela Lei n. 11.437, de 2006.

§ 6º As obras cinematográficas e videofonográficas produzidas com recursos dos Funcines terão seu corte e edição finais aprovados para exibição pelo seu diretor e produtor responsável principal.

§ 7º Nos casos do inciso I do *caput* deste artigo, o projeto deverá contemplar a garantia de distribuição ou difusão das obras.
Redação dada pela Lei n. 11.437, de 2006.

§ 8º Para os fins deste artigo, aplica-se a definição de empresa brasileira constante no § 1º do art. 1º desta Medida Provisória.
Acrescentado pela Lei n. 11.437, de 2006.

■Art. 44. Até o período de apuração relativo ao ano-calendário de 2016, inclusive, as

pessoas físicas e jurídicas tributadas pelo lucro real poderão deduzir do imposto de renda devido as quantias aplicadas na aquisição de cotas dos Funcines.
Redação dada pela Lei n. 11.437, de 2006.

§ 1º A dedução referida no *caput* deste artigo pode ser utilizada de forma alternativa ou conjunta com a referida nos arts. 1º e 1º-A da Lei n. 8.685, de 20 de julho de 1993.
Acrescentado pela Lei n. 11.437, de 2006.

§ 2º No caso das pessoas físicas, a dedução prevista no *caput* deste artigo fica sujeita ao limite de 6% (seis por cento) conjuntamente com as deduções de que trata o art. 22 da Lei n. 9.532, de 10 de dezembro de 1997.
Acrescentado pela Lei n. 11.437, de 2006.

§ 3º Somente são dedutíveis do imposto devido as quantias aplicadas na aquisição de cotas dos Funcines:
Acrescentado pela Lei n. 11.437, de 2006.

I – pela pessoa física, no ano-calendário a que se referir a declaração de ajuste anual;
Acrescentado pela Lei n. 11.437, de 2006.

II – pela pessoa jurídica, no respectivo período de apuração de imposto.
Acrescentado pela Lei n. 11.437, de 2006.

▪**Art. 45.** A dedução de que trata o art. 44 incidirá sobre o imposto devido:

I – no trimestre a que se referirem os investimentos, para as pessoas jurídicas que apuram o lucro real trimestral;

II – no ano-calendário, para as pessoas jurídicas que, tendo optado pelo recolhimento do imposto por estimativa, apuram o lucro real anual;

III – no ano-calendário, conforme ajuste em declaração anual de rendimentos para a pessoa física.
Acrescentado pela Lei n. 11.437, de 2006.

§ 1º Em qualquer hipótese, não será dedutível a perda apurada na alienação das cotas dos Funcines.
Redação dada pela Lei n. 11.437, de 2006.

§ 2º A dedução prevista neste artigo está limitada a 3% (três por cento) do imposto devido pelas pessoas jurídicas e deverá observar o limite previsto no inciso II do *caput* do art. 6º da Lei n. 9.532, de 10 de dezembro de 1997.
Redação dada pela Lei n. 11.437, de 2006.

§ 3º *(Revogado pela Lei n. 11.437, de 2006.)*

§ 4º A pessoa jurídica que alienar as cotas dos Funcines somente poderá considerar como custo de aquisição, na determinação do ganho de capital, os valores deduzidos na forma do *caput* deste artigo na hipótese em que a alienação ocorra após 5 (cinco) anos da data de sua aquisição.
Redação dada pela Lei n. 11.437, de 2006.

§ 5º Em qualquer hipótese, não será dedutível a perda apurada na alienação das cotas dos Funcines.

▪**Art. 46.** Os rendimentos e ganhos líquidos e de capital auferidos pela carteira de Funcines ficam isentos do Imposto de Renda.

§ 1º Os rendimentos, os ganhos de capital e os ganhos líquidos decorrentes de aplicação em Funcines sujeitam-se às normas tributárias aplicáveis aos demais valores mobiliários no mercado de capitais.

§ 2º Ocorrendo resgate de cotas de Funcines, em decorrência do término do prazo de duração ou da liquidação do fundo, sobre o rendimento do quotista, constituído pela diferença positiva entre o valor de resgate e o custo de aquisição das cotas, incidirá Imposto de Renda na Fonte à alíquota de 20%.

CAPÍTULO VIII
DOS DEMAIS INCENTIVOS

▪**Art. 47.** Como mecanismos de fomento de atividades audiovisuais, ficam instituídos, conforme normas a serem expedidas pela Ancine:
Redação dada pela Lei n. 11.437, de 2006.

I – o Programa de Apoio ao Desenvolvimento do Cinema Brasileiro – Prodecine, destinado ao fomento de projetos de produção independente, distribuição, comercialização e exibição por empresas brasileiras;

Acrescentado pela Lei n. 11.437, de 2006.

II – o Programa de Apoio ao Desenvolvimento do Audiovisual Brasileiro – Prodav, destinado ao fomento de projetos de produção, programação, distribuição, comercialização e exibição de obras audiovisuais brasileiras de produção independente;
Acrescentado pela Lei n. 11.437, de 2006.

III – o Programa de Apoio ao Desenvolvimento da Infraestrutura do Cinema e do Audiovisual – Pró-Infra, destinado ao fomento de projetos de infraestrutura técnica para a atividade cinematográfica e audiovisual e de desenvolvimento, ampliação e modernização dos serviços e bens de capital de empresas brasileiras e profissionais autônomos que atendam às necessidades tecnológicas das produções audiovisuais brasileiras.
Acrescentado pela Lei n. 11.437, de 2006.

§ 1º Os recursos do Prodecine poderão ser objeto de aplicação a fundo perdido nos casos específicos previstos no regulamento.

§ 2º A Ancine estabelecerá critérios e diretrizes gerais para a aplicação e a fiscalização dos recursos dos Programas referidos no *caput* deste artigo.
Redação dada pela Lei n. 11.437, de 2006.

▪**Art. 48.** São fontes de recursos dos Programas de que trata o art. 47 desta Medida Provisória:
Redação dada pela Lei n. 11.437, de 2006.

I – percentual do produto da arrecadação da Contribuição para o Desenvolvimento da Indústria Cinematográfica Nacional (Condecine);

II – o produto da arrecadação de multas e juros decorrentes do descumprimento das normas de financiamento pelos beneficiários dos recursos do Prodecine;

III – a remuneração dos financiamentos concedidos;

IV – as doações e outros aportes não especificados;

V – as dotações consignadas nos orçamentos da União, dos Estados, do Distrito Federal e dos Municípios.

▪**Art. 49.** O abatimento do Imposto de Renda na Fonte, de que o trata art. 3º da Lei n. 8.685, de 1993, aplicar-se-á, exclusivamente, a projetos previamente aprovados pela Ancine, na forma do regulamento, observado o disposto no art. 67.

Parágrafo único. A opção pelo benefício previsto no *caput* afasta a incidência do disposto no § 2º do art. 33 desta Medida Provisória.

▪**Art. 50.** As deduções previstas no art. 1º da Lei n. 8.685, de 20 de julho de 1993, ficam prorrogadas até o exercício de 2016, inclusive, devendo os projetos a serem beneficiados por esses incentivos ser previamente aprovados pela Ancine.
Redação dada pela Lei n. 12.375, de 2010.

▪**Art. 51.** *(Revogado pela Lei n. 11.437, de 2006.)*

▪**Art. 52.** A partir de 1º de janeiro de 2007, a alínea *a* do inciso II do art. 3º da Lei n. 8.313, de 23 de dezembro de 1991, passará a vigorar com a seguinte redação:

"a) produção de discos, vídeos, obras cinematográficas de curta e média-metragem e filmes documentais, preservação do acervo cinematográfico bem assim de outras obras de reprodução videofonográfica de caráter cultural;"

Parágrafo único. O Conselho Superior do Cinema poderá antecipar a entrada em vigor do disposto neste artigo.

▪**Art. 53.** O § 3º do art. 18 da Lei n. 8.313, de 1991, passa a vigorar com a seguinte redação:

"Art. 18. ....

....

§ 3º As doações e os patrocínios na produção cultural, a que se refere o § 1º, atenderão exclusivamente aos seguintes segmentos:

a) artes cênicas;

b) livros de valor artístico, literário ou humanístico;

c) música erudita ou instrumental;

d) exposições de artes visuais;

e) doações de acervos para bibliotecas públicas, museus, arquivos públicos e cinematecas, bem como treinamento de pessoal e aquisição de equipamentos para a manutenção desses acervos;

f) produção de obras cinematográficas e videofonográficas de curta e média- metragem e preservação e difusão do acervo audiovisual; e

g) preservação do patrimônio cultural material e imaterial."

▪**Art. 54.** Fica instituído o Prêmio Adicional de Renda, calculado sobre as rendas de bilheterias auferidas pela obra cinematográfica de longa-metragem brasileira de produção independente, que será concedido a produtores, distribuidores e exibidores, na forma que dispuser o regulamento.

▪**Art. 55.** Por um prazo de vinte anos, contados a partir de 5 de setembro de 2001, as empresas proprietárias, locatárias ou arrendatárias de salas, espaços ou locais de exibição pública comercial exibirão obras cinematográficas brasileiras de longa-metragem, por um número de dias fixado, anualmente, por decreto, ouvidas as entidades representativas dos produtores, distribuidores e exibidores.

§ 1º A exibição de obras cinematográficas brasileiras far-se-á proporcionalmente, no semestre, podendo o exibidor antecipar a programação do semestre seguinte.

§ 2º A Ancine aferirá, semestralmente, o cumprimento do disposto neste artigo.

§ 3º As obras cinematográficas e os telefilmes que forem exibidos em meios eletrônicos antes da exibição comercial em salas não serão computados para fins do cumprimento do disposto no *caput*.

▪**Art. 56.** Por um prazo de vinte anos, contados a partir de 5 de setembro de 2001, as empresas de distribuição de vídeo doméstico deverão ter um percentual anual de obras brasileiras cinematográficas e videofonográficas entre seus títulos, obrigando-se a lançá-las comercialmente.

Parágrafo único. O percentual de lançamentos e títulos a que se refere este artigo será fixado anualmente por decreto, ouvidas as entidades de caráter nacional representativas das atividades de produção, distribuição e comercialização de obras cinematográficas e videofonográficas.

▪**Art. 57.** Poderá ser estabelecido, por lei, a obrigatoriedade de veiculação de obras cinematográficas e videofonográficas brasileiras de produção independente em outros segmentos de mercado além daqueles indicados nos arts. 55 e 56.

CAPÍTULO IX
DAS PENALIDADES

▪**Art. 58.** As empresas exibidoras, as distribuidoras e locadoras de vídeo, deverão ser autuadas pela Ancine nos casos de não cumprimento das disposições desta Medida Provisória.

Parágrafo único. Constitui embaraço à fiscalização, sujeitando o infrator à pena prevista no *caput* do art. 60:

Acrescentado pela Lei n. 12.599, de 2012.

I – imposição de obstáculos ao livre acesso dos agentes da Ancine às entidades fiscalizadas; e

Acrescentado pela Lei n. 12.599, de 2012.

II – o não atendimento da requisição de arquivos ou documentos comprobatórios do cumprimento das cotas legais de exibição e das obrigações tributárias relativas ao recolhimento da Condecine.

Acrescentado pela Lei n. 12.599, de 2012.

▪**Art. 59.** O descumprimento da obrigatoriedade de que trata o art. 55 sujeitará o infrator a multa correspondente a 5% (cinco por cento) da receita bruta média diária de bilheteria do complexo, apurada no ano da infração, multiplicada pelo número de dias do descumprimento.

Redação dada pela Lei n.12. 599, de 2012.

§ 1º Se a receita bruta de bilheteria do complexo não puder ser apurada, será aplicado multa no valor de R$ 100,00 (cem reais) por dia de descumprimento multiplicado pelo número de salas do complexo.

Acrescentado pela Lei n. 12.599, de 2012.

§ 2° A multa prevista neste artigo deverá respeitar o limite máximo estabelecido no caput do art. 60.
Acrescentado pela Lei n. 12.599, de 2012.
▪ **Art. 60.** O descumprimento ao disposto nos arts. 17 a 19, 21, 24 a 26, 28, 29, 31 e 56 desta Medida Provisória sujeita os infratores a multas de R$ 2.000,00 (dois mil reais) a R$ 2.000.000,00 (dois milhões de reais), na forma do regulamento.

§ 1° *(Revogado)*

§ 2° Caso não seja possível apurar o valor da receita bruta referido no *caput* por falta de informações, a Ancine arbitra-lo-á na forma do regulamento, que observará, isolada ou conjuntamente, dentre outros, os seguintes critérios:

I – a receita bruta referente ao último período em que a pessoa jurídica manteve escrituração de acordo com as leis comerciais e fiscais, atualizado monetariamente;

II – a soma dos valores do ativo circulante, realizável a longo prazo e permanente, existentes no último balanço patrimonial conhecido, atualizado monetariamente;

III – o valor do capital constante do último balanço patrimonial conhecido ou registrado nos atos de constituição ou alteração da sociedade, atualizado monetariamente;

IV – o valor do patrimônio líquido constante do último balanço patrimonial conhecido, atualizado monetariamente;

V – o valor das compras de mercadorias efetuadas no mês;

VI – a soma, em cada mês, dos valores da folha de pagamento dos empregados e das compras de matérias-primas, produtos intermediários e materiais de embalagem;

VII – a soma dos valores devidos no mês a empregados; e

VIII – o valor mensal do aluguel devido.

§ 3° Aplica-se, subsidiariamente, ao disposto neste artigo, as normas de arbitramento de lucro previstas no âmbito da legislação tributária federal.

§ 4° Os veículos de comunicação que veicularem cópia ou original de obra cinematográfica ou obra videofonográfica publicitária, sem que conste na claquete de identificação o número do respectivo registro do título, pagarão multa correspondente a 3 (três) vezes o valor do contrato ou da veiculação.
Acrescentado pela Lei n. 10.454, de 2002.
▪ **Art. 61.** O descumprimento dos projetos executados com recursos recebidos do FNC alocados na categoria de programação específica denominada Fundo Setorial do Audiovisual e dos Funcines, a não efetivação do investimento ou a sua realização em desacordo com o estatuído implica a devolução dos recursos acrescidos de:
Redação dada pela Lei n. 11.437, de 2006.

I – juros moratórios equivalentes à taxa referencial do Sistema especial de Liquidação e Custódia (Selic), para títulos federais, acumulados mensalmente, calculados a partir do primeiro dia do mês subsequente ao do recebimento dos recursos até o mês anterior ao do pagamento e de 1% no mês do pagamento;

II – multa de 20% calculada sobre o valor total dos recursos.

CAPÍTULO X
DISPOSIÇÕES TRANSITÓRIAS

▪ **Art. 62.** Durante os primeiros doze meses, contados a partir de 5 de setembro de 2001, a Ancine ficará vinculada à Casa Civil da Presidência da República, que responderá pela sua supervisão durante esse período.

▪ **Art. 63.** A Ancine constituirá, no prazo de vinte e quatro meses, a contar da data da sua implantação, o seu quadro próprio de pessoal, por meio da realização de concurso público de provas, ou de provas e títulos.

▪ **Art. 64.** Durante os primeiros 24 meses subsequentes à sua instalação, a Ancine poderá requisitar, com ônus, servidores e empregados de órgãos e entidades integrantes da administração pública.

§ 1º Transcorrido o prazo a que se refere o *caput*, somente serão cedidos para a Ancine servidores por ela requisitados para o exercício de cargos em comissão.

§ 2º Durante os primeiros 24 meses subsequentes à sua instalação, a Ancine poderá complementar a remuneração do servidor ou empregado público requisitado, até o limite da remuneração do cargo efetivo ou emprego permanente ocupado no órgão ou na entidade de origem, quando a requisição implicar em redução dessa remuneração.

▪**Art. 65.** A Ancine poderá efetuar, nos termos do art. 37, IX, da Constituição, e observado o disposto na Lei n. 8.745, de 9 de dezembro de 1993, contratação por tempo determinado, pelo prazo de doze meses, do pessoal técnico imprescindível ao exercício de suas competências institucionais.
Redação dada pela Lei n. 10.682, de 2003.

§ 1º As contratações referidas no *caput* poderão ser prorrogadas, desde que sua duração total não ultrapasse o prazo de 24 meses, ficando limitada sua vigência, em qualquer caso, a 5 de setembro de 2005.
Redação dada pela Lei n. 10.682, de 2003.

§ 2º A remuneração do pessoal contratado temporariamente terá como referência os valores definidos em ato conjunto da Agência e do órgão central do Sistema de Pessoal Civil da Administração Federal (Sipec).

§ 3º Aplica-se ao pessoal contratado temporariamente pela Agência o disposto nos arts. 5º e 6º, no parágrafo único do art. 7º, nos arts. 8º, 9º, 10, 11, 12 e 16 da Lei n. 8.745, de 9 de dezembro de 1993.

▪**Art. 66.** Fica o Poder Executivo autorizado a:
Vide Decreto n. 4.456, de 2002.

I – transferir para a Ancine os acervos técnico e patrimonial, as obrigações e os direitos da Divisão de Registro da Secretaria para Desenvolvimento do Audiovisual do Ministério da Cultura, bem como aqueles correspondentes a outras atividades atribuídas à Agência por esta Medida Provisória;

II – remanejar, transpor, transferir ou utilizar, a partir da instalação da Ancine, as dotações orçamentárias aprovadas na Lei Orçamentária de 2001, consignadas ao Ministério da Cultura, referentes às atribuições transferidas para aquela autarquia, mantida a mesma classificação orçamentária, expressa por categoria de programação em seu menor nível, observado o disposto no § 2º do art. 3º da Lei n. 9.995, de 25 de julho de 2000, assim como o respectivo detalhamento por esfera orçamentária, grupos de despesa, fontes de recursos, modalidades de aplicação e identificadores de uso.

▪**Art. 67.** No prazo máximo de um ano, contado a partir de 5 de setembro de 2001, deverá ser editado regulamento dispondo sobre a forma de transferência para a Ancine, dos processos relativos à aprovação de projetos com base nas Lei n. 8.685, de 1993, e Lei n. 8.313, de 1991, inclusive os já aprovados.

Parágrafo único. Até que os processos referidos no *caput* sejam transferidos para a Ancine, a sua análise e acompanhamento permanecerão a cargo do Ministério da Cultura.

▪**Art. 68.** Na primeira gestão da Ancine, um diretor terá mandato de dois anos, um de três anos, um de quatro anos e um de cinco anos, para implementar o sistema de mandatos não coincidentes.

▪**Art. 69.** Cabe à Advocacia-Geral da União a representação nos processos judiciais em que a Ancine seja parte ou interessada, até a implantação da sua Procuradoria-Geral.

Parágrafo único. O Ministério da Cultura, por intermédio de sua Consultoria Jurídica, promoverá, no prazo de 180 dias, contados a partir de 5 de setembro de 2001, levantamento dos processos judiciais em curso envolvendo matéria cuja competência tenha sido transferida para a Ancine, a qual o substituirá nos respectivos processos.

▪**Art. 70.** A instalação da Ancine dar-se-á em até 120 dias, a partir de 5 de setembro de

2001, e o início do exercício de suas competências, a partir da publicação de sua estrutura regimental em ato do Presidente da República.

CAPÍTULO XI
DISPOSIÇÕES GERAIS E FINAIS

Art. 71. É vedado aos empregados, aos requisitados, aos ocupantes de cargos comissionados e aos dirigentes da Ancine o exercício de outra atividade profissional, inclusive gestão operacional de empresa, ou direção político-partidária, excetuados os casos admitidos em lei.

Parágrafo único. No caso de o dirigente da Ancine ser sócio-controlador de empresa relacionada com a indústria cinematográfica e videofonográfica, fica a mesma impedida de utilizar-se de recursos públicos ou incentivos fiscais durante o período em que o dirigente estiver no exercício de suas funções.

Art. 72. Ficam criados para exercício na Ancine os cargos comissionados dispostos no Anexo II desta Medida Provisória.

Art. 73. *(Revogado pela Lei n. 11.314, de 2006.)*

Art. 74. O Poder Executivo estimulará a associação de capitais nacionais e estrangeiros, inclusive por intermédio dos mecanismos de conversão da dívida externa, para o financiamento a empresas e para projetos voltados às atividades de que trata esta Medida Provisória, na forma do regulamento.

Parágrafo único. Os depósitos em nome de credores estrangeiros à ordem do Banco Central do Brasil serão liberados pelo seu valor de face, em montante a ser fixado por aquele Banco.

Art. 75. Esta Medida Provisória será regulamentada pelo Poder Executivo.

Art. 76. Ficam convalidados os atos praticados com base na Medida Provisória n. 2.219, de 4 de setembro de 2001.

Art. 77. Ficam revogados o inciso II do art. 11 do Decreto-Lei n. 43, de 18 de novembro de 1966, o Decreto-Lei n. 1.900, de 21 de dezembro de 1981, a Lei n. 8.401, de 8 de janeiro de 1992, e a Medida Provisória n. 2.219, de 4 de setembro de 2001.

Art. 78. Esta Medida Provisória entra em vigor na data de sua publicação.

Brasília, 6 de setembro de 2001; 180° da Independência e 113° da República.

FERNANDO HENRIQUE CARDOSO
Sérgio Silva do Amaral
Francisco Weffort / Pedro Parente

ANEXO I

■**Art. 33, inciso I:**
a) MERCADO DE SALAS DE EXIBIÇÃO (exceto obra publicitária)

– Obra cinematográfica ou videofonográfica de até 15 minutos	R$ 300,00
– Obra cinematográfica ou videofonográfica de duração superior a 15 minutos e até 50 minutos	R$ 700,00
– Obra cinematográfica ou videofonográfica de duração superior a 50 minutos	R$ 3.000,00

b) MERCADO DE VÍDEO DOMÉSTICO, EM QUALQUER SUPORTE (exceto obra publicitária)

– Obra cinematográfica ou videofonográfica de até 15 minutos	R$ 300,00
– Obra cinematográfica ou videofonográfica com duração superior a 15 minutos e até 50 minutos	R$ 700,00
– Obra cinematográfica ou videofonográfica com duração superior a 50 minutos ou conjunto de obras audiovisuais de curta-metragem e/ou média-metragem gravadas num mesmo suporte com duração superior a 50 minutos	R$ 3.000,00
– Obra cinematográfica ou videofonográfica seriada (por capítulo ou episódio)	R$ 750,00

c) MERCADO DE SERVIÇOS DE RADIODIFUSÃO DE SONS E IMAGENS (exceto obra publicitária)

– Obra cinematográfica ou videofonográfica de até 15 minutos	R$ 300,00
– Obra cinematográfica ou videofonográfica de duração superior a 15 minutos e até 50 minutos	R$ 700,00
– Obra cinematográfica ou videofonográfica de duração superior a 50 minutos	R$ 3.000,00
– Obra cinematográfica ou videofonográfica seriada (por capítulo ou episódio)	R$ 750,00

d) MERCADO DE SERVIÇOS DE COMUNICAÇÃO ELETRÔNICA DE MASSA POR ASSINATURA QUANDO SE TRATAR DE PROGRAMAÇÃO NACIONAL DE QUE TRATA O INCISO XV DO ART 1º (exceto obra publicitária)
Redação dada pela Lei n. 10.454, de 2002.

– Obra cinematográfica ou videofonográfica de até 15 minutos	R$ 200,00
– Obra cinematográfica ou videofonográfica de duração superior a 15 minutos e até 50 minutos	R$ 500,00
– Obra cinematográfica ou videofonográfica de duração superior a 50 minutos	R$ 2.000,00
– Obra cinematográfica ou videofonográfica seriada (por capítulo ou episódio)	R$ 450,00

e) OUTROS MERCADOS (exceto obra publicitária)

– Obra cinematográfica ou videofonográfica de até 15 minutos	R$ 300,00
– Obra cinematográfica ou videofonográfica de duração superior a 15 minutos e até 50 minutos	R$ 700,00
– Obra cinematográfica ou videofonográfica de duração superior a 50 minutos	R$ 3.000,00
– Obra cinematográfica ou videofonográfica seriada (por capítulo ou episódio)	R$ 750,00

▪**Art. 33**, inciso II:
a) OBRA CINEMATOGRÁFICA OU VIDEOFONOGRÁFICA PUBLICITÁRIA BRASILEIRA FILMADA NO EXTERIOR PARA EXIBIÇÃO EM CADA SEGMENTO DE MERCADO
Redação dada pela Lei n. 10.454, de 2002.

– Obra cinematográfica ou videofonográfica publicitária brasileira filmada no exterior com pagamento simultâneo para todos os segmentos de mercado	R$ 28.000,00
– Obra cinematográfica ou videofonográfica publicitária brasileira filmada no exterior, para o mercado de serviços de radiodifusão de sons e imagens	R$ 20.000,00
– obra cinematográfica ou videofonográfica publicitária brasileira filmada no exterior, para o mercado de serviços de comunicação eletrônica de massa por assinatura Redação dada pela Lei n. 12.599, de 2012.	R$ 6.000,00
– Obra cinematográfica ou videofonográfica publicitária brasileira filmada no exterior, para o mercado de vídeo doméstico, em qualquer suporte	R$ 3.500,00
– Obra cinematográfica ou videofonográfica publicitária brasileira filmada no exterior, para o mercado de salas de exibição	R$ 3.500,00
– Obra cinematográfica ou videofonográfica publicitária brasileira filmada no exterior para outros segmentos de mercado	R$ 500,00

b) OBRA CINEMATOGRÁFICA OU VIDEOFONOGRÁFICA PUBLICITÁRIA ESTRANGEIRA PARA EXIBIÇÃO EM CADA SEGMENTO DE MERCADO
Acrescentado pela Lei n. 10.454, de 2002.

– Obra cinematográfica ou videofonográfica publicitária estrangeira com pagamento simultâneo para todos os segmentos de mercado	R$ 200.000,00 Redação dada pela Lei n. 12.599, de 2012.
– Obra cinematográfica ou videofonográfica publicitária estrangeira para o mercado de serviços de radiodifusão de sons e imagens	R$ 166.670,00 Redação dada pela Lei n. 12.599, de 2012.
– Obra cinematográfica ou videofonográfica publicitária estrangeira, para o mercado de serviços de comunicação eletrônica de massa por assinatura Redação dada pela Lei n. 12.500, de 2012.	R$ 23.810,00 Redação dada pela Lei n. 12.599, de 2012.
– Obra cinematográfica ou videofonográfica publicitária estrangeira para o mercado de vídeo doméstico, em qualquer suporte	R$ 14.290,00 Redação dada pela Lei n. 12.599, de 2012.
– Obra cinematográfica ou videofonográfica publicitária estrangeira para o mercado de salas de exibição	R$ 14.290,00 Redação dada pela Lei n. 12.599, de 2012.
– Obra cinematográfica ou videofonográfica publicitária estrangeira para outros segmentos de mercado	R$ 2.380,00 Redação dada pela Lei n. 12.599, de 2012.

c) OBRA CINEMATOGRÁFICA OU VIDEOFONOGRÁFICA PUBLICITÁRIA BRASILEIRA PARA EXIBIÇÃO EM CADA SEGMENTO DE MERCADO
Acrescentado pela Lei n. 10.454, de 2002.

– Obra cinematográfica ou videofonográfica publicitária brasileira com pagamento simultâneo para todos os segmentos de mercado	R$ 3.570,00 Redação dada pela Lei n. 12.599, de 2012.
– Obra cinematográfica ou videofonográfica publicitária brasileira, para o mercado de serviços de radiodifusão de sons e imagens	R$ 2.380,00 Redação dada pela Lei n. 12.599, de 2012.
– Obra cinematográfica ou videofonográfica publicitária brasileira, para o mercado de serviços de comunicação eletrônica de massa por assinatura. Redação dada pela Lei n. 12.599, de 2012.	R$ 1.190,00 Redação dada pela Lei n. 12.599, de 2012.
– Obra cinematográfica ou videofonográfica publicitária brasileira, para o mercado de vídeo doméstico, em qualquer suporte	R$ 710,00 Redação dada pela Lei n. 12.599, de 2012.

– Obra cinematográfica ou videofonográfica publicitária brasileira, para o mercado de salas de exibição	R$ 710,00 Redação dada pela Lei n. 12.599, de 2012.
– Obra cinematográfica ou videofonográfica publicitária brasileira para outros segmentos de mercado	R$ 240,00 Redação dada pela Lei n. 12.599, de 2012.

■**Art. 33**, inciso III:
Acrescentado pela Lei n. 12.485, de 2011.

a) Serviço Móvel Celular	a) Base	160,00
	b) Repetidora	160,00
	c) Móvel	3,22
b) Serviço Limitado Móvel Especializado	a) Base em área de até 300.000 habitantes	80,00
	b) Base em área acima de 300.000 até 700.000 habitantes	112,00
	c) Base acima de 700.000 habitantes	144,00
	d) Móvel	3,22
c) Serviço Especial de TV por Assinatura		289,00
d) Serviço Especial de Canal Secundário de Radiodifusão de Sons e Imagens		40,00
e) Serviço Especial de Repetição de Televisão		48,00
f) Serviço Especial de Repetição de Sinais de TV Via Satélite		48,00
g) Serviço Especial de Retransmissão de Televisão		60,00
h) Serviço Suportado por Meio de Satélite	a) Terminal de sistema de comunicação global por satélite	3,22
	b) Estação terrena de pequeno porte com capacidade de transmissão e diâmetro de antena inferior a 2,4 m, controlada por estação central	24,00
	c) Estação terrena central controladora de aplicações de redes de dados e outras	48,00
	d) Estação terrena de grande porte com capacidade de transmissão, utilizada para sinais de áudio, vídeo, dados ou telefonia e outras aplicações, com diâmetro de antena superior a 4,5m	1.608,00
	e) Estação terrena móvel com capacidade de transmissão	402,00
	f) Estação espacial geoestacionária (por satélite)	3.217,00
	g) Estação espacial não geoestacionária (por sistema)	3.217,00

i) Serviço de Distribuição Sinais Multiponto Multicanal	a) Base em área de até 300.000 habitantes	1.206,00
	b) Base em área acima de 300.000 até 700.000 habitantes	1.608,00
	c) Base acima de 700.000 habitantes	2.011,00
j) Serviço de TV a Cabo	a) Base em área de até 300.000 habitantes	1.206,00
	b) Base em área acima de 300.000 até 700.000 habitantes	1.608,00
	c) Base acima de 700.000 habitantes	2.011,00
k) Serviço de Distribuição de Sinais de TV por Meios Físicos		624,00
l) Serviço de Radiodifusão de Sons e Imagens	a) Estações instaladas nas cidades com população até 500.000 habitantes	1.464,00
	b) Estações instaladas nas cidades com população entre 500.001 e 1.000.000 de habitantes	1.728,00
	c) Estações instaladas nas cidades com população entre 1.000.001 e 2.000.000 de habitantes	2.232,00
	d) Estações instaladas nas cidades com população entre 2.000.001 e 3.000.000 de habitantes	2.700,00
	e) Estações instaladas nas cidades com população entre 3.000.001 e 4.000.000 de habitantes	3.240,00
	f) Estações instaladas nas cidades com população entre 4.000.001 e 5.000.000 de habitantes	3.726,00
	g) Estações instaladas nas cidades com população acima de 5.000.000 de habitantes	4.087,00
m) Serviço Auxiliar de Radiodifusão e Correlatos – Ligação para Transmissão de Programas, Reportagem Externa, Comunicação de Ordens, Telecomando, Telemando e outros		
m.1) Televisão		120,00
m.2) Televisão por Assinatura		120,00
n) Serviço Telefônico Fixo Comutado – STFC	a) Até 200 terminais	88,00
	b) De 201 a 500 terminais	222,00
	c) De 501 a 2.000 terminais	888,00
	d) De 2.001 a 4.000 terminais	1.769,00
	e) De 4.001 a 20.000 terminais	2.654,00
	f) Acima de 20.000 terminais	3.539,00
o) Serviço de Comunicação de Dados Comutado		3.539,00
p) Serviço de Distribuição de Sinais de Televisão e de Áudio por Assinatura via Satélite – DTH	a) Base com capacidade de cobertura nacional	2.011,00
	b) Estação terrena de grande porte com capacidade para transmissão de sinais de televisão ou de áudio, bem como de ambos	1.608,00

q) Serviço de Acesso condicionado	a) Base em área de até 300.000 habitantes	1.206,00
	b) Base em área acima de 300.000 até 700.000 habitantes	1.608,00
	c) Base acima de 700.000 habitantes	2.011,00
	d) Base com capacidade de cobertura nacional	2.011,00
	e) Estação terrena de grande porte com capacidade para transmissão de sinais de televisão ou de áudio, bem como de ambos	1.608,00
r) Serviço de Comunicação Multimídia	a) Base	160,00
	b) Repetidora	160,00
	c) Móvel	3,22
s) Serviço Móvel Pessoal	a) Base	160,00
	b) Repetidora	160,00
	c) Móvel	3,22

ANEXO II
QUADRO DE CARGOS COMISSIONADOS DA ANCINE

DIREÇÃO	E
CD-I	1
CD-II	3
GERÊNCIA EXECUTIVA	**E**
CGE-I	4
CGE-II	12
CGE-III	10
CGE-IV	6
ASSESSORIA	**E**
CA-I	8
CA-II	6
CA-III	6
ASSISTÊNCIA	**E**
CAS-I	8
CAS-II	8
TÉCNICOS	**E**
CCT-V	8
CCT-IV	12

CCT-III	10
CCT-II	12
CCT-I	12
TOTAL	**126**

LEI DE INCENTIVO À CULTURA, PROAC, DE SÃO PAULO

LEI N. 12.268, DE 20 DE FEVEREIRO DE 2006

Institui o Programa de Ação Cultural – PAC, e dá providências correlatas.

O GOVERNADOR DO ESTADO DE SÃO PAULO:

Faço saber que a Assembleia Legislativa decreta e eu promulgo a seguinte lei:

•**Artigo 1º** Fica instituído, no âmbito do Estado de São Paulo, o Programa de Ação Cultural – PAC, que será implementado pela Secretaria de Estado da Cultura.

•**Artigo 2º** São objetivos do PAC:

I – apoiar e patrocinar a renovação, o intercâmbio, a divulgação e a produção artística e cultural no Estado;

II – preservar e difundir o patrimônio cultural material e imaterial do Estado;

III – apoiar pesquisas e projetos de formação cultural, bem como a diversidade cultural;

IV – apoiar e patrocinar a preservação e a expansão dos espaços de circulação da produção cultural.

•**Artigo 3º** O PAC será constituído pelas seguintes receitas:

I – recursos específicos, fixados pela Secretaria de Estado da fazenda, e consignados no orçamento anual da Secretaria de Estado da Cultura, aqui denominados "Recursos Orçamentários";

II – recursos do Fundo Estadual de Cultura criado pela Lei n. 10.294, de 3 de dezembro de 1968;

III – recursos provenientes do Incentivo Fiscal de que trata o artigo 6º da presente Lei.

•**Artigo 4º** Os recursos do PAC serão destinados a atividades culturais independentes, de caráter privado, nos seguintes segmentos:

I – artes plásticas, visuais e *design*;

II – bibliotecas, arquivos e centros culturais;

III – cinema;

IV – circo;

V – cultura popular;

VI – dança;

VII – eventos carnavalescos e escolas de samba;

VIII – *hip-hop*;

IX – literatura;

X – museu;

XI – música;

XII – ópera;

XIII – patrimônio histórico e artístico;

XIV – pesquisa e documentação;

XV – teatro;

XVI – vídeo;

XVII – bolsas de estudo para cursos de caráter cultural ou artístico, ministrados em instituições nacionais ou internacionais sem fins lucrativos;

XVIII – programas de rádio e de televisão com finalidades cultural, social e de prestação de serviços à comunidade;

XIX – projetos especiais – primeiras obras, experimentações, pesquisas, publicações, cursos, viagens, resgate de modos tradicionais de produção, desenvolvimento de novas tecnologias para as artes e para a cultura e preservação da diversidade cultural;

XX – restauração e conservação de bens protegidos por órgão oficial de preservação;

XXI – recuperação, construção e manutenção de espaços de circulação da produção cultural no Estado.

•**Artigo 5º** Constituirão receitas do Fundo Estadual de Cultura:

I – dotação orçamentária própria;

II – doações e contribuições dos governos federal, estaduais e municipais, de autarquias e de sociedades de economia mista;

III – doações e contribuições das pessoas físicas ou jurídicas de direito privado;

IV – repasses de organismos nacionais e internacionais, baseados em convênios;

V – juros de depósitos ou operações de crédito do próprio Fundo Estadual de Cultura;

VI – *(vetado)*;

VII – quaisquer outras receitas que legalmente incorporam-se ao Fundo Estadual de Cultura.

■**Artigo 6°** O contribuinte do Imposto sobre Operações Relativas à Circulação de Mercadorias e sobre Prestações de Serviços de Transporte Interestadual e Intermunicipal e de Comunicação – ICMS poderá, nos termos e condições estabelecidos pelo Poder Executivo, destinar a projetos culturais credenciados pela Secretaria de Estado da Cultura parte do valor do ICMS a recolher, apurado nos termos do artigo 47 da Lei n. 6.374, de 1° de março de 1989.

§ 1° A concessão do incentivo fiscal previsto neste artigo deverá:

1 – observar o disposto na alínea g do inciso XII do § 2° do artigo 155 da Constituição Federal;

2 – ficar limitada a até 0,2 % (dois décimos por cento) da parte estadual da arrecadação anual do ICMS relativa ao exercício imediatamente anterior, relativamente ao montante máximo de recursos disponíveis, a ser fixado em cada exercício pela Secretaria de Estado da Fazenda, para captação aos projetos credenciados pela Secretaria de Estado da Cultura em cada exercício.

§ 2° Para fins de apuração da parte do valor do ICMS a recolher que poderá ser destinada aos projetos culturais de que trata o *caput*, serão fixados, por meio de decreto, percentuais aplicáveis ao valor do saldo devedor do ICMS apurado pelo contribuinte, devendo esses percentuais variar de 0,01% (um centésimo por cento) a 3,0 % (três por cento), de acordo com escalonamento por faixas de saldo devedor anual.

§ 3° O disposto neste artigo não se aplica a contribuinte que não esteja em situação regular perante o Fisco, no que se refere ao cumprimento das obrigações principal e acessórias, e não satisfaça os requisitos estabelecidos pelo Poder Executivo.

■**Artigo 7°** Para as propostas de conteúdo artístico – cultural, com destinação exclusivamente pública para efeitos desta lei, considera-se:

I – projeto cultural: a proposta de conteúdo artístico – cultural, com destinação exclusivamente pública, e de iniciativa da produção independente, que receberá os benefícios do PAC;

II – gestor ou promotor: pessoa física ou jurídica responsável pelo projeto ou pelo seu desenvolvimento;

III – patrocinador: pessoa jurídica, contribuinte tributário de ICMS, que apoiar financeiramente projeto cultural.

■**Artigo 8°** Poderão apresentar projetos, como pessoa física, o próprio artista ou detentor de direitos sobre o seu conteúdo e, como pessoa jurídica, empresas com sede no Estado que tenham como objetivo atividades artísticas e culturais, e instituições culturais sem fins lucrativos.

Parágrafo único. O disposto no *caput* deste artigo não se aplica a órgãos e entidades da administração pública, direta ou indireta, federal, estaduais e municipais, as quais poderão ser apenas beneficiárias de projetos referentes a atividades artísticas e culturais.

■**Artigo 9°** Fica vedada a utilização dos recursos do Incentivo Fiscal de que trata o artigo 6° para projetos em que seja beneficiária a empresa patrocinadora, bem como seus proprietários, sócios ou diretores, seus cônjuges e parentes em primeiro grau.

§ 1° A utilização de recursos na forma prevista no *caput* deste artigo sujeitará a empresa patrocinadora ao cancelamento dos benefícios desta lei, com prejuízo dos valores eventualmente já depositados.

§ 2° O disposto no *caput* deste artigo não se aplica aos projetos de conservação ou restauração de bens protegidos por órgão público.

■**Artigo 10.** Caberá ao Conselho Estadual de Cultura discutir e propor políticas públicas para o Estado na área de Cultura, bem como normas e diretrizes gerais da aplicação dos recursos da presente lei.

▪**Artigo 11.** Os recursos consignados no orçamento anual da Secretaria de Estado da Cultura, previstos no inciso I do artigo 3° desta lei – "Recursos Orçamentários", têm como finalidades o apoio à pesquisa, criação e circulação de obras e atividades artísticas e culturais por meio de:

I – projetos artísticos e culturais propostos por pessoas físicas ou jurídicas, com ou sem fins lucrativos, e que tenham residência ou sede no Estado;

II – programas públicos estabelecidos em leis municipais que, por meio de concursos públicos, destinem recursos no orçamento do município para projetos de artistas e produtores culturais locais.

Parágrafo único. Fica vedada a concessão dos recursos de que trata o *caput* deste artigo a:

1. obras, produtos, eventos ou quaisquer projetos destinados a circuitos ou coleções particulares;

2. institutos, fundações, ou associações vinculadas a organizações privadas que tenham fins lucrativos e não tenham na arte e na cultura uma de suas principais atividades;

3. qualquer órgão, despesa ou projeto da administração pública direta ou indireta, seja ela municipal, estadual ou federal.

▪**Artigo 12.** *(Vetado.)*
Parágrafo único. *(Vetado.)*

▪**Artigo 13.** Anualmente, a Secretaria de Estado da Cultura poderá utilizar até 3,5% (três e meio por cento) dos recursos do PAC para pagamento dos membros das Comissões, hospedagem, transportes, consultorias e pareceres técnicos, contratações de serviços, operação da conta bancária e exigências legais decorrentes, divulgação, conferência estadual da cultura, pré-conferências e demais despesas necessárias à administração do PAC.

▪**Artigo 14.** A participação dos projetos de produção cultural para obtenção de patrocínio com verba dos "Recursos Orçamentários" realizar-se-á por meio de editais públicos definidos pelo Conselho Estadual de Cultura.

▪**Artigo 15.** Para inscrever o projeto no PAC, o proponente terá que comprovar domicílio ou sede no Estado há pelo menos 2 (dois) anos da data da inscrição.

▪**Artigo 16.** A seleção dos projetos de produção cultural a serem beneficiados com verbas dos "Recursos Orçamentários" será feita por comissões julgadoras em cada área, designadas pelo Secretário de Estado da Cultura, composta cada uma por 5 (cinco) membros de notório saber na área de atuação definida pelo respectivo edital, na seguinte conformidade:

I – 2 (dois) membros escolhidos pelo Secretário de Estado da Cultura, que indicará entre eles o Presidente e Vice-Presidente;

II – 3 (três) membros escolhidos pelo Secretário de Estado da Cultura por meio de listas de nomes indicados por entidades artísticas do Estado.

▪**Artigo 17.** *(Vetado)*:
I – *(vetado)*;
II – *(vetado)*;
III – *(vetado)*.

▪**Artigo 18.** Deverá constar de todo material de divulgação ou indicação dos projetos beneficiados por esta lei, o seguinte texto: GOVERNO DO ESTADO DE SÃO PAULO – PROGRAMA DE AÇÃO CULTURAL DA SECRETARIA DE CULTURA, ou outra forma que a Secretaria de Estado da Cultura indicar.

▪**Artigo 19.** Os proponentes e seus responsáveis, que forem declarados inadimplentes em razão da inadequada aplicação dos recursos recebidos, ou pelo não cumprimento do contrato, não poderão celebrar qualquer outro ajuste ou receber recursos do Governo do Estado por um período de 5 (cinco) anos.

▪**Artigo 20.** Fica criada na Secretaria de Estado da Cultura a Comissão de Análise de Projetos – CAP, a ser constituída pelo Secretário de Estado da Cultura, com a finalidade de analisar e deliberar sobre os projetos culturais destinados à obtenção do incentivo fiscal previsto no inciso III, do artigo 3º desta lei.

§ 1º A CAP será composta, de forma paritária, por servidores públicos e representantes da sociedade civil.

§ 2º A Presidência da CAP será exercida por representante da Secretaria de Estado da Cultura, indicado pelo titular da Pasta.

▪**Artigo 21.** Fica criado na Secretaria de Estado da Cultura, diretamente subordinado ao Gabinete do Secretário, o Núcleo de Gerenciamento dos projetos destinados à obtenção dos benefícios do Incentivo Fiscal de que trata o artigo 6 º desta lei.

Parágrafo único. O Núcleo de Gerenciamento de que trata este artigo ser constituído por servidores da Secretaria designados para estas atividades pelo Secretário de Estado da Cultura.

▪**Artigo 22.** Fica instituída no Estado a Conferência Estadual de Arte e Cultura, que tem como objetivo organizar o debate, visando sistematizar demandas, propostas e diretrizes de políticas públicas que ampliem e consolidem o processo cultural no Estado.

Parágrafo único. A Conferência Estadual de Arte e Cultura, sob coordenação do Conselho Estadual de Cultura, será realizada a cada 2 (dois) anos, no Estado, e será precedida de pré-conferências.

▪**Artigo 23.** O Poder Executivo regulamentará esta lei no prazo de 60 (sessenta) dias, a contar de sua publicação.

▪**Artigo 24.** As despesas decorrentes da execução desta lei correrão à conta das dotações orçamentárias consignadas no orçamento vigente, suplementadas se necessário.

▪**Artigo 25.** Esta lei entra em vigor na data de sua publicação, ficando revogada a Lei n. 8.819, de 10 de junho de 1994.

Palácio dos Bandeirantes,
aos 20 de fevereiro de 2006.

GERALDO ALCKMIN
João Batista Andrade
Secretário da Cultura
Luiz Tacca Júnior
Secretário da Fazenda
Arnaldo Madeira
Secretário-Chefe da Casa Civil

Publicada na Assessoria Técnico-Legislativa, aos 20 de fevereiro de 2006.
Publicado em: *DOE* em 21.02.2006, Seção I – p. 1.

DECRETO N. 54.275, DE 27 DE ABRIL DE 2009

Regulamenta dispositivos da Lei n. 12.268, de 20 de fevereiro de 2006, que instituiu o Programa de Ação Cultural – PAC

JOSÉ SERRA, Governador do Estado de São Paulo, no uso de suas atribuições legais, Decreta:

Seção I
Disposições Preliminares

■**Artigo 1º** Este decreto regulamenta dispositivos da Lei n. 12.268, de 20 de fevereiro de 2006, que instituiu o Programa de Ação Cultural – PAC.

■**Artigo 2º** Os recursos do PAC serão destinados a atividades culturais independentes, de caráter privado, nos seguintes segmentos:

I – artes plásticas, visuais e *design*;
II – bibliotecas, arquivos e centros culturais;
III – cinema;
IV – circo;
V – cultura popular;
VI – dança;
VII – eventos carnavalescos e escolas de samba;
VIII – *hip-hop*;
IX – literatura;
X – museu;
XI – música;
XII – ópera;
XIII – patrimônio histórico e artístico;
XIV – pesquisa e documentação;
XV – teatro;
XVI – vídeo;
XVII – bolsas de estudo para cursos de caráter cultural ou artístico, ministrados em instituições nacionais ou internacionais sem fins lucrativos;
XVIII – programas de rádio e de televisão com finalidades cultural, social e de prestação de serviços à comunidade;
XIX – projetos especiais – primeiras obras, experimentações, pesquisas, publicações, cursos, viagens, resgate de modos tradicionais de produção, desenvolvimento de novas tecnologias para as artes e para a cultura e preservação da diversidade cultural;
XX – restauração e conservação de bens protegidos por órgão oficial de preservação;
XXI – recuperação, construção e manutenção de espaços de circulação da produção cultural no Estado.

■**Artigo 3º** Não serão contemplados com recursos do PAC:

I – eventos de rua pré-carnavalescos;
II – publicações de livros sobre edificações não tombadas por órgão de patrimônio histórico, autoajuda, comportamento, desenvolvimento e treinamento de pessoas, meio ambiente, estudos educacionais, recursos hídricos, sociologia, vida animal e cursos profissionalizantes;
III – exposições de artes visuais em galerias e espaços comerciais;
IV – festas beneficentes;
V – shows em rodeios e exposições agropecuárias;
VI – eventos culturais cujo título contenha somente o nome de um patrocinador;
VII – apresentações de artistas internacionais, com exceção de música instrumental ou erudita, teatro e dança;
VIII – palestras e cursos de temas não relacionados diretamente com atividades culturais;
IX – projetos de cunho religioso ou institucional, que veiculem propaganda de produtos, marcas, instituições, empresas, órgãos ou entidades da administração pública, de qualquer esfera de governo, ou países;
X – projetos de conteúdo sectário ou segregacionista atinente a raça, cor, sexo e religião.

Artigo 4º Para os fins deste decreto, considera-se:

I – proponente: o gestor do projeto, sendo indelegável sua responsabilidade pela apresentação, execução e prestação de contas;

II – responsável técnico/artístico: o próprio proponente ou terceiro por este contratado para contribuir artisticamente ou atuar como consultor do projeto;

III – atividade cultural independente: aquela que atenda cumulativamente às seguintes exigências:

a) não tenha qualquer associação ou vínculo direto ou indireto com empresas de serviços de radiodifusão de som e imagem, ou operadoras de comunicação eletrônica aberta ou por assinatura;

b) não tenha qualquer associação ou vínculo direto ou indireto com patrocinadores do projeto apresentado, ressalvada a hipótese a que alude o § 2º do artigo 9º da Lei n. 12.268, de 20 de fevereiro de 2006.

Artigo 5º O proponente deverá indicar responsável técnico/artístico para atuar no projeto, observada a faculdade prevista no inciso II do artigo 4º deste decreto.

Seção II
Do Cadastro Geral do Proponente

Artigo 6º Fica instituído, no âmbito da Secretaria da Cultura, o Cadastro Geral de Proponentes – CGP, devendo o respectivo procedimento de inclusão de dados ser disciplinado por resolução do titular da Pasta.

Seção III
Da Composição e Atribuições do Núcleo de Gerenciamento

Artigo 7º O Núcleo de Gerenciamento será formado por servidores da Pasta designados pelo Secretário da Cultura, cabendo-lhe a análise técnica e documental relativa ao cadastro de proponentes.

Parágrafo único. A análise de que trata o *caput* deste artigo circunscrever-se-á aos projetos destinados à obtenção de incentivo fiscal.

Seção IV
Da Composição e Atribuições da Comissão de Análise de Projetos – CAP

Artigo 8º A CAP será formada por membros designados pelo Secretário da Cultura, para um mandato de 2 (dois) anos, podendo haver recondução por mais um período até o limite de 50% (cinquenta por cento) destes membros, observada a paridade entre servidores públicos e representantes da sociedade civil.

Artigo 9º A presidência da CAP será exercida por representante da Secretaria da Cultura, indicado pelo titular da Pasta, para um mandato de 2 (dois) anos.

Parágrafo único. O presidente da CAP, além do voto próprio, terá o de desempate.

Artigo 10. Na análise e deliberação sobre os projetos culturais destinados à obtenção do incentivo fiscal previsto no artigo 6º da Lei n. 12.268, de 20 de fevereiro de 2006, deverá a CAP utilizar, exclusivamente, os seguintes critérios:

I – interesse público e artístico;

II – compatibilidade de custos;

III – capacidade demonstrada pelo proponente e pelo responsável técnico/artístico para a realização do projeto;

IV – atendimento à legislação relativa ao PAC.

Parágrafo único. Quando necessário, poderá a CAP:

1. solicitar ao proponente dados complementares do projeto apresentado;

2. encaminhar os projetos para análise e manifestação de órgãos setoriais e comissões técnicas da Secretaria da Cultura ou de pareceristas especializados.

Artigo 11. As atas com as decisões da CAP serão encaminhadas à Chefia de Gabinete da Pasta, que providenciará sua publicação no Diário Oficial do Estado, no prazo de 10 (dez) dias.

Parágrafo único. Das decisões da CAP caberá recurso ao Secretário da Cultura, observados os requisitos e prazos estabelecidos na Lei n. 10.177, de 30 de dezembro de 1998.

▪**Artigo 12.** A Secretaria da Cultura emitirá, relativamente aos projetos aprovados pela CAP, Certificado de Incentivo Cultural, contendo a identificação do proponente, a denominação do projeto e seu respectivo segmento cultural, a data da aprovação e o valor autorizado para captação.

▪**Artigo 13.** A CAP deverá submeter proposta de regimento interno ao Secretário da Cultura no prazo de 30 (trinta) dias contados da data de designação de seus membros.

Seção V
Do PAC – Recursos Orçamentários

▪**Artigo 14.** A participação de projetos no âmbito do PAC custeada por recursos orçamentários da Secretaria da Cultura realizar-se-á por meio de edital público, nos termos da Lei federal n. 8.666, de 21 de junho de 1993, assim como pelas demais normas legais e regulamentares pertinentes à espécie.

▪**Artigo 15.** A aprovação de projeto no âmbito do PAC – Recursos Orçamentários não impedirá a aprovação de outro projeto na modalidade de que trata a Seção VI deste decreto.

▪**Artigo 16.** Nos termos do edital a que alude o artigo 14 deste decreto, os documentos do proponente serão analisados previamente por comissão de documentação formada por servidores da Secretaria da Cultura, designados pelo titular da Pasta, cabendo a ulterior seleção dos projetos a comissões julgadoras específicas para cada segmento cultural, constituídas pela mesma autoridade mediante resolução.

▪**Artigo 17.** É obrigatória, no âmbito do PAC – Recursos Orçamentários, a apresentação de contrapartida pelo proponente, que será determinada de acordo com o segmento cultural, nas condições fixadas no respectivo edital.

▪**Artigo 18.** O proponente selecionado no âmbito do PAC – Recursos Orçamentários deverá celebrar contrato com o Estado de São Paulo, representado pela Secretaria da Cultura.

Seção VI
Do PAC – Incentivo Fiscal

▪**Artigo 19.** Os recursos financeiros obtidos por meio do incentivo fiscal de que trata o artigo 6º da Lei n. 12.268, de 20 de fevereiro de 2006, deverão ser depositados e movimentados em contas correntes bancárias vinculadas a cada um dos projetos aprovados, mantidas em instituição financeira indicada pela Secretaria da Cultura.

§ 1º Para cada projeto deverão ser abertas duas contas correntes bancárias, destinadas à captação dos recursos e à sua movimentação.

§ 2º Somente poderá transferir recursos da conta de captação para a conta de movimentação, mediante solicitação escrita à Secretaria da Cultura, o proponente que houver captado ao menos 35% do valor solicitado.

§ 3º Os recursos captados após ser alcançado o limite mínimo a que alude o parágrafo precedente serão transferidos diretamente para a conta de movimentação, mediante solicitação escrita feita à Secretaria da Cultura.

▪**Artigo 20.** Para a abertura das contas correntes bancárias de que trata o artigo anterior, bem como para receber o depósito inicial, o titular deverá receber autorização escrita da Secretaria da Cultura.

▪**Artigo 21.** O projeto destinado à obtenção de incentivo fiscal possuirá validade para captação de recursos até o encerramento do

exercício imediatamente seguinte àquele em que for aprovado.
Parágrafo único. O prazo de validade a que alude o *caput* não será prorrogado.

▪**Artigo 22.** O saldo eventualmente existente em conta corrente bancária resultante da finalização ou do cancelamento de projeto no âmbito do PAC – Incentivo Fiscal deverá ser recolhido ou transferido, por mecanismo bancário próprio, diretamente ao Fundo Estadual de Cultura, no prazo máximo de 30 (trinta) dias contados do respectivo evento.
Parágrafo único. Por solicitação escrita do proponente e obtida a prévia aprovação da empresa patrocinadora, da CAP e do Secretário da Cultura, o saldo de que trata o *caput* deste artigo poderá ser transferido para conta corrente bancária vinculada a outro projeto já aprovado.

▪**Artigo 23.** Os recursos captados no âmbito do PAC – Incentivo Fiscal são considerados como patrocínios, sendo vedado à empresa patrocinadora, bem como a seus proprietários, sócios ou diretores, seus cônjuges e parentes em primeiro grau, participação nos direitos patrimoniais ou na receita resultantes da veiculação, comercialização ou disponibilização pública do projeto cultural ou de produto dele resultante.
Parágrafo único. Fica excluída da vedação de que trata o *caput* deste artigo a cota de convites ou bens vinculados ao projeto ou por este produzidos, observados os limites a serem estabelecidos em resolução do Secretário da Cultura.

▪**Artigo 24.** Serão estabelecidos, mediante resolução do Secretário da Cultura, para cada um dos segmentos relacionados no artigo 2º deste decreto:
I – o valor máximo de captação de projetos destinados à obtenção de incentivo fiscal, observado o limite de que trata o item 2 do § 1º do artigo 6º da Lei n. 12.268, de 20 de fevereiro de 2006;

II – o percentual máximo do valor captado destinável a despesas administrativas com o respectivo projeto.

Seção VII
Da Prestação de Contas

▪**Artigo 25.** A prestação de contas de recursos recebidos ou captados no âmbito do PAC deverá ser entregue pelo proponente na Secretaria da Cultura no prazo de 30 (trinta) dias contados do encerramento da execução do projeto, conforme cronograma de atividades, ou do indeferimento da renovação do prazo de captação.
Parágrafo único. A prestação de contas deverá observar as normas estabelecidas em resolução do Secretário da Cultura e ser subscrita por profissional regularmente inscrito no Conselho Regional de Contabilidade.

▪**Artigo 26.** Decorrido o prazo de 60 (sessenta) dias contados da entrega da prestação de contas, poderá o proponente apresentar novo projeto, observada a faculdade de que trata o artigo 15 deste decreto.
§ 1º No prazo a que se refere o *caput* deste artigo, proceder-se-á na seguinte conformidade:
1. a Secretaria da Cultura terá 30 (trinta) dias para conferir a prestação de contas inicial do projeto;
2. caso seja verificada imprecisão ou necessidade de complementação da prestação de contas, o proponente será notificado para no prazo de 10 (dez) dias apresentar seus esclarecimentos, encaminhar documentos e regularizar a situação;
3. a Secretaria da Cultura deverá, no prazo subsequente de 20 (vinte) dias, apresentar o parecer final.
§ 2º A rejeição da prestação de contas impedirá a aprovação de outro projeto do mesmo proponente.

Seção VIII
Disposições Gerais

▪Artigo 27. Para o pagamento das despesas a que se refere o artigo 13 da Lei n. 12.268, de 20 de fevereiro de 2006, as contratações de hospedagem, transporte, consultorias, pareceres técnicos e demais serviços não privativos de servidores públicos da Secretaria da Cultura obedecerão ao disposto na Lei federal n. 8.666, de 21 de junho de 1993.

▪Artigo 28. Não poderá o mesmo projeto ser apresentado fragmentado ou parcelado por proponentes diferentes.

▪Artigo 29. Os proponentes e seus responsáveis, que forem declarados inadimplentes em razão da inadequada aplicação dos recursos recebidos, ou pelo não cumprimento do contrato, não poderão celebrar qualquer outro ajuste ou receber recursos do Governo do Estado por um período de 5 (cinco) anos.

▪Artigo 30. A Secretaria da Cultura poderá solicitar a contratação, pelo proponente e a expensas deste, de auditoria independente para análise do desenvolvimento de projeto ou após sua finalização.

▪Artigo 31. De proposta formulada por sociedade cooperativa, constituída nos termos da Lei federal n. 5.764, de 16 de dezembro de 1971, deverá constar o nome e qualificação do cooperado representado pela entidade.

▪Artigo 32. As organizações sociais somente poderão pleitear recursos do PAC se o projeto proposto não estiver contemplado em contrato de gestão celebrado com a Secretaria da Cultura.

▪Artigo 33. A aprovação de projetos pelas comissões deverá observar o princípio da não concentração por segmento e por proponente, a ser aferido pelo montante de recursos, pela quantidade de projetos e pela respectiva capacidade executiva.

▪Artigo 34. O Secretário da Cultura editará normas complementares visando ao cumprimento deste decreto.

▪Artigo 35. Este decreto entra em vigor na data de sua publicação, ficando revogado o Decreto n. 50.857, de 6 de junho de 2006.

Palácio dos Bandeirantes, 27 de abril de 2009

JOSÉ SERRA
João Sayad
Secretário da Cultura
Aloysio Nunes Ferreira Filho
Secretário-Chefe da Casa Civil

Publicado na Casa Civil, aos 27 de abril de 2009.
Publicado em: *DOE* em 28.04.2009, Seção I – p. 3.

LEI FAZCULTURA, DA BAHIA

LEI N. 7.015, DE 9 DE DEZEMBRO DE 1996

Dispõe sobre a concessão de incentivo fiscal para financiamento de projetos culturais e dá outras providências

O GOVERNADOR DO ESTADO DA BAHIA, faço saber que a Assembleia Legislativa decreta e eu sanciono a seguinte Lei:

▪Art. 1º Fica concedido abatimento do Imposto sobre Operações relativas à Circulação de Mercadorias e sobre Prestações de Serviços de Transporte Interestadual e Intermunicipal e de Comunicação (ICMS), à Empresa com estabelecimento situado no Estado da Bahia que apoiar financeiramente projetos culturais aprovados pela Secretaria de Cultura, na forma e nos limites estabelecidos por esta Lei.

§ 1º A dedução de que trata o *caput* deste artigo será efetivada a cada período ou períodos sucessivos, não podendo exceder os seguintes limites:

I – 10% (dez por cento) do valor do ICMS a recolher no período de apuração, até atingir o valor total dos recursos dedutíveis, para empresa cuja receita bruta auferida no ano imediatamente anterior tenha sido de até R$9.600.000,00 (nove milhões e seiscentos mil reais);

II – 7,5% (sete e meio por cento) do valor do ICMS a recolher no período de apuração, até atingir o valor total dos recursos dedutíveis, para empresa cuja receita bruta auferida no ano imediatamente anterior tenha se situado entre R$9.600.000,00 (nove milhões e seiscentos mil reais) e R$19.200.000,00 (dezenove milhões e duzentos mil reais); e

III – 5% (cinco por cento) do valor do ICMS a recolher no período de apuração, até atingir o valor total dos recursos dedutíveis, para empresa cuja receita bruta auferida no ano imediatamente anterior tenha sido superior a R$19.200.000,00 (dezenove milhões e duzentos mil reais).

§ 2º O incentivo de que trata o *caput* deste artigo não pode exceder a 80% (oitenta por cento) do valor total do projeto a ser incentivado.

§ 3º Para utilizar-se dos benefícios desta Lei a empresa patrocinadora deverá contribuir, com recursos próprios, em parcela equivalente a, no mínimo, 20% (vinte por cento) do valor total da sua participação no projeto.

§ 4º O abatimento da parcela do imposto a recolher terá início após o pagamento, pela empresa incentivada, dos recursos empregados no projeto cultural.

§ 5º A soma dos recursos do ICMS disponibilizados pelo Estado para efeito do *caput* deste artigo não poderá exceder, relativamente ao montante da receita líquida anual do imposto, o percentual de 0,3% (três décimos por cento).

§ 6º Atingido o limite previsto no parágrafo anterior, o projeto cultural aprovado deverá aguardar o exercício fiscal seguinte para receber o incentivo.

▪Art. 2º Os benefícios desta Lei visam alcançar os seguintes objetivos:

I – promover o incentivo à pesquisa, ao estudo, à edição de obras e à produção das atividades artístico-culturais nas seguintes áreas:

a) artes cênicas, plásticas e gráficas;
b) cinema e vídeo;
c) fotografia;
d) literatura;
e) música;
f) artesanato, folclore e tradições populares;
g) museus;
h) bibliotecas e arquivos.

II – promover a aquisição, manutenção, conservação, restauração, produção e construção de bens móveis e imóveis de relevante interesse artístico, histórico e cultural;

III – Promover campanhas de conscientização, difusão, preservação e utilização de bens culturais;

IV – Instituir prêmios em diversas categorias.

Art. 3º O pedido de concessão do incentivo fiscal será apresentado à Secretaria da Fazenda pela empresa financiadora do projeto.

§ 1º O pedido somente poderá ser deferido se o contribuinte estiver em situação regular perante o Fisco Estadual.

§ 2º Fica vedada a utilização do incentivo fiscal para atender a financiamento de projetos dos quais sejam beneficiários a própria empresa incentivada, suas coligadas ou controladas, sócios ou titulares.

Art. 4º A empresa que se utilizar indevidamente dos benefícios desta Lei mediante fraude ou dolo estará sujeita a multa correspondente a duas vezes o valor do abatimento que tenha efetuado, independente de outras penalidades previstas em lei.

Art. 5º O evento decorrente do projeto cultural incentivado na forma desta Lei deverá ser realizado no território deste Estado.

Art. 6º Os projetos incentivados deverão utilizar, total ou parcialmente, recursos humanos e materiais, técnicos e naturais disponíveis no Estado da Bahia.

Art. 7º Na divulgação dos projetos beneficiados nos termos desta Lei deverá constar obrigatoriamente o apoio institucional do Governo do Estado da Bahia.

Art. 8º O Poder Executivo regulamentará esta Lei no prazo de 60 (sessenta) dias, contados a partir da data de sua publicação.

Art. 9º Esta Lei entrará em vigor na data de sua publicação, revogadas as disposições em contrário.

Palácio do Governo do Estado da Bahia, em 09 de dezembro de 1996.

PAULO SOUTO
Governador
Rodolpho Tourinho Neto
Secretário da Fazenda
Paulo Renato Dantas Gaudenzi
Secretário da Cultura e Turismo

**DECRETO N. 12.901,
DE 13 DE MAIO DE 2011**

Publicado *DOE* em 14 e 15.05.2011.

Aprova o Regulamento do Programa Estadual de Incentivo ao Patrocínio Cultural – Fazcultura.

O VICE-GOVERNADOR, NO EXERCÍCIO DO CARGO DE GOVERNADOR DO ESTADO DA BAHIA, no uso de suas atribuições, e tendo em vista o disposto na Lei n. 7.015, de 09 de dezembro de 1996, alterada pela Lei n. 11.899, de 30 de março de 2010, que trata da concessão de incentivo fiscal para financiamento de projetos culturais,
DECRETA
▪**Art. 1º** Fica aprovado o Regulamento do Programa Estadual de Incentivo ao Patrocínio Cultural – Fazcultura, que com este se publica.
▪**Art. 2º** Este Decreto entra em vigor na data de sua publicação.
▪**Art. 3º** Fica revogado o Decreto n. 10.361, de 23 de maio de 2007.

PALÁCIO DO GOVERNO DO ESTADO DA BAHIA, em 13 de maio de 2011.

OTTO ALENCAR
Governador, em exercício
Carlos Mello Antonio
Albino Canelas Rubim
Secretário da Casa Civil, em exercício
Secretário de Cultura
Carlos Martins Marques de Santana
Secretário da Fazenda

REGULAMENTO DO PROGRAMA ESTADUAL DE INCENTIVO AO PATROCÍNIO CULTURAL – FAZCULTURA

CAPÍTULO I
DISPOSIÇÕES PRELIMINARES

▪ **Art. 1º** O incentivo fiscal concedido através da Lei n. 7.015, de 09 de dezembro de 1996, obedecerá aos preceitos da Lei, bem como aos do presente Regulamento.

▪ **Art. 2º** Para efeito deste Regulamento considera-se:

I – Fazcultura: Programa de Incentivo ao Patrocínio Cultural do Estado da Bahia, que tem por finalidade promover a pesquisa, o estudo, a edição de obras e a produção das atividades artístico-culturais, aquisição, manutenção, conservação, restauração, produção e construção de bens móveis e imóveis de relevante interesse artístico, histórico e cultural, campanhas de conscientização, difusão, preservação e utilização de bens culturais e instituição de prêmios em diversas categorias;

II – Comissão Gerenciadora: Comissão Gerenciadora das atividades do Fazcultura;

III – Secretaria Executiva: Secretaria Executiva da Comissão Gerenciadora do Fazcultura exercida por uma unidade da Secretaria de Cultura;

IV – projeto cultural: descrição detalhada, em roteiro específico, da ação cultural planejada, incluindo resultados esperados, cronograma e orçamento;

V – proponente: pessoa física ou jurídica, domiciliada no Estado da Bahia, diretamente responsável pelo projeto cultural a ser beneficiado pelo programa;

VI – patrocinador: estabelecimento inscrito no Cadastro de Contribuintes do Imposto sobre Operações relativas à Circulação de Mercadorias e sobre Prestações de Serviços de Transporte Interestadual e Intermunicipal e de Comunicação do Estado da Bahia CAD/ICMS, que venha a patrocinar projetos culturais aprovados pela Secretaria de Cultura;

VII – patrocínio: transferência, em caráter definitivo e livre de ônus, feito pelo patrocinador ao proponente, de recursos financeiros, para a realização do projeto cultural;

VIII – inadimplente: proponente que não apresentar prestação de contas nos prazos estabelecidos ou não cumprir as diligências suscitadas ou tiver a prestação de contas rejeitada;

IX – Ficha de Habilitação de Patrocinador: formulário preenchido pelo patrocinador, com vistas à sua habilitação perante a Secretaria da Fazenda – Sefaz;

X – Termo de Compromisso de Patrocínio: formulário preenchido e assinado pelo proponente e patrocinador, através do qual o primeiro se compromete a realizar o projeto incentivado, na forma e condições aprovadas, e o segundo se compromete a destinar os recursos nos valores e prazos estabelecidos na Ficha de Habilitação de Patrocinador, para a realização do projeto, mediante depósito em conta corrente específica, em nome do proponente, circunscrita a cada projeto;

XI – título de incentivo: título nominal, intransferível, numerado e emitido sequencialmente pela Secult, através da Secretaria Executiva da Comissão Gerenciadora do Fazcultura, que especifica as importâncias que o patrocinador poderá utilizar para abater do valor a recolher do ICMS;

XII – manual de identidade visual: manual para orientar e padronizar o uso da comunicação visual das logomarcas do Programa Estadual de Incentivo ao Patrocínio Cultural Fazcultura e do Governo do Estado da Bahia;

XIII – recursos transferidos: total dos recursos repassados ao proponente pelo patrocinador;

XIV – recursos próprios: parcela dos recursos repassados ao proponente pelo patrocinador, correspondente a, no mínimo, 20% (vinte por cento) dos recursos transferidos;

XV – abatimento: valor variável conforme o § 1º do art. 1º da Lei n. 7.015/96, nas faixas de 5%, 7,5% ou 10% do imposto devido em cada período que será descontado do total a recolher num período único ou em períodos sucessivos até atingir o limite máximo de 80% (oitenta por cento) do valor do projeto;

XVI – análise técnica: análise da viabilidade técnico-financeira do projeto, realizada por peritos da administração indireta da Secult, por comissões designadas especializadas, especialistas de notório saber de outros órgãos e entidades da Administração Estadual, ou por pareceristas externos selecionados pela Secult ou indicados pela Comissão Gerenciadora;

XVII – efetividade: capacidade de alcançar resultados pretendidos;

XVIII – artes cênicas: compreendem teatro, dança, circo, ópera, e congêneres;

XIX – artes plásticas e gráficas: compreendem desenho, escultura, colagem, pintura, instalação, gravura em suas diferentes técnicas, de arte em série, como litogravura, serigrafia, xilogravura, gravura em metal e congêneres, com a criação ou reprodução mediante o uso de meios holográficos, eletrônicos, mecânicos, digitais ou artesanais de realização, sobre diversos suportes, inclusive espaços urbanos;

XX – cinema e vídeo: compreendem obras cinematográficas, videográficas e digitais;

XXI – fotografia: compreende captação e fixação de imagens através de câmeras e de outros acessórios de produção;

XXII – literatura: compreende textos em prosa ou verso nos gêneros conto, romance, poesia e ensaio literário;

XXIII – música: compreende a combinação de sons produzindo efeitos melódicos, harmônicos e rítmicos, em diferentes modalidades e gêneros;

XXIV – artesanato: compreende a produção decorrente do trabalho manual, tradicional ou contemporâneo, elaborada com ou sem ajuda de ferramentas, que visa produzir peças utilitárias, artísticas ou recreativas, com ou sem fins comerciais;

XXV – folclore e tradições populares: compreendem festas populares e outras manifestações típicas, materiais e simbólicas, transmitidas de geração a geração, traduzindo conhecimentos, provérbios, cantorias, folguedos e congêneres, excluindo-se o carnaval e as micaretas;

XXVI – museu: instituição de memória, preservação e divulgação de bens representativos da história, das artes, da cultura, cuidando também do seu estudo, conservação e valorização;

XXVII – biblioteca: instituição de promoção de leitura e difusão do conhecimento, congregando um acervo de livros, periódicos (jornais, revistas, boletins informativos) e congêneres, em diversos meios, organizados e destinados ao estudo, à pesquisa e à consulta;

XXVIII – arquivo: instituição de preservação da memória destinada ao estudo, à pesquisa e à consulta.

Parágrafo único. Equiparam-se a projetos culturais os Planos Anuais e Plurianuais de Atividades de grupos e entidades culturais, sem fins lucrativos e de utilidade pública estadual, com serviços relevantes prestados à cultura baiana, assim reconhecidos pelo Conselho Estadual de Cultura.

CAPÍTULO II
DOS PROJETOS CULTURAIS

Seção I
Das condições para
apresentação do projeto

▪**Art. 3º** Somente poderão ser objeto de incentivo financeiro, através do benefício fiscal previsto na Lei n. 7.015/96, os projetos culturais aprovados pela Comissão Gerenciadora e que visem alcançar:

I – o estudo, a pesquisa, a edição de obras e a produção das atividades artísticoculturais nas seguintes áreas:
 a) artes cênicas;
 b) artes plásticas e gráficas;
 c) cinema e vídeo;
 d) fotografia;
 e) literatura;
 f) música;
 g) artesanato, folclore e tradições populares;
 h) museus;
 i) bibliotecas e arquivos;

II – a aquisição, manutenção, conservação, restauração, produção e construção de bens móveis e imóveis de relevante interesse artístico, histórico e cultural;

III – a promoção de campanhas de conscientização, difusão, preservação e utilização de bens culturais;

IV – a instituição de prêmios em diversas categorias, nas áreas indicadas no inciso I deste artigo.

§ 1º As atividades artístico-culturais de que trata este artigo se definirão com base nos conceitos firmados nos incisos XVIII a XXVIII do art. 2º deste Regulamento.

§ 2º Os projetos relativos a festejos juninos, carnaval e *réveillon* obedecerão a este Regulamento e a critérios específicos definidos por Resolução da Comissão Gerenciadora.

§ 3º O lançamento de evento decorrente do projeto incentivado deverá ser, obrigatoriamente, no território do Estado da Bahia.

Seção II
Do processo e sua tramitação

Subseção I
Da inscrição do projeto

Art. 4º O proponente, pessoa física ou jurídica, deverá preencher o formulário de inscrição, incluindo orçamento físico-financeiro, em uma via impressa e uma via eletrônica, e apresentá-lo na Secretaria Executiva, acompanhado da seguinte documentação:

I – para todos os proponentes:
 a) currículo;
 b) documentação específica básica de acordo com área de atuação do projeto, a ser estabelecida em Resolução da Comissão Gerenciadora;

II – se pessoa jurídica de direito privado:
 a) cópia do Cadastro Nacional de Pessoa Jurídica – CNPJ;
 b) cópia de Contrato Social ou Estatuto, devidamente registrado na Junta Comercial do Estado da Bahia – Juceb ou nos Cartórios de Registro de Pessoas Jurídicas, e demais alterações, incluindo ata de designação do(s) representante(s) legal(is);
 c) cópia do registro comercial para empresas individuais;
 d) cópia do documento de identificação do responsável pela pessoa jurídica e do seu Cadastro de Pessoa Física – CPF;

III – se pessoa jurídica de direito público:
 a) cópia do Cadastro Nacional de Pessoa Jurídica – CNPJ;
 b) cópia do diploma de Prefeito ou do Decreto de nomeação;
 c) cópia do documento de identificação do responsável pela pessoa jurídica e do seu Cadastro de Pessoa Física – CPF;

IV – se pessoa física:
 a) cópia do documento de identificação;
 b) cópia do Cadastro de Pessoa Física – CPF.

§ 1º O proponente poderá ser representado por procurador, devidamente constituído mediante instrumento público.

§ 2º Havendo representação por procurador, deverão ser anexadas ao processo fotocópias autenticadas do seu documento de identificação e do Cadastro de Pessoa Física, além da documentação exigida do proponente.

§ 3º O prazo de inscrição será estipulado em Resolução específica da Comissão Gerenciadora do Fazcultura.

Subseção II
Da tramitação do processo

▪**Art. 5º** A Secretaria Executiva receberá o Projeto Cultural e adotará as seguintes providências:

I – analisar o aspecto formal de preenchimento do Projeto Cultural;

II – analisar a legitimidade do proponente e a regularidade dos documentos e anexos;

III – encaminhar o processo para análise da viabilidade técnico-financeira do projeto, realizada nos termos do art. 2º, XVI, e emissão de parecer técnico, em até 30 (trinta) dias, com base na definição das áreas relacionadas no inciso I do art. 3º.

§ 1º O prazo de instrução a que se refere o inciso III deste artigo poderá ser estendido por mais 30 (trinta) dias no caso de solicitação de parecer externo nos termos do inciso XVI do art. 2º deste Regulamento.

§ 2º A Secretaria de Cultura poderá criar cadastro de pareceristas para análise técnica dos projetos pelo Fazcultura, através de regulamento próprio.

▪**Art. 6º** Finalizada a análise da viabilidade técnico-financeira, o processo deverá ser encaminhado, pela Secretaria Executiva, à Comissão Gerenciadora do Fazcultura para apreciação.

▪**Art. 7º** Após a deliberação da Comissão Gerenciadora, a Secretaria Executiva deverá:

I – se apontada a necessidade de diligência, a ser cumprida no prazo máximo de 30 (trinta) dias:

a) comunicar ao proponente as complementações e os ajustes a serem efetuados;

b) devolver o processo à Comissão Gerenciadora, cumprida a diligência pelo proponente, para análise e decisão final;

II – se acolhido o projeto:

a) proceder análise quanto à adequação do projeto à legislação vigente, devolvendo-o à Comissão Gerenciadora caso seja identificada qualquer irregularidade;

b) solicitar prova de regularidade do proponente para com as Fazendas Públicas Federal, Estadual e Municipal, com a Seguridade Social – INSS, e o Fundo de Garantia por Tempo de Serviço – FGTS, no caso de pessoa jurídica;

c) solicitar prova de regularidade do proponente para com as Fazendas Públicas Federal e Estadual, no caso de pessoa física;

d) comunicar ao proponente a decisão da Comissão Gerenciadora;

e) providenciar a publicação do resumo da Resolução no Diário Oficial do Estado;

III – se não acolhido o projeto, proceder na forma das alíneas *d* e *e* do inciso anterior.

§ 1º O proponente que tenha projeto incentivado concluído, só terá a aprovação de um novo projeto publicada em Diário Oficial do Estado da Bahia – DOE, mediante a apresentação da prestação de contas total do projeto finalizado, na forma do Capítulo V deste Regulamento.

§ 2º No caso do não cumprimento pelo proponente das diligências solicitadas, no prazo estabelecido pelo inciso I deste artigo, o processo será automaticamente arquivado.

▪**Art. 8º** Acolhido o projeto, o proponente, de posse da cópia da publicação do resumo da Resolução no Diário Oficial do Estado, deverá adotar o seguinte procedimento:

I – apresentar à Secretaria Executiva, uma vez identificado patrocinador interessado, a Ficha de Habilitação de Patrocinador, em documento original, preenchida pelo patrocinador, antes do término do projeto;

II – providenciar a apresentação de conta corrente específica e exclusiva, para movimentação dos recursos recebidos, caso apontada regularidade fiscal e capacidade de financiamento do patrocinador, mediante autorização formal da Secretaria Executiva;

III – preencher o Termo de Compromisso de Patrocínio, assinando-o juntamente com o patrocinador, reconhecendo a firma de ambos, e entregando-o na Secretaria Executiva, para os fins referidos no § 2° do art. 10.

§ 1° O recebimento da Ficha de Habilitação de Patrocinador, pela Secretaria Executiva da Comissão Gerenciadora do Fazcultura fica condicionado à aprovação da prestação de contas total de projetos concluídos na forma do § 1° do art. 7°, ou à declaração provisória da Superintendência de Promoção Cultural, através da Diretoria de Controles, quanto à inexistência de irregularidades na formalização da prestação de contas final e de quaisquer outras pendências impeditivas.

§ 2° A declaração provisória de que trata o parágrafo anterior só poderá ser emitida se houver apenas uma prestação de contas pendente.

§ 3° Não será aceita a movimentação dos recursos em qualquer outra conta.

§ 4° Só serão reconhecidos como recursos transferidos pelo patrocinador, os depósitos com identificação, efetivamente creditados em conta corrente do proponente aberta especificamente para o projeto, não sendo reconhecida qualquer outra forma de repasse dos para os efeitos previstos no inciso II do § 2° do art. 10 deste Regulamento.

§ 5° A não observância do disposto no parágrafo anterior submeterá o proponente às ações previstas nos arts. 38, 45 e 46 deste Regulamento.

■Art. 9° A Comissão Gerenciadora poderá estabelecer documentação específica relativa ao projeto para entrega na fase de aprovação da Ficha de Habilitação de Patrocinador.

■Art. 10. Entregue a Ficha de Habilitação de Patrocinador pelo proponente, a Secretaria Executiva deverá encaminhá-la ao representante da Sefaz na Comissão Gerenciadora, para o fim previsto no art. 20.

§ 1° Ao retornar a Ficha de Habilitação de Patrocinador, deverá a Secult:

I – se apontado qualquer impedimento da participação do patrocinador no programa de incentivo, comunicar ao proponente para que este providencie a sua substituição, se desejar;

II – se apontada regularidade fiscal e capacidade de financiamento do patrocinador, nos termos da alínea c do inciso I do art. 20, comunicar ao proponente para que este providencie o preenchimento do Termo de Compromisso de Patrocínio e o entregue na Secretaria Executiva, devidamente assinado e com firmas reconhecidas, acompanhado de comprovante de abertura de conta corrente específica.

§ 2° Após recebimento do Termo de Compromisso de Patrocínio, a Secult deverá:

I – conferir a autenticidade do documento comprobatório da transferência com identificação do patrocinador para a conta bancária em nome do proponente e circunscrita ao projeto, realizado em data posterior à aprovação da Ficha de Habilitação de Patrocinador;

II – após comprovante de patrocínio, emitir o Título de Incentivo para assinatura do Presidente da Comissão;

III – entregar, sob protocolo, o Título de Incentivo, ao patrocinador ou a representante legalmente constituído;

IV – encaminhar cópia do Título de Incentivo para o representante da Sefaz, a fim de que esta possa controlar a distribuição por área da renúncia fiscal.

§ 3° Serão emitidos tantos Títulos de Incentivo quanto forem os Patrocinadores e/ou as parcelas de recursos transferidos, sempre após comprovação de depósito, com identificação do patrocinador, em conta bancária a favor do proponente e circunscrita ao projeto.

§ 4° A Comissão Gerenciadora do Fazcultura poderá solicitar à Sefaz o cancelamento do benefício concedido ao Patrocinador que não efetuar depósito(s) na conta corrente específica do projeto, no prazo máximo de 03 (três) meses, a contar da data em que foi comunicada a sua habilitação.

§ 5° A Comissão Gerenciadora também poderá demandar o cancelamento do benefício quando o Patrocinador descumprir o patrocínio previsto no Termo de Compromisso de Patrocínio.

■**Art. 11.** O patrocinador, de posse do Título de Incentivo, deverá proceder na forma do disposto na Seção III do Capítulo IV.

■**Art. 12.** Da decisão da Comissão Gerenciadora que não acolher o projeto caberá um único pedido de reconsideração, no prazo de 15 (quinze) dias, a contar da data de recebimento da notificação.

§ 1º O pedido de reconsideração de que trata o *caput* deste artigo será distribuído, pelo Presidente da Comissão Gerenciadora, a um relator diverso do que proferiu o parecer da decisão recorrida, para apreciação e novo parecer, no prazo de 15 (quinze) dias.

§ 2º Os pareceres dos relatores aos pedidos de reconsideração, encaminhados na forma deste artigo, serão votados, normalmente, ao final da pauta do dia.

■**Art. 13.** O Projeto Cultural terá validade de 02 (dois) anos, contados da publicação da sua aprovação no Diário Oficial do Estado.

§ 1º A validade do Projeto poderá ser prorrogada, a critério da Comissão Gerenciadora, por até 01 (um) ano, vinculado ao pedido do proponente.

§ 2º O pedido deverá ser protocolado até 20 (vinte) dias antes do término da validade do Projeto.

■**Art. 14.** Os projetos diligenciados sem resposta, bem como os projetos não aprovados e cancelados, ficarão à disposição do proponente até o prazo de 180 (cento e oitenta) dias após a publicação no Diário Oficial do Estado da Resolução da Comissão Gerenciadora, sendo destruídos após este período.

CAPÍTULO III
DA COMPOSIÇÃO DO FAZCULTURA

Seção I
Dos Órgãos Auxiliares

■**Art. 15.** As Unidades da Secretaria de Cultura prestarão consultoria técnico-financeira ao Fazcultura na análise de processos.

■**Art. 16.** O Procurador do Estado designado para atuar junto à Secult ou o Procurador do Estado lotado na Procuradoria Administrativa poderá examinar aspectos jurídicos dos processos em trâmite antes da concessão do Título de Incentivo.

Seção II
Da Comissão Gerenciadora

■**Art. 17.** A Comissão Gerenciadora do Fazcultura, nomeada pelo Governador do Estado, reger-se-á por Regimento próprio, aprovado por maioria simples no plenário e referendado por ato específico do Secretário de Cultura.

■**Art. 18.** A Comissão Gerenciadora, composta por 15 (quinze) membros e mesmo número de suplentes, com mandato de 02 (dois) anos, prorrogáveis por igual período, será presidida pelo Secretário de Cultura.

§ 1º A Comissão Gerenciadora será composta pelo Presidente, por 01 (um) representante da Suprocult, por 01 (um) representante da Sefaz, por 04 (quatro) representantes das entidades vinculadas à Secult e por 08 (oito) representantes da sociedade civil.

§ 2º A Comissão Gerenciadora será assessorada pela Secretaria Executiva.

§ 3º O Presidente da Comissão Gerenciadora poderá decidir em situações especiais *ad referendum*, na forma do Regimento desta.

■**Art. 19.** À Comissão Gerenciadora compete:

I – definir e aprovar normas de funcionamento do Fazcultura;

II – definir a distribuição por área de atuação e linguagens artísticas;

III – analisar e deliberar sobre projetos inscritos no Fazcultura;

IV – deliberar sobre o remanejamento de verba e prazos, quando for o caso;

V – atestar, após a conclusão do projeto incentivado, que o objeto foi executado com efetividade e conforme a concepção original;

VI – deliberar sobre penalidades, de acordo com os arts. 45 e 46.

Seção III
Do representante da Sefaz na Comissão

▪**Art. 20.** Ao representante da Sefaz na Comissão Gerenciadora caberá verificar a situação fiscal do potencial patrocinador, devendo:

I – se o patrocinador estiver em situação regular:

a) verificar a existência de saldo para a concessão de incentivo fiscal, respeitado o limite fixado, em Decreto, pelo Governador do Estado;

b) verificar se a condição de contribuinte do patrocinador atende ao exigido pelo inciso VI do art. 2º deste Regulamento;

c) verificar a capacidade de financiamento do patrocinador, com base em sua arrecadação nos 02 (dois) últimos anos e no tempo previsto para a utilização do benefício fiscal;

d) emitir parecer formal indicando a existência de saldo capaz de suportar a utilização do benefício, a regularidade fiscal do potencial patrocinador e o limite de abatimento previsto no art. 23 deste Regulamento;

e) submeter o parecer ao Secretário da Fazenda para decisão sobre a habilitação do potencial patrocinador;

f) abater do saldo existente o valor do incentivo destinado ao projeto aprovado pela Comissão;

g) encaminhar o parecer com a respectiva documentação à Secretaria Executiva, para os fins previstos no inciso II do § 1º do art. 10;

II – se o patrocinador estiver em situação irregular:

a) emitir parecer formal indicando a existência de impedimento da participação do potencial patrocinador;

b) submeter o parecer à decisão do Secretário da Fazenda;

c) encaminhar o parecer com a respectiva documentação à Secretaria Executiva, para os fins previstos no inciso I do § 1º do art. 10.

Parágrafo único. Na hipótese prevista na alínea *c* do inciso I deste artigo, presumindo-se a incapacidade de financiamento, com base no histórico da arrecadação do ICMS, o parecer indicará o impedimento, facultando-se ao patrocinador recorrer perante a Secretaria da Fazenda para comprovar sua capacidade, no prazo de 15 (quinze) dias, a contar da comunicação da decisão denegatória.

Seção IV
Da Secretaria Executiva

▪**Art. 21.** À Secretaria Executiva compete:

I – dar apoio operacional às atividades da Comissão Gerenciadora do Fazcultura;

II – proceder à correta distribuição dos processos às instâncias previstas neste Regulamento;

III – controlar o cumprimento dos prazos determinados neste Regulamento;

IV – encaminhar as deliberações da Comissão Gerenciadora;

V – zelar pela correta aplicação da legislação vigente pelas Comissões Técnicas e pela Comissão Gerenciadora;

VI – manter controle de informações sobre os projetos culturais;

VII – elaborar relatório das atividades desenvolvidas.

CAPÍTULO IV
DO INCENTIVO FISCAL

Seção I
Da habilitação

▪**Art. 22.** A habilitação para efetuar o abatimento previsto na Seção II deste Capítulo se efetivará mediante autorização do Secretário da Fazenda, observado o trâmite descrito no art. 20.

Seção II
Do abatimento

Art. 23. Ao patrocinador que apoiar financeiramente projetos aprovados pela Comissão Gerenciadora será concedido abatimento sobre o valor do ICMS a recolher, a cada período ou períodos sucessivos, não podendo exceder os seguintes limites:

I – 10% (dez por cento) do valor do ICMS a recolher no período de apuração, até atingir o valor total dos recursos dedutíveis, para empresa cuja receita bruta auferida no ano imediatamente anterior tenha sido de até R$9.600.000,00 (nove milhões e seiscentos mil reais);

II – 7,5% (sete e meio por cento) do valor do ICMS a recolher no período de apuração, até atingir o valor total dos recursos dedutíveis, para empresa cuja receita bruta auferida no ano imediatamente anterior tenha se situado entre R$9.600.000,00 (nove milhões e seiscentos mil reais) e R$19.200.000,00 (dezenove milhões e duzentos mil reais);

III – 5% (cinco por cento) do valor do ICMS a recolher no período de apuração, até atingir o valor total dos recursos dedutíveis, para empresa cuja receita bruta auferida no ano imediatamente anterior tenha sido superior a R$19.200.000,00 (dezenove milhões e duzentos mil reais).

§ 1º O abatimento de que trata o *caput* deste artigo limitar-se-á a 80% (oitenta por cento) do valor dos recursos transferidos.

§ 2º Para fazer jus ao abatimento, o patrocinador deverá participar com recursos próprios equivalentes a, no mínimo, 20% (vinte por cento) do valor dos recursos transferidos.

§ 3º Em se tratando de projeto cultural que tenha o nome do patrocinador, o valor do abatimento concedido à empresa patrocinadora será correspondente a 40% (quarenta por cento) do valor dos recursos transferidos, devendo contribuir com recursos próprios, no valor correspondente a 60% (sessenta por cento).

§ 4º Em caso de não realização do projeto, o abatimento deverá ser cancelado, ficando o patrocinador sujeito ao pagamento do crédito tributário dispensado, acrescido dos encargos legais, apurado através da lavratura de auto de infração.

§ 5º A expressão "valor do ICMS a recolher" poderá corresponder, cumulativamente, às seguintes situações:

I – imposto apurado pelo regime normal;

II – imposto devido pela importação de mercadorias ou bens, no desembaraço aduaneiro, mesmo que este ocorra em portos ou aeroportos situados fora do Estado da Bahia;

III – imposto devido por antecipação tributária quando a responsabilidade for do adquirente da mercadoria.

Art. 24. Ocorrendo a transferência dos recursos em mais de uma parcela, o Patrocinador só poderá efetuar o abatimento na mesma proporção do repasse, sem prejuízo das exigências do artigo anterior.

Art. 25. O abatimento somente poderá ser utilizado a partir do mês imediatamente subsequente ao que tenha ocorrido a transferência dos recursos ao proponente.

Seção III
Da escrituração do abatimento

Art. 26. Na escrituração do valor do abatimento utilizado no período de apuração do imposto será consignada a expressão "Lei 7015/96 – Título de Incentivo n._____, valor abatido R$_____" obedecendo ao seguinte:

I – se a apuração do imposto ocorrer pelo regime normal: no Livro Registro de Apuração do ICMS, no quadro relativo à apuração dos saldos, linha "014 -Deduções";

II – se relativo a imposto devido pela importação ou por antecipação tributária: no Documento de Arrecadação Estadual (DAE), no campo 22 – "Informações Complementares".

Seção IV
Das vedações

▪ **Art. 27.** É vedado o deferimento da habilitação quando o potencial patrocinador se enquadrar nas seguintes hipóteses:

I – constar no CAD/ICMS, na situação de baixado, suspenso ou inapto da inscrição;

II – constar, em seu nome, Certidão Positiva de Débitos Tributários.

§ 1º Do despacho do Secretário da Fazenda, negando a habilitação do potencial Patrocinador, caberá recurso interposto perante a Secretaria da Fazenda, no prazo de 15 (quinze) dias, a contar da comunicação ao proponente da decisão denegatória.

§ 2º Se regularizada a situação do potencial patrocinador, o proponente poderá reapresentar a Ficha de Habilitação de Patrocinador junto à Secretaria Executiva, na forma do inciso I do art. 8º deste Regulamento.

▪ **Art. 28.** É vedada a utilização do incentivo de que trata este Regulamento:

I – a potencial patrocinador de projetos que tenham como proponente ele próprio, empresas por ele controladas ou a ele coligadas;

II – a proponente que for titular ou sócio do potencial patrocinador, de suas coligadas ou controladas;

III – a projetos realizados nas instalações do potencial patrocinador;

IV – a proponente que esteja inadimplente junto ao Fazcultura, junto ao Fundo de Cultura da Bahia – FCBA ou no Sistema de Informações Gerenciais de Convênios e Contratos – Sicon, estendendo-se a vedação à figura dos sócios, no caso de pessoa jurídica;

V – a projetos cujo objeto tenha sido apresentado por proponente considerado inadimplente nos termos do inciso anterior;

VI – a membros da Comissão Gerenciadora do Fazcultura, a funcionários da Secult, bem como das entidades instrutivas da administração indireta, seja enquanto proponente ou membro integrante remunerado pelo projeto;

VII – a projetos que contratem, com os recursos incentivados, prestador de bens ou serviços que se encontre inadimplente com o Fazcultura ou com o Fundo de Cultura da Bahia – FCBA.

▪ **Art. 29.** A substituição da Ficha de Habilitação de Patrocinador, após a aprovação da Secretaria da Fazenda, só será permitida caso o patrocinador original desista total ou parcialmente do projeto, e desde que:

I – a desistência do patrocinador original seja comunicada à Secretaria de Cultura através de correspondência firmada pelo mesmo;

II – o novo patrocinador seja aprovado pela Sefaz, após verificação da sua situação fiscal na forma do artigo 20 deste Regulamento.

CAPÍTULO V
DA PRESTAÇÃO DE CONTAS

▪ **Art. 30.** O Proponente está obrigado a apresentar prestação de contas, parcial ou total, na forma deste Regulamento e conforme previsão do projeto aprovado.

▪ **Art. 31.** Ao término do projeto cultural, dentro do prazo de 30 (trinta) dias, o proponente apresentará à Comissão Gerenciadora do Fazcultura prestação de contas do total dos recursos recebidos, acompanhada de um relatório de desempenho das atividades e respectivos produtos finais, quando for o caso.

§ 1º A Comissão Gerenciadora poderá prorrogar a entrega da prestação de contas por mais 30 (trinta) ou 60 (sessenta) dias, vinculada a pedido fundamentado do proponente protocolado antes do fim do seu prazo.

§ 2º A prestação de contas final será analisada sob os aspectos:

I – técnico: referente à execução física e cumprimento dos objetivos do projeto, inclusive no que diz respeito à efetividade;

II – financeiro: referente à correta aplicação dos recursos recebidos.

§ 3º Nos casos de espetáculos, shows, exposições e outros eventos públicos, o relatório final de desempenho deve vir acompanhado de prova suplementar de realização, a exemplo de cobertura jornalística em veículos de comunicação, fotografias ou vídeo.

§ 4º A Comissão Gerenciadora poderá prorrogar a entrega do relatório final de desempenho por mais 30 (trinta) dias, vinculada a pedido do proponente protocolado antes do fim do seu prazo.

▪ **Art. 32.** A prestação de contas parcial será demandada de projetos com duração superior a 06 (seis) meses, sendo exigida quando for alcançada a metade da duração prevista no cronograma.

Parágrafo único. A prestação de contas parcial também deverá vir acompanhada de relatório técnico de atividades.

▪ **Art. 33.** A prestação de contas será feita em formulário próprio do Programa, ao qual serão anexados, além da comprovação do material de divulgação utilizado, os comprovantes originais de notas fiscais ou recibos de cada pagamento efetuado, extrato bancário demonstrando as movimentações financeiras, cópias de cheques emitidos, demonstrativos das receitas e despesas e comprovante de encerramento da conta corrente, quando da prestação final.

§ 1º No caso de projeto relativo a evento calendarizado, admitir-se-á recuperação de despesa.

§ 2º Todo pagamento efetuado pelo proponente, ou em seu nome, em valor superior a R$1.000,00 (mil reais) deverá ser feito, obrigatoriamente, através de ordem de pagamento, transferência ou cheque nominal, do qual se exigirá comprovante de emissão.

§ 3º Para pagamentos com cheque de valores superiores a R$3.000,00 (três mil reais), além das exigências relacionadas no § 2º deste artigo, demandar-se-á o cruzamento do mesmo.

§ 4º Documentos e comprovantes integrantes da prestação de contas deverão:
I – apresentar discriminações legíveis, indicando de forma clara a finalidade do comprovante, sendo que nas notas fiscais todos os campos deverão ser preenchidos, especificando detalhadamente os bens adquiridos/alugados ou serviços prestados, com a respectiva quantidade, dentro do prazo de validade definido pela Receita Estadual ou Municipal;

II – os comprovantes dos créditos bancários e dos cheques emitidos deverão ser organizados em ordem cronológica, de acordo com os itens constantes do orçamento, devidamente numerados e rubricados pelo proponente ou, se for o caso, pelo contador responsável.

▪ **Art. 34.** Caso a análise da prestação de contas final resulte na glosa de despesas do projeto, este valor deverá ser devolvido ao Governo do Estado da Bahia e ao patrocinador, de acordo com os percentuais de participação de renúncia fiscal e recursos próprios, definidos na aprovação do projeto, em prazo não superior a 30 (trinta) dias.

▪ **Art. 35.** A prestação de contas parcial de que tratam os §§ 6º e 7º do art. 3º, limitar-se-á aos recebimentos e pagamentos ocorridos até o dia anterior ao da entrega da prestação de contas na Secretaria Executiva.

▪ **Art. 36.** Na apresentação da prestação de contas final, caso o total de despesas realizadas com o projeto tenha sido inferior aos recursos transferidos pelo patrocinador, o saldo, quando igual ou superior a R$50,00 (cinquenta reais), deverá ser devolvido ao Governo do Estado da Bahia e ao patrocinador, de acordo com os percentuais de participação de renúncia fiscal e recursos próprios, definidos na aprovação do projeto.

▪ **Art. 37.** As prestações de contas serão analisadas e avaliadas pela Diretoria de Controles da Superintendência de Promoção Cultural da Secult, com o apoio de técnicos das outras Diretorias da Secretaria de Cultura ou de suas unidades vinculadas.

▪**Art. 38.** Compete à Diretoria de Controles da Suprocult, a seu critério ou por solicitação do Superintendente de Promoção Cultural, realizar diligências com vistas ao exame das prestações de contas dos projetos incentivados em qualquer fase do projeto, promovendo, para este fim, avaliações, vistorias, perícias e demais procedimentos que sejam necessários à perfeita observância deste Regulamento.

CAPÍTULO VI
DOS RECURSOS FINANCEIROS

▪**Art. 39.** O valor dos recursos disponíveis para a utilização do incentivo fiscal, instituído pela Lei n. 7.015, de 09 de dezembro de 1996, modificada pela Lei n. 11.899, de 30 de março de 2010, não poderá exceder, relativamente ao montante da receita líquida anual do imposto, o percentual de 0,3% (três décimos por cento) da arrecadação prevista na Lei de Diretrizes Orçamentárias.

Parágrafo único. Do montante de recursos disponibilizados para incentivo, fixado anualmente pelo Poder Executivo, até 5% (cinco por cento) poderá ser destinado ao custeio da administração do Programa Estadual de Incentivo à Cultura – Fazcultura, compreendendo pagamentos a pareceristas e integrantes da Comissão Gerenciadora, reprografia, plotagem, ações destinadas ao estímulo ao patrocínio e orientação a patrocinadores, ao acompanhamento e avaliação dos projetos apoiados e outras despesas necessárias à execução do programa.

CAPÍTULO VII
DAS DISPOSIÇÕES FINAIS E TRANSITÓRIAS

▪**Art. 40.** As Secretarias de Cultura e da Fazenda definirão o formato do formulário de apresentação de projetos, do formulário de prestação de contas, da Ficha de Habilitação de Patrocinador, do Termo de Compromisso de Patrocínio e do título de incentivo.

▪**Art. 41.** Será obrigatória a veiculação e inserção da logomarca oficial do Programa Estadual de Incentivo ao Patrocínio Cultural em toda a divulgação relativa ao projeto incentivado, conforme Manual de Identidade Visual à disposição dos proponentes na Secretaria Executiva da Comissão Gerenciadora do Fazcultura e no sítio eletrônico da Secult.

Parágrafo único. Todo material de divulgação, antes da sua veiculação, deverá ser apresentado, obrigatoriamente, à Secretaria Executiva da Comissão Gerenciadora do Fazcultura, para a devida aprovação.

▪**Art. 42.** O patrocinador que se aproveitar indevidamente dos benefícios da Lei n. 7.015, de 09 de dezembro de 1996, mediante fraude ou dolo, estará sujeito a multa correspondente a 02 (duas) vezes o valor do abatimento que tenha efetuado, independente de outras penalidades previstas nas leis civil, penal e tributária.

§ 1º A aplicação da multa de que trata o *caput* deste artigo não exclui a aplicação de outras penalidades previstas no Regulamento do ICMS, aprovado pelo Decreto n. 6.284, de 14 de março de 1997.

§ 2º Para aplicação da sanção da multa de que trata este artigo será utilizado o Auto de Infração aplicável às demais infrações relativas ao ICMS.

▪**Art. 43.** A impugnação ao Auto de Infração, aplicado na forma do artigo anterior, seguirá o rito previsto no Regulamento do Processo Administrativo Fiscal – RPAF, aprovado pelo Decreto n. 7.629, de 09 de julho de 1999.

▪**Art. 44.** A Secretaria de Cultura comunicará à Sefaz qualquer irregularidade que envolva contribuintes do ICMS.

▪**Art. 45.** O não atendimento às disposições deste Regulamento ou o embaraço às ações previstas no art. 33, serão causa de advertência ou inadimplência, sem prejuízo da imputação de multa e restituição parcial ou total dos recursos recebidos, corrigidos segundo o índice oficial vigente, independentemente de outras penalidades previstas nas leis civil, penal e tributária.

§ 1º Para os fins deste artigo, entende-se embaraço, como o impedimento de acesso a documentos, papéis de trabalho, atividades programadas e outros elementos utilizados na execução do projeto, ou a recusa, por mais de duas vezes, da apresentação de documentos requeridos formalmente pela Secretaria de Cultura.

§ 2º O proponente inadimplente terá seu processo encaminhado à Procuradoria Geral do Estado – PGE para providências legais, e o seu nome será incluído no Cadastro de Inadimplentes da Secretaria da Administração do Estado da Bahia.

§ 3º Regularizada a situação, o proponente continuará impedido pelo período de 02 (dois) anos, de pleitear benefícios do Fazcultura ou do Fundo de Cultura da Bahia.

▪**Art. 46.** A Comissão Gerenciadora poderá imputar multa de até 15% (quinze por cento) do valor total do projeto, nos seguintes casos:

I – contas julgadas irregulares de que não resulte débito;

II – ato praticado com grave infração a norma legal ou regulamentar de natureza contábil, financeira, orçamentária, operacional e patrimonial;

III – não atendimento, no prazo fixado, de decisão da Comissão Gerenciadora;

IV – embaraço às ações previstas no art. 33, na forma indicada no § 1º do art. 45.

Parágrafo único. O Regimento Interno disporá sobre a gradação da multa prevista no *caput* deste artigo, em função da gravidade da infração.

▪**Art. 47.** Das decisões do representante da Sefaz, da Secretaria Executiva ou da Comissão Gerenciadora, caberá recurso hierárquico direcionado, no primeiro caso ao Secretário da Fazenda e, nos demais, ao Secretário de Cultura, no prazo de 05 (cinco) dias úteis, a contar da data de recebimento da notificação.

▪**Art. 48.** A Comissão Gerenciadora procederá aos ajustes necessários em seu Regimento Interno, que será aprovado no prazo máximo de 60 (sessenta) dias após a publicação deste Regulamento.

LEI MENDONÇA, DE SÃO PAULO

LEI N. 10.923, DE 30 DE DEZEMBRO DE 1990

Dispõe sobre incentivo fiscal para a realização de projetos culturais, no âmbito do Município de São Paulo

LUIZA ERUNDINA DE SOUSA, Prefeita do Município de São Paulo, usando das atribuições que lhe são conferidas por lei. Faz saber que a Câmara Municipal, em sessão de 28 de dezembro de 1990, decretou e eu promulgo a seguinte lei:

Art. 1º Fica instituído, no âmbito do Município de São Paulo, incentivo fiscal para a realização de projetos culturais, a ser concedido a pessoa física ou jurídica domiciliada no Município.

§ 1º O incentivo fiscal referido no *caput* deste artigo corresponderá ao recebimento, por parte do empreendedor de qualquer projeto cultural no Município, seja através de doação, patrocínio ou investimento, de certificados expedidos pelo Poder Público, correspondentes ao valor do incentivo autorizado pelo Executivo.

§ 2º Os portadores dos certificados poderão utilizá-los para pagamento dos impostos sobre serviços de qualquer natureza (ISS) e sobre a propriedade predial e territorial urbana (IPTU), até o limite de 20% (vinte por cento) do valor devido a cada incidência dos tributos.

§ 3º Para o pagamento referido no parágrafo anterior, o valor de face dos certificados sofrerá desconto de 30% (trinta por cento).

§ 4º A Câmara Municipal de São Paulo fixará anualmente o valor que deverá ser usado como incentivo cultural, que não poderá ser inferior a 2% (dois por cento) nem superior a 5% (cinco por cento) da receita proveniente do ISS e do IPTU.

§ 5º Para o exercício de 1991, fica estipulada a quantia equivalente a 5% (cinco por cento) da receita proveniente do ISS e do IPTU, excluindo-se o valor destinado ao Funtran.

Art. 2º São abrangidas por esta lei as seguintes áreas:
I – música e dança;
II – teatro e circo;
III – cinema, fotografia e vídeo;
IV – literatura;
V – artes plásticas, artes gráficas e filatelia;
VI – folclore e artesanato;
VII – acervo e patrimônio histórico e cultural, museus e centros culturais.

Art. 3º Fica autorizada a criação, junto à Secretaria Municipal de Cultura, de uma Comissão, independente e autônoma, formada majoritariamente por representantes do setor cultural a serem enumerados pelo Decreto regulamentador da presente Lei e por técnicos da administração municipal, que ficará incumbida da averiguação e da avaliação dos projetos culturais apresentados.

§ 1º Os componentes da Comissão deverão ser pessoas de comprovada idoneidade e de reconhecida notoriedade na área cultural.

§ 2º Aos membros da Comissão, que deverão ter um mandato de 1 (um) ano, podendo ser reconduzidos, não será permitida a apresentação de projetos durante o período de mandato, prevalecendo esta vedação até 2 (dois) anos após o término do mesmo.

§ 3º A Comissão terá por finalidade analisar exclusivamente o aspecto orçamentário do projeto, sendo-lhe vedado se manifestar sobre o mérito do mesmo.

§ 4º Terão prioridade os projetos apresentados que já contenham a intenção de contribuintes incentivadores de participarem do mesmo.

§ 5º O Executivo deverá fixar o limite máximo de incentivo a ser concedido por projeto, individualmente.

§ 6º Uma parcela dos recursos a serem destinados ao incentivo deverá ser destinada para a aquisição de ingressos.

- **Art. 4º** Para a obtenção do incentivo referido no art. 1º, deverá o empreendedor apresentar à Comissão cópia do projeto cultural, explicando os objetivos e recursos financeiros e humanos envolvidos, para fins de fixação do valor do incentivo e fiscalização posterior.

- **Art. 5º** Aprovado o projeto, o Executivo providenciará a emissão dos respectivos certificados para a obtenção do incentivo fiscal.

- **Art. 6º** Os certificados referidos no art. 1º terão prazo de validade, para sua utilização, de 2 (dois) anos, a contar de sua expedição, corrigidos mensalmente pelos mesmos índices aplicáveis na correção do imposto.

- **Art. 7º** Além das sanções penais cabíveis, será multado em 10 (dez) vezes o valor incentivado o empreendedor que não comprovar a correta aplicação desta lei, por dolo, desvio do objetivo e/ou dos recursos.

- **Art. 8º** As entidades de classe representativas dos diversos segmentos da cultura poderão ter acesso, em todos os níveis, a toda documentação referentes aos projetos culturais beneficiados por esta lei.

- **Art. 9º** As obras resultantes dos projetos culturais beneficiados por esta lei serão apresentadas, prioritariamente, no âmbito territorial do Município, devendo constar a divulgação do apoio institucional da Prefeitura do Município de São Paulo.

- **Art. 10.** Fica autorizada a criação, junto à Secretaria Municipal de Cultura, do Fundo Especial de Promoção das Atividades Culturais (Fepac).

- **Art. 11.** Constituirão receitas do Fepac, além das provenientes de dotações orçamentárias e de incentivos fiscais, os preços de cessão dos Corpos Estáveis, teatros e espaços culturais municipais, suas rendas de bilheteria, quando não revertidas a título de cachês, a direitos autorais e à venda de livros ou outras publicações e trabalhos gráficos editados ou coeditados pela Secretaria Municipal de Cultura, aos patrocínios recebidos à participação na produção de filmes e vídeos, à arrecadação de preços públicos originados na prestação de serviços pela Secretaria, e de multas aplicadas em consequência de danos praticados a bens artísticos e culturais e a bens imóveis de valor histórico, quando não seja receita do Conpresp, o rendimento proveniente da aplicação de seus recursos disponíveis, além de outras rendas eventuais.

- **Art. 12.** Caberá ao Executivo a regulamentação da presente lei no prazo de 90 (noventa) dias a contar de sua vigência.

- **Art. 13.** Esta lei entrará em vigor na data de sua publicação, revogadas as disposições em contrário.

LUIZA ERUNDINA DE SOUSA

DECRETO N. 46.595, DE 5 DE NOVEMBRO DE 2005

Confere nova regulamentação à Lei n. 10.923, de 30 de dezembro de 1990, que dispõe sobre incentivo fiscal para a realização de projetos culturais no âmbito do Município de São Paulo

JOSÉ SERRA, Prefeito do Município de São Paulo, no uso das atribuições que lhe são conferidas por lei,
DECRETA:

Art. 1º O incentivo fiscal para a realização de projetos culturais, a ser concedido à pessoa física ou jurídica domiciliada no Município de São Paulo, instituído pela Lei n. 10.923, de 30 de dezembro de 1990, passa a ser disciplinado pelas disposições previstas neste Decreto.

Art. 2º Para os efeitos deste Decreto, consideram-se:

I – projeto cultural ou projeto: a iniciativa cultural a ser apresentada e realizada, prioritariamente e em sua maior parte, no âmbito territorial do Município de São Paulo, e que esteja em conformidade com a respectiva política cultural, especialmente no que se refere a promover, estimular e preservar:

a) a produção cultural e artística, preferencialmente a que valorize iniciativas locais;

b) a geração de empregos na área cultural do Município;

c) o desenvolvimento do setor de turismo cultural do Município;

d) o acesso às fontes de cultura e o pleno exercício dos direitos culturais pelo cidadão;

e) o apoio, a valorização e a difusão, no Município de São Paulo, do conjunto de manifestações culturais e respectivos criadores;

f) a proteção das expressões diversificadas, responsáveis pelo mais amplo pluralismo cultural;

g) a salvaguarda, a sobrevivência e o florescimento dos modos de criar, fazer e viver dos habitantes da cidade;

h) os bens materiais e imateriais que compõem o patrimônio artístico, histórico e cultural da cidade;

i) a produção e difusão de bens culturais de valor universal, formadores e informadores de conhecimento, cultura, ciência e memória;

j) a produção cultural espontânea, que estimule o processo criativo e o acesso a manifestações comunitárias;

l) a produção inovadora;

m) a aquisição de ingressos para eventos culturais realizados no Município.

II – empreendedor: a pessoa física ou jurídica de direito privado, domiciliada no Município de São Paulo, ou o órgão da Administração Pública diretamente responsável pela realização do projeto cultural incentivado;

III – incentivador ou contribuinte incentivador: o contribuinte do Imposto sobre Serviços de Qualquer Natureza (ISS) ou do Imposto Predial e Territorial Urbano (IPTU), no Município de São Paulo, autorizado pela Secretaria Municipal de Cultura a transferir valores em pecúnia, bens ou serviços para a realização de projeto cultural que observe as condições estabelecidas no inciso I deste artigo;

IV – doação: a transferência de valores pelo incentivador a projeto cultural, sem finalidade promocional, publicitária ou de retorno financeiro;

V – patrocínio: a transferência de valores pelo incentivador a projeto cultural, com finalidade promocional e institucional de publicidade;

VI – investimento: a transferência de valores pelo incentivador a projeto cultural, com o objetivo de participar de seu resultado financeiro;

VII – certificado de incentivo: o documento expedido pela Secretaria Municipal de Cultura (SMC), que comprova o repasse de valores pelo incentivador ao projeto cultural e que permite usufruir do benefício mencionado neste Decreto;

VIII – pré-qualificação: a declaração de concordância da Municipalidade de São Paulo com o incentivo ao projeto, até determinado valor, devendo sua emissão ser publicada no Diário Oficial da Cidade.

▪ **Art. 3º** A aprovação do incentivo ao projeto cultural dependerá do atendimento ao disposto no inciso I do art. 2º deste Decreto, da compatibilidade entre o projeto e o orçamento apresentado e a disponibilidade de recursos financeiros e orçamentários.

▪ **Art. 4º** Fica instituído Grupo de Trabalho (GT), vinculado à Secretaria Municipal de Cultura, ao qual caberá analisar a observância às condições previstas no inciso I do art. 2º deste Decreto, incumbindo-lhe, ainda:

I – sugerir ao Secretário Municipal de Cultura a edição de normas complementares necessárias ao cumprimento das disposições constantes deste Decreto;

II – emitir parecer a respeito da conformidade do projeto cultural com o edital;

III – analisar e manifestar-se sobre as solicitações relativas à alteração do objetivo ou do objeto do projeto após a pré-qualificação ou a aprovação do incentivo;

IV – propor o valor máximo de incentivo a ser concedido a cada projeto.

§ 1º O Grupo de Trabalho ora criado será composto pelo Secretário-Adjunto da Secretaria Municipal de Cultura, pelo Coordenador do Sistema de Bibliotecas e pelos Diretores de Departamentos da referida Pasta, sob a coordenação do primeiro.

§ 2º O Secretário Municipal de Cultura poderá convidar até 3 (três) representantes do setor cultural para participarem do Grupo de Trabalho ora criado, pelo prazo de 1 (um) ano.

▪ **Art. 5º** Fica mantida, junto ao Gabinete da Secretaria Municipal de Cultura, a Comissão de Averiguação e Avaliação de Projetos Culturais (CAAPC), autônoma e independente, criada pelo Decreto n. 41.256, de 17 de outubro de 2001, com fundamento no art. 3º da Lei n. 10.923, de 1990, à qual compete analisar os aspectos orçamentários e sua adequação ao projeto proposto.

▪ **Art. 6º** Compete à CAAPC:

I – propor ao Secretário Municipal de Cultura a edição de normas para o edital de inscrição de projetos;

II – analisar e avaliar os projetos sob os aspectos orçamentários, emitindo parecer a respeito e encaminhando suas conclusões ao Secretário Municipal de Cultura;

III – propor o valor a ser concedido ao projeto, com vistas à sua realização, a título de incentivo, considerando o valor máximo definido pelo GT;

IV – requerer parecer externo ou ao Departamento de Auditoria da Secretaria Municipal de Finanças, sobre o orçamento, sempre que necessário, em razão da especificidade do projeto;

V – manifestar-se sobre a correta realização do projeto e sua prestação de contas;

VI – analisar e autorizar as solicitações dos empreendedores quanto a:

a) prorrogação do prazo previsto nos §§ 1º, 4º e 5º do art. 16 deste Decreto;

b) alterações do orçamento e do prazo de realização do projeto.

▪ **Art. 7º** A CAAPC será composta por representantes do setor cultural e da Administração Municipal.

§ 1º Os representantes do setor cultural poderão ser indicados por entidades, instituições, sindicatos e associações civis, sem fins lucrativos e com objetivos e atividades predominantemente culturais, que se cadastrarem na Secretaria Municipal de Cultura, com sede ou seção no Município de São Paulo, existência e atuação efetiva e devidamente comprovadas, pelo prazo mínimo de 2 (dois) anos, e cuja diretoria tenha sido eleita em processo do qual participaram, no mínimo, 20 (vinte) associados.

§ 2º As condições de cadastramento e os documentos necessários à comprovação dos requisitos mencionados no § 1º deste artigo serão indicados em portaria expedida pela Secretaria Municipal de Cultura, no prazo máximo de 60 (sessenta) dias.

§ 3º As instituições poderão indicar até 2 (dois) representantes para atuar em uma única área.

Art. 8º A CAAPC será constituída por pessoas de comprovada idoneidade e reconhecida experiência na área cultural, nomeadas pelo Secretário Municipal de Cultura, sendo, no mínimo, 6 (seis) titulares integrantes dos quadros técnicos da Administração Municipal e, no máximo, 7 (sete) titulares e 14 (quatorze) suplentes escolhidos dentre os indicados pelas entidades culturais cadastradas.

§ 1º O Secretário Municipal de Cultura escolherá, no mínimo, 1 (um) membro titular e 2 (dois) suplentes como representantes do setor cultural para cada área, dentre as indicações feitas pelas entidades credenciadas.

§ 2º O primeiro suplente participará das reuniões da CAAPC somente quando ausente o respectivo titular, e o segundo apenas quando ausente o primeiro.

§ 3º Na hipótese de não haver indicação de representante para uma das áreas culturais, o Secretário Municipal de Cultura o indicará livremente.

§ 4º O mandato dos membros da CAAPC findará em 31 de dezembro de cada ano.

§ 5º A coordenação da CAAPC ficará a cargo de servidor municipal, indicado pelo Secretário Municipal de Cultura, sem direito a voto.

§ 6º Os membros da CAAPC escolhidos a partir da data da publicação deste Decreto poderão exercer, ininterruptamente, apenas dois mandatos.

Art. 9º O funcionamento da CAAPC será disciplinado no regimento interno a ser elaborado pelo próprio colegiado, do qual constarão, obrigatoriamente:

I – o cronograma de reuniões e a forma de convocação;

II – as normas para recebimento, análise, avaliação e averiguação dos orçamentos dos projetos culturais;

III – o modelo de aprovação das atas de reuniões, contendo, necessariamente, o registro dos votos de seus membros.

Art. 10. Não é permitido ao membro da CAAPC, titular ou suplente, quer como pessoa física quer como representante de pessoa jurídica, apresentar, durante o período do mandato e até 2 (dois) anos depois de seu término, projetos para incentivos, por si ou por interposta pessoa.

§ 1º A proibição prevista no *caput* deste artigo aplica-se unicamente ao membro da CAAPC, não se estendendo às entidades ou instituições que o indicaram.

§ 2º Durante seu mandato, o membro da CAAPC não poderá prestar serviços relacionados a projetos, excetuados aqueles propostos pelas entidades ou instituições que o indicaram, hipótese em que não poderá ele ser remunerado com os valores obtidos por intermédio da lei de incentivo de que trata este decreto.

§ 3º O membro da CAAPC ficará impedido de analisar e votar os projetos apresentados pelas entidades ou instituições que o indicaram como representante.

§ 4º Será substituído pelo suplente o membro da CAAPC que solicitar afastamento definitivo ou se omitir, injustificadamente, em apresentar parecer com relação a 3 (três) projetos que lhe tenham sido distribuídos ou, ainda, deixar de comparecer, injustificadamente, a 3 (três) reuniões consecutivas ou 5 (cinco) interpoladas.

§ 5º Na hipótese mencionada no § 4º deste artigo, o suplente assumirá, nas mesmas condições do titular; sendo servidor municipal, será substituído mediante indicação do Secretário Municipal de Cultura.

§ 6º Em caso de reincidência da ocorrência prevista no § 4º deste artigo relativamente ao primeiro suplente, deverá assumir o segundo suplente.

▪**Art. 11.** A CAAPC contará com uma Secretaria Executiva, constituída pela Secretaria Municipal de Cultura e dirigida pelo coordenador da referida comissão, com as seguintes atribuições:

I – atender e orientar o público sobre a Lei de Incentivo Fiscal e como solicitar seus benefícios;

II – orientar os empreendedores sobre como apresentar projetos e prestar as respectivas contas;

III – receber, protocolar e verificar a regularidade do projeto cultural, quanto aos aspectos formais e documentais exigidos;

IV – encaminhar os projetos culturais à análise do GT e da CAAPC;

V – encaminhar ao Secretário Municipal de Cultura os projetos culturais para pré-qualificação, após análise do GT e da CAAPC;

VI – acompanhar e controlar a entrega das prestações de contas dos projetos;

VII – receber e autenticar os documentos das prestações de contas;

VIII – manter banco de dados dos projetos, entidades e instituições culturais, empreendedores e incentivadores, com acesso ao público;

IX – fiscalizar o atendimento das condições necessárias ao cumprimento da legislação que rege a matéria;

X – informar sobre as pré-qualificações e as aprovações de incentivo;

XI – entregar os atestados de pré-qualificação e certificados de incentivo;

XII – atestar que o incentivador repassou valores ao projeto, conforme autorizado;

XIII – orientar empreendedores e incentivadores sobre os procedimentos para utilização dos certificados de incentivo;

XIV – prestar suporte administrativo ao GT e à CAAPC, inclusive providenciando autuações, publicações, notificações e demais procedimentos administrativos necessários;

XV – divulgar a relação dos incentivadores e dos projetos incentivados, juntamente com os respectivos valores.

Parágrafo único. Para a execução das atribuições pertinentes, referidas no *caput* deste artigo, a Secretaria Executiva será integrada por servidores municipais, bem como por 3 (três) Contadores e 1 (um) Procurador, designados, respectivamente, pelos titulares das Secretarias Municipais de Finanças e dos Negócios Jurídicos.

▪**Art. 12.** A Secretaria Municipal de Cultura publicará, no Diário Oficial da cidade, edital de inscrição de projetos culturais objetivando a concessão de incentivo fiscal municipal, prevendo, dentre outros requisitos:

I – período e local das inscrições;

II – os objetivos institucionais de interesse público que devem nortear os projetos, especialmente no que se refere à exibição, utilização e circulação pública dos bens culturais deles resultantes em conformidade com a política cultural da cidade;

III – o valor máximo do incentivo a ser concedido aos projetos, de acordo com cada área ou segmento cultural;

IV – documentos e informações a serem fornecidos por empreendedores e incentivadores para a aprovação dos incentivos;

V – informações que devem constar do termo de responsabilidade a ser firmado pelo incentivador, no momento de aprovação dos incentivos;

VI – a obrigatoriedade de realização e apresentação do projeto, prioritariamente e em sua maior parte, no Município de São Paulo;

VII – a forma pela qual deve ser divulgado o apoio institucional da Prefeitura do Município de São Paulo ao projeto, em todo o seu circuito de apresentações;

VIII – a vedação de destinação ou limitação do projeto cultural a circuitos privados que restrinjam o livre acesso ao público;

IX – a necessidade de compatibilização, no orçamento, entre as necessidades de realização do projeto e os preços praticados no mercado;

X – a regra segundo a qual, havendo previsão de realização ou exibição em outros municípios, não caberá incentivo aos custos que não se atenham à promoção no Município de São Paulo; em casos excepcionais, se houver manifesto interesse da Secretaria Municipal de Cultura na realização do projeto fora do âmbito municipal, tais despesas poderão ser objeto de incentivo;

XI – a vedação de alteração do objeto ou de sua essência após a aprovação do incentivo ao projeto, ressalvada a possibilidade de, em caráter excepcional e com base na devida justificativa, a Secretaria Municipal de Cultura autorizar, após ouvido o GT e a Caapc, mudanças no conteúdo do projeto depois de aprovado o incentivo;

XII – o modelo de apresentação de projeto, contendo:

a) dados necessários à análise;

b) planilha de orçamento;

XIII – outros procedimentos indispensáveis à correta operacionalização das disposições constantes da Lei n. 10.923, de 1990, e deste Decreto.

▪**Art. 13.** A Secretaria Executiva fará publicar no Diário Oficial da cidade a relação completa, sob forma de extrato, de todos os projetos protocolados, após encerradas as inscrições.

▪**Art. 14.** A Secretaria Municipal de Cultura, esgotadas as possibilidades de análise interna, poderá encaminhar à Secretaria Municipal dos Negócios Jurídicos, de ofício ou mediante solicitação da CAAPC, os projetos cuja análise suscite dúvidas quanto à legalidade.

▪**Art. 15.** O incentivo poderá ser parcial, não sendo obrigatório corresponder à totalidade do valor do projeto.

§ 1º O montante máximo de incentivo para cada projeto será definido pelo GT, podendo a CAAPC propor montante inferior.

§ 2º Para estipular o montante máximo de incentivo, serão considerados especialmente:

I – a disponibilidade orçamentária;

II – o interesse público na realização do projeto, priorizando as ações que visem atingir as comunidades com menor acesso a bens culturais;

III – a conformidade com a política cultural do Município;

IV – a imprescindibilidade do incentivo fiscal municipal para sua realização;

V – a caracterização do empreendedor como pessoa jurídica, com ou sem fins lucrativos;

VI – a capacidade econômica de autossustentação.

▪**Art. 16.** Poderão ser aprovados incentivos a projetos pré-qualificados cujo empreendedor apresente, em até 365 (trezentos e sessenta e cinco) dias contados da publicação da declaração de pré-qualificação, rol de incentivadores e os seguintes documentos e informações:

I – manifestação expressa do contribuinte incentivador de que pretende repassar valores ao projeto, informando seu montante e forma da transferência (em pecúnia, bens ou serviços), contendo:

a) a qualificação completa do empreendedor e do incentivador (nome completo, RG, CPF, CNPJ e endereço);

b) os números de contribuinte do ISS e do IPTU do incentivador;

c) o título do projeto, número do protocolo de sua inscrição e data da publicação da pré-qualificação no Diário Oficial da cidade;

d) a descrição dos bens e serviços, se for o caso, e o valor de cada um;

e) se em pecúnia, o número de parcelas e valor de cada uma;

f) o cronograma de repasses;

g) a que título os valores serão transferidos ao projeto (doação, patrocínio ou investimento);

h) as contrapartidas ofertadas pelo empreendedor ao incentivador;

II – cópia do CNPJ, CPF e RG do incentivador;

III – cópia do cartão de contribuinte mobiliário do incentivador ou carnê do IPTU de que conste ser ele o proprietário do imóvel;

IV – comprovação de regularidade do incentivador perante a Previdência Social;

V – comprovação de regularidade do empreendedor relativamente ao ISS, IPTU e Previdência Social.

§ 1º O prazo previsto no *caput* deste artigo será contado a partir do dia seguinte ao da publicação, sendo que o dia do vencimento será prorrogado até o primeiro dia útil se recair em feriado ou dia sem expediente normal na Prefeitura do Município de São Paulo.

§ 2º Na hipótese de proposta de repasse de valores em serviços ou bens, seu valor máximo será considerado como aquele constante do orçamento aprovado pela CAAPC para esse item.

§ 3º O empreendedor poderá apresentar um rol de contribuintes incentivadores que cubram, total ou parcialmente, o valor do incentivo autorizado.

§ 4º Após a aprovação do primeiro rol de incentivadores de cada projeto, é facultado ao empreendedor apresentar novos incentivadores, no limite do incentivo aprovado, até 45 (quarenta e cinco) dias antes da data do término do projeto, constante do termo de responsabilidade de que tratam os arts. 19 e 20 deste Decreto.

§ 5º Havendo disponibilidade de recursos orçamentários e mediante solicitação fundamentada do empreendedor, o prazo para apresentação de incentivador poderá ser prorrogado uma única vez por, no máximo, 30 (trinta) dias, devendo o pedido de prorrogação ser protocolado na Secretaria Executiva da CAAPC, antes do término do prazo previsto no *caput* deste artigo.

§ 6º Se o incentivo apresentado for menor que o custo total do projeto, o empreendedor deverá informar outras fontes disponíveis que lhe permitirão realizá-lo, ou as adaptações necessárias para adequá-lo aos valores obtidos; a comprovação da existência de outros recursos poderá ser feita mediante declaração do empreendedor de que os possui, sob as penas da lei.

§ 7º As alterações do conteúdo do projeto poderão ser autorizadas pela Secretaria Municipal de Cultura, desde que requeridas antes da aprovação do primeiro incentivo.

§ 8º Na hipótese de os valores serem repassados em parcelas, o cronograma deverá prever que a última delas seja efetivada até, no máximo, 30 (trinta) dias antes da data do término do projeto.

▪**Art. 17.** A aprovação dos incentivos a projetos pré-qualificados está condicionada a:

I – existência de recursos orçamentários e financeiros, observadas as cotas mensais;

II – apresentação dos documentos e informações previstos no art. 16 deste Decreto;

III – comprovação da existência de outras fontes que garantam a realização do projeto;

IV – correspondência da primeira proposta de incentivo a, no mínimo, 50% (cinquenta) do valor autorizado na pré-qualificação;

V – correspondência da primeira parcela ou fração do incentivo aprovado a valor não inferior a 15% (quinze) do incentivo concedido, em qualquer hipótese;

VI – apresentação da documentação do incentivador e do empreendedor prevista para essa fase no edital;

VII – não estar o empreendedor inadimplente com a prestação de contas de projeto de sua responsabilidade;

VIII – manifestação favorável da CAAPC se o valor apresentado for inferior ao valor do projeto ou for apresentada proposta de repasse parcelado.

Art. 18. Não poderá ser contribuinte incentivador:

I – a pessoa jurídica da qual o empreendedor do projeto seja titular administrador, gerente acionista ou sócio, ou o tenha sido nos 12 (doze) meses anteriores;

II – aquele que for mantenedor ou partícipe da administração da pessoa jurídica empreendedora do projeto;

III – o cônjuge e os parentes até o terceiro grau, inclusive os afins, do empreendedor do projeto;

IV – o próprio empreendedor do projeto, exceto se for para restauro ou reforma de imóvel localizado no Município de São Paulo, de sua propriedade, tombado ou protegido por legislação preservacionista.

Art. 19. Analisada a documentação e havendo disponibilidade de recursos, o empreendedor será convocado a firmar o termo de responsabilidade de realização do projeto e o incentivador autorizado a iniciar os repasses de valores ao projeto.

§ 1º A Secretaria Executiva fará publicar no Diário Oficial da cidade a autorização para que o incentivador inicie os repasses de valores ao projeto.

§ 2º Para cada incentivo parcial autorizado, será firmado um aditamento ao termo de responsabilidade inicial, contemplando as alterações.

§ 3º Os valores repassados ao projeto pelo incentivador, antes da publicação da decisão de aprovação do incentivo no Diário Oficial da cidade, ou após a data de seu término prevista no termo de responsabilidade, constituem mera liberalidade do contribuinte incentivador, não gerando direito a certificado de incentivo.

Art. 20. Do termo de responsabilidade constarão:

I – que, independentemente do incentivo autorizado, o empreendedor se obrigará a realizar o projeto integralmente, como aprovado pela SMC;

II – que o empreendedor estará obrigado a prestar contas dos valores recebidos por intermédio da lei de incentivo fiscal municipal, na forma prevista em portaria;

III – que o empreendedor manterá em seu nome conta bancária exclusiva, destinada a receber os valores em pecúnia repassados pelo incentivador;

IV – o número da conta-corrente bancária para depósito dos valores em pecúnia;

V – a vedação de utilizar os valores recebidos em pecúnia para:

a) custear despesas que não constem do orçamento aprovado, exceto se previamente autorizadas pela SMC;

b) reembolsar despesas pagas antes da aprovação do incentivo;

c) remunerar, a qualquer título, o contribuinte incentivador do projeto;

VI – a proibição de substituir ou alterar qualquer ordem no objeto do projeto, exceto se autorizado previamente pela Secretaria Municipal de Cultura.

Art. 21. Os certificados de incentivo serão emitidos na data prevista no cronograma para repasse dos valores, com validade de 2 (dois) anos, contados da data de sua emissão e conterão:

I – a identificação do projeto e de seu empreendedor;

II – o valor do incentivo autorizado;

III – a data de expedição e seu prazo de validade;

IV – o nome e o número do CNPJ ou do CPF do contribuinte incentivador;

V – o número da inscrição do incentivador no CCM ou do respectivo IPTU.

§ 1º O valor de face do certificado de incentivo será expresso em reais e corresponderá à totalidade dos valores repassados ao projeto pelo contribuinte incentivador.

§ 2º Todos os certificados de incentivo serão objeto de registro, para fins de controle, pela Secretaria Executiva da CAAPC.

§ 3º A entrega do certificado de incentivo será feita pela Secretaria Executiva, condicionada à comprovação do repasse dos valores pelo incentivador ao empreendedor, devendo também atestar o repasse no corpo do certificado de incentivo.

§ 4º Se os valores forem repassados em parcelas, cada uma delas fará jus à emissão de um certificado de incentivo, emitido na data prevista para o repasse.

▪ **Art. 22.** Comprova-se o repasse de valores ao projeto por intermédio dos seguintes documentos:

I – incentivo em pecúnia: recibo do depósito bancário feito pelo incentivador, na conta-corrente indicada pelo empreendedor, do valor autorizado pela SMC;

II – incentivo em bens ou serviços: apresentação de documento contábil comprovando a entrega do bem ou a prestação de serviços ao projeto pelo contribuinte incentivador, devidamente quitado pelo empreendedor.

§ 1º Os valores em pecúnia serão depositados em conta-corrente bancária mantida exclusivamente para esse fim, em nome exclusivo do empreendedor do projeto.

§ 2º Os valores aprovados para incentivar projetos da Administração Pública Municipal serão recolhidos ao Fundo Especial de Promoção de Atividades Culturais (Fepac), mediante guia de arrecadação.

§ 3º Os bens e serviços prestados ao projeto a título de incentivo, para efeitos contábeis, serão considerados como doações e comprovados mediante documento contábil regular, vedada a comprovação por recibo simples.

§ 4º A Secretaria Executiva da CAAPC deverá ser informada, com antecedência mínima de 15 (quinze) dias, da necessidade do incentivador alterar o cronograma de repasse, para adoção das providências administrativas e contábeis cabíveis.

§ 5º Fica impedido de incentivar projetos, pelo prazo de 2 (dois) anos, o incentivador que deixar de repassar os valores nos termos em que se comprometer, acarretando a não realização do projeto cultural como aprovado pela SMC.

▪ **Art. 23.** O incentivador, observado o prazo de validade do benefício, poderá utilizar 70% (setenta por cento) do valor de face do certificado de incentivo para pagamento de até 20% (vinte por cento) do IPTU e do ISS por ele devidos, a cada recolhimento.

§ 1º O certificado de incentivo poderá ser utilizado para pagamento do ISS devido pelo incentivador ou de IPTU de imóvel de sua propriedade; na hipótese de o incentivador ser pessoa jurídica, o certificado de incentivo poderá ser utilizado para pagamento de sua matriz ou filial, desde que possuam o mesmo CNPJ.

§ 2º O certificado de incentivo pode ser utilizado para pagamento do montante principal de imposto vencido, devidamente corrigido, dele excluídos a multa e os juros de mora e desde que os débitos não estejam inscritos na Dívida Ativa.

§ 3º O certificado de incentivo destina-se ao uso exclusivo de pagamento do ISS e do IPTU devidos pelo incentivador, vedada a transferência a outrem, a qualquer título.

§ 4º Na hipótese de utilização para pagamento do IPTU, o imóvel deverá ser de propriedade do incentivador e, havendo mais de um proprietário, o certificado de incentivo será utilizado para abater apenas o imposto correspondente à cota do imóvel que pertence ao contribuinte incentivador.

▪ **Art. 24.** A prestação de contas do projeto deve ser apresentada em até 60 (sessenta) dias contados de seu término.

▪ **Art. 25.** A Secretaria Municipal de Cultura editará portaria, estabelecendo normas para a apresentação e a aprovação da prestação de contas, inclusive sob o aspecto da realização do produto cultural.

§ 1º Até a expedição da portaria mencionada no *caput* deste artigo, ficam mantidos os procedimentos previstos na Portaria SF/SMC n. 01/2001.

§ 2º A CAAPC manifestar-se-á sobre a realização do produto cultural do projeto em até 60 (sessenta) dias contados do recebimento da prestação de contas pela Secretaria Executiva da CAAPC; a solicitação de informações ou documentos adicionais suspende esse prazo até seu atendimento pelo empreendedor.

§ 3º Após a manifestação sobre a realização do projeto cultural, será ele encaminhado à contadoria da Secretaria Executiva da CAAPC para análise contábil.

§ 4º A prestação de contas utilizará procedimentos contábeis correntes, observados os critérios previstos em portaria.

§ 5º A documentação contábil deve comprovar o recolhimento do ISS referente aos serviços prestados ao projeto, nos termos da lei.

§ 6º Os valores transferidos pelo contribuinte incentivador deverão ser totalmente aplicados no projeto para o qual foi aprovado o incentivo.

§ 7º Os rendimentos obtidos da aplicação dos valores no mercado financeiro, sem autorização prévia da SMC, deverão ser recolhidos ao Fepac.

§ 8º Os valores recebidos e não utilizados dentro do prazo de realização do projeto aprovado, bem como eventuais rendimentos financeiros não aplicados ao projeto, deverão ser recolhidos ao Fepac.

▪Art. 26. O empreendedor que não comprovar a realização do projeto cultural, conforme aprovado pela SMC, fica obrigado a recolher ao Fepac a totalidade dos valores recebidos e eventuais ganhos financeiros resultantes da sua aplicação, atualizados monetariamente a partir da data do recebimento dos recursos até a data do efetivo depósito.

Parágrafo único. Comprovado o recolhimento ao Fepac, o projeto será considerado prejudicado, não ficando sujeito o empreendedor a qualquer penalidade.

▪Art. 27. O empreendedor que não comprovar a correta aplicação, no projeto, dos valores recebidos nos termos da Lei n. 10.923, de 1990, deverá recolhê-los ao Fepac, acrescidos de eventuais rendimentos financeiros, devidamente atualizados a partir da data do recebimento dos recursos até a data do efetivo depósito.

▪Art. 28. Os valores de despesas glosadas ou do saldo do incentivo recebido e não aplicado no projeto deverão ser recolhidos ao Fepac, devidamente atualizados a partir da data da notificação do empreendedor até a data do efetivo depósito.

▪Art. 29. Os recolhimentos ao Fepac previstos nos arts. 25 a 28 deste decreto deverão ser efetuados em até 15 (quinze) dias contados da notificação do fato ao empreendedor, sob pena de rejeição da prestação de contas do projeto.

▪Art. 30. Rejeitada a prestação de contas em razão da existência de dolo, desvio dos objetivos e dos recursos, o empreendedor estará sujeito a multa de 10 (dez) vezes o valor recebido, conforme disposto no art. 7º da Lei n. 10.923, de 1990.

▪Art. 31. O empreendedor fica impedido de ter projetos aprovados caso se omita em prestar contas ou quando verificados vícios na sua prestação, até o saneamento das irregularidades.

▪Art. 32. Compete ao Secretário Municipal de Cultura:

I – indicar os membros da CAAPC;

II – homologar e publicar o edital de inscrição de projetos;

III – pré-qualificar o projeto e determinar o valor do incentivo;

IV – aprovar incentivo a projetos pré-qualificados e emitir o certificado de incentivo;

V – aprovar as prestações de contas dos projetos;

VI – aplicar penalidades aos empreendedores;

VII – expedir portaria que regulamente a forma de o empreendedor prestar contas dos valores recebidos;

VIII – expedir as autorizações previstas nos arts. 12, X, 16 e 20, VI;

IX – convocar o empreendedor para firmar o termo de compromisso de realização do projeto.

Parágrafo único. As competências previstas no *caput* deste artigo poderão ser delegadas.

▪Art. 33. Até 31 de dezembro de 2005, fica mantida a atual Comissão de Averiguação e Avaliação de Projetos Culturais (CAAPC), integrada por representantes do setor cultural e por técnicos da Administração Municipal, constituída nos termos da Portaria n. 24/2005 – SMC.

▪Art. 34. As Secretarias Municipais de Finanças e de Cultura estabelecerão, por meio de portaria, o fluxo dos procedimentos para utilização do certificado de incentivo.

Parágrafo único. Até a edição da portaria mencionada no *caput* deste artigo, ficam mantidos os procedimentos previstos na Portaria SF/SMC n. 01/2001 para uso dos certificados de incentivo.

▪Art. 35. É vedado paralelismo ou duplicidade no apoio aos mesmos itens dos projetos culturais incentivados, devendo o empreendedor informar se o projeto está recebendo apoio financeiro incentivado do Poder Público, inclusive de outras esferas, sendo que, nesses casos, deverá elaborar um demonstrativo dos valores recebidos das diversas fontes.

Parágrafo único. Não se considera duplicidade ou paralelismo a agregação de valores nos diferentes níveis do Poder Público para cobertura financeira do projeto, desde que o somatório das importâncias captadas nas várias esferas não ultrapasse seu valor total.

▪Art. 36. Os projetos pré-qualificados anteriormente à expedição deste Decreto serão revistos pela Secretaria Municipal de Cultura para adequação às novas disposições.

▪Art. 37. No presente exercício, as despesas decorrentes da execução deste Decreto correrão por conta das dotações orçamentárias 28.25.13.392.0227. 6861.3390.3900.00 e 28.25.13.392.0227.6861.3390.3600.00 – Realização de Projetos Culturais com Incentivos Fiscais.

Parágrafo único. Nos exercícios subsequentes, serão consignadas dotações específicas nos orçamentos anuais.

▪Art. 38. Este Decreto entrará em vigor na data de sua publicação, revogados os Decretos n. 41.940, de 23 de abril de 2002, n. 42.818, de 31 de janeiro de 2003, e n. 44.247, de 12 de dezembro de 2003.

JOSÉ SERRA
prefeito

Endereços

**DIRIGENTES DO MINISTÉRIO
DA CULTURA E SEUS ÓRGÃOS
COLEGIADOS, FUNDAÇÕES E AUTARQUIAS**

Ministério da Cultura – MinC
Esplanada dos Ministérios, Bloco B, sala
401 – CEP: 70068-900
Brasília – Distrito Federal
Tel. Geral: (61) 2024-2000

Ministra de Estado da Cultura
Ana de Hollanda
Tels.: (61) 2024-2460/ 2464
Fax: (61) 3225-9162

Chefe de gabinete
Maristela Rangel Pinto
Tels.: (61) 2024-2472/2024-2474
Fax: (61) 2024-2482

E-mails: maristela.rangel@cultura.gov.br e
cgm@cultura.gov.br

Agenda da ministra
Tânia Rodrigues
Tel.: (61) 2024-2470
Fax: (61) 2024-2482
E-mail: agendaministra@cultura.gov.br

**Assessora da chefe
de gabinete da ministra**
Sonia Maria Sousa Pinto
Tel.: (61) 2024-2481
Fax: (61) 2024-2482
E-mail: sonia.sousapinto@cultura.gov.br

Assessora especial
Morgana Eneile
Tel.: (61) 2024-2262/2481

Fax: (61) 2024-2482
E-mail: morgana.eneile@cultura.gov.br

Coordenador de comunicação social
Nei Bomfim
Tel.: (61) 2024-2415
Fax: (61) 2024-2174
E-mail: nei.bomfim@cultura.gov.br

Chefe de assessoria de imprensa
Luis Cláudio Guedes Oliveira
Tel.: (61) 2024-2412
Fax: (61) 2024-2174
E-mail: luis.guedes@cultura.gov.br

Chefe de reportagem
Heli Espíndola
Tel.: (61) 2024-2408
E-mail: heli.espindola@cultura.gov.br

Chefe de cerimonial
Cleusmar Fernandes
Tel.: (61) 2024-2411
E-mail: cleusmar.fernandes@cultura.gov.br

Assessor especial de controle interno
Cleômenes Viana Batista
Tel.: (61) 2024-2419
Fax: (61) 3322-8255
E-mail: aeci@cultura.gov.br

Chefe da ouvidoria
Valéria Glaice Antunes
Tel.: (61) 2024-2483

Chefe substituta da ouvidoria
Maria Ângela Inácio
Tel.: (61) 2024-2473

Chefe da assessoria parlamentar
José Ivo Vannuchi
Tel.: (61) 2024-2427
Fax: (61) 3223-8039
E-mail: aspar@cultura.gov.br

Consultor jurídico
Cláudio Péret Dias
Tel.: (61) 2024-2312
Fax: (61) 3226-5459
E-mail: conjur@cultura.gov.br

SECRETARIA EXECUTIVA
(MINISTÉRIO DA CULTURA)

Secretário executivo
Vitor Ortiz
Tels.: (61) 2024-2362/2024-2365
Fax: (61) 2024-2178/2024-2177
E-mail: vitor.ortiz@cultura.gov.br
Agenda: seagenda@cultura.gov.br

Chefe de gabinete
Eugênia M.P. Vitorino
Tel.: (61) 2024-2357
E-mail: eugenia.vitorino@cultura.gov.br

Diretora de programa
Renata Monteiro de Souza
Tel.: (61) 2024-2356
Fax: (61) 2024-2178/2024-2177
E-mail: renata.monteiro@cultura.gov.br

**Diretor
de programa**
Cid Blanco Junior
Tels.: 2024-2669/2024-2679
E-mail: cid.blanco@cultura.gov.br

Assessora
Maria Teresa Barbosa Huang
Tel.: (61) 2024-2301
Fax: (61) 2024-2178 / 2024-2177
E-mail: maria.huang@cultura.gov.br

Assessora
Marilia Gabriela Villarreal Goulart
Tel.: (61) 2024-2347
Fax: (61) 2024-2178 / 2024-2177
E-mail: marilia.goulart@cultura.gov.br

Assessora
Débora Peters
Tel.: (61) 2024-2303
Fax: (61) 2024-2178 / 2024-2177
E-mail: debora.peters@cultura.gov.br

Assessor
Gustavo Carvalho da Silva
Tel.: (61) 2024-2354
Fax: (61) 2024-2178 / 2024-2177
E-mail: gustavo.silva@cultura.gov.br

Coordenadora do gabinete
Ana Cristina Araruna Melo
Tel.: (61) 2024-2367
Fax: (61) 2024-2178 / 2024-2177
E-mail: seapoio@cultura.gov.br

Diretoria de Gestão Estratégica
Luiz Zugliani
Tel.: (61) 2024-2211
DGE: nomes e atribuições

Diretoria de Gestão Interna
Eduardo Ballarin
Tel.: (61) 2024-2321
E-mail: dgi@cultura.gov.br
DGI: nomes e atribuições

Diretoria de Relações Internacionais
Marcelo Otávio Dantas
Tel.: (61) 2024-2447
E-mail: marcelo.dantas@cultura.gov.br
DRI: nomes e atribuições

SECRETARIAS (MINISTÉRIO DA CULTURA)

Secretário de Políticas Culturais
Sergio Mamberti
Edifício Parque Cidade Corporate
CEP: 70308-200, Brasília/DF
Tels.: 2024-2144/2024-2221
Fax: 2024-2180
E-mail: politicas.culturais@cultura.gov.br

Chefia de gabinete
Rodrigo Galletti
Tel.: (61) 2024-2222
E-mail: rodrigo.galletti@cultura.gov.br

Diretoria de Estudos e Monitoramento de Políticas Culturais
Américo José Córdula Teixeira
Tel.: (61) 2024-2279
E-mail: americo.cordula@cultura.gov.br

Coordenação-geral de Acompanhamento da Política Cultural
Rafael Pereira Oliveira
Tel.: (61) 2024-2026
E-mail: pnc@cultura.gov.br

Coordenação-geral de Cultura Digital
José Murilo Junior
Tel.: (61) 2024-2224
E-mail: jose.carvalho@cultura.gov.br

Diretoria de Educação e Comunicação
Juana Nunes Pereira
Tel.: (61) 2024-2092
E-mail: juana.nunes@cultura.gov.br

Coordenação-geral de Educação
Carla Dozzi
Tel.: (61) 2024-2234
E-mail: carla.dozzi@cultura.gov.br

Coordenação-geral de Comunicação
Ricardo Anair Barbosa de Lima
Tel.: (61) 2024-2228
E-mail: ricardo.lima@cultura.gov.br

Diretoria de Direitos Intelectuais
Marcia Regina Vicente Barbosa
Tel.: (61) 2024-2640
E-mail: marcia.barbosa@cultura.gov.br

Coordenação-Geral de Regulação em Direitos Autorais
Cristiano Borges Lopes
Tel.: (61) 2024-2502
E-mail: cristiano.lopes@cultura.gov.br

Coordenação-geral de Difusão de Direitos Autorais e Acesso à Cultura
Cliffor Luiz de Abreu Guimarães
Tel.: (61) 2024-2516
E-mail: cliffor.guimaraes@cultura.gov.br

Secretaria de Cidadania Cultural
SCS, Quadra 09, Lote C Torre B – 9º andar
Edifício Parque Cidade Corporate
CEP: 70308-200, Brasília/DF
E-mail: gabinete.scdc@cultura.gov.br

Central de Atendimento
Tels.: (61) 2024-2960/2958/2902
E-mail: atendimento.cidadaniaediversidade@cultura.gov.br

Secretária de Cidadania Cultural
Márcia Helena Gonçalves Rollemberg
Tel.: (61) 2024-2936

Secretárias (agenda.scdc@cultura.gov.br)
Rosane Cristina
Tel.: (61) 2024-2778
E-mail: rosane.cristina@cultura.gov.br

Luceli dos Santos
Tel.: (61) 2024-2780
E-mail: agenda.scdc@cultura.gov.br

Diretoria de Acesso à Cultura
Ione Maria de Carvalho
Tel.: (61) 2024-2736
E-mail: ione.carvalho@cultura.gov.br

Secretária
Ana Cristina Maciano
Tel.: (61) 2024-2936
E-mail: ana.maciano@cultura.gov.br

Chefia de Gabinete
Elaine Rodrigues Santos
Tel.: (61) 2024-2945
E-mails: elaine.santos@cultura.gov.br
gestão.scdc@cultura.gov.br

Secretária
Leiliane de Oliveira Sousa
Tel.: (61) 2024-2945
E-mail: leiliane.sousa@cultura.gov.br

Assessoria Internacional
Giselle Dupin
Tel.: (61) 2024-2789
E-mail: giselle.dupin@cultura.gov.br

Coordenação de Orçamento
Daniel Castro Doria de Menezes
Tel.: (61) 2024-2989
E-mail: daniel.castro@cultura.gov.br

Anna Flávia Pires
Tel.: (61) 2024-2829
E-mail: anna.pires@cultura.gov.br

Ana Lethicia Mattos Assis
Tel.: (61) 2024-2971
E-mail: ana.assis@cultura.gov.br

Renato Ferreira de Oliveira
Tel.: (61) 2024-2969
E-mail: renato.oliveira@cultura.gov.br

Núcleo de Comunicação
Anna Paula Alvarenga Nascimento
Tel.: (61) 2024-2835
E-mail: anna.nascimento@cultura.gov.br

Luis Eduardo Alves
Tel.: (61) 2024-2994
E-mail: luis.alves@cultura.gov.br

Ana Cecília Paranagua Fraga
Tel.: (61) 2024-2850
E-mail: ana.fraga@cultura.gov.br

Thaty Lorrany Silva Leal
Tel.: (61) 2024-2835
E-mail: thaty.leal@cultura.gov.br

Coordenação-Geral de Mobilização e Articulação em Rede

Antônia Rangel
Tel.: (61) 2024-2974
E-mail: antonia.rangel@cultura.gov.br

Danielle Gouveia
Tel.: (61) 2024-2782
E-mail: danielle.gouveia@cultura.gov.br

Diego Felipe
Tel.: (61) 2024-2762
E-mail: diego.carvalho@cultura.gov.br

Suporte Técnico
Tels.: (61) 2024-2972/2994/2953/2850/2932/2822/2793/2764/2696

Coordenação-Geral de Cultura e Cidadania

Pedro Domingues Monteiro Junior
Tel.: (61) 2024-2864
E-mail: pedro.domingues@cultura.gov.br

Culturas Populares e Tradicionais
Josilene Costa
Tel.: (61) 2024-2893
E-mail: josilene.costa@cultura.gov.br

Suporte Técnico
Tels.: (61) 2024-2822/2696/2988/2791/2829

Coordenação-Geral de Gestão de Pontos, Redes e Pontões de Cultura

Magali Guedes de Magela Moura
Tel.: (61) 2024-2872
E-mail: magali.moura@cultura.gov.br

Conveniamentos de Pontos
Teresinha Pereira
Tel.: (61) 2024-2832
E-mail: teresinha.pereira@cultura.gov.br

Suporte Técnico
Tels.: (61) 2024-2807/2904/2990/2910/2832/2906

Prestação de Contas
Érika F. Borges
Tel.: (61) 2024-2918
E-mail: erika.borges@cultura.gov.br

Suporte Técnico
Tels.: (61) 2024-2969/2806/2937/2862/2941/2983/2917/2941

Acompanhamento
Lúcia Campolina
Tel.: (61) 2024-2935
E-mail: lucia.campolina@cultura.gov.br

Coordenação Administrativa

Daniele Malaquias
Tel.: (61) 2024-2759
E-mail: daniele.malaquias@cultura.gov.br

Izabel Maia
Tel.: (61) 2024-2963
E-mail: izabel.maia@cultura.gov.br

Setor de Passagens
Sônia Sousa
Tel.: (61) 2024-2780
E-mail: sonia.sousa@cultura.gov.br

Suporte Técnico
Tels.: (61) 2024-2978/2967/2763

Protocolo
Geralda Castanheiras
Tel.: (61) 2024-2982
E-mail: Geralda.Castanheira@cultura.gov.br

Suporte Técnico
Tels.: (61) 2024-2971/2885/2751

Central de Atendimento
Tels.: (61) 2024-2960/2958/2902

E-mail: atendimento.
cidadaniaediversidade@cultura.gov.br

SECRETARIA DO AUDIOVISUAL

Atendimento ao Proponente
Tel.: (61) 2024-2833
E-mail: savinfo@cultura.gov.br

Secretária do Audiovisual
Ana Paula Dourado Santana
E-mail: audiovisual@cultura.gov.br
Secretária: Rosenilde Ramos
Tel.: (61) 2024-2871/2800

Chefia de Gabinete
Lisiane Taquary de Oliveira
Tel.: (61) 2024-2800
E-mail: lisiane.taquary@cultura.gov.br

Assessoria de Comunicação
Débora Palmeira
Tel.: (61) 2024-2940
E-mail: debora.palmeira@cultura.gov.br

Divisão de Editais
Luisa Santos
Tel.: (61) 2024-2923
E-mail: concurso.sav@cultura.gov.br

**Coordenação Geral
de Atividades Audiovisuais no Exterior**
Samuel Barichello Conceição
Tel.: (61) 2024-2874
E-mail: sav.internacional@cultura.gov.br

**Coordenação de Análise e
Aprovação de Projetos de Incentivo Fiscal**
Márcia Ludovico Soares
Tel.: (61) 2024-2996/2848
E-mail: marcia.soares@cultura.gov.br

**Coordenação de Acompanhamento
a Execução de Projetos – Incentivo Fiscal**
Josiel Fonseca Rabelo
Tel.: (61) 2024-2928

E-mail: acompanhamentomecenato.sav@cultura.gov.br

Coordenação de Prestação de Contas de Convênios
Carlos Antônio Cruz
Tel.: (61) 2024-2771
E-mail: dpcsav@cultura.gov.br

**Coordenação de Prestação de
Contas de Projetos de Incentivo Fiscal**
Viviane Souza
Tel.: (61) 2024-2837
E-mail: viviane.souza@cultura.gov.br

Coordenação de Convênios
Cristiano Liberal
Tel.: (61) 2024-2919/2949
E-mail: cristiano.liberal@cultura.gov.br

Centro Técnico Audiovisual
Tel.: (21) 3501-7800
Conheça o site do CTAv

Cinemateca Brasileira
Carlos Wendel de Magalhães
Tel.: (11) 3512-6100
Conheça o site da Cinemateca Brasileira

**SECRETARIA DE
ARTICULAÇÃO INSTITUCIONAL**

Secretário de Articulação Institucional
João Roberto Peixe
E-mail: sai@cultura.gov.br

Secretária: Tania M. Dutra Moraes Assis

Assistente: Maria Virgínia Martins
Tels.: (61) 2024-2335/2336

Chefia de Gabinete
Oswaldo Gomes dos Reis Júnior
Tel.: (61) 2024-2337
E-mail: oswaldo.reis@cultura.gov.br

Apoio Administrativo ao Gabinete

Agente Administrativo: Sandra Kelly Macedo Batista
Tel.: (61) 2024- 2191
E-mail: sandra.batista@cultura.gov.br

Agente Administrativo: Glória Maria Ferreira Silva
Tel.: (61) 2024-2338
E-mail: gloria.silva@cultura.gov.br

Agente Administrativo: Demian Lube Rodrigues Conde
Tel.: (61) 2024-2338/2343
E-mail: demian.conde@cultura.gov.br

Coordenação de Planejamento, Orçamento e Finanças

Coordenador-Geral Interino
Flávio Vinícius Macedo
Tel.: (61) 2024-2395
E-mail: flavio.macedo@cultura.gov.br

Agente Administrativo: Maria do Perpétuo Socorro de Melo Sousa
Tel.: (61) 2024-2340
E-mail: maria.sousa @cultura.gov.br

Agente Administrativo: Júlia Costa de Proença Gomes
Tel.: (61) 2024-2344
E-mail: julia.proenca@cultura.gov.br

Coordenação de Convênios

Adriana Claudia Gomes Borges
Tel.: (61) 2024-2393
E-mail: adriana.borges@cultura.gov.br

Assistente: Maria de Fátima Gonçalves Martins
Tel.: (61) 2024-2189
E-mail: fatima.martins@cultura.gov.br

Diretoria de Programas Integrados

Bernardo Novais Mata Machado
Tel.: (61) 2024-2330
E-mail: bernardo.machado@cultura.gov.br

Secretária: Raquel Azevedo Silva
Tel.: (61) 2024-2327
E-mail: raquel.silva@cultura.gov.br

Coordenação-Geral de Articulação e Integração de Ações

Célia Jeane dos Santos
Tel.: (61) 2024- 2073
E-mail: célia.santos@cultura.gov.br

Assistente Administrativo: Regina do Vale Almeida
Tel.: (61) 2024-2036
E-mail: regina.almeida@cultura.gov.br

Agente Administrativo: Yane Marcelle Pereira Silva
Tel.: (61) 2024-2181
E-mail: yane.silva@cultura.gov.br

COORDENAÇÃO-GERAL DE RELAÇÕES FEDERATIVAS E SOCIEDADE

Sistema Nacional de Cultura

Maurício de Gois Dantas
Tel.: (61) 2024-2346
E-mail: mauricio.dantas@cultura.gov.br

Coordenador: Sérgio Andrade Pinto
Tel.: (61) 2024-2571
E-mail: sergio.pinto@cultura.gov.br

Diretoria de Livro, Leitura e Literatura

Fabiano dos Santos
Tel.: (61) 2024-2629
E-mail: fabiano.santos@cultura.gov.br

Consultor: Fernando Braga
Tel.: (61) 2024-2692
E-mail: agentesdeleituradobrasil@gmail.com

Consultor: Ana Lúcia Ferreira de Castro
E-mail: ana.castro@cultura.gov.br
Tel.: (61) 2024-2654

Secretária: Irene Teresinha Nunes de Souza Inácio
Tel.: (61) 2024-2630
E-mail: ireneinacio@gmail.com

Coordenação-Geral de Economia do Livro – CGEL
Coordenadora: Marilia Silva de Oliveira
Tel.: (61) 2024- 2526
E-mail: marilia.oliveira@cultura.gov.br

Coordenador: Cauê Augusto Maia Baptista
Tel.:(61)2024-2650
E-mail: caue.baptista@cultura.gov.br

Servidor: Andrey do Amaral dos Santos
Tel.: (61) 2024- 2628
E-mail: andrey.santos@cultura.gov.br

Consultora: Valéria Viana Labrea
Tel.: (61) 2024- 2698
E-mail: economiadolivro@gmail.com

Coordenação-Geral de Leitura e Literatura – CGLL
Servidor: Welinton José Gois
Tel.: (61) 2024- 2680
E-mail: welinton.gois@cultura.gov.br

Consultor: Robson Dantas de Andrade
Tel.: (61) 2024- 2655
E-mail: robson.consulta@gmail.com

Servidor: Tatiana de Oliveira de Almeida
Tel.: (61) 2024- 2657
E-mail: tatiana.almeida@cultura.gov.br

Consultora: Ana Cristina Dubeux Dourado
Tel.: (61) 2024- 2698
E-mail: anadourado@pnll.gov.br

Coordenação PRODOC
Amanda Valdiney Rodrigues Montes
E-mail: amanda.montes@cultura.gov.br

Analista Técnico Administrativo: Aline Iramina
Tel.: (61) 2024- 2339/2345
E-mail: aline.iramina@cultura.gov.br

SECRETARIA DE FOMENTO E INCENTIVO À CULTURA

Divisão de Atendimento ao Proponente
Horário: segunda à sexta, das 9h às 17h
Tel.: (61) 2024-2082
E-mail: Fale com a Cultura

Secretário de Fomento e Incentivo à Cultura
Henilton Parente de Menezes
Tel.: (61) 2024-2112/ 2113
E-mail: henilton.menezes@cultura.gov.br

Chefia de Gabinete
Alexandra Luciana Costa
Tel.: (61) 2024-2120
E-mail: alexandra.costa@cultura.gov.br

Assessoria de Imprensa
Caroline Borralho
Tel.: (61) 2024-2127
E-mail: caroline.borralho@cultura.gov.br

Coordenação do Programa Nacional de Apoio à Cultura (Pronac)
Juliano Smith
Tel.: (61) 2024-2105
E-mail: juliano.smith@cultura.gov.br

Diretoria de Incentivo à Cultura
Kleber da Silva Rocha
Tel.: (61) 2024-2138
E-mail: kleber.rocha@cultura.gov.br

Coordenação-Geral do Fundo Nacional da Cultura
Carla Cristina Marques
Tel.: (61) 2024-2157
E-mail: carla.marques@cultura.gov.br

**Coordenação-Geral de Análise
de Projetos de Incentivos Fiscais**
Vicente Finageiv Filho
Tel.: (61) 2024-2122
E-mail: vicente.filho@cultura.gov.br

**Coordenação-Geral
de Acompanhamento e Avaliação**
Odecir Luiz Prata da Costa
Tels.: (61) 2024-2136/2106
E-mail: odecir.costa@cultura.gov.br

**Coordenação-Geral
de Prestação de Contas**
Denise Terra Nunes Ribas
Tel.: (61) 2024-2130
E-mail: denise.terra@cultura.gov.br

**Diretoria de Desenvolvimento e Avaliação
de Mecanismos de Financiamento**
Jorge Alan Pinheiro Guimarães
Tel.: (61) 2024-2101
E-mail: jorge.guimaraes@cultura.gov.br

**Coordenação-Geral de
Desenvolvimento e Orientação**
Rômulo Menhô Barbosa
Tel.: (61) 2024-2169
E-mail: romulo.barbosa@cultura.gov.br

Coordenação-Geral de Fomento à Cultura
Antônio Carlos Silva
Tel.: (61) 2024-2070
E-mail: antonio.silva@cultura.gov.br

SECRETARIA DA ECONOMIA CRIATIVA

Secretária da Economia Criativa
Cláudia Sousa Leitão
Tel.: (61) 2024-2942
Fax: 2024-2633
E-mail: claudia.leitao@cultura.gov.br

Secretária: Rayane Ferraz de Souza
Tel.: (61) 2024-2942
E-mail: rayane.souza@cultura.gov.br

Chefe de Gabinete
Teresa Cristina Rocha Azevedo de Oliveira
Tel.: (61) 2024-2894
E-mail: teresa.oliveira@cultura.gov.br.

**Diretoria de Desenvolvimento,
Monitoramento e Regulação**
Luiz Antônio Gouveia
Tel.: (61) 2024-2795
E-mail: luiz.gouveia@cultura.gov.br.

Secretária: Tássia Caroline Souza França
Tel.: (61) 2024-2831
E-mail: tassia.franca@cultura.gov.br

Coordenação-Geral de Ações Estruturantes
Fábio Cunha
Tel.: (61) 2024-2777
E-mail:

**Diretoria de Empreendedorismo,
Gestão e Inovação**
Luciana Lima Guilherme
Tel.: (61) 2024-2851
E-mail: luciana.guilherme@cultura.gov.br

Secretária: Keiser Silva Costa
Tel.: (61) 2024-2955
E-mail: keiser.costa@cultura.gov.br

Coordenação-Geral de Projetos Especiais
Micaela Neiva Moreira
Tel.: (61) 2024-2797
E-mail: micaela.neiva@cultura.gov.br

**Coordenação-Geral
de Ações Empreendedoras**
Suzete Nunes
Tel.: (61) 2024-2965
E-mail: suzete.nunes@cultura.gov.br

Comunicação Social
Sheila Rezende Medeiros
Tel.: (61) 2024-2805
E-mail: sheila.medeiros@cultura.gov.br.

REPRESENTAÇÕES REGIONAIS (ENCAMINHAR VIA CG/GM) – MINISTÉRIO DA CULTURA

Representação Regional de São Paulo
Edifício CBI Esplanada – Rua Formosa, n° 367, 21° andar – Centro
CEP: 01049-911 – São Paulo/SP
Tels.: (11) 5539-6304/ 5084-0628
Fax: (11) 5549-6116
Horário de Atendimento: 2ª à 6ª feira, das 9h às 13h
Chefe da Representação: Valério da Costa Bemfica
E-mail: atendimento.sp@cultura.gov.br

Representação Regional do Rio de Janeiro
Palácio Gustavo Capanema – Rua da Imprensa, n° 16, 2° andar – Centro
CEP: 20030-120 – Rio de Janeiro/RJ
Tels.: (21) 2220-6590/ 2220-4189
Fax: (21) 2220-7715
Horário de Atendimento: das 9h às 18h
Chefe da Representação: Marcelo Murta Velloso
E-mail: gabinete.rj@cultura.gov.br
Atendimento a projetos: pronac.rj@cultura.gov.br

Representação Regional de Minas Gerais
Rua Rio Grande do Sul, 940, Santo Agostinho
CEP: 30170-111 – Belo Horizonte/MG
Tels.: (31) 3055-5900/ 3055-5901
Fax: (31) 3055-5929
Horário de Atendimento: 2ª a 6ª feira, das 9h às 18h
Atendimento Lei Rouanet: 2ª a 6ª feira, das 14h às 17h
Chefe da Representação: Cesária Alice Macedo
E-mails:
PRONAC – marcia.quintao@cultura.gov.br; fernando.guimaraes@cultura.gov.br
Pontos de Cultura – claudia.castro@cultura.gov.br
Boletim Teia Cultural – divulgacaomg@cultura.gov.br
Twitter: http://twitter.com/mincmg

Representação Regional do Nordeste
Rua do Bom Jesus, 237 – Bairro do Recife
CEP: 50030-170 – Recife/PE
Tel.: (81) 3117-8430
Fax: (81) 3117-8450
Horário de Atendimento: 2ª à 6ª feira, das 9h às 18h
Atendimento Lei Rouanet: 2ª à 6ª feira, das 9h às 18h
Chefe da Representação: Fábio Henrique Lima de Almeida
E-mail: nordeste@cultura.gov.br
Twitter: http://twitter.com/mincnordeste
Blog: http://culturadigital.br/mincnordeste

Representação Regional do Sul
Rua André Puente, n° 441, sala 604 – Bairro Independência
CEP: 90035-150 – Porto Alegre/RS
Tel.: (51) 3311-5331
Fax: (51) 3395-3423
Atendimento ao Público: 2ª a 6ª feira, das 9:30 às 12:00 e das 14:00 às 17:30.
Atendimento ao Pronac: 2ª a 6ª feira, das 14:00 às 17:30.
Chefe da Representação: Margarete Costa Moraes
E-mails:
Pronac – atendimentopronacsul@cultura.gov.br
Pontos de Cultura – pontosdeculturasul@cultura.gov.br
Informativo Eletrônico – comunicacaosul@cultura.gov.br
Regional Sul – regionalsul@cultura.gov.br

Representação Regional do Norte
Avenida Governador José Malcher, n° 474 – Bairro de Nazaré

CEP: 66035-100 – Belém/PA
Tel.: (91) 3222- 7235
Fax: (91) 3224-0699
Horário de atendimento: das 9h às 12h e das 14h às 18h
Chefe da Representação: Delson Luis Cruz
E-mail: regionalnorte@cultura.gov.br

Representação Regional da Bahia
Rua Ignacio Acioly, nº 6, (antiga Rua da Ordem Terceira), Pelourinho
CEP: 40.026-260 – Salvador/BA
Tel.: (61) 9621-2243
Chefe da Representação: Monica Trigo
E-mail: representacaobahia@cultura.gov.br

Escritório no Acre
Coordenadora: Keilah Diniz
E-mail: keilah.diniz@cultura.gov.br
Tel.: (68) 2106-8500 (8501) ou (61) 9646-6281

ENTIDADES VINCULADAS

FUNDAÇÕES

Fundação Casa de Rui Barbosa – FCRB

Presidente: Wanderley Guilherme dos Santos
Tel.: (21) 3289-4602
Fax: (21) 3289-4690
E-mails: fcrb@rb.gov.br
presidencia@rb.gov.br

Diretor Executivo
Hélio Oliveira Portocarrero de Castro
Tel.: (21) 3289-4606
Fax: (21) 3289-4690

Diretora do Centro de Memória e Informação
Ana Maria Pessoa dos Santos
Tel.: (21) 3289-4650
Fax: (21) 3289-4657
E-mail: memoria@rb.gov.br

Diretora do Centro de Pesquisa
Christiane Laidler
Tel.: (21) 3289-4631
Fax: (21) 3289-4694
E-mail: pesquisa@rb.gov.br

Coordenador-Geral de Planejamento e Administração
Carlos Renato Costa Marinho
Tel.: (21) 3289-4610
Fax: (21) 3289-4690
E-mail: cgpa@rb.gov.br

Chefe da Divisão de Difusão Cultural
Mara Sueli Ribeiro Lima
Tel.: (21) 3289-4644
Fax: (21) 3289-4694
E-mail: eventos@rb.gov.br

Procurador Chefe
Alessandro Quintanilha Machado
Tel.: (21) 3289-4608
Fax: (21) 3289-4690

Auditora Chefe
Maria dos Anjos Vieira Labres
Tel.: (21) 3289-4609
Fax: (21) 3289-4690

Fundação Cultural Palmares – FCP
Presidente: Eloi Ferreira de Araujo
Tel.: (61) 3424-0108
Fax: (61) 3326-0242
E-mails: chefiadegabinete@palmares.gov.br
agenda.presidente@palmares.gov.br

Gabinete da Presidência
Chefia de Gabinete
Chefe: Carolina Nascimento
Secretária: Katiane Ferreira
Tel.: (61) 3424-0138
Fax: (61) 3226-0351
E-mail: chefiadegabinete@palmares.gov.br

Assessoria Internacional
Assessor: Daniel Brasil
Tel.: (61) 3424-0156
Fax: (61) 3326-0351
E-mail: internacional@palmares.gov.br

Assessoria de Comunicação Social
Assessora: Mônica Aparecida Santos
Secretária: -.-
Tel.: (61) 3424-0162
Fax: (61) 3424-0166
E-mail: ascom@palmares.gov.br

Coordenação Geral de Gestão Estratégica
Coordenadora Geral: Simoni Hastenreiter
Secretária: Marlene dos Santos Rocha
Tel.: (61) 3424-0149
Fax: (61) 3424-0148
E-mail: cge@palmares.gov.br

Procuradoria Geral
Procuradora: Ludmila Rolim Gomes de Faria
Secretária: Renata da Cruz Souza
Tel.: (61) 3424-0109
Fax: (61) 3424-0163
E-mail: pf.fcp@palmares.gov.br

Departamento de Fomento e Promoção da Cultura Afro-Brasileira
Diretor: Martvs das Chagas
Secretária: Edcleide Honório
Tel.: (61) 3424-0173
Fax: (61) 3424-0133
E-mail: dep@palmares.gov.br

Departamento de Proteção ao Patrimônio Afro-Brasileiro
Diretor: Alexandro Reis
Secretária: Angela da Silva
Tel.: (61) 3424-0101
Fax: (61) 3424-0145
E-mail: dpa@palmares.gov.br

Coordenação Geral de Gestão Interna
Coordenador Geral: Claudinei Pimentel Mota (Pirelli)
Secretária: Fabiana Martins
Tel.: (61) 3424-0111
Fax: (61) 3424-0123
E-mail: cggi@palmares.gov.br

Centro Nacional de Informação e Referência da Cultura Negra
Coordenador Geral: Carlos Moura
Secretária: Luanda Gabriela
Tel.: (61) 3424-0104
E-mail: cnirc@palmares.gov.br

Auditoria Interna
Auditor: Ricardo Portocarrero Menezes
Secretária: Raimunda Melo
Tel.: (61) 3424-0146
E-mail: auditoria@palmares.gov.br

Representação da Fundação Cultural Palmares / Alagoas
Representante: Genisete de Lucena Sarmento
Tels.: (61) 9943-5442 / (82) 3281-3167
E-mail: genisete.sarmento@palmares.gov.br
Rua Antonio Honorato da Silva, 236, Centro – CEP: 57800-000

Representação da Fundação Cultural Palmares / Bahia
Representante: Verônica Nairobi Sales de Aguiar
Tel.: (61) 9659-5443
E-mail: nairobi.aguiar@palmares.gov.br
Rua Ignácio Acioly, n. 6. Pelourinho, CEP: 40026-260, Salvador –Bahia (Rua da antiga Ordem Teixeira)

Representação da Fundação Cultural Palmares / Rio de Janeiro
Representante: Rodrigo Nascimento dos Santos
Tels.: (61) 9604-1270 / (21)2220-3340
Fax: (21) 2220-3340
E-mail: fcp.rj@palmares.gov.br
Rua da Imprensa, nº 16 – Sala 716 – Centro – CEP: 20030-120

**Representação da Fundação
Cultural Palmares / Maranhão**
Representante: Ana Amélia Campos Mafra
Tels.: (61) 9682-6752 / (98) 8838-7220
Rua das Hortas n° 223 – Centro (CNPT)
– CEP: 65020-270 – São Luis/MA

Fundação Nacional de Artes – Funarte
Presidente: Antonio Grassi
Tels.: (21) 2279-8004 / 2279-8003
Fax: (21) 2532-3431
E-mail: gabinete@funarte.gov.br

Assessoria Especial | AESP
Rua da Imprensa, 16, sala 507 – Centro
CEP: 20030-120
Rio de Janeiro/RJ
Tels.: (21) 2279-8591 / 2279-8029
E-mail: assessoria@funarte.gov.br

**Programa Nacional de
Apoio à Cultura | Pronac**

Coordenador: Ronaldo Daniel Gomes
Rua da Imprensa, 16, sala 1316 – Centro
CEP: 20030-120 Rio de Janeiro/RJ
Atendimento ao público: (21) 2279-8111
E-mail: pronac@funarte.gov.br

Centro de Artes Cênicas | Ceacen

Diretor: Antônio Gilberto Porto Ferreira
Rua da Imprensa, 16 sala 501 – Centro
CEP: 20030-120, Rio de Janeiro/RJ
Tels: (21) 2279-8010 / 2279-8012 /
2279-8013
Fax: (21) 2220-0032
E-mail: ceacen@funarte.gov.br
- Exibir a estrutura de Centro de Artes
Cênicas | Ceacen

Centro das Artes Visuais | Ceav

Diretor: Francisco de Assis Chaves Bastos
(Xico Chaves)
Rua da Imprensa, 16, sala 1303 – Centro
CEP: 20030-120, Rio de Janeiro/RJ
Tel.: (21) 2279-8090
Tel./Fax: (21) 2279-8089
E-mail: cavisuais@funarte.gov.br
- Exibir a estrutura de Centro das Artes
Visuais | Ceav

Centro da Música | Cemus

Diretor: Bebeto Alves
Tel.: (21) 2279-8107
Fax: (21) 2279-8088
Rua da Imprensa 16, sala 1308 – Centro
CEP: 20030-120, Rio de Janeiro/RJ
Secretária: Isa Viana
E-mail: cemus@funarte.gov.br
- Exibir a estrutura de Centro da Música |
Cemus

**Centro de Programas
Integrados | Cepin**

Diretora: Ana Claudia Souza
Rua da Imprensa 16 sala 1301 – Centro
CEP: 20030-120, Rio de Janeiro/RJ
Tel.: (21) 2279-8080
Tel./fax: (21) 2279-8078
E-mail: cepin@funarte.gov.br
- Exibir a estrutura de Centro de
Programas Integrados | Cepin

Assessoria de Comunicação | Ascom
ascomfunarte@funarte.gov.br

Coordenadora: Camilla Pereira
Rua da Imprensa, 16, sala 1306 – Centro
CEP: 20030-120, Rio de Janeiro/RJ
Tels.: (21) 2279-8065 / 2279-8056
Fax: (21) 2215-4662

Auditor interno: Reinaldo Veríssimo
Tels.: (21) 2279-1189 / 2262-1855 /
2279-8592
E-mail: auditorinterno@funarte.gov.br

Procuradoria Jurídica | Projur

Procurador Chefe: Miguel Lobato
Rua da Imprensa, 16, sala 510 – Centro
CEP: 20030-120, Rio de Janeiro/RJ
Tels.: (21) 2279-8027 / 2279-8028 / 2279-8026
Fax: (21) 2279-8395
E-mail: projur@funarte.gov.br

Coordenação-Geral de Planejamento e Administração | CGPA

Coordenador-Geral: Luiz Carlos Pereira de Freitas
Rua da Imprensa, 16, sala 601 – Centro
CEP: 20030-120, Rio de Janeiro/RJ
Tels.: (21) 2279-8119 / 2279-8032 / 2279-8103
Fax: (21) 2279-1185
E-mails: freitas@funarte.gov.br
cgpa@funarte.gov.br

Divisão de Informação e Informática | Dinfo

Chefe: Júlio Cavadas
Rua São José 50 , 7º e 8º andares – Centro
CEP: 20010-020, Rio de Janeiro/RJ
Tels.: (21) 2533-8090 r. 216 / 2533-2696
E-mail: dinfo@funarte.gov.br

Divisão de Engenharia

Chefe:
Renato Franca
Rua da Imprensa, 16, sala 612 – Centro
CEP: 20030-120 Rio de Janeiro/RJ
Tels: (21) 2279-8030 / 2279-8074
E-mail: engenharia-dpa@funarte.gov.br

Coordenação Administrativa | Coad

Coordenador:
Luiz Carlos S. Braga
Rua da Imprensa, 16, sala 609 – Centro
CEP: 20030-120, Rio de Janeiro/RJ
Tel.: (21) 2279-8075
E-mail: coad@funarte.gov.br

Divisão de Serviços Gerais | DSG

Chefe: Jorge Luiz Santos Fonseca
Rua da Imprensa, 16, sala 608 – Centro
CEP: 20030-120 Rio de Janeiro/RJ
Tels.: (21) 2279-8049 / 2279-8048 / 2279-8052
E-mail: dsg@funarte.gov.br

Divisão de Patrimônio | Dipat

Chefe: Floriano Soares de Mello
Rua da Imprensa, 16, sala 609 – Centro
CEP: 20030-120 Rio de Janeiro/RJ
Tels.: (21) 2279-8053 / 2279-8398
E-mail: dipat.dpa@funarte.gov.br

Setor de Compras

Responsável: Oswaldo Guimarães
Tel./fax: (21) 2279-8054
E-mail: setordecompras@funarte.gov.br

Coordenação de Planejamento e Finanças | Cofin

Coordenador: Abimael Correa
Rua da Imprensa, 16, sala 604 – Centro
CEP: 20030-120 Rio de Janeiro, RJ
Tel.: (21) 2279-8116
E-mail: coofin@funarte.gov.br

Secretaria
Tel./Fax: (21) 2279-8047

Núcleo de Execução Orçamentária/Financeira
Tel.: (21) 2279-8015

Divisão de Contabilidade
Tel.: (21) 2279-8042

Núcleo de Prestação de Contas
Tel.: (21) 2279-8044

Divisão de Planejamento | Diplan

Chefe:
Maria Eva da Silva
diplan2@funarte.gov.br
Rua da Imprensa, 16, sala 616 – Centro
CEP: 20030-120 Rio de Janeiro/RJ
Tels.: (21) 2279-8007 / 2279-8041

Coordenação de Recursos Humanos | CRH

Coordenador:
Carlos Alberto Morgado
camorgado@funarte.gov.br
Rua da Imprensa, 16, sala 506 – Centro
CEP: 20030-120, Rio de Janeiro/RJ
Tels.: (21) 2279-8019 / 2279-8020 / 2279-8024

Fundação Biblioteca Nacional – BN
Presidente: Galeno de Amorim Júnior
Tels.: (21) 2240-8079 / 2220-1994
Fax: (21) 2220-4173
E-mail:presidencia@bn.br

Centro de Processos Técnicos
E-mail: cpt@bn.br

Coordenadoria de Serviços Bibliográficos
E-mail: csb@bn.br

Coordenadoria Geral do Livro e da Leitura
E-mail: cgll@bn.br

Programa Nacional de Incentivo à Leitura (Proler)
E-mail: proler@bn.br

Atendimento a Distância
E-mail: dinf@bn.br

Divisão de Iconografia
E-mail: icono@bn.br

Divisão de Música
E-mail: dimas@bn.br

Divisão de Obras Gerais
E-mail: dioge@bn.br

Divisão de Obras Raras
E-mail: diora@bn.br

Coordenadoria de Periódicos
E-mail: periodicos@bn.br

Divisão de Manuscritos
E-mail: mss@bn.br

Divisão de Referência
E-mail: sref@bn.br

Depósito Legal
E-mail: ddl@bn.br

Coordenadoria de Acervo Geral
E-mail: cage@bn.br

Coordenadoria de Preservação
E-mail: preserve@bn.br

Coordenadoria de Acervo Especializado
E-mail: cae@bn.br

ISBN – INTERNATIONAL STANDARD BOOK NUMBER
E-mail: isbn@bn.br

Serviço de Informática
E-mail: infobn@bn.br

Setor de Intercâmbio
E-mail: inter@bn.br

Divisão de Cartografia
E-mail: carto@bn.br

Escritório de Direitos Autorais
E-mail: eda@bn.br

Coordenadoria de Microreprodução
E-mail: dimic@bn.br

Assessoria de Eventos
E-mail: eventos@bn.br

Assessoria de Imprensa
E-mail: imprensa@bn.br.

Coordenadoria Geral de
Planejamento e Administração
E-mail: cgpa@bn.br

Procuradoria Federal
E-mail: procuradoria@bn.br

Drh – Divisão de Recursos Humanos
E-mail: drh@bn.br

PRONAC
E-mail: pronac@bn.br

Sistema Nacional de Bibliotecas Públicas
E-mail: snbp@bn.br

Visita Guiada
E-mail: visiguia@bn.br

Dicionário Cravo Albin
E-mail: icca@gbl.com.br

SABIN
E-mail: sabin@bn.br

Centro de Referência E Difusão
E-mail: crd@bn.br

PLANOR
E-mail: planor@bn.br

AUTARQUIAS

INSTITUTO DO PATRIMÔNIO HISTÓRICO E ARTÍSTICO NACIONAL – IPHAN
Presidente: Luiz Fernando de Almeida

Tels.: (61) 2024-5500 / 2024-5502
Fax: (61) 2024-5514
E-mail: gab@iphan.gov.br

SEPS
Quadra 713/913 Sul / Bloco D Edifício Lúcio Costa – 5º andar – Brasília/DF

Departamento de Planejamento e Administração
SEPS Quadra 713/913 Sul / Bloco D
Edifício Lúcio Costa – 2º andar – Brasília/DF – CEP: 70390-135
Tels.: (61)2024-5700 / 2024-5701 / 2024-5703 / 2024-5707 / 2024-5706
Fax: (61) 2024-5708
E-mail geral: dpa@iphan.gov.br

Departamento do Patrimônio Material e Fiscalização
SEPS Quadra 713/913 Sul / Bloco D,
Edifício Lúcio Costa – 3º andar – Brasília/DF – CEP: 70390-135
Tels.: (61) 2024-6343 ou 2024-6344
Fax: (61)2024-6380
E-mail geral: depam@iphan.gov.br

Departamento do Patrimônio Imaterial
SEPS Quadra 713/913 Sul / Bloco D,
Edifício Lúcio Costa – 4º andar – Brasília/DF – CEP: 70390-135
Tels.: (61) 2024-5401 / (61) 2024-5402 / (61) 2024-6131
Fax: (61) 2024-5420
E-mail geral: dpi@iphan.gov.br

Departamento de Articulação e Fomento
SEPS Quadra 713/913 Sul / Bloco D
Edifício Lúcio Costa – 4º andar – Brasília/DF – CEP: 70390-135
Tels.: (61) 2024-5443, 2024-5445, 2024-5441, 2024-5471 e 2024-5469
E-mail geral: daf@iphan.gov.br

Coordenação-Geral
de Pesquisa e Documentação – RJ
Rua da Imprensa nº 16, Palácio Gustavo
Capanema, 8º andar – Rio de Janeiro/RJ
CEP: 20030-120
Tel.: (21) 2215-5155
Fax: (21) 2215-5258
E-mail geral: copedoc@iphan.gov.br

Coordenação-Geral
de Pesquisa e Documentação – DF
SEPS Quadra 713/913 Sul Bloco "D" Ed
Lúcio Costa 1° Subsolo – Brasília/DF –
CEP: 70390-135
Tels.: (61) 2024-6189
Fax: (61) 2024-6126 / 2024-6198
E-mail geral: copedoc@iphan.gov.br

Arquivo Central do Iphan – RJ
Rua da Imprensa nº 16, Palácio Gustavo
Capanema, 8º andar – Rio de Janeiro/RJ
CEP: 20030-120
Tels.: (21) 2215-5275 – 2215-5824
Fax: (21) 2215-5852
E-mail Geral: ans.pgc@iphan.gov.br

Arquivo Central do Iphan – DF
SBN Q. 02 – Edifício Central Brasília – 2°
subsolo – Brasília/DF – CEP: 70040-904
Tels.: (61) 2024-6189 / 2024-6116 /
2024-6177 /2024-611
E-mail: arquivo.brasilia@iphan.gov.br

INSTITUTO BRASILEIRO
DE MUSEUS – IBRAM
Presidente: José do Nascimento Junior
Tel.: (61) 3521-4002/3521-4005
E-mail: ascom@museus.gov.br

Gabinete – GABIN
Edifício CNC III
Setor Bancário Norte, Quadra 2 Bloco N
– 15° andar – Brasília/DF – CEP:
70040-020
Chefe: Cássia Ribeiro Bandeira de Mello
E-mail: cassia.mello@museus.gov.br
Tel.: (61) 3521-4004

Assessoria de Comunicação – ASCOM
Edifício CNC III
Setor Bancário Norte, Quadra 2 Bloco N
– 15° andar – Brasília/DF – CEP:
70040-020
Chefe: Soraia de Queiroz Costa
Tel.: (61) 3521-4035
E-mail: ascom@museus.gov.br

Assessoria Técnica
da Presidência – ASTEC
Edifício CNC III
Setor Bancário Norte, Quadra 2 Bloco N
– 15° andar – Brasília/DF – CEP:
70040-020
Chefe: Nicole Isabel dos Reis
Tel.: (61) 3521-4032
E-mail: nicole.reis@museus.gov.br

Assessoria Internacional – ASINT
Edifício CNC III
Setor Bancário Norte, Quadra 2 Bloco N
– 15° andar – Brasília/DF – CEP:
70040-020
Chefe: Cyntia Bicalho Uchoa
Tel.: (61) 3521-4028
E-mail: cyntia.uchoa@museus.gov.br

Procuradoria Federal – PROFER
Edifício CNC III
Setor Bancário Norte, Quadra 2 Bloco N
– 15° andar – Brasília/DF – CEP:
70040-020
Procurador-Chefe: Dr. Francisco
Mosquera Bomfim
Tel.: (61) 3521-4017
E-mail: francisco.bomfim@museus.gov.br

Auditoria Interna – AUDIN
Edifício CNC III
Setor Bancário Norte, Quadra 2 Bloco N –
10° andar – Brasília/DF – CEP: 70040-020

Auditora-Chefe: Solange Maria C.
Medeiros Neves
Tel.: (61) 3521-4021
E-mail: solange.neves@museus.gov.br

**Departamento de Planejamento
e Gestão Interna – DPGI**
Edifício CNC III
Setor Bancário Norte, Quadra 2 Bloco N
– 11° andar – Brasília/DF – CEP:
70040-020
Diretor: Franco César Bernardes
Tel.: (61) 3521-4219
E-mail: franco.bernardes@museus.gov.br

Coordenação de Gestão de Pessoas – CGP
Edifício CNC III
Setor Bancário Norte, Quadra 2 Bloco N
– 11° andar – Brasília/DF – CEP:
70040-020
Coordenadora interina: Sandra Telma P. Moura
Tel.: (61) 3521-4223
E-mail: sandra.moura@museus.gov.br

**Coordenação de Recursos
Logísticos e Licitações – CRLL**
Edifício CNC III
Setor Bancário Norte, Quadra 2 Bloco N
– 11° andar – Brasília/DF – CEP:
70040-020
Coordenador: Ronald Ferreira de Souza
Tel.: (61) 3521-4230
E-mail: ronald.souza@museus.gov.br

**Coordenação de Orçamento,
Finanças e Prestação De Contas – COFIP**
Edifício CNC III
Setor Bancário Norte, Quadra 2 Bloco N
– 11° andar – Brasília/DF – CEP:
70040-020
Coordenador: Marcelo Helder Maciel Ferreira
Tel.: (61) 3521-4260
E-mail: marcelo.helder@museus.gov.br

**Coordenação de Tecnologia
da Informação – CTINF**
Edifício CNC III
Setor Bancário Norte, Quadra 2 Bloco N
– 11° andar – Brasília/DF – CEP:
70040-020
Coordenador: Filipe Nogueira Coimbra
Tel.: (61) 3521-4063
E-mail: filipe.nogueira@museus.gov.br
Geral: ctinf@museus.gov.br

**Departamento de
Processos Museais – DEPMUS**
Edifício CNC III
Setor Bancário Norte, Quadra 2 Bloco N
– 13° andar – Brasília/DF – CEP:
70040-020
Diretor: Mario de Souza Chagas
Tel.: (61) 3521-4410
E-mail: mario.chagas@museus.gov.br

**Coordenação de Museologia
Social e Educação – COMUSE**
Edifício CNC III
Setor Bancário Norte, Quadra 2 Bloco N
– 13° andar – Brasília/DF – CEP:
70040-020
Coordenadora: Marcelle Pereira
Tel.: (61) 3521-4407
E-mail: marcelle.pereira@museus.gov.br

**Coordenação de Pesquisa
e Inovação Museal – CPIM**
Edifício CNC III
Setor Bancário Norte, Quadra 2 Bloco N
– 13° andar – Brasília/DF – CEP:
70040-020
Coordenador: Álvaro Marins
Tel.: (61) 3521-4420
E-mail: alvaro.marins@museus.gov.br

**Coordenação de Espaços Museais,
Arquitetura e Expografia – CEMAE**
Rua da Imprensa, 16 – 7° andar, sala 701
Rio de Janeiro/RJ – 20030-120

Coordenadora: Cláudia Storino
Tel.: (21) 2215-5274
E-mail: claudia.storino@museus.gov.br

Coordenação de
Patrimônio Museológico – CPMUS
Rua da Imprensa, 16 – 7° andar, sala 701
Rio de Janeiro/RJ – 20030-120
Coordenador: Cícero Antônio F. de Almeida
Tel.: (21) 2215-5226
E-mail: cicero.almeida@museus.gov.br

Departamento de Difusão, Fomento
e Economia Dos Museus – DDFEM
Edifício CNC III
Setor Bancário Norte, Quadra 2 Bloco N
– 14° andar – Brasília/DF – CEP:
70040-020
Diretora: Eneida Braga Rocha de Lemos
Tel.: (61) 3521-4102
E-mail: eneida.rocha@museus.gov.br

Coordenação de Promoção
e Gestão da Imagem Institucional – CPGII
Edifício CNC III
Setor Bancário Norte, Quadra 2 Bloco N
– 14° andar – Brasília/DF – CEP:
70040-020
Coordenadora: Romilda Resende Moreira
Tel.: (61) 3521-4120
E-mail: romilda.moreira@museus.gov.br

Coordenação de Fomento
e Financiamento – CFF
Edifício CNC III
Setor Bancário Norte, Quadra 2 Bloco N
– 14° andar – Brasília/DF – CEP:
70040-020
Coordenadora: Tânia de Castro Bernardes
Barbosa Caldeira
Tel.: (61) 3521-4140
E-mail: tania.caldeira@museus.gov.br

Coordenação de Difusão
e Desenvolvimento de Parcerias – CDDP
Edifício CNC III
Setor Bancário Norte, Quadra 2 Bloco N
– 14° andar – Brasília/DF – CEP:
70040-020
Coordenadora: Ena Elvira Colnago
Tel.: (61) 3521-4110
E-mail: ena.colnago@museus.gov.br

Coordenação de Estudos
Sócio-Econômicos e Sustentabilidade –
CESES
Edifício CNC III
Setor Bancário Norte, Quadra 2 Bloco N
– 14° andar – Brasília/DF – CEP:
70040-020
Coordenador: Marco Estevão de Mesquita
Vieira
Tel.: (61) 3521-4130
E-mail: marco.vieira@museus.gov.br

Coordenação Geral de Sistemas
de Informações Museais – CGSIM
Edifício CNC III
Setor Bancário Norte, Quadra 2 Bloco N
– 12° andar – Brasília/DF – CEP:
70040-020
Coordenadora: Rose Moreira de Miranda
Tel.: (61) 3521-4298
E-mail: rose.miranda@museus.gov.br

Coordenação de
Acervos e Memória – CAM
Rua da Imprensa, 16 – 7° andar, sala 701
– Rio de Janeiro/RJ – CEP: 20030-120
Coordenadora: Francisca Helena Barbosa
Lima
Tel.: (21) 2215-5165
E-mail: francisca.lima@museus.gov.br

Coordenação do Centro
Nacional de Estudos e Documentação
da Museologia – CENEDOM
Edifício CNC III
Setor Bancário Norte, Quadra 2 Bloco N
– 12° andar – Brasília/DF – CEP:
70040-020
Coordenadora: Cristine Coutinho Marcial

Tel.: (61) 3521-4311
E-mail: cristine.marcial@museus.gov.br

Coordenação de Produção
e Análise da Informação – CPAI
Edifício CNC III
Setor Bancário Norte, Quadra 2 Bloco N
– 12° andar – Brasília/DF – CEP:
70040-020
Coordenador: Mayra Resende
Tel.: (61) 3521-4309
E-mail: mayra.almeida@museus.gov.br

Núcleo DPGI – Belo Horizonte
Rua São Paulo, 638 – Centro, 10° andar,
salas 1011 a 1014
Edifício Minas Gerais
Belo Horizonte/MG – CEP: 30170-130
Tel.: (31) 9504-9641
E-mail: dpgi.nbh@museus.gov.br

AGÊNCIA NACIONAL
DO CINEMA – ANCINE

Rio de Janeiro – Escritório Central
Avenida Graça Aranha, 35 – Centro
CEP: 20030-002 Rio de Janeiro
Tels.: (21) 3037-6001/6002

Brasília – Sede / Escritório Regional
SRTV Sul Conjunto E, Edifício Palácio do
Rádio, Bloco I, Cobertura
70340-901 – Brasília/DF
Tel.: (61) 3027-8521

São Paulo – Escritório Regional
Rua Formosa 367, conjunto 2160, Centro,
Vale do Anhangabaú – 01049-911 – São
Paulo/SP
Tel.: (11) 3014-1400

Assessoria de Comunicação
Tel.: (21) 3037-6003
E-mail: comunicacao@ancine.gov.br
Assessora: Manuela Pinto

Tel.: (21) 3037-6003
E-mail:manuela.pinto@ancine.gov.br

Assessoria Internacional
Avenida Graça Aranha n° 35 – 10° andar
– CEP: 20030-002 – Rio de Janeiro/RJ
Tel.: (21) 3037-6354
E-mail: assessoriainternacional@ancine.gov.br
Assessor-chefe: Alberto Jaime Flaksman

Assessoria Parlamentar
SRTVS, Quadra 701, Conjunto E,
Edifício Palácio do Rádio, Bloco 1 –
Cobertura
CEP: 70340-901 – Brasília/DF
Tels.: (61) 3325-8769/8773 [8768]
Fax: (61) 3325-8786
Assessor-Chefe: Ronaldo Galvão Maia
Tel.: (61) 3325-8769
Tel. 2: (61) 3325-8773
Fax: (61) 3325-8786
E-mail: ronaldo.maia@ancine.gov.br

Diretoria
Diretora: Vera Zaverucha
Tel.: (21) 3037-6338
Fax: (21) 3037-6032
E-mail: vera.zaverucha@ancine.gov.br

Diretor-Presidente: Manoel Rangel Neto
Tel.: (21) 3037-6330
Tel. 2: (21) 3037-6328
Fax: (21) 3037-6095
E-mail: manoel.rangel@ancine.gov.br

Diretor: Glauber Piva Gonçalves
Tel.: (21) 3037-6336
E-mail: glauber.goncalves@ancine.gov.br

Chefe de Gabinete: Elisa de Campos
Borges
Tels.: (21) 3037-6328/6329
Fax: (21) 3037-6095
E-mail: gabinete.presidencia@ancine.gov.br

Ouvidoria-Geral
Avenida Graça Aranha n° 35 – 12° andar
CEP: 20030-002 – Rio de Janeiro/RJ
Tel.: (21) 3037-6086

Ouvidor-Geral: Valério Nunes Vieira
Tel.: (21) 3037-6086
E-mail: valerio.vieira@ancine.gov.br

Auditoria Interna
Avenida Graça Aranha n° 35 – 12° andar
CEP: 20030-002 – Rio de Janeiro/RJ
Tel.: (21) 3037-6010
Fax: (21) 3037-6016

Auditor-Chefe: Manuel Diniz Pestana
Tel.: (21) 3037-6010
Fax: (21) 3037-6016
E-mail: manuel.diniz@ancine.gov.br

Procuradoria-Geral
Avenida Graça Aranha n° 35 – 11° andar
CEP: 20030-002 – Rio de Janeiro/RJ
Tel.: (21) 3037-6352
E-mail: procuradoria@ancine.gov.br

Procurador-Geral: Alex Braga Muniz
Tel.: (21) 3037-6352
E-mail: procuradoria@ancine.gov.br

Secretaria de Gestão Interna
Avenida Graça Aranha n° 35 – 3° andar
CEP: 20030-002 – Rio de Janeiro/RJ
Tel.: (21) 3037-6342
Fax: (21) 3037-6259

Secretária: Anna Suely Macedo Samico
Tel.: (21) 3037-6342
Fax: (21) 3037-6259
E-mail: anna.samico@ancine.gov.br

Secretaria da Diretoria Colegiada
Avenida Graça Aranha n° 35 – 13° andar
CEP: 20030-002 – Rio de Janeiro/RJ
Tels.: (21) 3037-6125/6127
Fax: (21) 3037-6128

Secretário: Cícero Silva Júnior
Tels.: (21) 3037-6125/6127
Fax: (21) 3037-6128
E-mail: cicero.junior@ancine.gov.br

Superintendências
Avenida Graça Aranha, n° 35
CEP: 20030-002 – Rio de Janeiro/RJ

Superintendência de Registro
Avenida Graça Aranha n° 35 – 9° andar
CEP: 20030-002 – Rio de Janeiro/RJ
Tel.: (21) 3037-6348

Superintendente: Maurício Hirata Filho
Tel.: (21) 3037-6348
E-mail: mauricio.hirata@ancine.gov.br

Registro de Agentes Econômicos
Tel.: (21) 3037-6279
E-mail: registro.empresa@ancine.gov.br

Filmagem Estrangeira no Brasil
Tel.: (21) 3037-6280
E-mail: filmagem.estrangeira@ancine.gov.br

Registro de CPB
Tels.: (21) 3037-6309/6310/6288/6305
E-mail: registro.cpb@ancine.gov.br

Classificação de Nível de Empresa Produtora
E-mail: registro.nivel@ancine.gov.br

Registro de obras não publicitárias
Tels.: (21) 3037-6304/6290/6289
E-mail: registro.naopublicidade@ancine.gov.br

Registro de obras publicitárias
Tels.: (21) 3037-6301/6299/6308/6291
E-mail: registro.publicidade@ancine.gov.br

Cancelamento de registro de obras
Tel.: (21) 3037-6294
E-mail: registro.cancelamento@ancine.gov.br

Mostras e Festivais
Tel.: (21) 3037-6184
E-mail: registro.mostrasefestivais@ancine.gov.br

**Superintendência
de Acompanhamento de Mercado**
Avenida Graça Aranha n° 35 – 5° andar
CEP: 20030-002 – Rio de Janeiro/RJ
Tel.: (21) 3037-6344
Fax: (21) 3037-6130

Superintendente: Alberto Jaime Flaksman
Tels.: (21) 3037-6344/6354
Fax: (21) 3037-6130
E-mail: alberto.flaksman@ancine.gov.br

Coordenação de Cinema e Vídeo
Tel.: (21) 3037-6113
E-mail: listaccv@ancine.gov.br

Coordenação de Mídias Eletrônicas
Tel.: (21) 3037-6123
E-mail: listacmi@ancine.gov.br

Observatório Brasileiro
do Cinema e do Audiovisual (OCA)
Tel.: (21) 3037-6120
E-mail: listadedirecionamentoOCA@ancine.gov.br

Superintendência de Fiscalização
Avenida Graça Aranha n° 35 – 7° andar
CEP: 20030-002 – Rio de Janeiro/RJ
Tel.: (21) 3037-6155

Superintendente: Tulio Faraco
Secretária: Rejane Rodrigues
Tel.: (21) 3037-6155
E-mail: tulio.faraco@ancine.gov.br

Gabinete da
Superintendência de Fiscalização – SFI
Tel.: (21) 3037-6155

Coordenação de Fiscalização Planejada – CFP
Tel.: (21) 3037-6160

Coordenação de Fiscalização Tributária – CFT
Tel.: (21) 3037-6190

Pagamento/Parcelamento
de multas administrativas
Tel.: (21) 3037-6197

Cota de Tela
Tel.: (21) 3037-6160
E-mail: cota.tela@ancine.gov.br

Centro de Apoio ao Combate à Pirataria
Tel.: (21) 3037-6185
E-mail: fiscalizacao.combateapirataria@ancine.gov.br

Superintendência de Fomento
Avenida Graça Aranha n° 35 – 4° andar
CEP: 20030-002 – Rio de Janeiro/RJ
Tel.: (21) 3037-6343
Fax: (21) 3037-6228

Superintendente: Paulo Xavier Alcoforado
Tel.: (21) 3037-6343/6346
Fax: (21) 3037-6228
E-mail: paulo.alcoforado@ancine.gov.br

Coordenação de Análise de Projetos
Tel.: (21) 3037-6225
Fax (21) 3037-6230
E-mail: analise.projetos@ancine.gov.br

Coordenação de
Acompanhamento de Projetos (CAC)
Tel.: (21) 3037-6210
E-mail: acompanhamento.projetos@ancine.gov.br

Solicitações (cópia de processos,
reativação de contas etc.)
E-mail: atendimento.cac@ancine.gov.br

Coordenação de
Desenvolvimento Financeiro (CDF)
Tels.: (21) 3037-6248 (dúvidas acerca de contas de captação, liberação de recursos e reinvestimento);

(21) 3037-6146 (dúvidas sobre arrecadação – investidores arts. 3°; 3°-A e 39)
(21) 3037-6245 – (Funcines – política de investimento)
E-mail: desenvolvimento.financeiro@ancine.gov.br

Coordenação de Prestação de Contas (CPC)
Tels.: (21) 3037-6253/6239
E-mail: prestacao.contas@ancine.gov.br

Superintendência de Desenvolvimento Econômico
Avenida Graça Aranha n° 35 – 8° andar
CEP: 20030-002 – Rio de Janeiro/RJ
Tel.: (21) 3037-6350
Fax: (21) 3037-6269

Superintendente: Indira Pereira Amaral
Tel.: (21) 3037-6350
Fax: (21) 3037-6269
E-mail: indira.amaral@ancine.gov.br

Coordenação de Desenvolvimento de Mercado
Tel.: (21) 3037-6149

Coordenação de Fomento Direto (CFD)
Tel.: (21) 3037-6236
E-mail: fomento.direto@ancine.gov.br / programa.apoio@ancine.gov.br

Coordenação de Mercado Externo
Tel.: (21) 3037-6152

SECRETARIA DA CULTURA DO ESTADO DE SÃO PAULO
Secretário: Andrea Matarazzo
Rua Mauá, 51 Luz – São Paulo/SP – CEP: 01028-000
Tel.: (11) 2627-8000
Site: www.cultura.sp.gov.br

UFDPC – Unidade de Fomento e Difusão de Produção Cultural
Coordenadora: Maria Thereza Bosi de Magalhães
Rua Mauá, 51 Luz – São Paulo/SP CEP: 01028-000
Tels.: (11) 2627-8000 / 2627-8172
Site: www.cultura.sp.gov.br/ufdpc

PROAC / ICMS
Diretor Técnico: Sr. Efren Colombani
Rua Mauá, 51 Luz – São Paulo/SP – CEP: 01028-000
Tel.: (11) 2627-8000
E-mail: ecolombani@sp.gov.br
Site: www.cultura.sp.gov.br

FAZ CULTURA
Pç Thomé de Souza, Palácio Rio Branco, s/n – Centro – Salvador/BA – CEP: 40020-010
Tels.: (71) 3103-3489 / 3103-3480
E-mail: atendimento@cultura.ba.gov.br
Superintendente de Promoção Cultural: Carlos Paiva
Site: www.cultura.ba.gov.br/apoioaprojetos

SECRETARIA MUNICIPAL DE CULTURA DE SÃO PAULO

Secretário Municipal de Cultura
Avenida São João, 473 11° andar São Paulo/SP CEP: 01035-000
Secretário: Carlos Augusto Machado Calil
Tel.: (11) 3397-0010
E-mail: cultura@prefeitura.sp.gov.br
Site: www.prefeitura.sp.gov.br

CAAPC – Comissão de Averiguação e Avaliação de Projetos Culturais
Coordenadora: Regina Celia Vieira Muniz
Tels.: (11) 3397-0062/3397-0061
E-mail: caapc@prefeitura.sp.gov.br
Site: www.prefeitura.sp.gov.br/secretarias/cultura/lei_de_incentivo
Avenida São João, 473, 11° andar, São Paulo/SP – CEP: 01035-000
Tels.: (11) 3397-0062 / 3397-0061

Glossário

ABATIMENTO (1) valor total do desconto em imposto autorizado por um dos mecanismos de apoio à cultura; (2) valor referente a, no máximo, 5% do imposto devido em cada período que será descontado do total a recolher num período único ou em períodos sucessivos até atingir o limite máximo de 80% do valor do projeto (Regulamento do Programa Estadual de Incentivo à Cultura do Estado da Bahia – Fazcultura).
ANCINE Agência Nacional do Cinema, criada pela Medida Provisória n. 2.228-1, de 6 de setembro de 2001.
ARQUIVO instituição de preservação da memória de um povo destinada a estudo, pesquisa e consulta.
ARTESANATO arte de confeccionar peças e objetos manufaturados, não seriados e em pequena escala, utilizando materiais e instrumentos simples, sem o auxílio de máquinas sofisticadas de produção.
ARTES CÊNICAS linguagens relacionadas com os segmentos de teatro, dança, circo, ópera e congêneres *(perfoming arts)*.

ARTES PLÁSTICAS E GRÁFICAS linguagens que compreende desenho, escultura, colagem, pintura, instalação, gravura em suas diferentes técnicas, de arte em série, como litogravura, serigrafia, xilogravura, gravura em metal e congêneres; com a criação e/ou reprodução mediante o uso de meios holográficos, eletrônicos, mecânicos ou artesanais de realização.
ASSINANTE (texto da Lei n. 12.485/2011) contratante do serviço de acesso condicionado.
BAHIATURSA Empresa de Turismo da Bahia S/A, entidade da administração indireta da Secretaria da Cultura e Turismo do Estado da Bahia.
BENEFICIÁRIOS o proponente de programa, projeto ou ação cultural favorecido pelo Pronac (Decreto n. 5.761, de 28 de abril de 2006).
BIBLIOTECA instituição de promoção de leitura e difusão do conhecimento, congregando um acervo de livros e periódicos (jornais, revistas, boletins informativos) e congêneres, organizados e destinados ao estudo,

à pesquisa e à consulta, nas áreas da história das artes e da cultura;

CAAPC Comissão de Averiguação e Aprovação de Projetos Culturais – Comissão criada por força do art. 3º da Lei Mendonça, do município de São Paulo, independente e autônoma.

CANAL BRASILEIRO DE ESPAÇO QUALIFICADO (texto da Lei n. 12.485/2011) canal de espaço qualificado que cumpra os seguintes requisitos, cumulativamente: a) ser programado por programadora brasileira; b) veicular majoritariamente, no horário nobre, conteúdos audiovisuais brasileiros que constituam espaço qualificado, sendo metade desses conteúdos produzidos por produtora brasileira independente; c) não ser objeto de acordo de exclusividade que impeça sua programadora de comercializar, para qualquer empacotadora interessada, os direitos de sua exibição ou veiculação.

CANAL DE ESPAÇO QUALIFICADO (texto da Lei n. 12.485/2011) canal de programação que, no horário nobre, veicule majoritariamente conteúdos audiovisuais que constituam espaço qualificado.

CANAL DE PROGRAMAÇÃO (texto da Lei n. 12.485/2011) resultado da atividade de programação que consiste no arranjo de conteúdos audiovisuais organizados em sequência linear temporal com horários predeterminados.

CERTIFICADO DE ENQUADRAMENTO documento assinado pelo Presidente da Comissão Gerenciadora do Fazcultura, para efeito de credenciar o Proponente a captar recursos junto ao Patrocinador, especificando os dados relativos ao projeto cultural, o montante máximo permitido à utilização do incentivo e a participação mínima do Patrocinador com recursos próprios (art. 2º – Regulamento do Programa Estadual de Incentivo à Cultura do Estado da Bahia – Fazcultura).

CERTIFICADO DE INCENTIVO documento expedido pela Secretaria Municipal de Cultura (SMC), que comprova o repasse de valores pelo incentivador ao projeto cultural e que permite usufruir do benefício mencionado nesse decreto (Decreto da Prefeitura do Município de São Paulo n. 46.595, de 5 de novembro de 2005).

CINEMA E VÍDEO linguagens relacionadas, respectivamente, com a produção de obras cinematográficas ou videográficas (composição e realização), ou seja, registro de imagens e sons por meio de câmeras, obedecendo a um argumento e roteiro.

CLAQUETE DE IDENTIFICAÇÃO imagem fixa ou em movimento inserida no início da obra cinematográfica ou videofonográfica contendo as informações necessárias à sua identificação, de acordo com o estabelecido em regulamento (Medida Provisória n. 2.228-1, de 6 de setembro de 2001).

CNIC – COMISSÃO NACIONAL DE INCENTIVO À CULTURA comissão criada pela Lei Rouanet para subsidiar a análise e aprovação dos projetos culturais que pleiteiam incentivo fiscal.

CNPJ Cadastro Nacional de Pessoa Jurídica.

COLIGADA (texto da Lei n. 12.485/2011) pessoa natural ou jurídica que detiver, direta ou indiretamente, pelo menos 20% (vinte por cento) de participação no capital votante de outra pessoa ou se o capital votante de ambas for detido, direta ou indiretamente, em pelo menos 20% (vinte por cento) por uma mesma pessoa natural ou jurídica, nos termos da regulamentação editada pela Agência Nacional de Telecomunicações – Anatel.

COMUNICAÇÃO AUDIOVISUAL DE ACESSO CONDICIONADO (texto da Lei n. 12.485/2011) complexo de atividades que permite a emissão, transmissão e recepção, por meios eletrônicos quaisquer, de imagens, acompanhadas ou não de sons, que resulta na entrega de conteúdo audiovisual exclusivamente a assinantes.

COMISSÃO GERENCIADORA Comissão Gerenciadora das atividades do Fazcultura, composta por treze membros e presidida pelo Secretário da Cultura e Turismo (Regulamento do Programa Estadual de Incentivo à Cultura do Estado da Bahia – Fazcultura).

CONDECINE contribuição para o Desenvolvimento da Indústria Cinematográfica Nacional, tributo criado pela Medida Provisória n. 2.228-1, de 6 de setembro de 2001.

CONCEDENTE o Ministério da Cultura será o responsável pela formalização do contrato e transferência dos recursos financeiros ou descentralização de créditos orçamentários, destinados à execução do objeto do convênio, de acordo com a legislação vigente (Manual para convênio FNC – Ministério da Cultura).

CONSELHO SUPERIOR DE CINEMA órgão colegiado integrante da Casa Civil da Presidência da República, composto de sete Ministros de Estado e de cinco integrantes da indústria cinematográfica nacional. Esse órgão foi introduzido pela Medida Provisória n. 2.228-1, de 6 de setembro de 2001.

CONTEÚDO AUDIOVISUAL (texto da Lei n. 12.485/2011) resultado da atividade de produção que consiste na fixação ou transmissão de imagens, acompanhadas ou não de som, que tenha a finalidade de criar a impressão de movimento, independentemente dos processos de captação, do suporte utilizado inicial ou posteriormente para fixá-las ou transmiti-las, ou dos meios utilizados para sua veiculação, reprodução, transmissão ou difusão.

CONTEÚDO BRASILEIRO (texto da Lei n. 12.485/2011) conteúdo audiovisual produzido em conformidade com os critérios estabelecidos no inciso V do art. 1º da Medida Provisória no 2.228-1, de 6 de setembro de 2001.

CONTEÚDO JORNALÍSTICO (texto da Lei n. 12.485/2011) telejornais, debates, entrevistas, reportagens e outros programas que visem a noticiar ou a comentar eventos.

CONTRAPARTIDA (1) Participação financeira obrigatória da parte do Proponente, para execução do objeto do convênio (FNC); (2) Participação financeira obrigatória, da parte do Proponente, para utilização de recursos da Lei do Audiovisual. Podem ser considerados para composição da contrapartida os recursos advindos de conversão de dívida externa (Lei do Audiovisual / Para conversão da dívida ver Lei n. 10.179/01); (3) aplicação da marca das leis de incentivo nos produtos produzidos a partir de projeto cultural, exigida pelos governos.

CONTRIBUINTE INCENTIVADOR (ou Incentivador) o contribuinte do Imposto sobre Serviços de qualquer natureza (ISS) ou do Imposto Predial e Territorial Urbano (IPTU), no município de São Paulo, autorizado pela Secretaria Municipal de Cultura a transferir valores em pecúnia, bens ou serviços para a realização de projeto cultural que observe as condições estabelecidas no inc. I do art. 2º deste decreto (Decreto da Prefeitura do Município de São Paulo n. 46.595, de 5 de novembro de 2005).

CONVENENTE órgão ou entidade com a qual o Ministério da Cultura pactua a execução de programas de trabalho, atividade ou evento de interesse recíproco, mediante a celebração de convênios. É a entidade que recebe os recursos financeiros (Manual para convênio FNC – Ministério da Cultura).

CONVÊNIO instrumento firmado entre Instituição Pública (Concedente) e entidade, pública ou privada (Convenente), que visa à execução de programas (inclusive eventos) de interesse público recíproco, em regime de mútua cooperação (Manual para convênio FNC – Ministério da Cultura).

CURTA-METRAGEM obra audiovisual com duração igual ou inferior a 15 minutos, conforme disposto na Medida Provisória n. 2.228-1, de 6 de setembro de 2001.

CVM Comissão de Valores Mobiliários.

DELEGAÇÃO transferência de responsabilidade na execução do Pronac aos Estados, Distrito Federal e Municípios, bem como a órgãos ou entidades da administração pública federal e dos demais entes federados, mediante instrumento jurídico que defina os direitos e o deveres mútuos (Decreto n. 5.761, de 27 de abril de 2006).

DIRETORIA COLEGIADA órgão deliberativo máximo da Agência Nacional de Cinema. É composta por um Diretor-Presidente e três Diretores, com mandatos não coincidentes de quatro anos (Medida Provisória n. 2.228-1, de 6 de setembro de 2001).
DISTRIBUIÇÃO (texto da Lei n. 12.485/2011) atividades de entrega, transmissão, veiculação, difusão ou provimento de pacotes ou conteúdos audiovisuais a assinantes por intermédio de meios eletrônicos quaisquer, próprios ou de terceiros, cabendo ao distribuidor a responsabilidade final pelas atividades complementares de comercialização, atendimento ao assinante, faturamento, cobrança, instalação e manutenção de dispositivos, entre outras.
DOAÇÃO (1) a transferência de valores pelo incentivador a projeto cultural, sem finalidade promocional, publicitária ou de retorno financeiro (Decreto da Prefeitura do Município de São Paulo n. 46.595, de 5 de novembro de 2005); (2) (i) a transferência definitiva e irreversível de numerário ou bens em favor de proponente, pessoa física ou jurídica sem fins lucrativos, cujo programa, projeto ou ação cultural tenha sido aprovado pelo Ministério da Cultura; (ii) em favor de programas, projetos e ações culturais apresentados por pessoas físicas ou jurídicas sem fins lucrativos, sob a forma de doação, abrangendo: a) numerário ou bens, para realização de programas, projetos e ações culturais; e b) numerário para aquisição de produtos culturais e ingressos para espetáculos culturais e artísticos, de distribuição pública e gratuita, conforme normas a serem estabelecidas em ato do Ministério da Cultura; c) em favor do Fundo Nacional da Cultura, com destinação livre ou direcionada a programas, projetos e ações culturais específicos, sob a forma de doação (Dec. n. 5.761, de 27 de abril de 2006).
EMPACOTAMENTO (Texto da Lei n. 12.485/2011) Atividade de organização, em última instância, de canais de programação, inclusive nas modalidades avulsa de programação e avulsa de conteúdo programado, a serem distribuídos para o assinante.
EMPREENDEDOR denomina-se Empreendedor a pessoa física ou jurídica, domiciliada no município de São Paulo, diretamente responsável pela apresentação e realização de projeto cultural, para o qual pleiteia a concessão do incentivo previsto na referida Lei (Lei n. 10.923, de 30 de dezembro de 1990).
EMPRESA BRASILEIRA Para a Agência Nacional de Cinema temos duas definições diferentes para empresa brasileira. (i) Para que uma obra possa ser considerada como cinematográfica brasileira ou obra videofonográfica brasileira, entende-se por empresa brasileira aquela constituída sob as leis brasileiras, com sede e administração no país, cuja maioria do capital total e votante seja de titularidade direta ou indireta de brasileiros natos ou naturalizados há mais de dez anos, os quais devem exercer de fato e de direito o poder decisório da empresa. (ii) Para que uma obra possa ser considerada como cinematográfica ou videofonográfica publicitária brasileira, entende-se por empresa brasileira aquela constituída sob as leis brasileiras, com sede e administração no país, cuja maioria do capital seja de titularidade direta ou indireta de brasileiros natos ou naturalizados há mais de cinco anos, os quais devem exercer de fato e de direito o poder decisório da empresa (Medida Provisória n. 2.228-1, de 6 de setembro de 2001).
ENTIDADES SUPERVISIONADAS Fundação Biblioteca Nacional (FBN), Fundação Casa Rui Barbosa (FCRB), Fundação Cultural Palmares (FCP), Fundação Nacional de Arte (Funarte) e Instituto do Patrimônio Histórico e Artístico Nacional (Iphan).
ESPAÇO QUALIFICADO (Texto da Lei n. 12.485/2011) Espaço total do canal de programação, excluindo-se conteúdos religiosos ou políticos, manifestações e eventos esportivos, concursos, publicidade, televendas, infomerciais, jogos eletrônicos, propaganda

política obrigatória, conteúdo audiovisual veiculado em horário eleitoral gratuito, conteúdos jornalísticos e programas de auditório ancorados por apresentador.
EVENTOS DE INTERESSE NACIONAL (texto da Lei n. 12.485/2011) acontecimentos públicos de natureza cultural, artística, esportiva, religiosa ou política que despertem significativo interesse da população brasileira, notadamente aqueles em que participem, de forma preponderante, brasileiros, equipes brasileiras ou seleções brasileiras.
EXECUTOR órgão ou entidade responsável diretamente pela execução do objeto do convênio (Manual para convênio FNC – Ministério da Cultura).
FAZCULTURA Programa de Incentivo à Cultura do Estado da Bahia, com a finalidade de promover o incentivo à pesquisa, ao estudo, à edição de obras e à produção das atividades artístico-culturais, aquisição, manutenção, conservação, restauração, produção e construção de bens móveis e imóveis de relevante interesse artístico, histórico e cultural, campanhas de conscientização, difusão, preservação e utilização de bens culturais e instituição de prêmios em diversas categorias.
FBN – FUNDAÇÃO BIBLIOTECA NACIONAL entidade supervisionada pelo Ministério da Cultura, responsável, dentre outras coisas, pelo depósito legal de obras e pelo registro de obra literária e roteiros de cinema.
FCP – FUNDAÇÃO CULTURAL PALMARES entidade supervisionada pelo Ministério da Cultura, responsável, dentre outras coisas, pela política cultural ligada à comunidade negra.
FCRB – FUNDAÇÃO CASA DE RUI BARBOSA entidade supervisionada pelo Ministério da Cultura, responsável, dentre outras coisas, pela manutenção da Casa de Rui Barbosa, que abrange museus, bibliotecas, arquivos, laboratórios e um importante centro de pesquisa.
FICART – FUNDO DE INVESTIMENTO CULTURAL E ARTÍSTICO Trata-se de uma das formas de implementação do Pronac. Consiste num fundo criado sob a forma de condomínio e sem personalidade jurídica, caracterizando comunhão de recursos destinados à aplicação em projetos culturais e artísticos.
FICHA CADASTRAL formulário a ser preenchido pelo patrocinador, com vista a habilitação perante a Secretaria da Fazenda (Sefaz) (art. 2º (item VII) – Regulamento do Programa Estadual de Incentivo à Cultura do Estado da Bahia – Fazcultura).
FNC – FUNDO NACIONAL DE CULTURA Trata-se de uma das formas de implementação do Pronac. Substitui o antigo Fundo de Promoção Cultural, criado pela Lei Sarney (Lei n. 7.505, de 2 de julho de 1986). O objetivo do FNC é captar e destinar recursos para projetos culturais compatíveis com as finalidades do Pronac.
FOLCLORE E TRADIÇÕES POPULARES conjunto de manifestações típicas, materiais e simbólicas, transmitidas de geração a geração, traduzindo conhecimentos, usos, costumes, crenças, ritos, mitos, lendas, adivinhações, provérbios, cantorias e folguedos, entre outras.
FOTOGRAFIA linguagem baseada em processo de captação e fixação de imagens por meio de câmeras (máquinas de fotografar) e películas (filmes) previamente sensibilizadas, além de outros acessórios de produção.
FUNARTE – FUNDAÇÃO NACIONAL DE ARTE entidade supervisionada pelo Ministério da Cultura, responsável, dentre outras coisas, pela política de apoio ao artista emergente.
FUNCEB – FUNDAÇÃO CULTURAL DO ESTADO DA BAHIA entidade da administração indireta da Secretaria da Cultura e Turismo do Estado da Bahia.
FUNCINES – FUNDOS DE FINANCIAMENTO DA INDÚSTRIA CINEMATOGRÁFICA NACIONAL criados pela Medida Provisória n. 2.228-1, de 6 de setembro de 2001.
FUNDAÇÃO PEDRO CALMON CENTRO DE MEMÓRIA DA BAHIA entidade da administração indireta da Secretaria da Cultura e Turismo do Estado da Bahia.

HUMANIDADES línguas clássicas, língua e literatura vernáculas, principais línguas estrangeiras e respectivas culturas, história e filosofia. Inclui ainda a edição de obras de referência.

INADIMPLENTE Proponente que não apresentar prestação de contas nos prazos estabelecidos e não cumprir as diligências suscitadas e/ou não tiver a prestação de contas aprovada.

INCENTIVADORES contribuinte do Imposto sobre a Renda e Proventos de qualquer natureza, pessoa física ou jurídica, que efetua doação ou patrocínio em favor de programas, projetos e ações culturais aprovados pelo Ministério da Cultura, com vistas a incentivos fiscais, conforme estabelecido na Lei n. 8.313, de 1991 (Dec. n. 5.761, de 27 de abril de 2006).

INTERVENIENTE órgão ou entidade que participa do convênio para manifestar seu consentimento ou para assumir obrigações em nome próprio (Manual para convênio FNC – Ministério da Cultura).

INVESTIMENTO a transferência de valores pelo incentivador a projeto cultural, com o objetivo de participar de seu resultado financeiro (Decreto da Prefeitura do Município de São Paulo n. 46.595, de 5 de novembro de 2005).

IPAC – INSTITUTO DO PATRIMÔNIO ARTÍSTICO E CULTURAL entidade da administração indireta da Secretaria da Cultura e Turismo;

IPHAN – INSTITUTO DO PATRIMÔNIO HISTÓRICO E ARTÍSTICO NACIONAL entidade supervisionada pelo Ministério da Cultura responsável, dentre outras coisas, pela preservação do patrimônio histórico nacional.

LDO – LEI DE DIRETRIZES ORÇAMENTÁRIAS dispõe sobre as diretrizes para a elaboração da Lei Orçamentária anual e transferência de recursos da União em cada exercício financeiro (Manual para convênio FNC – Ministério da Cultura).

LEI ROUANET Lei n. 8.313, de 23 de dezembro de 1991.

LEI SARNEY Lei n. 7.505, de 2 de julho de 1986, que teve seus princípios restabelecidos pela Lei n. 8.313/91 (Rouanet).

LITERATURA linguagem que utiliza a arte de escrever em prosa ou verso nos gêneros conto, romance, poesia e ensaio.

LONGAMETRAGEM obra audiovisual cuja duração é superior a setenta minutos (Medida Provisória n. 2.228-1, de 6 de setembro de 2001).

LRF – LEI DE RESPONSABILIDADE FISCAL lei complementar n. 101, de 4 de maio de 2000.

MANUAL DE IDENTIDADE VISUAL manual para orientar e padronizar o uso da comunicação visual da marca do ente de governo que concede o incentivo fiscal em suas mais diversas aplicações.

MECENATO a proteção e o estímulo das atividades culturais e artísticas por parte de incentivadores.

MEDIAMETRAGEM obra audiovisual cuja duração é superior a quinze minutos e igual ou inferior a setenta minutos (Medida Provisória n. 2.228-1, de 6 de setembro de 2001.

MINC Abreviatura de Ministério da Cultura.

MINISSÉRIE obra documental, ficcional ou de animação produzida em película ou matriz de captação digital ou em meio magnético com no mínimo 3 e no máximo 26 capítulos, e duração máxima de 1.300 minutos (Medida Provisória n. 2.228-1, de 6 de setembro de 2001).

MODALIDADE AVULSA DE CONTEÚDO PROGRAMADO OU MODALIDADE DE VÍDEO POR DEMANDA PROGRAMADO (texto da Lei n. 12.485/2011) modalidade de conteúdos audiovisuais organizados em canais de programação e em horário previamente definido pela programadora para aquisição avulsa por parte do assinante.

MODALIDADE AVULSA DE PROGRAMAÇÃO, OU MODALIDADE DE CANAIS DE VENDA AVULSA (texto da Lei n. 12.485/ 2011) modalidade de canais de programação organizados para aquisição avulsa por parte do assinante.

MUSEU instituição de memória, preservação e divulgação de bens representativos da história, das artes, da cultura, que cuida do seu estudo, conservação e valorização.

MÚSICA linguagem que expressa harmonia e combinação de sons produzindo efeitos melódicos e rítmicos em diferentes modalidades e gêneros.

OBRA AUDIOVISUAL produto da fixação ou transmissão de imagens, com ou sem som, que tenha a finalidade de criar a impressão de movimento, independentemente dos processos de captação, do suporte utilizado inicial ou posteriormente para fixá-las ou transmiti-las, ou dos meios utilizados para sua veiculação, reprodução, transmissão ou difusão (Medida Provisória n. 2.228-1, de 6 de setembro de 2001).

OBRA CINEMATOGRÁFICA obra audiovisual cuja matriz original de captação é uma película com emulsão fotossensível ou matriz de captação digital, cuja destinação e exibição sejam prioritária e inicialmente o mercado de salas de exibição (Medida Provisória n. 2.228-1, de 6 de setembro de 2001).

OBRA VIDEOFONOGRÁFICA obra audiovisual cuja matriz original de captação é um meio magnético com capacidade de armazenamento de informações que se traduzem em imagens em movimento, com ou sem som (Medida Provisória n. 2.228-1, de 6 de setembro de 2001).

OBRA CINEMATOGRÁFICA E VIDEOFONOGRÁFICA DE PRODUÇÃO INDEPENDENTE aquela cuja empresa produtora, detentora majoritária dos direitos patrimoniais sobre a obra, não tenha nenhuma associação ou vínculo, direto ou indireto, com empresas de serviços de radiodifusão de sons e imagens ou operadoras de comunicação eletrônica de massa por assinatura (Medida Provisória n. 2.228-1, de 6 de setembro de 2001).

OBRA CINEMATOGRÁFICA E VIDEOFONOGRÁFICA BRASILEIRA aquela que atende a um dos seguintes requisitos: a) ser produzida por empresa produtora brasileira, observado o disposto no § 1º, registrada na Ancine, ser dirigida por diretor brasileiro ou estrangeiro residente no país há mais de três anos, e utilizar para sua produção, no mínimo, 2/3 de artistas e técnicos brasileiros ou residentes no Brasil há mais de cinco anos; b) ser realizada por empresa produtora brasileira registrada na Ancine, em associação com empresas de outros países com os quais o Brasil mantenha acordo de coprodução cinematográfica e em consonância com estes; c) ser realizada, em regime de coprodução, por empresa produtora brasileira registrada na Ancine, em associação com empresas de outros países com os quais o Brasil não mantenha acordo de coprodução, assegurada a titularidade de, no mínimo, 40% dos direitos patrimoniais da obra à empresa produtora brasileira, e utilizar para sua produção, no mínimo, 2/3 de artistas e técnicos brasileiros ou residentes no Brasil há mais de três anos (Medida Provisória n. 2.228-1, de 6 de setembro de 2001, com redação dada pela Lei n. 10.454, de 13 de maio 2002).

OBRA CINEMATOGRÁFICA OU VIDEOFONOGRÁFICA PUBLICITÁRIA aquela cuja matriz original de captação é uma película com emulsão fotossensível ou matriz de captação digital, cuja destinação é a publicidade e propaganda, exposição ou oferta de produtos, serviços, empresas, instituições públicas ou privadas, partidos políticos, associações, administração pública, assim como de bens materiais e imateriais de qualquer natureza; (Medida Provisória n. 2.228-1, de 6 de setembro de 2001).

OBRA CINEMATOGRÁFICA OU VIDEOFONOGRÁFICA PUBLICITÁRIA ESTRANGEIRA ADAPTADA aquela que não atende ao disposto nos incs. XVII e XVIII, adaptada ao idioma português ou às condições e necessidades comerciais ou técnicas de exibição e veiculação no Brasil (Medida Provisória n. 2.228-1, de 6 de setembro de 2001).

OBRA CINEMATOGRÁFICA OU VIDEOFONOGRÁFICA PUBLICITÁRIA BRASILEIRA aquela que seja produzida por empresa produtora brasileira registrada na Ancine, observado o disposto no § 1º, realizada por diretor brasileiro ou estrangeiro residente no país há mais de três anos, e que utilize para sua produção, no mínimo, 2/3 de artistas e técnicos brasileiros ou residentes no Brasil há mais de cinco anos (Medida Provisória n. 2.228-1, de 6 de setembro de 2001).

OBRA CINEMATOGRÁFICA OU VIDEOFONOGRÁFICA PUBLICITÁRIA BRASILEIRA DE PEQUENA VEICULAÇÃO aquela que seja produzida por empresa produtora brasileira registrada na Ancine, observado o disposto no § 1º, realizada por diretor brasileiro ou estrangeiro residente no país há mais de três anos, e que utilize para sua produção, no mínimo, 2/3 de artistas e técnicos brasileiros ou residentes no Brasil há mais de três anos, e cuja veiculação esteja restrita a Municípios que totalizem um número máximo de habitantes a ser definido em regulamento (Medida Provisória n. 2.228-1, de 6 de setembro de 2001).

OBRA CINEMATOGRÁFICA OU VIDEOFONOGRÁFICA PUBLICITÁRIA BRASILEIRA FILMADA NO EXTERIOR aquela, realizada no exterior, produzida por empresa produtora brasileira registrada na Ancine, observado o disposto no § 1º, realizada por diretor brasileiro ou estrangeiro residente no Brasil há mais de três anos, e que utilize para sua produção, no mínimo, 1/3 de artistas e técnicos brasileiros ou residentes no Brasil há mais de cinco anos (Medida Provisória n. 2.228-1, de 6 de setembro de 2001).

OBRA CINEMATOGRÁFICA OU VIDEOFONOGRÁFICA SERIADA aquela que, sob o mesmo título, seja produzida em capítulos (Medida Provisória n. 2.228-1, de 6 de setembro de 2001).

PACOTE (texto da Lei n. 12.485/ 2011) agrupamento de canais de programação ofertados pelas empacotadoras às distribuidoras, e por estas aos assinantes, excluídos os canais de distribuição obrigatória de que trata o art. 32.

PATRIMÔNIO CULTURAL conjunto de bens materiais e imateriais de interesse para a memória do Brasil e de suas correntes culturais formadoras, abrangendo o patrimônio arqueológico, arquitetônico, arquivístico, artístico, bibliográfico, científico, ecológico, etnográfico, histórico, museológico, paisagístico, paleontológico e urbanístico, entre outros.

PATROCINADOR (1) pessoa física ou jurídica que transfere recursos na forma de patrocínio nos termos da Lei Federal de Incentivo à Cultura ou Lei Mendonça; (2) estabelecimento inscrito no Cadastro de Contribuintes do Imposo sobre Operações relativas à Circulação de Mercadorias e sobre Prestações de Serviços de Transporte Interestadual e Intermunicipal e de Comunicação do Estado da Bahia (CAD-ICMS), que venha a patrocinar projetos culturais aprovados pela SCT (art. 2º, II – Regulamento do Programa Estadual de Incentivo à Cultura do Estado da Bahia – Fazcultura).

PATROCÍNIO (1) a transferência definitiva e irreversível de numerário ou serviços, com finalidade promocional, a cobertura de gastos ou a utilização de bens móveis ou imóveis do patrocinador, sem a transferência de domínio, para a realização de programa, projeto ou ação cultural que tenha sido aprovado pelo Ministério da Cultura; (2) a) numerário ou a utilização de bens, para realização de programas, projetos e ações culturais; e b) numerário, para a cobertura de parte do valor unitário de produtos culturais e ingressos para espetáculos culturais e artísticos, conforme normas e critérios estabelecidos pelo Ministério da Cultura; c) em favor do Fundo Nacional da Cultura, com destinação especificada pelo patrocinador (Decreto n. 5.761, de 27 de abril de 2006); (3) transferência, em caráter definitivo e livre de ônus, feita pelo Patrocinador ao Proponente, de recursos financeiros, para a realização do projeto cultural (art. 2º, III, Regulamento do Programa Estadual de Incentivo à Cultura do Estado da Bahia – Fazcultura; (4) a transferência de valores pelo incentivador a projeto cultural, com finalidade promocional e institucional de publicidade (Decreto da Prefeitura do Município de São Paulo n. 46.595, de 5 de novembro de 2005).

PESSOAS FÍSICAS E JURÍDICAS DE NATUREZA CULTURAL (i) pessoa física com atuação na área cultural; (ii) pessoa jurídica, pública ou privada, com ou sem fins lucrativos, cujo ato constitutivo disponha expressamente sobre sua finalidade cultural (Decreto n. 5.761, de 27 de abril de 2006).

PLANO DE TRABALHO formulário instituído pela Secretaria do Tesouro Nacional do Ministério da Fazenda, pela Instrução Normativa n. 1, de 15 de janeiro de 1997, e que faz parte integrante do convênio. É o planejamento de como o convenente irá executar o projeto. Neste Plano de Trabalho somente constarão as metas, fases ou etapas a serem realizadas após a assinatura do convênio e durante o período da execução (Manual para convênio FNC – Ministério da Cultura).

PRÉ-QUALIFICAÇÃO a declaração de concordância da Municipalidade de São Paulo com o incentivo ao projeto, até determinado valor, devendo sua emissão ser publicada no Diário Oficial da Cidade (Decreto da Prefeitura do Município de São Paulo n. 46.595, de 5 de novembro de 2005).

PRODECINE Programa de Apoio ao Desenvolvimento do Cinema Nacional, criado pelo art. 47 da Medida Provisória n. 2.228-1, de 6 de setembro de 2001.

PRODUÇÃO (texto da Lei n. 12.485/ 2011) atividade de elaboração, composição, constituição ou criação de conteúdos audiovisuais em qualquer meio de suporte.

PRODUÇÃO CULTURAL-EDUCATIVA DE CARÁTER NÃO COMERCIAL aquela realizada por empresa de rádio e televisão pública ou estatal (Decreto n. 5.761, de 27 de abril de 2006).

PRODUTORA BRASILEIRA (texto da Lei n. 12.485/ 2011) empresa que produza conteúdo audiovisual que atenda as seguintes condições, cumulativamente: a) ser constituída sob as leis brasileiras; b) ter sede e administração no País; c) 70% (setenta por cento) do capital total e votante devem ser de titularidade, direta ou indireta, de brasileiros natos ou naturalizados há mais de 10 (dez) anos; d) a gestão das atividades da empresa e a responsabilidade editorial sobre os conteúdos produzidos devem ser privativas de brasileiros natos ou naturalizados há mais de 10 (dez) anos.

PRODUTORA BRASILEIRA INDEPENDENTE (texto da Lei n. 12.485/ 2011) produtora brasileira que atenda os seguintes requisitos, cumulativamente: a) não ser controladora, controlada ou coligada a programadoras, empacotadoras, distribuidoras ou concessionárias de serviço de radiodifusão de sons e imagens; b) não estar vinculada a instrumento que, direta ou indiretamente, confira ou objetive conferir a sócios minoritários, quando estes forem programadoras, empacotadoras, distribuidoras ou concessionárias de serviços de radiodifusão de sons e imagens, direito de veto comercial ou qualquer tipo de interferência comercial sobre os conteúdos produzidos; c) não manter vínculo de exclusividade que a impeça de produzir ou comercializar para terceiros os conteúdos audiovisuais por ela produzidos.

PROEX Programa de Financiamento às Exportações, gerido pelo Banco do Brasil.

PROGRAMAÇÃO (texto da Lei n. 12.485/ 2011) atividade de seleção, organização ou formatação de conteúdos audiovisuais apresentados na forma de canais de programação, inclusive nas modalidades avulsa de programação e avulsa de conteúdo programado.

PROGRAMAÇÃO NACIONAL aquela gerada e disponibilizada, no território brasileiro, pelos canais ou programadoras, incluindo obras audiovisuais brasileiras ou estrangeiras, destinada às empresas de serviços de comunicação eletrônica de massa por assinatura ou de quaisquer outros serviços de comunicação que transmitam sinais eletrônicos de som e imagem, que seja gerada e transmitida diretamente no Brasil por empresas sediadas no Brasil, por satélite ou por qualquer outro meio de transmissão ou veiculação (Medida Provisória n. 2.228-1, de 6 de setembro de 2001).

PROGRAMAÇÃO INTERNACIONAL aquela gerada, disponibilizada e transmitida diretamente do exterior para o Brasil, por satélite ou por qualquer outro meio de transmissão ou veiculação, pelos canais, programadoras ou empresas estrangeiras, destinada às empresas de serviços de comunicação eletrônica de massa por assinatura ou de quaisquer outros serviços de comunicação que transmitam sinais eletrônicos de som e imagem (Medida Provisória n. 2.228-1, de 6 de setembro de 2001).

PROGRAMADORA empresa que oferece, desenvolve ou produz conteúdo, na forma de canais ou de programações isoladas, destinado às empresas de serviços de comunicação eletrônica de massa por assinatura ou de quaisquer outros serviços de comunicação, que transmitam sinais eletrônicos de som e imagem que sejam gerados e transmitidos por satélite ou por qualquer outro meio de transmissão ou veiculação (Medida Provisória n. 2.228-1, de 6 de setembro de 2001)

PROGRAMADORA BRASILEIRA (texto da Lei n. 12.485/2011) empresa programadora que execute suas atividades de programação no território brasileiro e que atenda, cumulativamente, as condições previstas nas alíneas "a" a "c" do inciso XVIII deste artigo e cuja gestão, responsabilidade editorial e seleção dos conteúdos do canal de programação sejam privativas de brasileiros natos ou naturalizados há mais de 10 (dez) anos.

PROGRAMADORA BRASILEIRA INDEPENDENTE (texto da Lei n. 12.485/ 2011) programadora brasileira que atenda os seguintes requisitos, cumulativamente: a) não ser controladora, controlada ou coligada a empacotadora ou distribuidora; b) não manter vínculo de exclusividade que a impeça de comercializar, para qualquer empacotadora, os direitos de exibição ou veiculação associados aos seus canais de programação.

PROJETOS CULTURAIS (i) os projetos culturais e artísticos submetidos às instâncias do Pronac, cuja elaboração atenda ao disposto na Lei Rouanet e sua regulamentação; (ii) a iniciativa cultural a ser apresentada e realizada, prioritariamente e em sua maior parte, no âmbito territorial do Município de São Paulo, e que esteja em conformidade com a respectiva política cultural, especialmente no que se refere a promover, estimular e preservar (Decreto da Prefeitura do Município de São Paulo n. 46.595, de 5 de novembro de 2005).

PRONAC Programa Nacional de Apoio à Cultura instituído pela Lei n. 8.313, de 23 de dezembro de 1991, implementado por meio dos seguintes mecanismos: FNC, Ficart e incentivo a projetos culturais (Mecenato).

PROPONENTE (1) maneira como comumente é chamado aquele (pessoa física ou jurídica) que apresenta projeto cultural para a Lei Federal de Incentivo à Cultura (Rouanet ou Mecanismos de fomento ao audiovisual geridos pela Ancine); (2) pessoa física ou jurídica, domiciliada no Estado da Bahia, diretamente responsável pelo projeto cultural a ser beneficiado pelo incentivo (art. 2º, I, do Regulamento do Programa Estadual de Incentivo à Cultura do Estado da Bahia – Fazcultura).

PROPOSTA DE INCENTIVO jogo de formulários preenchido e assinado pelo Proponente, acompanhado dos demais itens relacionados nos critérios de inscrição (art. 2º, V e Anexo 1 do Regulamento do Programa Estadual de Incentivo à Cultura do Estado da Bahia – Fazcultura).

RECURSOS TRANSFERIDOS parcela total dos recursos repassados ao Proponente pelo Patrocinador.

RECURSOS PRÓPRIOS (1) parcela de recursos pertencentes ao Proponente que será aplicada no projeto cultural; (2) parcela dos recursos repassados ao Proponente pelo Patrocinador, correspondente a, no mínimo,

20% dos recursos transferidos (art. 2º, XII do Regulamento do Programa Estadual de Incentivo à Cultura do Estado da Bahia – Fazcultura).
SCT Secretaria da Cultura e Turismo do Estado da Bahia.
SECRETARIA DA IDENTIDADE E DA DIVERSIDADE CULTURAL Secretaria do Ministério da Cultura responsável por promover e apoiar as atividades de incentivo à diversidade e ao intercâmbio cultural como meios de promoção da cidadania, a cargo do ministério. Por instituir programas de fomento às atividades de incentivo à diversidade e ao intercâmbio cultural como meios de promoção da cidadania; por planejar, coordenar e executar as atividades relativas à recepção, análise, controle, aprovação, acompanhamento e avaliação de projetos culturais de incentivo à diversidade e ao intercâmbio cultural como meios de promoção da cidadania encaminhados ao ministério; e por subsidiar a Secretaria de Políticas Culturais no processo de formulação das políticas da área cultural relacionadas com a promoção da diversidade e do fortalecimento de identidades.
SECRETARIA DE ARTICULAÇÃO INSTITUCIONAL Secretaria do Ministério da Cultura responsável por promover e apoiar a difusão da cultura brasileira no país e no exterior, em colaboração com os demais órgãos e entidades públicas e privadas, ampliando o acesso; promover a articulação intersetorial, no âmbito do Sistema Nacional de Cultura, necessária à execução e integração dos programas e projetos culturais do Governo Federal, bem como com os demais níveis de governo; coordenar a implementação dos fóruns de política cultural, responsáveis pela articulação entre o ministério e a comunidade cultural; articular-se com órgãos e entidades públicos e privados para o desenvolvimento de ações que assegurem o alcance dos impactos econômicos e sociais das políticas na área cultural; e por coordenar grupos temáticos destinados à elaboração de propostas de políticas e ações voltadas para a transversalidade e inclusão na área cultural.
SECRETARIA DE FOMENTO E INCENTIVO À CULTURA Secretaria do Ministério da Cultura responsável por executar o planejamento e organizar a demanda por apoio financeiro dos mecanismos do Pronac, no fomento a projetos culturais singulares encaminhados ao ministério; por planejar, coordenar e executar as atividades relativas a recepção, análise e controle de projetos culturais singulares encaminhados ao ministério; por subsidiar a formulação de diretrizes gerais e dar publicidade aos critérios de alocação e de uso que orientarão a utilização dos mecanismos de incentivo a projetos culturais e de recursos de fundos de investimento cultural e artístico; por planejar, coordenar e executar as atividades relativas a recepção, análise e controle de processos e dados de proponentes de projetos culturais visando ao apoio dos mecanismos de incentivo a projetos culturais e de recursos de fundos de investimento cultural e artístico; por coordenar e supervisionar as atividades relativas a análise das prestações de contas das ações, programas e projetos financiados com recursos incentivados; por gerar informações que possibilitem subsidiar o monitoramento e acompanhamento dos programas e projetos culturais; por prestar apoio à operacionalização do Pronac; e por prestar suporte técnico e administrativo à CNIC, gerando informações que subsidiem o exercício de suas competências.
SECRETARIA DE POLÍTICAS CULTURAIS Secretaria responsável pela formulação, desenvolvimento e avaliação de políticas do Ministério da Cultura, tais como a elaboração do Plano Nacional de Cultura e do Sistema Nacional de Informações Culturais. São responsabilidade da SPC/MinC alguns programas como Copa da Cultura (Ano do Brasil na Alemanha) e os programas da exportação da música, das artes visuais etc. e todos os programas que visem desenvolver as atividades econômicas da cultura, bem como

propor medidas de regulamentação da legislação cultural. A Coordenação de Direito Autoral está ligada também a esta Secretaria. Trata ainda de outros temas.

SECRETARIA DE PROGRAMAS E PROJETOS CULTURAIS Secretaria do Ministério da Cultura responsável pelo programa Cultura Viva (Pontos de Cultura), por elaborar, executar e avaliar programas e projetos estratégicos necessários à efetiva renovação da política cultural; por instituir programas de fomento estratégicos necessários à efetiva renovação da política cultural; gerar informações que possibilitem subsidiar o monitoramento e acompanhamento dos programas e projetos culturais; coordenar e promover estudos e pesquisas aplicados e outros projetos culturais estratégicos dentre outros.

SECRETARIA DO AUDIOVISUAL Secretaria do Ministério da Cultura responsável por elaborar e submeter ao Conselho Superior do Cinema a política nacional do cinema e do audiovisual, as políticas e diretrizes gerais para o desenvolvimento da indústria cinematográfica e audiovisual brasileira; aprovar planos gerais de metas para a implementação de políticas relativas às atividades cinematográficas e audiovisuais e acompanhar a sua execução; instituir programas de fomento às atividades cinematográficas e audiovisuais brasileiras; planejar, coordenar e executar as atividades relativas a recepção, análise e controle de projetos de coprodução, produção, distribuição, comercialização, exibição e infraestrutura relativas às atividades cinematográficas e audiovisuais; coordenar e supervisionar as atividades relativas a análise das prestações de contas das ações, programas e projetos financiados com recursos incentivados; promover a participação de obras cinematográficas e videofonográficas brasileiras em festivais nacionais e internacionais; orientar e supervisionar as atividades da Cinemateca Brasileira e do Centro Técnico de Atividades Audiovisuais; planejar, promover e coordenar as ações necessárias à difusão, à preservação e à renovação das obras cinematográficas e de outros conteúdos audiovisuais brasileiros, bem como à pesquisa, à formação e à qualificação profissional; e representar o Brasil em organismos e eventos internacionais relativos às atividades cinematográficas e audiovisuais.

SECRETARIA EXECUTIVA (1) Secretaria geral do Ministério da Cultura; (2) Secretaria Executiva da Comissão Gerenciadora do Fazcultura, exercida por um servidor da Secretaria da Cultura e Turismo (art. 2º, XVI, do Regulamento do Programa Estadual de Incentivo à Cultura do Estado da Bahia – Fazcultura).

SEFAZ Secretaria da Fazenda do Estado da Bahia.

SEGMENTOS CULTURAIS 1) teatro, dança, circo, ópera, mímica e congêneres; 2) produção cinematográfica, videográfica, fotográfica, discográfica e congêneres; 3) literatura, inclusive obras de referência; 4) música; 5) artes plásticas, artes gráficas, gravuras, cartazes, filatelia e congêneres; 6) folclore e artesanato; 7) patrimônio cultural; 8) humanidades; 9) rádio e televisão educativas e culturais de caráter não comercial; 10) cultura negra; 11) cultura indígena.

SEGMENTO DE MERCADO mercados de salas de exibição, vídeo doméstico em qualquer suporte, radiodifusão de sons e imagens, comunicação eletrônica de massa por assinatura, mercado publicitário audiovisual ou quaisquer outros mercados que veiculem obras cinematográficas e videofonográficas (Medida Provisória n. 2.228-1, de 6 de setembro de 2001).

SERVIÇO DE ACESSO CONDICIONADO (texto da Lei n. 12.485/2011) serviço de telecomunicações de interesse coletivo prestado no regime privado, cuja recepção é condicionada à contratação remunerada por assinantes e destinado à distribuição de conteúdos audiovisuais na forma de pacotes, de canais nas modalidades avulsa de programação e avulsa de conteúdo programado e de canais de distribuição obrigatória, por meio de tecnologias, processos, meios eletrônicos e protocolos de comunicação quaisquer.

TELEFILME obra documental, ficcional ou de animação, com no mínimo 50 e no máximo 120 minutos de duração, produzida para primeira exibição em meios eletrônicos (Medida Provisória n. 2.228-1, de 6 de setembro de 2001).

TERMO ADITIVO instrumento que tem por objetivo, mediante concordância das partes, a alteração de cláusulas do convênio já celebrado, sendo contudo proibida a mudança do objeto e das metas pactuadas. Deverá ser proposto, com a devida justificativa, no prazo mínimo de 20 dias antes do seu término e desde que aceito pelo ordenador de despesas, não podendo ultrapassar 25% do valor contratado (Manual para convênio FNC – Ministério da Cultura).

TERMO DE COMPROMISSO (1) termo instituído pela Portaria MinC n.118, de 6 de abril de 2000, obrigatório para a publicação da autorização da captação de recursos no Diário Oficial da União; (2) formulário a ser preenchido e assinado pelo Proponente e pelo Patrocinador, por meio do qual o primeiro se compromete a realizar o projeto incentivado na forma e nas condições propostas e o segundo a destinar recursos transferidos necessários à realização do projeto nos valores e prazos estabelecidos na Ficha Cadastral, por depósito em conta-corrente específica, em nome do Proponente, e circunscrita à cada projeto, nas agências de instituições bancárias autorizadas pela Sefaz (art. 2º, VIII e Anexo 4 do Regulamento do Programa Estadual de Incentivo à Cultura do Estado da Bahia – Fazcultura).

TÍTULO DE INCENTIVO título nominal, intransferível, emitido pela SCT, através da Secretaria Executiva do Fazcultura, que especificará as importâncias que o Patrocinador poderá utilizar para abater do valor a recolher do ICMS (art. 2º, IX e Anexo 5 do Regulamento do Programa Estadual de Incentivo à Cultura do Estado da Bahia – Fazcultura).

Referências bibliográficas

BORGES, Moacir Carlos. *Roteiro para execução e prestação de contas de projeto cultural*. Brasília, Ministério da Cultura.

BRANT, Leonardo Botelho. *Mercado Cultural*. 4 ed. São Paulo: Escrituras/Instituto Pensarte, 2005.

CAVALCANTI, Márcio Novaes. *Fundamentos da Lei de Responsabilidade Fiscal*. São Paulo: Dialética.

CESNIK, Fábio de Sá; MALAGODI, Maria Eugenia. *Projetos Culturais: Elaboração, Administração, Aspectos legais e busca de patrocínio*. 5 ed. São Paulo: Escrituras/Instituto Pensarte, 2005.

CESNIK, Fábio de Sá; BELTRAME, Priscila Akemi. *Globalização da Cultura*. Série Entender o Mundo. Barueri: Manole, 2004.

COMPARATO, Fábio Konder. Incentivo tributário à cultura. São Paulo: *Revista de Direito Tributário – Cadernos de Direito Tributário*, v. 53, p. 77-81, julho a setembro de 1990.

COSTA NETO, José Carlos. *Direito Autoral no Brasil*. São Paulo: Editora FTD.

CUNHA, Humberto. *Cultura e Democraria na Constituição Federal de 1988*. Fortaleza: Letra Legal.

DÓRIA, Antônio Roberto Sampaio (coord.). *Incentivos fiscais para o desenvolvimento*. São Paulo: José Bushatsky Editor.

FERREIRA, Sérgio D'Andrea. O incentivo fiscal como instituto do direito econômico. *Revista de Direito Administrativo*, v. 211, p. 31-46, janeiro e março de 1998.

GRECO, Marco Aurélio. Notas à lei de incentivos fiscais à cultura. *Revista Forense*, São Paulo, v. 298, p. 116-123, abril a junho de 1987.

HIGUCHI, Hiromi; HIGUCHI, Fabio Hiroshi; HIGUCHI, Celso H. *Imposto de renda das empresas: Interpretação e prática*. 25 ed. São Paulo: Atlas, 2000.

JELÍN, Elizabeth; INGLESIAS, Enrique et al. *Cultura e desenvolvimento*. Rio de Janeiro: Cadernos do Nosso Tempo, Edições Fundo Nacional de Cultura, 2000.

LISBOA, Simone Marília. *Razão e Paixão dos Mercados*. Belo Horizonte: C/Arte, 1999.

MÉLEGA, Luiz. *Programa Nacional de Apoio à Cultura – Pronac*. São Paulo: LTr Suplemento Tributário, 36/95, 249-250, 1995. _____. *Legislação do Imposto sobre a Renda – incentivos a projetos culturais – Programa Nacional de Apoio à Cultura*. São Paulo: 19/92, 137-142, 1992.

MENDES, Cândido. *A arte é capital, visão aplicada do marketing cultural*. Rio de Janeiro: Rocco, 1994.

MORENO, Beatriz González. *Estado de Cultura, Derechos Culturales y Libertad Religiosa*. Madrid: Civitas, 2003.

NOGUEIRA, Ruy Barbosa. *Curso de Direito Tributário*. 14 ed. São Paulo: Saraiva, 1995.

OLIVEIRA, Vicente Kleber de Melo. *Direito Tributário: Sistema Tributário Nacional – Teoria e Prática*. Belo Horizonte: Del Rey, 2001.

PORTUGAL, Leila; BORGES, Moacir Carlos. *Manual de Prestação de Contas de Projetos Incentivados*. São Paulo, Ministério da Cultura, Secretaria do Audiovisual.

REIS, Ana Carla Fonseca. *Marketing Cultural e financiamento à cultura*. São Paulo: Thompson Learning, 2003.

SANTOS, Manoel Lourenço dos. *Direito Tributário*. 3 ed. Rio de Janeiro: Fundação Getulio Vargas, 1970.

SILVEIRA, PX. *Projeto Elevado à Arte*. Rio de Janeiro: Fundação Nacional de Arte, 2001.

SOCOLIK, Hélio. Incentivos Fiscais e Renúncia de Receita. São Paulo: *Tributação em Revista*, v. 7, p. 35-52, janeiro a março de 1994.

WEFFORT, Francisco. *A Cultura e as Revoluções da Modernização*. Rio de Janeiro: Cadernos do Nosso Tempo, Edições Fundo Nacional de Cultura, 2000.

WEFFORT, Francisco; SOUZA, Márcio. *Um Olhar sobre a Cultura Brasileira*. Rio de Janeiro: Funarte, 1999.

Sobre o autor

Fábio de Sá Cesnik é advogado e sócio do escritório Cesnik, Quintino e Salinas Advogados, especializado em entretenimento, cultura e terceiro setor, onde presta consultoria jurídica para empresas patrocinadoras de cultura, artistas, produtores culturais e projetos sociais. Entre os clientes atendidos estão empresas, grupos de comunicação, produtores culturais e artistas.

Bacharel em Direito e Ciências Jurídicas pela Faculdade de Direito do Largo São Francisco (USP), Cesnik é coautor dos livros *Projetos Culturais: Elaboração, Administração, Aspectos Legais e Busca de Patrocínio*, na 5ª edição, e do livro *Globalização da Cultura*.

Colunista de vários veículos, possui artigos publicados em diversos livros, revistas e jornais. É professor na área de incentivos fiscais à cultura de diversas escolas, dentre as quais Escola de Direito da Fundação Getulio Vargas (FGV), Universidade Estadual do Rio de Janeiro (UERJ), Faculdades São Luís, Faculdade Jorge Amado, dentre outras.